陈占彪 编

抗战胜利受降现场

三岛蜷伏 日月重光

生活·讀書·新知 三联书店

图书在版编目（CIP）数据

三岛蜷伏　日月重光：抗战胜利受降现场／陈占彪编．—北京：
生活·读书·新知三联书店，2015.7
ISBN 978 - 7 - 108 - 05387 - 9

Ⅰ．①三…　Ⅱ．①陈…　Ⅲ．①日本投降（1945）-史料
Ⅳ．① K265.706

中国版本图书馆 CIP 数据核字（2015）第 118380 号

责任编辑　叶　彤
装帧设计　蔡立国
责任印制　崔华君
出版发行　生活·讀書·新知 三联书店
　　　　　（北京市东城区美术馆东街 22 号 100010）
网　　址　www.sdxjpc.com
经　　销　新华书店
制　　作　北京金舵手世纪图文设计有限公司
印　　刷　北京市松源印刷有限公司
版　　次　2015 年 7 月北京第 1 版
　　　　　2015 年 7 月北京第 1 次印刷
开　　本　635 毫米 ×965 毫米　1/16　　印张 36.75
字　　数　490 千字
印　　数　0,001-8,000 册
定　　价　63.00 元
（印装查询：01064002715；邮购查询：01084010542）

目　录

受降二：三九盛典

受降三：图籍献还

志降：燕然勒石

全民抗战图

图片来自黄声远著《壮志千秋：陆军第五十八军抗日战史》

上海汉文正楷印书局 1948 年版

前　言　十载蚕鲸浑一梦，可怜春去落繁樱

　　咄哉咄哉尔岛夷，妄思问鼎登大陆，八纮一宇既无成，反使二千余年开国大业尽倾覆。珍珠港卢沟桥，当时得意称天骄，而今屈指方八载，已同云散与烟消。甲午割台澎，九一八吞东辽，五十一年之宿耻，终教我扬眉吐气在今朝。

陈敢：《咏日本投降》

　　近年来，中国的樱花似乎越来越多了，每逢艳丽春日，越来越多的中国人也开始"赏樱"了。自然，樱花不能说不美，只是花虽绚烂，命却短暂，樱花的这一特征与日本人那种世事无常、冒险轻生的民族心理很相似。"日本的民族性，正如同他们所喜爱的樱花一样，开放时很灿烂，而萎谢也很快，是一个短命的民族。"[1]看来，樱花被日本人视为国花也是有道理的，于是，樱花，这时就不仅是一种植物，更是一种文化。

　　"我尝闻岛上樱花媚且郁，但谁教此大海怒潮来猛扑。"[2]樱花从极盛到速败也成为"二战"时日本从"横极一时"走向毁灭崩溃的象征。

　　一九四五年九月十日，《大公报》在《日本投降了》的社论中这样说："到今天，豪强半世纪的日本失败了，海陆空三军解甲投降了。勃然而

---

〔1〕《大公报》社评：《太平洋大战爆发，暴日走上切腹之路》，《大公报》1945年12月9日，第2版。
〔2〕陈敢：《咏日本投降》，《安徽文献》1946年创刊号，第7页。

兴，厥然而倒，其命运正如日本的樱花，开时极为绚烂，极盛时便倏然凋谢。……在日本人初以中国字制造文字的时代，就有了一首诗：其起首与结尾的两句：'色与香都是要散的呀！''我们的人生谁能维持永久呢？'那不正是日本命运的写照吗？日本国家的命运真像那个样子，是由明治起；由明治，而大正，而昭和，不满三代，短短七十几年，而今厥然倒仆了！"[1]

战后不久的一九四六年，前往日本旅行的人也发出类似的感慨："日本人以樱花为国花，樱花确实是日本最适当的象征。当它在阳光底下盛开着的时候，一抹鲜艳灿烂的景色，足为太平洋战争初期盛极一时的日本的象征；可是樱花绝不如梅花那样经得起风霜，它的荣华仅如昙花一现，只稍经风雨的摧残，立刻就落英缤纷，狼藉满地，一缕芳魂，在日薄崦嵫中，随风而去，这足为惨败后的日本的象征。"[2]今天热衷于植樱赏樱的国人似乎忘了中国文化向来对梅花是情有独钟的，"已是悬崖百丈冰，犹有花枝俏"，即便在风刀霜剑的严冬之际，梅花亦能傲然地"凌寒独自开"。

当日本无条件投降之际，亦有人赋诗《受降》一首，以樱花之短命来比拟日本的盛衰。其诗云：

> 东京湾筑受降城，巨舰旗腾万国盟。
> 十载蚕鲸浑一梦，可怜春去落繁樱！[3]

樱花固然绚丽，然而，"明媚鲜妍能几时"？

---

〔1〕《大公报》社论：《日本投降了》，《大公报》1945 年 8 月 16 日，第 2 版。
〔2〕张德乾：《今日的东京》，《旅行杂志》第 20 卷第 1 期，1946 年 1 月，第 56 页。
〔3〕前人：《受降》，蒋明祺：《采风录》，《新重庆》1947 年第 1 卷第 1 期，第 127 页。

一

一九四五年八九月，对全世界、特别是对中国人来说，是一个令人"陶醉"的日子。世界上最后一个顽凶法西斯国家日本"无条件地"屈膝投降，三岛蜷伏，海晏河清。自一九三一年"九一八"事变以来，十四年的抗战以中国完胜告终；自一八九五年被日本抢占殖民五十一年的宝岛台湾重归祖国怀抱；自一七八九年日本吞并琉球，迈开对外侵略扩张的第一步始，一度膨胀自大，一味杀人扩地，不可一世，同时不自量力的日本最终被打回原形。

"全部帝国主义侵略中国史，以日本帝国主义之侵略魔手最为毒辣、最为残酷，六十年来给予中国的奇耻大辱，使有五千年光荣历史的中国蒙上若干污点与晦色。"[1] 今天，日本屈膝投降，对其时居"最高统帅"之位的蒋介石来说，国耻私仇，湔雪净尽。

"七七"抗战爆发后，蒋就称历来日本加诸中国的"奇耻大辱，无以复加"，"思之痛心"[2]，自一九二八年的济南惨案后，蒋在日记里，时时提醒自己不忘"报仇雪耻"，如今终成正果。一九四五年九月二日，日本向盟国投降，蒋介石在当日的日记中这样写道：

雪耻之日志（民国十七年济南惨案以来逐日记述），不下十五年。今日，我国最大的敌国——日本已经在横滨港口向我们联合国无条件的投降了。五十年来最大之国耻与余个人历年所受之逼迫与污辱，至此自可湔雪净尽。[3]

---

〔1〕 读者之友社编：《中国胜利与日本投降·序言》，重庆：读者之友社发行 1945 年 9 月初版，第 1 页。

〔2〕 蒋介石：《告抗战全军将士书》（1937 年 8 月）；《蒋委员长讲：抗战到底》，上海生活书店 1938 年 7 月版，第 10 页。

〔3〕 〔日〕古屋奎二：《蒋"总统"秘录》第 13 册，台北："中央日报"社 1978 年版，第 193 页。

中国共产党亦发表社论称，"半世纪来，我中华民族所受到的奇耻大辱，血海深仇，现在报仇雪耻了。这的确是我中华民族百年来未有的大事，值得全国同胞的热烈庆祝。"[1]能将几十年来不知天高地厚，在头上屙屎撒尿的凶狠顽敌打残打垮，无论对其时作为"最高统帅"的蒋介石，还是对每一个普通中国人来说，其欣喜痛快何如！

这不仅是中国"五十年来"的胜利，而且是中国"八十年来"的胜利。

> 日本这个以侵略起家的民族，自一八七一年以来，八十余年的历史中，它没有一天不在处心积虑地侵人的国家、灭人的民族，以达成它统治世界的迷梦，尤其是对中国，从灭亡琉球群岛起，到卢沟桥事变发生止，它的一贯的政策就是要灭亡中国，变成为它的奴隶、殖民地。它同中国所订的任何条约，几乎没有一条是平等的，因为它自从开始侵略以来，侥幸没有吃过败仗，所以它得寸进尺，永无休止，可是现在它终于被打败了，而且是"无条件投降"。从今后它的历史将从新写过，但在我们的历史上却创造了最光辉的一页。[2]

这不仅是近五十年、八十年、一百年的胜利，即便放在中国历史长河中，也是唯一的、空前的。

由冯友兰执笔撰写的"国立西南联合大学纪念碑碑文"中这样说道：

> 中华民国三十四年九月九日，我国家受日本之降于南京，上距二十六年七月七日卢沟桥之变为时八年，再上距二十年九月

---

〔1〕 社论：《庆祝抗战最后胜利》，《解放日报》1945年9月5日。田桓主编：《战后中日关系文献集：1945—1970》，中国社会科学出版社1996年版，第17页。

〔2〕 江肇基：《日本帝国的毁灭：纪日本投降始末》，昆明：扫荡报社1945年版，第72页。

十八日沈阳之变为时十四年，再上距清甲午之役为时五十一年。举凡五十年间，日本所鲸吞蚕食于我国家者，至是悉备图籍献还。全胜之局，秦汉以来，所未有也。[1]

从我民族数千年历史来看，日本全面侵华战争，真可谓是"四千年来所仅见的外患"[2]。用毛泽东的话来说就是"所谓亡国灭种者，旷古旷世无与伦比"[3]。王芸生则说："中华民族立国五千年一向孤立于东亚大陆上，未曾遇见过条件具备的敌手，更没有产生过全国的对外战争。"而这次对日抗战则是"第一次全国对外战争"。[4]因此，在反对外族侵略的民族御侮战争中，对日抗战胜利不敢说是绝后，至少是空前的，"全胜之局，秦汉以来，所未有也"之谓也。

对中国来说，"二战"胜利创下了一个"前所未有"。对日本来说，无条件投降，也创下了这个东洋三岛自有民族国家以来的一个"前所未有"，这是日本的"第一次亡国"。[5]一九四五年八月二十六日，盟军部队在日本厚木机场降落，前来监视日本，"日本夸耀从未被外国军队进占的三岛，从此已经不再成话"。[6]而向未为外敌"渎犯"过的"光荣"历史是日本引以为自豪的。"日本人一向在夸口着，自从神武天皇在纪元前六百六十年二月十一日践祚以来，他们这片神圣的国土，从没曾遭外国兵士'渎犯'过，而日本军部在这次战争中也一直是在宣传着一连串的

〔1〕李定一等编纂：《中国近代史论丛》第一辑第九册，台北：正中书局1977年版，第201页。
〔2〕雷海宗：《中国文化与中国的兵》，中国华侨出版社2013年版，第140页。
〔3〕毛泽东：《致蔡元培》（1936年9月22日），杨庆旺编著：《毛泽东致国民党人》，中共党史出版社2014年版，第82页。
〔4〕王芸生：《第一次全国对外战争》，《由统一到抗战（芸生文存第二集）》，大公报馆1937年版，第226页。
〔5〕苏振中：《日本之历史》，朱汇森主编：《中华民国史事纪要初稿》1945年8至9月，台北：台湾"国史馆"1988年版，第328页。
〔6〕读者之友社编：《中国胜利与日本投降》，重庆：读者之友社发行1945年9月初版，第72页。

赫赫战果。可是铁的事实摆在眼前,自从日皇裕仁宣告接受《波茨坦公告》之后,美国的陆海空军终于堂堂地开入了东京,来接受日皇和参谋本部的投降了。"不仅如此,而且"美国兵士在这座神圣的富士山巅升起了美国旗"[1]。

我们还得注意,这次日本投降不是一般的投降,而是"无条件"的投降。

> 本来么,"日本必败"是毫无疑问的。但日本以"无条件投降"则非人们所能想象得到的。……日本不得不俯首认输,终于按盟国要求"无条件投降"了!这是史无前例的一种方式。世人万没料到,以一个顽强的日本民族,会在这么种情况下,这么种条件下,宣布她的失败。从此在历史上遗留一个崭新的名词"无条件投降"![2]

"无条件投降"自然不是一个新名词,但对中国来说,却是"一个崭新的名词",这一中国空前绝后的胜利和日本前所未有的失败,自然是光荣壮烈的牺牲换来的。我们得知道,抗战是中华民族历史上规模最大、时间最长、战区最广、牺牲最大的国家御侮战争,而这一巨大牺牲的报酬便是一九四五年九月九日九时,这个三九良辰,日本在当时的中国首都南京向中国俯首投降。这个隆重的受降典礼虽仅仅二十余分钟,却值得我们永远自豪和回味。

关于十四年抗战,我们常常会谈那残暴的虐杀、悲怆的心绪、英猛的抵抗、壮烈的牺牲、卑劣的背叛、无耻的"合作"等,自然这是必要的。但我们很少意识到或者说至少轻视了这个空前胜利的意义。

---

〔1〕 张德乾:《今日的东京》,《旅行杂志》第20卷第1期,1946年1月,第56、58页。
〔2〕 陈纪滢:《抗战时期的〈大公报〉》,台北:黎明文化事业公司1981年版,第278页。

讳言耻辱、失败，宣扬光荣、胜利，人之常情，亦国之常情。对一个国家民族来说，纪念胜利往往必不可少。俄国有五月九日"二战"胜利纪念日，法国有十一月十一日"一战"胜利纪念日……论理，我们理应对此一"正义的"胜利大书特书。然而，奇怪的是，多年来，对于这个亘古未有的抗战胜利，我们却毫无感觉，自然也谈不上正式的纪念庆祝。

幸运的是，我们欣喜地看到，这种情形终于有所改变。二〇一四年二月二十七日，全国人大常委会第七次会议表决通过，决定将九月三日确定为"中国人民抗日战争胜利纪念日"，将十二月十三日设立为"南京大屠杀死难者国家公祭日"。此真为英明之决定。一个代表辉煌，一个代表苦难；一个是"欢乐颂"，一个是"悲怆曲"。在笔者看来，以国家立法的形式确定与抗战相关的两个纪念日正显示了我们对历史的尊重和珍视。特别是设立"胜利日"，更能激发自信，鼓舞人心，警示当下，保障未来。

二

编这本日本投降现场的书，正是基于"纪念胜利"的目的。可是，纪念胜利并不只是为了"陶醉"。

对于中国付出巨大牺牲所取得的全面彻底、伟大光荣的胜利，亦即日本当年的无条件投降，我们常常会听到这么一些有代表性的观点：（1）"屈原""苏武"论。即日本投降是"屈原"（美国的原子弹）和"苏武"（苏联的出兵）之功。（2）日本未败中国论。即中国的抗战胜利，是在盟军、特别是美国的帮助下取得的。言外之意是，没有美国的援助，光凭中国的力量，是无法战胜日本的，由此就会得出"日本并没战败于中国"的结论。（3）日本有条件投降论。日本的"投降"并不是"无条件"的，而是"有条件"的。（4）日本未降论。甚至有人，特别是一批不甘失败、耻于投降的日本人，自欺欺人地认为日本并没有失败，日本并没有投降。

问题在于，上述观点和看法，不仅在当时业已存在，甚至在今天仍然流行，不光为外国人所接受，甚至为我国有些人所默认。

这些问题关系到中国本土的抵抗与国际社会的援助的关系，关系到中国抗战的贡献问题，关系到日本认识历史、反省战争问题，关系到日本军国主义阴魂不散甚至重新抬头的现实问题等。要回应这些观点，自然需要认真的研究。除此之外，我们有一个最简单、最直接的办法，就是将当年的盟国首脑的公告声明，日本签字盖章的投降文书，日本一次次屈膝投降的现场报道和当事人回忆摆在桌子上。白纸黑字，何需废话？如果日本没有完全战败于中国，那一九四五年日军向中国一次次俯首屈膝、呈递降书的事情就应该没有发生过！事实胜于雄辩，何况狡辩和诡辩！

老实说，这正是编者编选这样一本书最重要的原因。以下，我们对上述所谓的"屈原""苏武"论、日本未败中国论、日本有条件投降论、日本未降论这四种代表性的观点略作分析。

三

关于日本投降的第一种看法是，日本投降是"屈原"和"苏武"之功。

一九四五年八月六日、九日，美国分别在日本的广岛、长崎投下了原子弹，不仅使得这两座城市遭到灭顶之灾，也让负隅顽抗的日本看不到转机的希望。"屋漏偏逢连夜雨"，几乎与此同时，八月九日，苏联出兵中国东北，以摧枯拉朽之势横扫盘踞中国东北的"关东军"。八月十五日，日本天皇广播投降诏书。表面上看，日本的投降是"屈原"和"苏武"之功，然而，客观地讲，这两个因素，"加速了"日本的投降，并非"决定了"日本的投降。须知此时日本已处灯油耗尽、灯光如豆之势，两股狂风刮来，自然会加快油尽灯灭的速度。

这也就是说，没有美国的原子弹、苏联的红军，日本也一定会失败投降的。我们甚至可以说，日本发动"卢沟桥事变"开始全面侵华、中国开始全面抗战的时刻，就是日本走向灭亡的开始。如果说，抗日战争初期，特别是中国抗日陷入暂时不利的形势的时候，除了部分糊涂蛋（如汪精卫、周作人之流），持有"抗战必败论"外，明眼人（如毛泽东、蒋百里等），都能看出"中国必胜，日本必败"的最终结局。当抗战初起，蒋百里先生就讲过"英雄跳，我们笑"的最终结局，逆世界潮流而动，只有自取灭亡之一途而已，只不过，这话应当改为"小丑跳，我们笑"更为妥切。

更不用说时间到了一九四五年初，不要说"明眼人"，就连"瞎子"也能看到"倭寇必然崩溃"的结局。那时，人们在报刊上讨论的话题就不是什么日本是胜是败的问题，而是"几时踏破东京"的问题了。也就是说，这时人们关心的不是日本投不投降的问题，而是何时投降的问题了。当时，有人就这样作出"日本绝不能再撑半年"的预言：

> 与其罗列数字瞎猜，毋宁诉诸常识；常识告诉你也告诉我，日本的军力和军火补充力，对于盟国是无法比拟的，有了这点常识，就能作最后的判断了。就现局看来日，今年的春夏之交，必然有大变……中国的失土尽得尽复，就表示是日本的末日；我不敢想象，到那时盟军是否已经登陆三岛。但无论是或否，日本绝不能再撑半年。这是一个平情的推断，其中并不包括任何突袭。至此，我写下我的结论：几时踏破东京？我说最迟到明年底。[1]

看看，这才是真正的"预言帝"。

"日本鬼是颇能慎重的，它在日俄战争中，战无不胜，犹偷偷地哀恳别人说和，何况在今天的局面？"[2]你"瞎子"都能看出的事情，

---

〔1〕 周天辉：《几时踏破东京？》，《新闻天地》1945年第1期，第7页。

〔2〕 傅斯年：《我替倭奴占了一卦》，《傅斯年全集》第5册，台北：联经出版社事业公司1980年版，第290页。

对日本必亡的感受最为真切的日本人自己何尝不知自家的底细？他们当然知道等待他们的末日即将来临，并做好了接受失败、打算投降的心理准备。

事实上，"日本投降前夕，军事上早陷绝境"。[1]我们且看一九四六年《益世报》上发表的一则报道，报道称不久前公开的美国战略轰炸调查团报告显示，"一九四四年春间，日本海军各领袖已断定日本绝非不能战胜。及至一九四五年五月间，日皇及其顾问等已决议战争应予以结束，即使依照盟军条件承认战败亦所不惜。"也就是说，"即使美国不投原子炸弹，苏联不参战，及盟军不计划攻入日本本土，日本亦将于一九四五年底投降"。[2]这一说法在日本内阁书记官长迫水久常的回忆文章中也可以看到。一九四五年五月，德国法西斯的覆灭，使得日本不得不思考自己的前途和命运，经过一番研判后，他们得出这样的结论："日本国内之现状，除非实行何等特别新奇之措置，否则战争实无法继续，已极明显，至于列国对日之态度，因德国之崩溃，渐趋强硬，当时并判断，约至九月末，苏联必对日宣战。所以至迟若不以七八月末为目标，作全部根本之动员，完成某种目标之准备，非但保卫冲绳岛困难，即本土决战，亦非易事。"[3]也就是说，即使没有原子弹，日本也同样吃不消、扛不住，他称："同时因美国对日之一般空袭，远较日本当初想象为猛烈，故有人观察，纵无原子炸弹，约至九月底，日本青森县以西，全国人口在三万人以上县份，悉将化为灰烬。"

更为"奇葩"的是，有日本人认为，美军投掷的两颗原子弹，对日本来说是投降的天赐良机。"其中亦有认为此为天赐日本结束战争之绝好

---

〔1〕 这是《良友》杂志 1945 年 10 月号的一个标题。《良友》第 172 期，1945 年 10 月号，无页码。

〔2〕 《美调查团公布日投降酝酿经过，一九四四年大局已定，即无原子弹亦必投降》，《益世报》1946 年 7 月 21 日，第 4 版。

〔3〕 ［日］近卫文麿、迫水久常：《日本投降内幕》，孙识齐译，国际文化服务社 1947 年 1 月版，第 90 页。

机会，绝非败于军队，乃败于科学，故虽投降，并非耻辱。"[1]冥顽不觉悟，死要面子如此，真是可叹可悲。

注意，日本败于"屈原"与"苏武"之说，很大程度上是这些死要面子不要命的日本人所持的观点。他们认为他们之失败一则是因为"美人在科学研究上较日人进步"，二则是因为苏联"忘情负义，乘人之危"。"他们不承认原子弹和苏联参战只使战争早结束，不承认今天的失败是多年侵略错误的结果，而是冠冕堂皇地硬说他们的投降是由于避免人类大屠杀。"[2]

事实上，日本投降是"屈原"和"苏武"之功这样的说法，在日本战败之时，便有是说。一九四七年六月十二日，吴相湘先生曾在北京大学史学系公开讲演就对此说进行辩驳。"因如无中国军民之艰苦奋斗八年，尤其是珍珠港事变前后的四年更可珍贵，争取了这一余裕时间，美国如何才有时间从事整军反攻，并使原子弹的研究发展成功？"他指出"蒋委员长领导全国抗战的最高战略指导原则：步步为营的后退决战法，才是抗战胜利的主要因素"。[3]

因此，我们并不是说"屈原"与"苏武"无功，而是说其功在加速了日本的投降，特别是在保存自己、歼灭敌人上立了大功，但其并非日本是否投降的决定因素。

四

关于日本投降的第二种看法是，日本战败于美国，并没有战败于中国。

没有"屈原"和"苏武"，那没有盟国，特别是美国的援助和协作，

---

〔1〕 [日] 近卫文麿、迫水久常：《日本投降内幕》，孙识齐译，国际文化服务社 1947 年 1 月版，第 96 页。

〔2〕 朱启平：《日本投降是暂时的休战（二）》，《大公报》1945 年 10 月 3 日，第 3 版。

〔3〕 吴相湘：《爱国忧时文存》，台北：传记文学出版社 1973 年版，第 106—107 页。

中国还能战胜日本吗？持此种看法的人多认为，中国的胜利是在美国的援助下取得的，进而得出这样的认识，日本败于美国，并非败于中国。持这种看法的人，过去即有，今天亦然，大部分日本人这样认为，一部分中国人也这样认为。

一九四五年八月二十一日，日本乞降使今井武夫抵达芷江乞降，有记者问他来芷江的感受，今井是这样回答的："我是代表冈村宁次前来向中国军方呈递投降文件的。在抵达机场上空时看到的人群中，美国人超过中国人。"当时在芷江参与洽降工作的中国派遣军第四方面军中将参谋长邱维达、中国陆军总部第四处处长刘措宜，后来在回忆文章中认为："此话用意含蓄，日本虽然战败，他仍有不服输之意。"[1]今井所云或是事实，"第一招待所里充满了星章的将军，但来接待日本代表的是一位少校，此外仅有师管区的郑司令和担任警戒的新六军的团长，中国方面的人显得特别少，只有警卫的士兵，冷然握着枪杆站立"[2]。后来，今井武夫在本人的回忆录中也不无阿Q地称："中国军对于迄当时为止夸耀不败的日本军，觉得并非凭自己的力量获胜，而是依靠盟军在其他战场胜利的压力，才名列战胜国之一，因而他们自己并没有战胜的实感，对日军的畏惧心理尚未消除。"[3]"煮熟的鸭子嘴仍硬"，今井正是代表了这样的一批"不服输"的日本人。

日本并没输于中国，在当时，就有部分中国人也是这样认为的。一九四五年元月《新闻天地》创刊号的第一篇文章是冯玉祥的《倭寇必然崩溃》，冯一开始就向大家欣喜地报道了三个好消息，一是"东京就要炸平了"，二是"鬼子的兵船大都炸毁了"，三是"鬼子的飞机，大都打坏了"。

---

[1] 邱维达、刘措宜：《国民党受降片断回忆》，向国双主编：《芷江受降》，岳麓书社1997年版，第189页。

[2] 时集锦：《芷江受降记》，向国双主编：《芷江受降》，岳麓书社1997年版，第254页。

[3] ［日］今井武夫著：《今井武夫回忆录》，天津市政协编辑委员会译，中国文史出版社1987年版，第230页。

接着，他说有人可能要问，"但那都不是我们自己去打的呀！那全是人家美国的呀！我要提醒大家不要忘了同盟两个字。同盟两个字，说得文一点，就是荣辱与共，生死以之。说得白一点，就是露脸同露脸，丢人同丢人。不管同盟国是胜利或失败，都是一样的。"[1]

冯对这个问题的回答是要大家正确理解"同盟"之含义，同盟者即不分彼此，美国的功劳就是我们的功劳。这个回答似乎并不能令人满意，因为一般人还是觉得，"虽然我的朋友一刀将敌人杀死了，但总没有我自己用手指头把敌人的眼睛挖出来痛快"。

直到今天，和当时的冯玉祥一样，我们似乎很难回答这个问题。台媒在批驳"日本'二战'未败给中国"论时称，"日本发动战争是为了迅速屈服中国，这是速战速决的政治目标，这个目标一旦无法达成，即为战败"。[2]既然日本没有迅速征服中国，那日本就已经败于中国。这样的回答似乎很牵强。

事实上，是美国，而不是中国打败了日本，这样的说法无疑与事实不符，也漠视了中国在抗击日本法西斯中的贡献。其实，当时丘念台就已回答了这样的问题，他说：

> 抗战胜利初期，有些人有意无意地说：日本是给美军方面打败的，中国没有力量对日反攻。显然，这是很不公平和不明事实的说法。我国抗战几个年头，忍受重大牺牲，始终苦撑下去，达成了消耗敌人、拖垮敌人的战略目的。日本的大部分兵力，投入在中国广阔的战场上，等于是被长期冻结在一起，这是我国对世界反侵略集团的一大贡献。当日寇战至精疲力竭之际，美国向其

---

[1] 冯玉祥：《倭寇必然崩溃》，《新闻天地》1945年第1期，第1页。
[2] 台媒：《驳"日本'二战'未败给中国"论与军力强弱无关》，http://world.people.com.cn/n/2015/0413/c1002-26837019.html，2015年4月27日。

本土投下两颗原子弹，不过只是一道催命符而已！[1]

且不说在十四年的抗战中，基本上是中国单打独斗抗击日寇，"独力苦撑达十年之久"[2]，消耗了大量日军。更不用说，待到同盟国和轴心国物以类聚，正义和邪恶决战之际，中国战场牵制了大量日军。这样的贡献我们又岂能视而不见，妄自菲薄？

在论及"中国抗日战争对世界之贡献"，何应钦这样说：

> 第二次世界大战，由日本军阀侵华肇其端。复由日本无条件投降而结束。其初也，仅为中国独力对日抗战，尔后逐渐发展为世界反侵略集团（同盟国）对抗侵略集团（轴心国）之战争；战区则由中国一地，扩张至欧、亚、美、非、澳各洲。但不论其如何演变，中国自始至终，均立于反侵略之最前线，肩负起最艰巨之主力战。故作战时间最长，抗敌牺牲最大；同时对整个战局之影响亦至深，对世界之贡献亦至巨。苟无中国英勇之全面抗战，或战而不能坚持到底，则不特提早日本军阀征服亚洲之时日，且英美各国亦将因无作战准备之余暇，必益增困难。果如是，则人类所遭受之灾难浩劫，实不堪想象，世界历史将重写。[3]

但愿别有用心的日人，妄自菲薄的国人，反复品读一下何应钦的这段话。

因此，在对日战争中中美所起作用中，我们似乎可以说，中美两个主要盟国共同发挥了极为重要的作用，正如中国离不开美国一样，美国

---

[1] 丘念台：《我的奋斗史：岭海微飙》，台北：中华日报社 1981 年版，第 299—300 页。
[2] 何应钦：《中国抗日战争对世界之贡献》，《八年抗战与台湾光复》，文海出版社 1970 年版，第 187 页。
[3] 同上书，第 180 页。

同样离不开中国，强调任何一方的贡献，而忽视另一方的贡献都是不正确的。但不幸的是，我们似乎只看到美国之于中国的援助，没有看到中国之于美国的援助。因此，如果就美国一面而言，是"抗日援中"，那对中国一面而言，何尝不是"抗日援美"。

二〇一四年十二月十四日，笔者在巴黎犹太艺术历史博物馆（Musée d'art et d'histoire du Judaïsme）参观，顺便细看了此地正在举办的犹太裔美籍摄影师 Roman Vishnuac（此人亦为爱因斯坦等名人摄影）的摄影展，看到他在纽约唐人街拍摄的几幅照片，有一张照片是一华裔女子躺在床上献血，据说明知，从一九四三年七月到一九四四年一月，纽约唐人街中国血库，已帮助了一千七百五十七位抗日的中美战士。还有两幅照片是一个美籍华裔海军水手的葬仪，一幅是众人抬一棺柩在街上行进，一幅是正将棺柩抬入追悼现场的情形。看注解方知，一九四一年在美国共有十一万华裔，其中超过一万三千位华裔在美国服役。也就是说有超过10%的美籍华人在美军服役作战！虽然华裔在国籍上是美国人，但为了对付那穷凶极恶、冒犯践踏"祖国"的日寇，男人沙场捐躯，女人挽袖献血，其为"祖国"而牺牲的精神何等感人。从这个角度讲，我炎黄子孙何尝不是"抗日援美"。华人入列美军行伍，只是中美两个民族国家肩并肩共同抗击日本的一个具体个例而已。至于我亿万国人，万众一心，同仇敌忾，在广袤的土地上与日军浴血奋战，殊死决斗，一方面固然是为了中国，但另一方面何尝不是为了美国，为了世界。

因此，虽然分居浩瀚的太平洋两岸，但为了一个共同的目标，对付一个共同的敌人，中美两国，互相支持，共同应对。那么，我们就不要说什么"美国支援中国打胜仗"之类的话。如果真要在中美抗日中"论功"的话，也有人认为日本是"被中国打败，向美国投降"，持这样观点的不是别人，正是日本国立山口大学副校长、历史学家纐缬厚先生，他研究发现：

日本向中国战线投入的兵力，远远超过向以美国为对手的太平洋战线。从军费的数量来看，也是向中国战线投入更多。也就是说，日本的军事力量和国力是在中国的抗日战争中消耗殆尽的。基于历史事实，我把先前的战争定论为"被中国打败，向美国投降"。非常遗憾，现在的日本青年还不具备这样正确的历史认知。日本误以为败给了美国。基于这种错误的历史认知，日本形成了过分依赖美国的态势。[1]

　　退一步而论，假使没有世界反法西斯同盟，面对凶恶的敌人，中国就束手待毙、甘为日奴了吗？事实上，在美军正式对日宣战前，中国"单独"抵抗日本已长达十年。一九三七年，蒋介石在国庆广播中就说："真正的胜利，必从持久奋斗中去求，绝不可以侥幸而得，国际的同情，足使我们兴奋，但不可以有所倚赖，我们必先自助，他人始能助我，所以我们国民必须坚苦卓绝，不顾牺牲一切地精神，要百折不回，奋斗到底。"[2]虽说"得道多助"，但要别人只因"道"而为你抛头颅，洒热血，往往是靠不住的。

　　因此，我们就能看到这样的事实，"于一九三一年日本占我满洲之际，列国曾容许其肇始，洎乎一九三二年，日本轰炸上海闸北居民于睡梦之中，列国实纵容其继续，及今日本再度大举侵略，铁蹄遍踏中国全境，列国竟亦默许熟视无睹"。甚至到了"七七事变"，日本毫不忌讳地宣称要征服中国时，素日将"公理正义"的高调唱得响彻云天的西方文明世界也是若无其事，缄默无语。

　　一九三七年九月，宋美龄在向美国的广播演说中说："就日本目前在

〔1〕［日］颢缅厚：《不承认侵略历史的"第二罪"》，《人民日报》2013年7月1日，第3版。
〔2〕蒋介石：《争取最后胜利》（1937年国庆日广播演说），《蒋委员长讲：抗战到底》，上海生活书店1938年7月版，第36页。

华之行动而论，诸君当能明见日本居心险恶残忍，依照其预定计划进行，数年以来日本无日不在准备征服中国之企图。为达此目的，即完全歼灭我中国人民，亦所不惜，所奇者，列国竟都袖手旁观，无一以为痛痒相关者，其因日本每日宣传虚构事实竟获确信欤？抑或因日本有催眠之技，驱使世界缄默？甚且八月廿八日日本首相近卫之宣言，声称'日本意在鞭笞中国使其屈膝，不敢再有抗战之精神'，似亦未有任何效果。"[1]她对西方世界质问并讽刺道：

> 余今敢问，西方诸国，坐视现此之残杀与破坏，噤无一词，是否可视为讲求人道，注意品德，尊侠尚义，信仰耶稣文明之战胜乎？又试问现在第一等强国，袖手旁观，一若震慑于日本之暴力，致不敢以一语相诋评，是将不视为国际道德，耶稣信条，或所谓西方优美道德之坠落之先声乎？如果西方各国，对于以上各节，漠不关心，对于所缔条约，轻于放弃，则吾素以怯懦者见称，且连年埋头苦干之中国人，亦只好就其力之所至，抵抗到底，吾人将战斗以迄获得最后之胜利，或战斗以迄至最后之惨败，纵使大好江山，悠远历史，均为碧血所染同归毁灭，亦所不惜。[2]

你以道德标榜的西方世界不过纸上的英雄，而我以"怯懦见称"的中国人却是行动上的勇士。你不提供实质性帮助且罢，但奈何连道义上的支持和精神上的同情也如此悭吝？

于是我们可以看到，自"七七事变"，日本全面侵华以来，"中国作战了一年半之后才获得美国第一次贷款。……我们作战了三年八个月之

---

〔1〕 宋美龄：《为条约之尊严而战》，《蒋委员长讲：抗战到底》，上海生活书店 1938 年 7 月版，第 63—64 页。
〔2〕 同上书，第 71—72 页。

后才获得包括在能享受一九四一年三月租借法案的国家之内。我们作战了整整四年之后英美政府才开始冻结日本资产，并且对日本进行全面的禁运。我们作战了四年五个月之后才找到并肩作战的新盟邦"[1]。"事不关己，高高挂起"，倘日本不偷袭珍珠港，美国不深受其害，国际社会恐怕还得姑息养奸，袖手旁观，中国恐怕还得"孤独"抗战。

不论中国"孤独"抗战胜败前途如何，日本想打败中国、统治中国，且不说军事的、经济的、文化的等因素，单从常识判断，就无异于白日做梦。一九三八年十二月二十六日，蒋介石在发表"总理纪念周"演讲时称：

> 我们由于对日本阴谋的总检讨，发现了敌人的凶狠，也发现了敌人的狂妄，我们真不明白敌人何以失去理智到这样地步？世界上岂有七千万人口的民族而可以消灭一个有五千年历史、四万万五千万人民、一千二百余万平方公里土地的大国？岂有一个有主义的革命政府，而可以轻易受人威胁，以至于放弃其革命救国的使命？[2]

面对如此规模的人口、如此广大的地域，加上一个"有主义的革命政府"，你日本做并吞中国的迷梦之前先得称称自己到底有几斤几两。

一九四二年，胡适在解释"中国在如此困难的情形下怎么会有办法对一个强敌抵抗了那么长久的时间"这个"现代的奇迹"时，也说了包括蒋介石曾经说的"常识"在内的五个因素。一是"空间"，中国抗战以空间换取了时间。一是庞大的人口，"我们充满信心地相信一个拥有

〔1〕 胡适：《中国为一个作战的盟邦》，欧阳哲生编：《胡适文集》第12册，北京大学出版社1998年版，第780页。
〔2〕 蒋介石：《揭发敌国阴谋　阐明抗战国策》（1938年12月26日），张其昀主编：《蒋总统集》第1册，台北："国防研究院"1968年版，第1088页。

七千万人口的日本绝对无法征服一个拥有四亿五千万人口的中国"。一是历史性的全国的团结。胡适说，"中国曾在一个帝国，同一个政府，同一个法律制度，同用一种文字，同一个教育形式和同一个历史文化之下继续不断地生存二十一个世纪以上的时间。这个团结着的国民生活之延续是任何其他种族、国家或洲陆所无可与之比拟的"[1]。胡适所说的亦即"大一统的历史文化传统"，面对此两千多年的强大历史文化传统，凭一个岛国的一时嚣张，就能得逞？

然而，"暴力主义和常识是不能并立的"。[2]患上了统治世界、征服中国狂妄症，迷信武力的日本可悲之处正在于看不到摆在眼前的这么一个基本事实和常识，不自量力，最终磕死在中国这堵铜墙铁壁上。

也就是说，即使没有盟军的并肩作战，日本前途恐怕也只有必败之一途，更何况在盟国之间互相配合、互相援助下，日本岂有活路？

五

关于日本投降的第三种看法是，日本不是"无条件"投降的，而是"有条件"投降的，这"条件"便是"保留天皇制度"。

一九四五年七月二十六日，盟国发表《波茨坦公告》，敦促日本无条件投降，宣言最后一条即为："吾人警告日本政府，立即宣布所有日本武装部队无条件投降，并对此种行动有意实行，予以适当之各项保证，除此一途，日本即将迅速完全毁灭。"面对如此严厉警告，日本以为盟国是吓唬他，开玩笑，等见了"棺材"后，八月十日，走向绝境的日本正式向四强中美英苏提出接受《波茨坦公告》，但同时附以"一项谅解"。该

---

〔1〕 胡适：《中国为一个作战的盟邦》，欧阳哲生编：《胡适文集》第12册，北京大学出版社1998年版，第774页。

〔2〕 胡适：《一个民族的自杀》，欧阳哲生编：《胡适文集》第11册，北京大学出版社1998年版，第444页。

"谅解"称，"上述宣言并不包含任何要求有损天皇陛下为至高统治者之皇权。日本政府竭诚希望（广播时至希望……以下暂停，至深夜十一时半后始续下列一段）此一谅解能获保证，且切望关于此事之明白表示，能迅速获致。"[1]

看来，保存天皇制的谅解，确像是日本的"条件"，而且事实上，天皇制是被允予以保留。

得到日本愿意接受《波茨坦公告》所载条款，同时希望保留天皇之国家统治大权的通告，第二天，八月十一日，美国代表同盟国发表立场，其中有云：

日本国政府及日本天皇之国家统治权，自投降之日起，均由联合国盟军最高司令官行使。司令官为实施投降条款，得采取认为必要之措施。

日本国最终之政府体制，应根据《波茨坦公告》，由日本国国民自由表明之意志决定。[2]

注意，盟国的答复无非是说天皇及日本政府之统治权均由"盟军最高司令官"行使，而不是日本所希望的"天皇陛下为至高统治者"，至于天皇去留则由日本国民决定。换句话说，天皇也许可以照常做，但麦帅一定要做"太上天皇"。事实上，麦克阿瑟的确身居"太上天皇"的地位，日本人不愧是服从强者的典范，"盟军最高统帅麦克阿瑟与裕仁天皇两人，在日本人的心目中，是唯一的存在。在他们的心目中，麦帅是他

---

[1] 朱汇森主编：《中华民国史事纪要初稿》1945 年 8 至 9 月，台北：台湾"国史馆"1988 年版，第 136 页。

[2] 同上书，第 173 页。

们最高的统治者，是他们命运的支配者，天皇是他们传统的领袖，是他们民族之酋长"[1]。

事实上，早在一九四三年底召开的开罗会议上讨论日本的"后事安排"时，盟国就对日本保留天皇制达成一致意见，而提出保留天皇制的人，不是一九四五年的日本人，正是早年留学日本、对日本文化有所了解，后来和日本干了十来年、对日本宽宏大量，但又被日本耍弄的"蒋委员长"，而且这一提议得到罗斯福和丘吉尔的赞同。

何应钦这样说：

> 此次会议最大之成就，除中国收复东北及台湾、澎湖等地外，厥为承认朝鲜于战后独立之自由，及日本天皇制度于战后由日本人民自决两事。此两项重要问题，均系蒋委员长强力主张，而深获罗斯福总统赞助者。其中保存日本天皇制度一项，其影响最为深远，不但对战败后日本惶恐的民心有镇定作用，而尤要者，为给日本人民以希望及奋斗之勇气，使破碎之日本得以迅速复兴。否则，废除天皇制度，使日本人民精神无所寄托，势必促成日本更混乱。[2]

因此无论是《开罗宣言》，还是《波茨坦公告》，要求日本无条件投降，本身就不包括铲除天皇制，日本对此自然不了解，于是纠结、烦躁，于是提出一个对盟国来说早已同意，并早已获得一致意见的要求，这个"条件"又算哪门子的"条件"呢？

可是，即便如此，盟国的复文亦非永保天皇地位之承诺，"十三日

---

〔1〕 贾鹏飞：《东京小报告》，《新闻天地》第12期，第8页。
〔2〕 何应钦：《中国抗日战争对世界之贡献》，《八年抗战与台湾光复》，文海出版社1970年版，第185—186页。

夕，据传美国方面曾广播称：该复文绝非联合国永久保障日皇地位之意。此广播固被一向认为复文为不承认之表示者，视为有力之证据，同时又足以显示保持日本之国体，并非美国而是日本国民本身"。[1]奇怪的是，今天我们的认识甚至反不及当时日本人的认识，我们偏要将之视为盟国满足日本条件之表示，进而认为当年日本是"有条件"投降的。

如果要说有条件投降，当初日本的确想提出他们的条件，就在日本挨第二颗原子弹轰炸的时期，他们还在讨论日本到底是"无条件"还是"有条件"投降，他们讨论中的"有条件"投降的"条件"有三：

一、设法交涉占领军不在日本本土登陆。
二、在外日军，在当地不采取无条件投降形式，作为自动的撤兵而复员。
三、战犯之审判，由日本自行办理。[2]

当然这也是以"《波茨坦公告》不包括要求变更天皇在国法上地位"为前提。如果说，日本是"有条件"投降的话，这才是他们所提的条件，然而，只可惜这三个"条件"，大概连他们自己也觉得过于奢侈，一厢情愿而已。

当然，保留天皇制绝非意味着当时人们就认为天皇是清白无罪的，相反，很大程度上，"天皇制"是日本走向军国主义侵略扩张道路的重要因素，当时很多人都主张铲除这一战争精神的"发动机"。在听说日本有要求保留天皇制的"谅解"的第二天，八月十一日重庆《中央日报》发表社论《论日本投降》，社论称：

〔1〕〔日〕近卫文麿、迫水久常：《日本投降内幕》，孙识齐译，国际文化服务社1947年1月版，第109—110页。
〔2〕〔日〕同上书，第100页。

中、美、英、苏之将拒绝日本希望保留天皇"皇权"的投降，是当然的。波茨坦四强的公告，固未提及日本的天皇制，但公告的精神，显然并未允许日本以维持所谓天皇的"皇权"为条件，而今日本却以不损其天皇"皇权"为条件，那就显然是和波茨坦四强公告的精神相抵触。大西洋宪章固允各国人民自由选择其政制，却也并未允许各国以怪诞哲学和神话为基础的政制的存在。因为这种以怪诞哲学和神话为基础的政制，正是造成侵略狂心理的因素。日本如果真的希望"迅速获致"免于毁灭的遭遇，那就必须由日本人民自己起来打倒军阀，作完全无条件的投降。须知无条件投降之下，不容掺入任何类似有条件的希冀，提出类似条件的希冀，那就等于没有无条件投降的诚意和决心，也等于没有从毁灭命运中救出自己的勇气。[1]

中国共产党也在要求严惩战犯的社论中明确指出天皇的战争责任，"日皇裕仁，是国家的元首，又是陆海空大元帅，自然也不能逃避对战争应负的责任"。[2]《大公报》则称，"'天皇'是战争罪犯，该彻底推翻。"[3]

当时，除了一般人抱有"铲除天皇制"的观点之外，也有一些人抱有与蒋介石类似的观点。在一九四五年五月的中国共产党第七次代表大会上，日本共产党代表冈野进（野坂铁）提出这样的观点："天皇不能推诿战争的责任，但直至今日，天皇是大多数日本人民尊敬的对象，因此，天皇的存废问题，应由战后日本人民的自由意志决定之。但假设即使日本人民决定继续保存天皇，这时的天皇绝不能如过去似的，掌握着反民

〔1〕 社论：《论日本投降》，《中央日报》1945 年 8 月 11 日，第 2 版。
〔2〕 社论：《严惩战争罪犯》，《解放日报》1945 年 9 月 14 日。田桓主编：《战后中日关系文献集：1945—1970》，中国社会科学出版社 1996 年版，第 21 页。
〔3〕 社论：《是投降的时候了！》，《大公报》1945 年 8 月 11 日，第 2 版。

主的、庞大的专制独裁权。"〔1〕而这一观点几乎和此后盟国对日本的答复和改造日本的做法相当吻合。

可是，为什么要保留天皇制呢？天皇固然对战争负有不可推卸的责任，但同时要看到，在天皇神圣观念长期以来熏陶灌输下的日本人心目中，天皇已成为一般日人的精神依靠和象征，在当时实际情形下，保存天皇制，有其一定的合理性。譬如一群恶犬咬人，虽然主人曾纵容、唆使，对恶犬咬人要负责任，但为了不使恶犬发疯，再次伤人，权且保全主人。

说来可笑，就当时而论，日本虽然"文明开化"了七八十年，但对日本人来说，天皇根本就不是人。"考稽日本史家记述之日本'天皇'制史实，简直'天皇'不成一个东西。"〔2〕这或许对我们来说是不可思议、无法理解的事情，但对当时的日人来说却是当然之事，此亦足见日本文化"怪诞"之一面。傅斯年曾说："日本在维新之初，除去积极的走向近代化以外，又弄一套'祭政一致''国体明证'的神秘法门。日本之强，是他近代化之效，而把日本造成一个神道狂，因而把日本卷入这个自杀的战争中，便是这神秘法门的效用。难道这是可以效法的吗？"〔3〕正是天皇制下的神道狂将日本推向自杀。

日本宪法规定"天皇神圣不可侵犯"，"日本帝国由万世一系之天皇统制之"。虽然史实上天皇并非"万世一系"，而且事实上亦非"神圣不可侵犯"（"在日本的历史已经告诉我们，'天皇'简直等于一条可怜虫"）。明治之前，天皇不唯得不到任何尊重，甚至其地位和厄运可称得上是有史以来世界上最惨的皇帝。罗素引用的张伯伦教授的话是这样说的，"自

---

〔1〕《日本共产党代表冈野进同志关于波茨顿宣言及天皇问题的声明》，《解放日报》1945 年 8 月 13 日，第 2 版。

〔2〕关稼农：《战后之中国》，中华出版社 1943 年版，第 131 页。

〔3〕傅斯年：《"五四"二十五年》，《傅斯年全集》第 5 册，台北：联经出版社事业公司 1980 年版，第 281 页。

人类有历史和人们有记忆以来，世界上恐怕没有哪个国家像日本人这样慢待皇帝。皇帝有的被废黜，有的被杀戮，每次皇位的更替都是血腥和阴谋的征兆，这样的情况持续了几百年之久，许多皇帝遭到了流放的厄运，有的甚至在放逐中被谋杀……"[1]明治以来，王政复古，尊王攘夷，天皇被重新抬出来，祭在祭坛上。但是，对于日本天皇，"军阀虽视之不若，但对于无知的人民，则使认为'神'为'圣'，并向彼辈说明：为'天皇'而死，灵魂可以上天堂。反之，若背叛'天皇'，则死后必堕地狱，永不能超生。"以此等愚民教育，"日本士兵因而均愿为'天皇'而死，人民亦甘为'天皇'而死，日本兵士之勇于战斗，与军阀之挑起侵略战争，均系'天皇'两字之使然。"[2]这里提醒大家注意的是，在今天的社会里，很多恐怖活动正是"杀人死后上天堂"的极端愚昧的精神所致，而那些极端分子已是"人人喊打"的"世界公敌"。以今例古，我们就不难理解当初日军残暴杀人的精神基础。

将天皇视为神，虽然在外人看来荒谬不经，但在一般日人看来，却深信不疑。我们还可以看到，即使在战后，"一个帝制的最后残垒仍然阻挡在民主的大道上，妨碍着日本人的进步"，但"日本人久受着传统思想的束缚，也似乎并不想丢弃这尊业已戳穿了的纸老虎的偶像。日本人至今仍旧尊崇着他们的天皇"。日人对他们的天皇仍是奉若神明，忠心不贰。

> 日本人对于天皇的忠心也是世所罕见的。他们至今还不相信这次战争，以及战争所带给他们的灾祸，是应该由天皇负责的。他们认为天皇是神圣不可侵犯，甚至不可批评的。多数人甚至并不知道昭和的名字叫裕仁，因为天皇的名字岂是小百姓所可以挂

---

[1] [英] 罗素：《中国问题》，秦悦译，学林出版社 1996 年版，第 82 页。
[2] 关稼农：《战后之中国》，中华出版社 1943 年版，第 133 页。天皇崇拜也不限于平民百姓，军阀亦然，明治去世后，其国民如丧考妣，更有大将乃木希典自杀以殉，足见天皇在此辈心中的位置。

在嘴上的！兵士退伍时要向皇宫告别，乡下人进城时也要向皇宫致敬，甚至代表着天皇的警察也到处受人鞠躬。

有一件事是十分奇异的。虽然日本共产党是唯一的主张废除日皇的政党，仍然有许多日本共产党员仍然难以摆脱那种传统思想的束缚，舍不掉他们的天皇。有一位女党员在大会中慷慨激昂地发表演说，主张打倒日皇，可是，说到后来，受不过内心的痛苦，终于当场哭起来了。可怜的日本人，究竟要到什么地步，才能毅然决然地把这尊无益的偶像掷个粉碎呢？[1]

值得注意的是，保留天皇制显然不是将天皇原样供奉，还要将他请下"神坛"来，因此，我们就能看到，在麦克阿瑟的安排下，一九四六年一月一日，日本昭和天皇"走下神坛"，发表所谓的《人间宣言》，让其自己承认自己是"人"，不是什么所谓的"现人神"（现代人世间的神）。这是后话。

六

关于日本投降的第四种看法是，日本根本就没有投降。

有人甚至更进一步，认为日本并没有失败，也没有投降！如果说日本是"有条件"投降是故意搅浑水的话，说日本并没有投降，就无异于掩耳盗铃了。

投降，而且是无条件投降，对一个国家和民族来说，尤其是对一个性格死硬、倔强，而且自称对"耻感"特别在乎的日本人来说，毫无疑问，是件奇耻大辱的事情。于是，不敢面对投降，偏不承认投降，就成为部

---

[1] 张德乾：《今日的东京》，《旅行杂志》第 20 卷第 1 期，1946 年 1 月，第 60—61 页。

分日本人内心的真实想法，可是，"不承认"固然能自我安慰、自我满足，但却无异于那将头埋在沙堆里的鸵鸟，为天下笑而已。

据那个曾在马关谈判时刺杀李鸿章的日本人小山丰太郎所云，日本人和西方人的性格之差别正在于，倘两国一旦翻脸开打，对日本人来说，就是不是你死，就是我活，不见结果，绝不罢休。[1]可是对西洋人来说，他们是边打边看，半真半假，随时准备握手言和。他说：

> 听说西洋的战争，剑戟刚刚相交，连像样的战事都没有，只要认为有讲和的必要就会讲和。如果打了仗，讲和是很容易的。
>
> 这是和日本人不一样的地方。要让日本人来说，男人一旦拔剑相向，不管国与国的战争也好，个人间的争斗也好，不是那么容易就能讲和的。意气也是这样，不达到目的绝不罢休。这就是人生意气催生的行为方式。什么用算盘计算得失，是绝不可能的。
>
> 不管面临什么情况都忘不了算盘的西洋人，为了功利，有着可以中途而止的变通之才。这和日本人不一样。为人处世，这种方式没什么大错。但是，由利害所趋而变化融通，不管是目见耳闻都让人厌恶。"何必曰利，亦有仁义而已矣"。当为孟子所笑。[2]

客观上，他之所云其实并不错，可是，就是这么一个主张"刺刀见红，一干到底"，连"和谈"都不肯接受的民族，更遑论什么"投降"，而且是"无条件投降"了。可是事实呢？当"二战"临结束之时，日本何尝一干到底，决一雌雄？它不照样觍颜向昔日的仇敌苏俄、今日的敌

---

〔1〕 这也是他当初在日军占上风的情形下，梦想直捣京师，"惩戒"那"半身不遂的老大国民"，不惜陷其国家于卑鄙无耻之指责，决定枪击李鸿章，破坏和谈的主要动机。

〔2〕 〔日〕小山丰太郎：《旧梦谭》，吉辰：《昂贵的和平：中日马关议和研究》，生活·读书·新知三联书店2014年版，第343页。

人中国秘密接触，"乞和"讨饶？只是前者虚与委蛇，非但予其阶梯桥梁，反而厚集重兵，于其风雨飘摇之际，对其作最后一击。至于后者，亦是只闻楼梯响，不见人下来。[1]

小山君，你之所云似乎又全错了。这次，西洋人，包括中国人，不光不允和，而且勒令日本无条件投降，没有其他选项。也就是说，日本不光要乞和，而且乞和不得，而且投降了，而且是无条件投降。可是甲午之战，日胜中败，中国以割地赔款求得和平，丧权辱国，还不至于落得个"无条件投降"，那么"二战"之后，日本却连求和的机会亦未得，只有接受无条件投降的资格。当然，求和的结果是割地赔款，而无条件投降的结果却是本分地在岛上过日子，这天地之差别，便是不同的战胜者的差距之所在。

小山啊小山，东洋西洋，其实并无差别，乞和也好，投降亦罢，在于形势。甲午之际当日军占上风之际，自然不愿见好就收，当"二战"之末，日本面临毁灭绝境，即使一百个不情愿，也只得乖乖就范。

不管怎么说，日本是无条件投降了，可是，他们还要扭扭捏捏，打肿脸充胖子，玩言语的花样，不承认这是投降。我们看看裕仁天皇的"终战诏书"，你可能在其中找出一个"投降"的字眼、半丝忏悔的诚意？还是那个小山丰太郎，他曾特别不满地说，李鸿章等人明明是前来"乞和"，却说是"媾和"。[2]可他想不到五十年后，日本同样如此，他们明明是前来"乞和"（"哀求四强允其投降"[3]），却说是"媾和"，明明是"无条件投降"，却说是"终战"，"为万世开太平"。

---

〔1〕 1945 年初，"为了促成日华和平会谈的目的"，今井武夫就积极和何柱国、顾祝同两条线接触联络（可参见［日］今井武夫著：《今井武夫回忆录》，天津市政协编辑委员会译，中国文史出版社 1987 年版）。

〔2〕 "实际上不过是乞和使，但名义上还充着场面，叫媾和使。"［日］小山丰太郎：《旧梦谭》，吉辰：《昂贵的和平：中日马关议和研究》，生活·读书·新知三联书店 2014 年版，第 342 页。

〔3〕 社论：《论日本投降》，《中央日报》1945 年 8 月 11 日，第 2 版。

玩文字游戏的把戏，日本人才是高手，也是他们的强项，比如，"明明是霸道之极，偏说是王道；明明是播种仇恨，偏说是提携亲善！"[1]在他们的字典里，将"中国"称"支那"，将"东三省"称"满洲"，将"琉球"称"冲绳"，将"钓鱼岛"称"尖阁列岛"，将"性奴"称为"慰安妇"、"被拐卖的人"，将"侵略"称为"进出"，将"奴役"称为"解放"，将"掠夺"称为"合作"，将"殖民统治"称为"大东亚共荣"，将"重占琉球和钓鱼岛"称"冲绳返还"，将"南京大屠杀"称为"南京事件"，将"安全局"、"情报机构"称"内阁调查局"……

当初，针对有的国人深受日人毒害熏染、自然而然地说出什么"和平以后"之类话，有人就提醒纠正道，"什么'和平以后'，分明是敌人投降！"[2]只是今天，我们仍有很多人，还在自觉不自觉地使用当初日人所制造的词语而不自知。

这次，天皇接受投降的"玉音"播送了，而且"敕谕"也悬于宫门之外。其子民跪地痛哭，"不胜羞惭"，但其"忍人之不能忍"而"终战"，是"欲为万世开太平"，天皇圣明，"深思远虑"，其子民是不仅"毫无不满之意"，反而"感激涕零"。一九四五年九月五日，东久迩在日本贵族院作演讲时称，"此次战争之结束，完全由于天皇之仁慈，天皇自谓愧对祖先，但已决定拯救其亿万之臣民，先遭困苦与不幸，且为后代子孙奠一和平时代之基础，对于此种仁慈之举动，吾等从未有如此之感动。吾等满含感激之泪，对于陛下至尊之心受尽忧劳，只有谢罪。"[3]日本上下臣民亦因感动而涕泣，"举凡营中之士兵，战时工厂之工人，以及穷乡僻野之农夫，莫不为天皇挽救国家免于毁灭浩劫之苦心而感动泣下"[4]。一

---

〔1〕 胡适：《敬告日本国民》，欧阳哲生编：《胡适文集》第11册，北京大学出版社1998年版，第640页。
〔2〕 马廷栋：《光复后的广州》，《大公报》1945年10月28日，第3版。
〔3〕 《东久迩议会演说，报告战败的惨象》，《大公报》1945年9月6日，第3版。
〔4〕 江肇基编：《日本帝国的毁灭：纪日本投降始末》，昆明：扫荡报社1945年版，第18页。

场屈辱的"投降"，居然成为天皇悲天悯人、伟大圣明、追求和平的明证。谁说唯有中国多出阿Q？上至天皇，下至臣民，如此认识，"嘴巴上"不承认失败投降也就毫不为怪了。

可是，不管嘴上承认不承认，心里情愿不情愿，你都得接受投降之现实，履行投降之责任。投降仪式表面上是一种可有可无的"形式"，但它的重要性并不在于其实质上的一种胜利，而在于精神上的一种胜利。对胜利者来说，自然是一种光荣，对失败者来说，一定是一种耻辱。朋友，虽然受降不是胜利者对失败者、正义者对残暴者的惩罚和羞辱，但也绝不会是敬烟上茶、宾至如归的。侵略者自然是要为其昔日的穷兵黩武、残暴恶行付出一定代价的。

在记者镁光灯、摄影机下，在战胜国威严的目光、自豪的神情中，鞠躬致敬，签名盖章，呈递降书，黯然退场，虽每次投降过程仅二十余分钟，但对降使来说，却不能不说是"度秒如年"，生不如死。对个人来说如此，对一个国家民族来说，更是如此。不管怎么说，向人屈膝投降，的确是一件屈辱羞耻、丢人现眼的事。

我们且看几个受降细节。在受降仪式中，当日本人向受降代表敬礼时，受降者为表轻蔑起见，一般是不敬礼、不回礼的。因为这不是朋友之间的送迎，而是正义对邪恶的示威。先看盟国与中国对日本的"乞降使""置之不理"的态度。一九四五年八月十九日，日本降使河边虎四郎中将前往马尼拉乞降时，刚下飞机，"对美上校行礼，然后伸手与上校相握，河边再行前二步，与盟军代表团之威罗贝将军行礼，再伸手欲握，威罗贝置之不理，即向后转而率领一长列难看之日代表登车。"[1]一九四五年八月二十一日，当日本乞降使今井武夫前来芷江乞降时，"今井和参谋两人向萧毅肃等敬礼，萧（毅肃）、冷（欣）以战胜国

---

[1] 江肇基编：《日本帝国的毁灭：纪日本投降始末》，昆明：扫荡报社1945年版，第24页。

的姿态并不答礼"。[1]

再看盟国与中国对日本"受降使"的态度。九月二日，在美密苏里舰举行日本向盟国投降的仪式上，所有美国人着军便服，不打领带，不回礼，以示轻蔑。[2]九月九日，在南京举行的日本向中国投降的仪式中，担任受降席与投降席降书及文件往返传递的是中方代表萧毅肃参谋长，日方代表是小林浅三郎参谋长。当时记者是这样观察的，"萧传递时并不致礼，冈村起立接受；小林呈递时深深鞠躬，何总司令略略颔首"。[3]

我们再仔细观察一下在南京日本向中国投降的几个细节。在受降的休息室，"盟国武官、美国军官、中外记者的休息室都在左侧，日代表休息室在右侧，所不同的，左侧休息室备有烟茶，右侧有茶而无烟。"问题是，他们有抽烟的心情吗？我们再看看那些闻名于世的受降图片，可以看到，受降席宽桌高椅，五位受降官个个庄严雍容，而投降席则是窄桌仄位，七位投降者人人凄惶忧戚。有细心的记者看到，"受降投降席都在台下正中，相对而坐，所不同的，受降者坐丝绒椅，而投降者坐木椅"。[4]如此高下尊卑之布置，盖身份、场合不同之故。

当日本投降代表进场向中国受降者致敬后，何应钦宣布，"摄影五分钟"，大庭广众下，被人展出，示众鉴赏，这五分钟好熬吗？他们心中又是什么滋味。后来日本降使退场时，"只见冈村绷着脸走，内心似有无限感慨；小笠原清落后了两步，形容惨淡，几乎要哭了！"[5]如果你我设身处地，如此场景，你会想到找个地缝、寻块豆腐吗？

人都是要面子的，更何况对这些代表一个国家和军队的曾经趾高气

〔1〕 邱维达、刘措宜：《国民党受降片断回忆》，向国双主编：《芷江受降》，岳麓书社1997年版，第189页。

〔2〕 *The National Geographic Magazine*, November 1945, p.521.

〔3〕 宋小岚：《中国战区南京受降记》，《新闻天地》1945年第8期，第7页。

〔4〕 《南京晚报》记者：《南京受降礼花絮》，《田家半月刊》第12卷第5、6期合刊，第19页。

〔5〕 冷欣：《从参加抗战到目睹日军投降》，台北：传记文学出版社1967年版，第200页。

扬、不可一世的"人物",当初冷欣中将到南京设立前进指挥所时,"尊为上将"的降将冈村宁次就是扭扭捏捏,死活不肯"纡尊降贵"拜访冷欣,让今井武夫手持名片前来问候,冈村以名片来访,冷欣以名片回敬,经过多次往返商议,最后,冈村才到铁道部官舍,而不是前进指挥所办公处,拜会冷欣。谁说冈村的脸面不重要?可是,一九四五年九月九日,在全世界的众目睽睽下,让他俯首呈降,其心情果能如其表面所示波澜不惊乎?

当然,无条件投降并不是签降仪式上受一点"委屈"那么简单,这都是"皮毛",只是"序幕",后面还有"占领""统治""改造",直到大家认为它确实"改邪归正",真正"悔过自新",才算告结,当然,日本是否归正了,是否自新了,这是另话。

再举一例,自九月九日日本向中国递呈降书后,从这时起,投降的全部日军悉归民国政府节制指挥。"降书"规定,投降的"日本陆海空军,当即服从蒋委员长之节制,并接受蒋委员长及其代表何应钦上将所颁发之命令","所有日本官佐士兵均须负有完全履行此项命令之责"。[1]同时冈村接受的《中国战区最高统帅命令第一号》中规定,"在中国境内(辽宁、吉林、黑龙江三省除外)台湾以及越南北纬十六度以北地区所有一切日本陆、海、空军及辅助部队,向本委员长无条件投降。凡此投降之日本部队,悉受本委员长之节制,其行动须受本委员长或中国陆军总司令陆军一级上将何应钦之指挥"。倘有日军不服从命令,则予以惩治。"本命令所规定之各项,及本委员长之代表何应钦上将嗣后所发布之命令,日军及日军控制下之一切文武官员及人民,须立刻敬谨服从,对于本命令或此后之命令所规定之各项,倘有迟延或不能施行,或经本委员长或何应钦上将认为有妨碍盟军情事,将立刻严惩违犯者及其负责之军

---

〔1〕《日本投降书》。中国陆军总司令部编:《中国战区中国陆军总司令部处理日本投降文件汇编》上卷,1945年版,第82页。

官。"[1]

九月十日，投降仪式的第二天，何应钦召见冈村宁次时说，"只要你能切实服从我的命令，遵照我方各种规定，相信完成你一切善后任务甚为容易。""此后规定命令系统，我各战区长官及各方面军司令官，可下令于日军各方面军司令官及军工，至于我各战区长官及方面军司令官以下之指挥官，当以我高一级的军官下令于日军低一级的军官。"[2]并给冈村下达了一号命令《中国战区中国陆军总司令部命令军字第一号》，其中规定，日本军队"完全受本总司令节制指挥，不受日本政府之任何牵制"。"将支那派遣军总司令官名义取消，并自明十日起，改称中国战区日本官兵善后总联络部长官。""中国战区日本官兵善后总联络部之任务，为传达及执行本总司令之命令，办理日军投降后之一切善后事项，不得主动发布任何命令。"[3]

这时，数百万日军无论在名义上，还是实际上，都不再听命于日皇及军部，而完全听命且服从于中国政府和军队。这可是我国家民族有史以来曾有过的事情？这可是曾经骄傲蛮横、罪行累累的日本军人的光荣？

说一千道一万，无非是告诉部分健忘的、甚至是在阿Q式的自我安慰中自欺陶醉，在嘴巴上"否认日本投降"的日本人，投降不仅是事实，而且是"耻辱"的。投降并不可耻，可耻的是不能从应得的"耻辱"中吸取教训，而是一味用语言制造出未降之迷幻，在此迷幻中拾回那虚假的颜面。

---

〔1〕《中国战区最高统帅命令第一号》。中国陆军总司令部编：《中国战区中国陆军总司令部处理日本投降文件汇编》上卷，1945年版，第84—88页。

〔2〕中国陆军总司令部编：《中国战区中国陆军总司令部处理日本投降文件汇编》上卷，1945年版，第103—105页。

〔3〕《中国战区中国陆军总司令部命令军字第一号》。中国陆军总司令部编：《中国战区中国陆军总司令部处理日本投降文件汇编》上卷，1945年版，第89—90页。

最后，我们要说的是，假使以上关于日本投降的四种看法成立的话，我们可以问：如果说日本投降归功于"屈原"与"苏武"的话，那日本为何要向中国无条件投降？如果说日本败于美国，并非败于中国的话，那日本为何要向中国无条件投降？如果说日本投降是"有条件"的话，那日本为何要向中国无条件投降？如果说日本并未投降的话，那日本为何要向中国无条件投降？

可以说，在这本书里，我们把当年的命令文书、投降现场集中展示出来的目的，正是要将当年日本"无条件投降"的铁的事实摆出来，以澄清和驳斥这些似是而非的、甚至颠倒黑白的错误认识。

七

距离日本无条件投降于世界、于中国已经七十年，就中华民族数千年漫长历史来看，七十年时间并不长，但七十年的时间对今天的人们来说，似乎又太长了。对我们中国人来说，抗战十四年中，我们遭受了巨大的痛苦，也享受了无上的光荣。可惜的是，对于这些，我们似乎又很健忘。特别是对日本的投降事实，不光失败者健忘，胜利者也健忘。失败者健忘就为各种妄想所诱，吸取不了教训，胜利者健忘就为各种谬论所惑，树立不起自信。"在事者，汇集有关文件编为战区受降纪实，洵称我国历史上之光荣文献，因属付印用垂永久焉。"[1]第六战区受降主官孙蔚如将军曾在《第六战区受降纪实》的序中这样说到他们为什么编这么一本受降文献。今天我们编印这本日本受降现场的书，其意也是要唤醒那份骄傲的记忆，铭记这段光荣的历史。

---

〔1〕 孙蔚如：《第六战区受降纪实·序》，第六战区长官部编：《第六战区受降纪实》，无出版方1946年版。

但光有类似这样的一本关于受降材料的书并不够，编者也不认为这样的一本小书能在重唤我民族的光荣历史，警告日本军国主义的死灰复燃起到多大作用。

编者时常梦想我们应该有更丰富的形式来纪念我们的胜利，事实上我们也不是做不到的。比如，我们能不能在中小学教科书中设置与日本受降相关的内容，这其实并不是胡思乱想，事实上，在民国时期的教育中就有关于受降的内容。本书收录了《国民教育指导月刊江西地方教育》1946 年第 1 期上两个关于受降的文字，一个是宣适的《日本降书签字记》，一个是施仲猛的《中国战区受降盛典》，这两篇文章，简短直白，客观公正，和其他关于亲历受降的文字相比，价值并不大，但其特殊意义在于其系"中高年级国语教材"内容，而能将受降内容纳入教材中，其意义和影响绝非其他受降文字可匹比也。倘有一天我们的中小学生能在学校教科书中读到一篇"中国战区受降盛典"或"日本降书签字记"之类的课文，其"正能量"将不可估量。

编者还梦想当年各地的"受降堂"是否仍能恢复，甚至重建，重新布置成当初受降场景，以供后人纪念。要知道，当年中国军队接受日军受降地点有包括越南河内在内的十七处（香港受降主官由英国海军少将哈克特担任）之多。这也不是编者的胡思乱想，事实上，受降结束后，我们以前也这样做过。

我们知道，原本名不见经传的湖南山城小县芷江因接待日本乞降使而闻名天下，但抗战结束后，这里一切复归原貌，平静如常。一九四六年，有李参议员连章者提出"请中央明令确定芷江为受降名城，并拨受降地点之七里房舍为受降公园案"。其称，"前陆军总司令何敬之先生接受日本专使今井武夫来芷江乞降的七里桥房舍，因无人管理，所有建筑物及材料，多已损失，应请拨交芷江县政府保管，作为受降公园之用，俾得保存史迹。""兹为纪念此旷古大典，应请确定芷江为受降纪念城，以昭来兹，而壮中外观瞻。"[1]随后，湖南省政府主席王东原在芷江建成受降纪念城，"增设受降公园、受降馆、空军殉难纪念铜像等，并将受降时之地点房屋以至签字用之桌椅用具，保留原状，留示后人。""这一个芷江名城，将来在交通便利时定有多人前往瞻仰流连的！"[2]今天芷江的受降纪念场馆设施当归功于当初王东原的远见。

我们还可以看到，一九四六年第一绥靖区司令汤恩伯在无锡建受降纪念塔的消息，"汤司令官为纪念我国胜利起见，已开始在司令部里建筑受降纪念塔，定二个星期完竣，落成之日，并须举行盛大之典礼，届时邀请伶王梅兰芳及姜妙香、俞振飞等前往演剧，以资庆祝。"[3]当然，我们也能看到，在汉口中山公园新造的"受降堂"才刚一年整时间，就不幸垮塌了。汉口受降是在一九四五年九月十八日这个特殊的日子举行的，可这个新造的受降堂却于一九四六年九月十八日突然垮塌。难道是个"豆腐渣"工程？"官方则拟追究原包工者责任"[4]。但不管怎么说，对于受降的场所和建筑，当初人们也不是没有保留和纪念的意识的。

其实，当年隆重举行的中国战区日军投降签字仪式的中国陆军总司令部（即南京中央陆军军官学校旧址）大礼堂，亦即今天的南京军区军史馆，就有当时关于受降的巨幅油画和复原场景。只可惜的是不为一般人所知，并不为一般人所方便参观。在这么一个极有纪念意义和象征意义的地方，如果我们能恢复当初受降现场，一则可警告日本新军国主义的蠢动，二则可提振国人的士气。而这在过去其实已经原封不动予以保留，并留作纪念的："整个礼堂和现在的布置将全盘不动，留作胜利的纪

〔1〕《请中央明令确定芷江为受降名城：李参议提议纪念旷古大典》，《会刊》1946年12月24日，第3版。

〔2〕 大风：《王东原芷江建受降城》，《新上海》1947年第75期，第4页。

〔3〕 萍若：《汤恩伯建筑受降纪念塔》，《万花筒》1946年第9期，第10页。

〔4〕《"受降堂"塌了，不祥之兆？》，《一四七画报》1946年第6卷第11期，第7页。

念"。[1]人人都知南京有个大屠杀纪念馆，人人也应知南京有个抗战胜利受降堂。

因此，当初全国各地的受降纪念场所，已毁坏的是否可以重建，移作他用的是否可恢复原貌，以能使我民族的无上光荣重见天日，且永远留存。

军旅作家王树增曾慨叹，"我们这个国土上高楼大厦太多，纪念碑太少。"幸运的是，这种情形渐渐有所改变，今天我们"恢复了"抗战"胜利日"。注意，这里用的是"恢复"。自一九四五年九月二日日本向盟国无条件投降后，同盟国即定九月三日为战胜日本的胜利日（Victory Japan 日），中国亦定此日为"抗日战争胜利纪念日"。幸运的是，我们已开始加强对抗日遗迹的研究和保护（二〇一四年三月十四日，国家文物局要求各地认真做好抗战文物的保护研究整理和价值发掘）。我们开始在西安韩国光复军驻地旧址设立纪念标识石，中方响应韩国总统朴槿惠提议在哈尔滨火车站为当年刺杀伊藤博文的朝鲜民族英雄安重根设立纪念碑……

但愿我们对抗战遗迹旧址的保护更加重视，使我们的抗战纪念碑随处可见，遍地开花，使我们及我们的后人能够永远铭记那段悲壮而光荣的历史。

八

客观地说，关于受降的文献材料和研究著作并不少见。但就文献材料来说，往往不可避免要汇集一些命令备忘、图表地形，广大的非专业读者看来，难免枯燥乏味；就专门著述来说，一次次受降场景的"描写记叙"，"学术"意义难免不够，于是往往一笔带过。

---

[1] 中国陆军总司令部编：《中国战区中国陆军总司令部处理日本投降文件汇编》上卷，1945年版，第140页。

这本书着重聚焦于"受降"时刻，收录了新闻报道、当事人亲历记、重要文献，希望这些身在现场的人们的"感性"记述能将我们带进那我民族最为光荣的时刻。或许，这也是本书区别于其他类别受降图书的一个主要特征。全书从中国向日本宣战战书、日本向中国投降降书这些特别文献开篇，次庆降，次乞降，次受降（东京湾受降、南京受降、台湾受降、各地受降），最后以诸种重要文献收结。

这本书中有些材料虽常见易得，但关系重大。比如，"中国向日本宣战战书""日本向盟国、向中国的投降降书""中国战区最高统帅命令第一号"等重要文献，在编者看来，非得用金字铸就，不足以彰显我民族抗战之光荣和伟大。今天，唯愿每个中国人和日本人都能反复诵读这些文字，持不同立场、抱不同心思的人都能从中得到自己应当得到的收获。

除部分常见易得的文献外，还有一些材料、特别是一些图像或许并不见得为人所常见。这本书中收录的材料，有的在当时仅为纪念册子，并非正式出版物。比如，第六战区长官部编辑，一九四六年印制的《第六战区受降纪实》，我们不光能从中了解到第六战区受降情形，更能从中看到第六战区日本官兵管理所管理日俘的种种标识的样式。

至于胜利伊始，就出版的一些国内外的图书报刊，比如黄声远的《壮志千秋：陆军第五十八军抗日战史》、王平陵的《祖国的黎明》、江肇基的《日本帝国的毁灭：纪日本投降始末》、读者之友社编的《中国胜利与日本投降》、朱偰的《越南受降日记》《密勒斯评论报》（*The China Weekly Review*）《国家地理杂志》（*The National Geographic Magazine*）生活（*Life*）等书刊，或许在今天亦不易为一般读者所看到。这次，我们将其中与受降相关的文字整理出来，图片翻印出来，使这些当年出版的图书报刊得以方便使用。

本书收录的文章，除部分来自大陆出版物外，绝大部分是选自台湾地区出版物中的相关材料，特别是一些参与日本受降工作的当事人的回忆，如何应钦、冷欣、龚德柏、张道藩、谢东闵、邵毓麟、丘念台、刘汝明、胡宗南、李品仙等人的回忆文字，这些文字恐怕亦不为一般读者所方便接触，弥足珍贵。

本书收录的文章，除国内的史料外，还收录了外国相关人物的回忆文章。如冈村宁次、今井武夫、杜鲁门、金九等人不同面向的文章，使得投降现场更加立体和全面。

要说明的是，并不是说这本书收录了所有的一九四五年受降现场的材料，关于受降记叙，当时报刊刊载的文字亦不算少，部分内容重复、倾向于说明性的文字，并未整理收录，自然，也不可避免会遗漏一些编者视野之外的重要史料。

可能在一般人看来，编书是一件容易的事情，但就编者的感觉来看，写书虽难，编书亦不易，有时编书比写书更难，其他且不多说，单从技术层面来讲，写书自由度更大，遇到难题可以规避，可是编书则自由度小，因为要严格忠实于原文，遇到墨迹不清，难以辨识的文字往往不能回避。我的学生段晓辉担任了这本书的整理工作，她的踏实负责的态度，为身处多座"学术大山"压迫下的我省却了绝大的精力和时间。

二〇一四年，生活・读书・新知三联书店出版了我编选的《"五四"事件回忆：稀见资料》，得到了一些好评。今年，值抗战胜利七十周年之际，三联书店再次慷慨付印鄙人编选的属于"中日问题大众读本"性质的两本图书（除本书外，还有一本《马关谈判实录》（暂定名），第三种同种性质的图书《商务印书馆被毁纪略》也将由商务印书馆出版，这实在是鄙人的莫大荣幸。

"梦里晓角吹寒多憔悴，窗前闻鸡起舞真精神"。此系今年鄙人寒舍所贴春联。"位卑未敢忘忧国"，在整理编辑这些书时，我等每每夜不能寐，但只要挨到天亮，打开电脑，顿时精神焕发，兴奋不已。

"日本已如落日西沉，中国则如旭日初升，光芒万丈，精力充足，吾人应为中国与全世界人类能有另一光明之日而庆祝。"[1]此系一九四五年八月十一日英国《每日记事报》社论的评论。且不说日本是否像"政坛巫师"李光耀所预言的那样逐渐"走向平庸",但是,毋庸置疑的是,中国正在逐渐成为世界——不只是东亚或亚洲——舞台上一个不可或缺的"要角"。

陈占彪
二○一五年五月十五日于目耕楼

---

[1] 朱汇森主编:《中华民国史事纪要初稿》1945 年 8 至 9 月,台北:台湾"国史馆"1988 年版,第 175 页。

特别文献：声罪致讨

中国向日本宣战战书

（1941 年 12 月 9 日）

日本军阀夙以征服亚洲并独霸太平洋为其国策。数年以来，中国不顾一切牺牲，继续抗战，其目的不仅所以保卫中国之独立生存，实欲打破日本之侵略野心，维护国际公法正义以及人类福利与世界和平。此中国屡经声明者。

中国为酷爱和平之民族，过去四年与之神圣抗战，原期侵略者之日本于遭受实际之惩创后终能反省。在此时期各友邦亦极端忍耐，冀其悔祸，俾全太平洋之和平得以维持。不料残暴成性之日本，执迷不悟，且更悍然向我英美诸友邦开衅，扩大其战争侵略行动，甘为破坏全人类和平与正义之戎首，逞其侵略无厌之野心。举凡尊重信义之国家，咸属忍无可忍。兹特正式对日宣战，昭告中外，所有一切条约协定合同有涉及中日间之关系者，一律废止。特此布告。

中华民国三十年十二月九日　主席　林森

（《中央日报》1941 年 12 月 10 日，第 2 版；《大公报》1941 年 12 月 10 日）

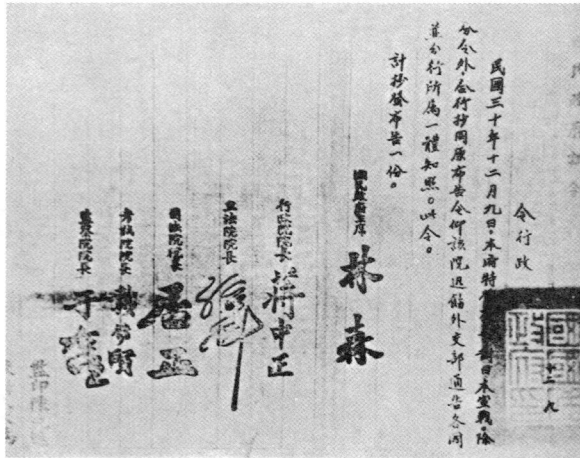

国民政府明令对日宣战。

图片来自何应钦：《日军侵华八年抗战史》

台北：黎明文化事业公司 1982 年版

举凡尊重信义之国家，咸属忍无可忍。兹特正式对日宣战，昭告中外。

图为《大公报》刊载的中国向日本宣战布告

日本向中国投降降书

（1945 年 9 月 9 日）

一、日本帝国政府及日本帝国大本营，已向联合国最高统帅无条件投降。

二、联合国最高统帅第一号令规定"在中华民国（东三省除外）台湾与越南北纬十六度以北地区内之日本全部陆海空军与辅助部队，应向蒋委员长投降"。

三、吾等在上述区域内之全部日本陆海空军及辅助部队之将领，愿率领所属部队向蒋委员长无条件投降。

四、本官当立即命令所有上第二款所述区域内之全部日本海陆空军各级指挥官及其所属部队与所控制之部队向蒋委员长特派受降代表中国战区中国陆军总司令何应钦上将及何应钦上将指定之各地区受降主官投降。

五、投降之全部日本陆海空军立即停止敌对行为，暂留原地待命，所有武器弹药装具器材补给品情报资料地图文献档案，及其他一切资产等当暂时保管，所有航空器及飞行场一切设备，舰艇船舶车辆码头工厂仓库，及一切建筑物以及现在上第二款所述地区内日本陆海空军或其控制之部队，所有或所控制之军用或民用财产，亦均保持完整，全部待缴于蒋委员长及其代表何应钦上将所指定之部队及政府机关代表接收。

六、上第二款所述区域内日本陆海空军所俘联合国战俘及拘留之人民立予释放，并保护送至指定地点。

七、自此以后，所有上第二款所述区域内之日本陆海空军，当即服从蒋委员长之节制，并接受蒋委员长及其代表何应钦上将所颁发之命令。

八、本官对本降书所列各款及蒋委员长与其代表何应钦上将，以后对投降日军所颁发之命令，当立即对各级军官及士兵转达遵照。上第二款所述地区之所有日本官佐士兵均须负有完全履行此项命令之责。

九、投降之日本陆海空军中任何人员，对于本降书所列各款及蒋委员长与其代表何应钦上将嗣后所授之命令，倘有未能履行或迟延情事，各级负责官长及违犯命令者愿受惩罚。

奉日本帝国政府及日本帝国大本营命，签字人中国派遣军总司令官陆军大将冈村宁次

昭和二十年（公历一九四五年）九月九日午前九时　分，签字于中华民国南京

代表中华民国，美利坚合众国，大不列颠联合王国，苏维埃社会主义共和国联邦，并为对日本作战之其他联合国之利益，接受本降书于中华民国三十四年（公历一九四五年）九月九日午前九时　分，在中华民国南京。

中国战区最高统帅特级上将蒋中正特派代表中国陆军总司令陆军一级上将何应钦

（《降书》影印件）

降書

一、日本帝國政府及日本帝國大本營已向聯合國最高統帥無條件投降

二、聯合國最高統帥第一號命令規定「在中華民國（東三省除外）台灣與越南北緯十六度以北地區內之日本全部陸海空軍與輔助部隊應向蔣委員長投降」

三、吾等在上述區域內之全部日本陸海空軍及輔助部隊之將領願率領所屬部隊向蔣委員長無條件投降

四、本官當立即命令所有上第二款所述區域內之全部日本陸海空軍各級指揮官及其所屬部隊與所控制之部隊向蔣委員長特派受降代表中國戰區中國陸軍總司令何應欽上將及何應欽上將指定之各地區受降主官投降

五、投降之全部日本陸海空軍立即停止敵對行動暫留原地待命所有武器彈藥裝具器材補給品情報資料地圖文獻檔案及其他一切資產暨當時所保管之航空器及飛行場一切設備艦艇船舶的車輛碼頭工廠倉庫及一切建築物以及現在上第二款所述區域內日本陸海空軍或其控制之部隊所有或所控制之軍用或民用財產均保持完整全部繳於蔣委員長及其代表何應欽上將所指定之部隊長及政府機關代表接收

六、上第二款所述區域內日本陸海空軍所俘聯合國戰俘及其他被拘留之人民予釋放並護送至指定地點

七、自此以後所有上第二款所述區域內之日本陸海空軍當即服從蔣委員長之節制並接受蔣委員長及其代表何應欽上將所頒發之命令

八、本官對本降書所列各款及蔣委員長與其代表何應欽上將以後對投降日軍所頒發之命令當立即對各

叛軍官及士兵轉送邊照上第二款所述地區之所有日本軍官佐士兵均須員有完全履行此類命令之責

九、投降之日本陸海空軍中任何人員對於本降書所列各款及將委員長與其代表何應欽上將嗣後所授之命令倘有未能履行或遲情事各級員責官長及違犯命令者願受懲罰

奉日本帝國政府及日本帝國大本營命簽字人中國派遣軍總司令官陸軍大將 岡村寧次 [印]

昭和二十年(公曆一九四五年)九月九日午前九時　分簽字於中華民國南京

代表中華民國美利堅合眾國大不列顛聯合王國蘇維埃社會主義共和國聯邦並為對日本作戰之其他聯合國之利益接受本降書於中華民國三十四年(公曆一九四五年)九月九日午前九時分在中華民國南京

中國戰區最高統帥特級上將蔣中正特派代表中國陸軍總司令陸軍一級上將 何應欽 [印]

庆降：薄海腾欢

《大公报》1945 年 8 月 15 日刊载的日本投降消息

中国战区日军投降

《大公报》(1945 年 9 月 10 日，第 2 版) 刊载的《日本投降书》

1945 年 9 月 3 日，在重庆胜利日欢庆晚宴上，蒋介石和毛泽东相互敬酒。*Life*,1945

9 月 3 日"世界胜利日"，中国政府在渝军委大礼堂举行庆祝大会。图片来自《蒋中正六旬大庆图册》

American Editorial Comments Upon The Occupation Of Japan.
The China Weekly Review, October 27, 1945

The Mikado.
The China Weekly Review,
December 8, 1945

宣相权:《前倨与后恭》。
《新闻天地》1945 年第 9 期

［日］太平洋战争研究会：
八月九日漫长的一夜[1]

四十四岁的天皇即位于一九二八年，战争爆发以来，他的生活很简朴。一般在七点起床，盥洗后，先读报，然后做祈祷。早餐很简单：面包，麦片粥。九点半开始工作，直到中午。午餐无非是蔬菜和用面食做的清汤。餐后继续处理公务；一天工作结束后，去御苑散步。他不抽烟，不喝酒，睡觉时很容易惊醒。

八月九日晚十一点五十分，天皇在侍从陪同下走进狭窄的地下防空洞，国家的命运现在要由他决定。与会的除六巨头外，还有内阁书记长官迫水久常和枢密院议长平沼骐一郎，他们是总理大臣请来的。

铃木先请内阁书记长官朗读《波茨坦公告》，然后，由他本人报告了前两次会议的情况：最高战争指导会议意见分歧，分成三比三的两派，而按宪法有权批准日本投降的内阁会议又分成三派：六位大臣赞成在保留现有国体的条件下接受《波茨坦公告》，三位同意阿南提出的四个条件，另五位主张不应该只提一个条件，但也不必多至四项。

铃木请外相发言。东乡重申了接受公告的各项理由，他认为，如果敌方能保证不触动国体，投降事刻不容缓。

铃木又请海相表态。不善辞令的米内只站起来说了句"我同意外务大臣的意见"，就坐下了。阿南大将立即表示坚决反对。他说，日本必须打下去，胜负要到保卫本土之战打响后，才能见分晓；即使投降，他提

---

[1] 题目系编者拟。

的四个条件，一个也不能少。梅津也同意阿南意见，他说，日本仍是敌人有力的对手，如果现在就无条件投降，有愧于战死的将士。

接下来，本该轮到军令部长丰田，可是铃木却先请特邀出席会议的枢密院议长平沼骐一郎发言，因为根据宪法，与外国缔结的条约，都需经枢密院批准。平沼先提了几个问题：与苏联交涉的经过，哪些人可能被定为"战犯"，日本对付空袭和入侵的能力；然后说，除了必须保留国体外，也不妨要求就其他三项条件进行谈判。

最后发言的是丰田，他除了主战外，还说，如果不是由本国军官解散海军，他不能保证下属的行为。

铃木再次起立。他说，鉴于无法达成一致意见，形势又万分紧急，就只有一个办法了。他转身向天皇奏道："请陛下裁决。"

室内一片静寂。与会者也许没有料到铃木竟会请天皇裁决，因为在现代日本史上，这是没有先例的。

天皇语气缓慢，他说，继续打下去只能使日本生灵涂炭，而且国力疲惫，不见得有力量保卫本土。"想到忠心耿耿的皇军要被解散，我心不忍……但是，也无可奈何了。"话既如此，实际上已无需天皇再裁决了，可是，他还是用克制的语气说："我同意按外务大臣提出的条件接受盟国的公告。"说完，他慢慢地走出地下室。

铃木说："陛下的裁决理应作为本次会议的决议。"四座默然同意。

不过，根据宪法，只有内阁有权批准投降（枢密院的同意当是后事）。于是，六巨头又去铃木官邸参加内阁会议。中心议题是投降的措词；在凌晨四点左右，终于也达成协议。三小时后，全文电告瑞士和瑞典，请他们转达盟国。

八月九日漫长的一夜就此结束，迎来了更漫长的一天。

（［日］太平洋战争研究会：《日本史上最长的一天：八一五投降纪实》，金坚范、刘淑平、陆洁译，国际文化出版公司1985年版）

［日］服部卓四郎：
八月十四日天皇最后作出决定[1]

再次破例召开御前会议——意外的旨意

十三日下午，海外放送受信局收听到美国广播，指责日本故意拖迟答复。

美国的母舰飞机似在逼迫日本作出投降决定，大力轰炸关东及东北地区。自十三日下午五时左右起至十四日凌晨止，美机向东京及其他各城市散发日文传单，上边写着日本八月十日接受《波茨坦公告》的照会以及同盟国方面的复文。政府一直回避公开发表的秘密谈判，现已由敌方暴露无遗。同时，十二日以来军部内的不稳空气，也在触动主和派要人。由于这些原因，促使他们奏请破例召开御前会议以决定日本结束战争的问题。

十四日上午八时三十分，木户内府携带敌方散发的一张传单，晋谒天皇，奏请从速下命办理停战手续，得到批准。当时，内府曾经奏称：这种传单估计将会刺激国内的主战分子和军队，结果可能造成混乱局面；若再迟迟不停战，则每时每刻都将发生危险。

内府在晋谒后，接待铃木总理的来访。铃木总理在这以前曾就召开御前会议的办法苦思焦虑，由于两统帅部长坚决反对事前不经商讨就召

〔1〕 本文选自服部卓四郎所著《大东亚战争全史》第4册，第11篇第1章《停战》中的《8月14日天皇最后作出决定》一节。

开御前会议，形势已不可能按照通常程序召开，因此决定只有按陛下降旨的方式来召开御前会议。为了商讨这一问题，特来拜会内府。

内府与总理的意见不谋而合。于是决定奏请陛下召集最高战争指导会议成员及内阁成员会同举行御前会议，借以一举解决问题。这是自从昭和十六年（一九四一年）十二月一日决定开战的御前会议以来，从未采取过的方式。九时稍前，二人一起晋谒天皇，立即得到陛下爽朗的应允。

这样，在上午十时前，为参加例行的内阁会议，已集聚在总理官邸的全体阁员以及梅津、丰田两总长，平沼枢相、迫水书记官长、池田综合计划局长官、吉积陆军、保科海军两军务局长等，突然奉命于十时半进宫。这些人员未及更衣便慌忙入宫晋见。

三元帅应召进见

另外，陛下在上午十时，在皇宫召见杉山、畑、永野三元帅，面谕停战决心之后，要求军队服从这一决定。畑元帅当时任第二总军司令官，驻在广岛，阿南陆相为得到他的协助，于前一天（十三日）催促他从速进京。十四日晨他刚刚到达东京。

天皇挥泪作出决定

十时五十分许，在皇宫防空洞内，召开最后一次御前会议。会议一开始，铃木首相奏陈前一天最高战争指导会议以及内阁会议的情况，他说：在内阁会议上，赞成原案的约占八成，但未得到全体一致通过。现在，诚惶诚恐，仍需重烦陛下考虑，伏请亲自听取反对意见，重新做出决定。

首相上奏刚一结束，两总长及陆相相继起立，声泪俱下地恳请准予再次照会，同盟国如不同意，则莫若继续战争，以期死里求生。

在上述三人奏陈反对意见之后，天皇陛下打破暂时沉闷的寂静，发表圣谕，大意如下：

如果另外没有别的意见，我谈一点自己的看法。

反对意见都分别仔细听过了，我的看法仍和上次谈过的一样，没有改变。

当我充分研究了世界的现状和国内的局势以后，认为再继续战争下去不妥当。

关于国体问题，听说有各种疑虑，但据我理解，通过这一复文的文意来看，对方抱有相当的好意。对于对方的态度感到少许不安，也是理所当然，不过，我不愿那么怀疑。我认为主要问题在于我国全体国民的信念和觉悟。所以，我认为此时可以接受对方的要求，希望大家也这样考虑。

还有，对于陆海军将士来说，像解除武装或保障占领这样的事，实在是难以忍受的。我很理解这种心情。

不过，不管我本人如何，也要营救国民的生命。如果再继续战争下去，最后将使我国完全变成一片焦土，使万民遭受更大的苦难，我实在于心不忍，（且）无以对祖宗在天之灵。当然，采取媾和手段，对于对方的做法，难以完全置信，但我想较之日本完全灭亡的结果还略胜一筹，只要还留下一点种子，今后还有复兴的希望。

回想明治大帝忍泣吞声，断然决定接受三国干涉的苦衷，但愿此时此刻，忍所难忍，耐所难耐，团结一致，以求将来的复兴。想到过去在战场上阵亡的，或殉职死于非命的，以及他们的家属，实不胜悲叹。至于身负战伤、遭受战灾、丧失家业的人们的生活，也是我深为忧虑的。此时此刻，如果有我应做的，我在所不辞。如果需要我向国民呼吁，我随时准备站在麦克风前面。

由于对一般国民从来什么也没告诉，现在突然听到这一决定，震动一定很大，陆、海将士的震动将会更大。抚慰这种情绪，可能相当困难，希望很好地体会我的心意，陆、海军大臣共同努力，妥善予以处置。必要时，由我亲自晓谕也行。现在当然要颁发一份诏书，希望政府迅速起草。这些就是我的想法。

在天皇讲话当中，各处不由得发出呜咽的声音。天皇本人也一再挥泪，戴着洁白的手套拂拭两颊的泪水。讲话也时断时续。声音悲恻、痛人心腹。当天皇谈到：不管我本人如何，也要营救万民，以对祖宗在天之灵时，在场人都不禁流下激动的泪水。还有，当听天皇讲到，如果有我应作的事，我在所不辞；如有必要，我随时准备站在麦克风前面时，全体不禁放声痛哭。

圣谕刚一结束，首相不慌不忙地站起来，接受天皇草拟紧急诏敕的旨意，并重新谢过有烦天皇裁断之罪，然后，惶恐退下。于是，会议在全体泣涕声中结束。时间正好是中午。

（［日］服部卓四郎著：《大东亚战争全史》第 4 册，易显石等译，

商务印书馆 1984 年版）

在天皇讲话当中，各处不由得发出呜咽的声音。天皇本人也一再挥泪，戴着洁白的手套拂拭两颊的泪水。1945 年 8 月 14 日的"御前会议"，白川一郎作。

图片来自西井一夫编集：《昭和史全纪录》(1926—1989)，东京：每日新闻社 1989 年版

听闻玉音放送的日本"女子挺身队员"掩面而泣。

图片来自坪田五雄：《昭和日本史八·终战的秘录》，东京：晓教育图书株式会社 1976 年版

《中央日报》：重庆大欢乐[1]

【本报记者集体记事】昨天（十日）下午七点左右，日本投降消息被美国新闻处证实，美军总部的大孩子们首先跳了起来，开起吉普车沿街直闯！漫街遍巷的人，拥塞着、欢呼着，街上出现了多量的汽车，每个人都在漫无目的地漫游，爬上他们所能攀上的每一辆大卡车、吉普车；车子也是一样，从上清寺开到小什字，又从小什字折回来，领取着鞭炮飞溅出来的火星的灼热，和两旁人墙里掷来的热狂底呼叫。人全疯了，快乐啊！

从中一路到新街口，张贴着本报号外的墙前，万头攒动。连不识字的赤脚汉也挤在里面，雨样的汗水，把每个人的衣衫都和周围人的衣衫黏在一起，大家都咧开嘴笑！

街头上是一片狂欢的人海。每个人对每个人，每群人对每群人，都打着招呼"啊！啊！"，互相道贺。大家的感情在泛滥！升华！熟朋友碰面了破例地张臂拥抱，起码也亲密地互相拍拍肩："要回家了！"

人的潮水几乎吞没了全部的马路。热情的急雨遍洒着和我们并肩作战的友人。当盟友的吉普车艰难而又愉快地在人海中辟开一条航路时，两旁的人潮向他们洒着热情的愉快的暴雨，"哈喽，哈喽"，"顶好！顶快！""啊！啊！"响成一片，千千万万人的大拇指一齐翘了起来。跨海而来的盟友们咧着嘴笑，也"顶好顶好"翘起拇指来。

---

[1] 本文原题为《日本投降消息传出，重庆大欢乐，百万市民兴奋不眠之夜》。

聚集在新运服务所前面听广播的人群忽然听到一串英语播讲的中断。广播员以中央广播事业管理处的衔名起了头，于是诵读了合众社、中央社的新闻电，接着说：中国苦战八年，终于赢得胜利，赢得和平……现在大重庆大街小巷百万市民已在狂欢中。……现在请听："凯旋还故乡"，爆发在听众头上的，已是一片吼叫的欢声。最后，女高音与男中音的嘹亮雄浑的大合唱，在欢呼里响起来……

胜利大厦的门口，挤满了男的、女的、老的、小的，他（她）们包围着几个盟友欢呼，把他们抬起来。盟友们拱拱手说"顶好！"

正与各报馆通讯社门口一样，新运广场里的听众越来越多了，他们怀着忍不住的微笑，倾听着敌人投降的好消息。

"号外号外！"即刻，几个报贩被包围在人群里了。几分钟之内，抢售一空，想不到这简短的几十个字，带来了他们渴望已久的最后胜利。公共汽车上、商店的门口，都是号外，就在号外的号召之下，人们都翘首地朗诵着"日本无条件投降"！

电影院里，关于日本投降的幻灯片出来了，接着是全体肃立高唱国歌。

"国际""盟友"两个"音乐厅"，除了在麦克风里报告"日本投降"以外，并演奏国歌及联合国歌，宣布跳通宵。

"国际"门口的舞迷太多了！他们要挤上去狂欢一下。结果因为达不到目的，就造成一个热闹的"场面"，因此只有打烊。民族路上"盟友"的舞迷已经顾不了社交礼节狂欢到通宵。舞池里镁光条不断地闪烁着。

精神堡垒附近，挤得水泄不通。在强烈的水银灯光下，中外人士们带着胜利微笑的脸型，被收到中外记者的开麦拉里去，他们高呼着"中华民国万岁"！

青年团火炬游行的行列走遍了每一条欢呼的街道。雄壮的歌声，吸引了每一个市民。他们要接成一条漫长的行列。

民生路，一个大的 V 字型红灯，它博得人们的赞美与热烈的掌声。

议论是庞杂的，而愉快却是一样，两个担挑买（卖）瓜的乡下人，幸运着自己能参加这个城里的狂欢，遗憾地说"乡下恐怕还不知道呢"！"国仗不打了，生活会低了。"

十点半钟，中一路有人发起火炬游行。十二点，锣鼓声还在街上咚，咚，咚！鞭炮还很多地砰啪砰啪，汽车还在街里吼叫！什么时候才能安静呢！这是一个兴奋的不眠之夜！

胜利与和平到来得远比我们预想得早！我们迎接他不免有些手忙脚乱。当天大亮了，痛痛快快地笑够了之后，我们是该怎样努力地从事"复员""建国"啊！

（《日本投降消息传出，重庆大欢乐，百万市民兴奋不眠之夜》，
《中央日报》1945 年 8 月 11 日，第 2 版）

于右任：闻日本投降作付中华乐府（曲）[1]

（一）

万家爆竹通宵，人类祥光乍晓，

万壶且试开怀抱，镜里髯翁渐老。

（二）

金刚山上云埋，鸭绿江心浪摆，

卢沟月暗长城坏，胡马嘶风数载。

（三）

黄河水绕边墙，白帝云封绣壤，

万灵效命全民向，大任开来继往。

（四）

区区海峡波惊，莽莽红场月冷，

兴亡转瞬归天命，不作降王系颈。

（五）

谁弹捷克哀歌，谁纵波兰战火，

诸姬尽矣巴黎破，两面鏖兵曰可。

（六）

欧洲守望何人，群众哀号隐隐，

海洋巨霸从今尽，来日之歌笑引。

---

[1] 中央监察院院长于右任以《中吕醉高歌》调作曲十首。

（七）

当年兵火流离，口渴谁来送水，

渔人晒网樵夫睡，都是离宫废垒。

（八）

高原木落天宽，故国风和日暖，

等慈寺下歌声断，常使英雄泪满。

（九）

至诚不外无私，真理方知有始，

受降城下逢天使，大道之行在此。

（十）

自由成长如何，大战方收战果，

中华民族争相贺，王道干城是我。

（江肇基编：《日本帝国的毁灭：纪日本投降始末》，昆明：扫荡报社
1945 年版）

罗家伦：凯旋（诗）

胜仗！胜仗！
日本跪下来投降！
祝捷的炮像雷般响；
　满街爆竹，
　烟火飞扬。
万山遍野是人浪——
　笑口高张，
　热泪如狂！
向东望，
看我们百万雄师，
配合英勇的盟军，
　浩浩荡荡，
　扫残敌，如猛虎驱羊。
踏破那小小的扶桑！
河山再造，
　日月重光。
胜利的大旗，
　拥护着　蒋委员长，
我们一同去祭告　国父。
　在紫金山旁，

八年血战，

　　千万忠魂，

　　才打出这建国的康庄。

这真不负我们全民抗战，

不负我们血染沙汤！

（《中央日报》1945年8月14日，第6版）

丰子恺：八月十日的爆竹比八年的炸弹更凶

（漫画两幅）

《八月十日的爆竹比八年的炸弹更凶》,《立报》1946 年 12 月 2 日

《卅四年八月十日之夜》,
《幼幼画集》, 上海儿童书局 1947 年版

傅斯年：大家 Kiss 胡木兰（书信）[1]

　　第二天（十一日）接到参政会通知，大家到秘书处庆祝。我九时半到，则已三十多人，愈到愈多，皆哈哈大笑，我现在方知旧戏中二人见面哈哈大笑之有由也。抱者，跳者，Kiss者，要想安静一下，谈谈如何游行，几乎办不到。大家 Kiss 胡木兰，胡木兰亦偶报之。我未曾 Kiss 邵先生的夫人，邵先生还见怪，其狂如此。坐了三辆大车，二 bus，一卡车，另一（车）军乐队，沿途慢行，大声呼口号，怪叫，遇见美国兵更大呼！直到国民政府，他们还在开会。我们要求主席出来见，他们不知洋脾气，请我们进大礼堂。主席出来时，大家欢呼，声如暴雷。出门时，我遇见熟人打招呼者，皆报之以拳，段书诒后来说，他简直吃不消。出门遇吴鼎昌，他说："你不要太兴奋。"（彼与我皆患血压高也。）我即将其一摇再摇。又回到参政会，沿路叫。本是预备到美军司令部及英美苏三大使馆的，在国府，蒋先生说，尚未完成投降，尚有条件措商，所以就此回去。在参政会仍很热闹，下午三时方归。顿觉极倦，若有大病；一直睡下去，第二天方好。

　　　　　　　　　（王汎森、潘光哲、吴政上主编：《傅斯年遗札》第3卷，台北："中研院"史语所2011年版）

---

[1] 节自1945年8月23日傅斯年致夫人俞大綵的残笺，题目系编者拟。

王平陵：祖国的黎明

突如其来的好消息——日本无条件投降，在八月十日的黄昏时候，刹那间，比天空的闪电还快，传遍东京，传遍东瀛三岛，传遍他们分散在所谓"大东亚"的各个派遣军；这消息，以同样的速度，传遍同盟国太平洋各战区，传到华盛顿、重庆、伦敦、莫斯科、全世界的每一个角落。

陪都一百五十万民众们，无论是谁，不问男女老少，表情是一致的，动作是一致的，呼号是一致的，兴奋、热烈；跳跃、狂欢；联合国万岁，中华民国万岁，蒋委员长万岁。

由于这样惊人的好消息，忽从天外飞来，使并肩作战的盟邦，不知怎样庆贺才好，就是和日寇死拼了八年的中国，也没有来得及像盟友苏联似的，预先准备了三百二十门大炮，连放二百四十发，庆贺中国四万万七千万同胞们在日寇的铁蹄下全部宣告解放；大家只好把纸做的鞭炮，先表示一点庆贺的微意。的确，那一晚满街满巷，都是炮竹声，比过新年还热闹。马路上挤塞了欢跃的民众，几乎没有丝毫的空隙，让每个人能够把欢跃的姿态，拍掌，舞蹈，大家扭住一起，又说又笑……等等的姿态，表现到使自己满意的程度，只能张开嘴巴，从心坎里发出感恩的呼声，时时高呼中华民国万岁，蒋委员长万岁；而又要当心自己被欢乐的人潮所压倒，死命支撑自己的腿股，在人潮中肩磨肩，臀部擦着臀部，慢慢地移动。忽然，市中心转弯那座高楼上，射出一道刺眼的金光，挤在都邮街广场中的人们，吓了一大跳，疑心电线在破裂，向着同一个方向一窝蜂地狂奔，引起小小的惊惶，后来才知道是正在拍摄新闻片，又不约而同地笑起来。盟友的吉普车、大卡车，接二连三地沿着全市的大马路，散布欢悦的喜讯，车上的歌声、笑声、炮竹声，与报童高喊的号外声，混成一片。有些不怕碰车的年青人，都勇敢地挡住车子的行驶，勇敢地跑上去，把几位兴高采烈的盟友拖下来，大家人上加人，搭成一座人的山，想把他们高高抬到天上去，露出他们的全貌，接受群众们、妇女们、孩子们热烈的颂赞。这时候，无论怎样冷静的头脑，不由你不欢喜得发抖，就算是沉思远虑的哲学家，也不会想到投降的日本，正有成千成万的赤子，跪在宫门外号哭；胜利的中国，从明天起，应该马上做些什么？还有些商人们刚刚在喜讯传到的一点钟，以最高的价格，收进一票货，在那时，也同样的欢乐，也不忧心明天就要跌价。民众们熬过八长年的日子，却被突来的好消息，兴奋得说不出话，如果回头看看整整的八长年，要把搁在案头的日历，一页一页撕过去，多么渺茫，多么遥远；但在那一晚大家好像做了一场梦，八长年的苦日子，并不算长，很快，梦一般过去了。这时候，在欢乐的狂潮中，便涌起了一个坚定的信心："只要国家有前途，何愁个人无出路，胜利了，中国已解除不平等的枷锁，盟邦都知道要有强大的中国，才能遏住未来的战争；因此，都相信中国苟有志于自立自强的工作，盟邦的诚意协助，是必然的。"

有些小孩子都握着母亲的手，向回家的途中，边看边走，高高兴兴地回去了。孩子们都在嚷："妈妈，我们就可以回老家了！"

那些年青的妈妈，接着说："孩子！回家以后，要好好用功读书了！"

"当然哪！这一次的原子弹，还不是科学家发明的，还不是人家肯用功读书的缘故。"孩子们的回答。

夜深了，多数人并没有散走，依然挤得紧紧的，马路上各式各样的车辆，照样往返巡逻，拍摄新闻片的电影工作者，正在摄制人头攒动、欢声如雷的大场面；但有些人已走进各种吃食店、各酒馆，准备痛饮大嚼了，他们都在说："现在算是直捣黄龙了！"当他们喝了几杯酒，互诉了过去的艰辛，舒畅了现在的兴奋，自然而然地就会把论题转到别离了八年的故乡，不知究竟怎么样了？堂上的老母，无恙否？亲戚故旧无恙否？荒芜了的田园，恐怕换过好几次主人了吧？像这些问题，尽管有人提起，谁也不愿置答的，仍以不理不睬的神气，继续畅饮；其实，他们未曾不关心到这些切身的问题；不过，他们在抗战八年中，已获得了铁一般的经验："但求大家始终精诚团结，护拥国策，服从领袖，统一建国的意见，集中建国的信仰，关于个人的问题，都不难迎刃而解的。"所以，他们面对太阳就要升起的明天，只有希望，绝无忧虑，只有冒着暂时的困难，勇往迈进，绝不胡思乱想，徒增无益的烦闷。谁都深信不疑地说："就算日寇的铁蹄，能毁灭我们地上的一切，可毁不掉我们膏腴的土地、地下的宝藏。中国收复了二十二省出产丰富的面积，连沦陷最久的台湾都收复了，到处需要大批的人力，复兴这一块广大无边的废墟。领袖在《中国之命运里》，早就告诉我们了，战后，只要有一技之长的同胞，都有贡献能力于建设新中国的机会。"

他们听到这些话，欢喜地举起互贺，大家笑嘻嘻答和："哼……哼……战时，什么东西都贵不可言，只有公务员最不值钱……"

不得说完，隔壁便有一位公务员插上来说："战后，收复的失地那么广，参加伪组织的汉奸都得依法审判，公务员怕又要值钱了。"

"可不是吗？"大家说，噗嗤地笑起来。

马路上静寂了片刻，又有一阵的吵闹的喧声，从都邮街那边抛过来，连珠似的炮竹声，噼噼啪啪，是一群人扛着领袖的玉照在游行。立刻吸引了大家的视线，人愈聚愈多，连吃食馆、冷酒馆的顾客，都急忙付了账，涌到马路上，东张西望，最后，他们也发觉是有些人别出心裁，正在扛着领袖的玉照，在马路上走过去。那晚上一切的举动，都不是出于事前的设计，但每个人的心都是真实的，特别是对领导抗战的领袖，无不衷心地崇敬；因此，都想把崇敬的表情，表现得更明朗，更热烈，更真实，更能吸引大家的注意。像这样真情的流露，实在比经过事前设计的各种庆祝大典，还要有意义，有价值。他们想起四年前一度最艰苦的日子，真不知如何过去的；可是这日子真的过去了，仿佛还有些不相信似的，他们不能不钦佩领袖在八年前的庐山谈话中所昭告中外的名言：我们是弱国，抗战要抗到底，抗到与友邦并肩作战。万不可中途妥协，妥协就是灭亡。抗到底，最后胜利是属于我们的。现在，这些话，都已得到了事实的证明。我们的同胞，也是最现实不过的，也不耐烦听那些"玄之又玄"的理想，八年来撑持一只庞大腐烂的破船，冲过无数险恶的暴风雨，始终镇定不变，在黑夜里，眼睛注射着领航的灯塔——国父的遗教，打桨摇橹。艰苦万状，破浪前进，一心眷顾全船的存亡，撇开无足轻重的毁誉，任劳任怨，完成执舵的重任的，究竟是谁？在大家的心坎深处，都已有了实确的答复！这答复，是天经地义，就是极少数自命不凡的人，当着联想到自己怎能不做亡国奴，怎能保全自己的生命时，也无法否认这答复的真实性。

那晚上，人们的心是热烈的，气候也热得可以，大家兴奋到极度，谁也不想睡，反正睡不着，通宵达旦，街路上的人潮，没有退潮，两旁商店的门敞开着，灯光抛到马路上，人们向冷酒馆、吃食店，进进出出，川流不息。不知不觉，东方已经黎明，一队雄赳赳、气昂昂的青年军，盛装整队，壮志凌云，迎着美丽的晓光，高唱《祖国的黎明》，怀着无限的喜悦，分赴最高统帅指定的地点，将在最有意义的时刻、最有价值的地方，发挥他们最大的力量。人们一见他们立即站在两边，空出一条路，看他大踏步走过去，有的说，是开往东京去，接收日寇的本土，有的说，是开往上海南京北平去，还我祖国的河山，在晨光下照见他们崭新的武器，漂亮的服装，健康的体格，都说不出的羡慕，最高统帅在今年春天对青年军说的话，都兑现了，他们都后悔自己没有参加青年军。

青年军向前进，整齐的步伐、一致的节拍、愉快的情调，在晨光熹微、晓风和煦中高唱《祖国的黎明》，观热闹的人们，都齐声唱起来。

　　四维八德，立国典型，

惟我领袖，身体力行，

惟我领袖，发扬阐明。

继承国父遗志，

历尽困苦艰辛，

要把障碍荡平，

要把中华复兴，

振民族，昌民权，裕民生，

完成历史的使命。

男女都在为国献身，

我们个个都是后备兵，

父老扶杖争看祖国的黎明。

呵！伟大的领袖！

中华民族的救星！

呵！伟大的领袖！

中华民族的救星！

（王平陵编著:《祖国的黎明》，国民图书出版社 1945 年 12 月初版）

易君左：推翻食桌急奔走〔1〕

中华民国三十四年，即公元一九四五年八月十日，这天是一个最重大的纪念日子。这天下午，我进城到两路口总政治部开会，散会已晚，便邀一个朋友到附近一家叫做"潇湘"的湖南馆子晚餐，实际上只是喊了两碗榨菜肉丝面。看看天已黑了，电灯亮起来。伟大的奇迹突然出现：就在全城电灯一亮的顷刻，忽然听到菜馆外面一片大喧嚣的声浪，就有人匆匆冲进来大声狂叫道："日本投降了！日本投降了！"我和朋友突然听到，神经仿佛失了知觉般，不知是狂喜，也不知是痛哭，一下把面碗丢开，吃饭的客人也同时推翻食桌，一齐向门外狂奔，这家菜馆的老板、老板娘子、伙计们，什么都不管了。跟着我们跑出大门，只见人潮汹涌，在暗淡的街灯光下，万头攒动，高呼狂叫，嚷成一片，像巨雷的震响。

人丛中忽被高高抬举起几个美国军人，打从潇湘菜馆门口经过，翘起大拇指，高叫着："顶刮刮！顶刮刮！"接着又起一阵惊天动地的欢呼："日本投降了！日本投降了！"我的眼睛已看花，耳朵已震聋，神经已麻木，真是吗？还是在做梦？日本鬼子怎样一下就投降了？这样的奇迹，真是神秘、诡怪，几乎使人不会相信啊！可是摆在眼前的人海狂潮和热浪，不会离事实太远，也许日本真的投降了。

我兴奋到极度，呆立在菜馆门口看热闹，也高举着手跟着人群狂

---

〔1〕 题目系编者拟。

呼："中华民国万岁！中华民国万岁！"眼泪簌簌地直流下来。等到汹涌的人群稍为疏散了，我一口气跑上总政治部打听消息。一个值日副官瞪着铜铃般大的眼睛，张开大口告诉我："易委员！是真的呀！哈哈哈！日本投降！日本投降！"一下把我抱起。我也高兴得像发疯似的说："我们可回南京了！"但是当我向这个值日副官追问日本何以会投降，他也答不出所以来，只说："这消息是千真万确的！"

我于是在两路口公共汽车站急急搭车下乡，恨不得生出翅膀，飞回冉家湾，把天大的喜讯报告老母及家人、亲友。车行一路就已经听到零乱的爆竹声，高亢的欢呼声，歌声和笑声，口号声。车爬上老鹰岩过山洞时，因为这里住着国府要员很多，所得消息独早，所以鞭炮放得特别热烈。黑黝黝的人影幢幢，抵赖家桥，我下车，一口气奔回冉家湾里。

胜利的捷报速于置邮而传命，疾如飞矢。西永乡一带也约略知道了，大家恍兮惚兮的正待证实。见我从城里回来，小孩子跳起几尺高，左邻右舍，一齐集拢来问我。我也只能像总政治部的值日副官一样，知其然而不知其所以然，但仍然作坚定的答复，并且安慰大家说："今天晚了，我们把四肢尽量伸长，睡一个空前未有的好觉。明天清早，我就进城，得到正确的消息立刻回乡告诉你们。"大家才欢呼而散。

就中最欢慰又最伤怀的是我的老母。在如豆的桐油灯下，她老人家静静地挑出一段灯心，让光焰略为放大一照，然后微叹一声向我说："我这几根老骨头是不会抛在外面了。钺儿，你也太可怜，应该休息休息了。"

（易君左：《胜利与还都》，台北：三民书局 1970 年版）

陈纪滢：毕生难见此场面[1]

从崇文镇到都邮街

三十四年八月九日下午约六时左右，重庆上清寺的中央广播电台收到了由东京、由欧洲、由美国所播送出来的"日本无条件投降"的消息，立刻在山城激起了骚动。连所有重庆附近各乡镇的人都挤满在有收音机店铺的门前，静静地听广播电台重复的播音。

这里要打一个岔，即当时虽有电台播音，但一般老百姓备有收音机者少之又少，仅有富宅巨室或资本雄厚的商店，才有一部。我记得，在汉口时代，我常常到电台去播音，但我买不起一只收音机。那时候，收入菲薄，一只 RCA 或飞利浦的收音机相当昂贵，而又没有较便宜的国货可购。后来有人送我一副耳机收听。到重庆后，连耳机也没有了。因为整天遭轰炸，水电均成问题，到了乡下，几乎度的是原始生活。既买不起收音机，也没心情收听。所以也就不想这件事了。您想想，点菜油灯、喝黄泥水、吃八宝饭（掺着多种混合物的米），以及躺在木板床上，屋顶可望见星辰捆绑式的房子，生活水平之低，已到了无可再低的程度，哪还有余力置不急之物？然而，所谓"抗战精神"却使每个人不觉生活困苦，而怀有无穷希冀。这就是"重庆精神"的发扬。所谓"重庆精神"并非以一隅的渝市所下的定义，乃包

括所有前方后方以及边远地方整个人民的精神。"重庆"只不过是一个代表地名而已。

却说我们南山，我记得仅有邮政总局及邮政储金汇业局长徐继庄家中有一只外国牌子的收音机。连东北若干耆宿与将军家里都无这种劳什子。军事委员会机要室也没有。邮政总局及邮汇局的几个处，如会计处、储金处、保险处等均无此种设备。唯一的一架是马路旁一家百货店，店主人也并非阔气，他是爱玩弄机器什么的，他又手巧，自己安装了一具杂巴凑儿的收音机，勉强听得清楚。平常他那只收音机"嗞喇""嗞喇"地响，谁也不理它，这一天则不然了；不一会儿工夫，商店门前，便被人群挤满，左三层右三层，大约有二三百人之多，引颈驻足，倾耳细听。因为是重复的广播，而且声音急昂激动，所以人人听得清楚，人人面部表情在欢欣中有严肃。我目睹若干上了年纪的听众，一壁听，一壁眼中淌着眼泪，还有哭出声音来的。这种动人的场面，从所未见。

大约有半小时工夫，播音停止。人们也就慢慢散开了。每个人怀着兴奋与复杂情绪首先回到自己家去，跟家人报告这桩由天而坠的喜讯。

本来么，"日本必败"是毫无疑问的。但日本以"无条件投降"则非人们所能想象得到的。那年四月间盟军进入柏林，纳粹德国业已崩溃，希特勒并已死亡。《波茨坦宣言》，促日本无条件投降，但那时日本在太平洋上还在顽抗。后来麦克阿瑟将军越岛作战，自琉璜岛、菲律宾，越过台湾，而克复琉球，进迫日本本土，失败的朕兆已萌。再加上八月六日在广岛投下第一颗原子弹；随后又有苏俄出兵东北对日本宣战，几乎日本必败的局势已成。八月九日美国又向长崎投下第二颗原子弹，日本不得不俯首认输，终于按盟国要求"无条件投降"了！这是史无前例的一种方式。世人万没料到，以一个顽强的日本民族，会在这么种情况下，这么种条件下，宣布它的失败。从此在历史上遗留一个崭新的名词"无条件投降"！

小镇所见

大约八时左右，也就是所有镇民知道日本确实（"确实"二字非常重要，因为自抗战以来，人们对于战事消息，已有存疑习惯）是投降了，告诉了家人与普遍传播于每一个人心中后，另一种表达方式，随之而来。那便是阖府大小老少，手牵手儿肩靠肩，步出家门走在马路上，以纾散刚才听见喜讯紧张的心情。崇文镇本街是条长不过三百码的旧式石板街道，而且很窄，平常一般人都不在正街上散步，仅供购物之用。而横在街头的自海棠溪通汪山的一条公路，贯穿全镇，虽是土路无柏油铺设但宽阔而平坦，所以一般人素日饭后散步，都在这条公路上。这人不约而同的，都来到这条公路上。这真是灵犀相通的伟大洪流。因为谁也没有知会谁，都竞相往这条公路上跑。有的是全家大小，有的是一部分，还有的是邻居或同事，相伴而行，一边散着步，一边说着。但今天散步的情形与往日绝不相同。往日走在马路上的人，不是急如星火，便是慢打半罕地如牛踱步。今天则不快不慢，一顺水地向前走，步伐非常整齐，也互相礼让。这真是"人逢喜事精神爽"。人的心情快活，一切显着有规矩有礼貌。虽然这是八年盼来的一顷刻，居然盼到了，但谁也没有怀着一种轻浮心理，把它视作轻易获得的结果，大家这份庄严而喜悦的心情，表现在脸上。

"总算盼到了！让我们八年的苦日子没白熬！"大家不约而同地发出这样的感叹。小孩子们懂事不多，没有大人那样深沉，咭咭呱呱地发出笑声，大人还不住地禁止他们。有多少人？几千人绝不止，至少有两万人。从来没见过的老公公、老婆婆，包括镇上的农户，一古脑儿都出来了。好像不出来走走，不能发泄这天大喜讯的刺激似的。

小梁子的人群

　　我带领家小，也顺着人群走了一阵。后来忽然想起何不趁机会到城里去看一看？我嘱咐了几句话，便独自雇了一乘滑杆从龙门浩过江去。当我于九时半左右，从望龙门坐缆车到达林森路再转往小梁子陕西街口时，已是人潮人海，简直挤不过去。而且这个地方的人群不像乡下随时动转，他们、她们都站立在那儿瞧热闹儿。凡住过重庆的人都知道小梁子、大梁子与都邮街皆是下半城最繁华的地方，陕西街又是银行区。陕西街与小梁子的交叉处，是重庆当时最冲要的街口，等于今天台北市衡阳路与总统府广场一带，无论有什么集会都是在这一带举行。不过这个广场被一座圆形堡垒（为巷战用）矗立中间，平常警察站在上边指挥交通。但四周仍是很广阔的。所以这一天上半城，人潮泛滥在上清寺与国府路口，下半城则自都邮街起，经大小梁子到陕西街口，延伸到道门口及林森路。大约有十万人光景，都集中在这一带。所不同于乡下的，是大家驻足旁观，很少人动转。"日本无条件投降"的"号外"早已在个把钟头前在街市卖光了。这时候，还有人拿在手中，我借阅一下，那人道："先生！您刚要看？"我答道："我是从南岸刚过来的！"他道："你拿去吧！南岸怎么样？"我道："大家都出来了！"有的人指手画脚，好像看见了什么人。有的人唉声叹气。我在人丛中，听见他旁边的那位先生说道："马上就要回下江了，还叹什么气！"使我霎时想起杜甫写官军收复河南河北那首诗："剑外忽传收蓟北，初闻涕泪满衣裳。却看妻子愁何在？漫卷诗书喜欲狂。白日放歌须纵酒，青春作伴好还乡。即从巴峡穿巫峡，便下襄阳向洛阳。"老杜这首诗，真道尽了今日居留在大后方的各省同胞的心情。刚才那一男一女的对白，不就是诗内的写照吗？我既感叹又高兴。

　　我为了多体会人民的心情，又从陕西街口换到对面一个区域去。我发现有人喝醉了酒在撒酒疯；美国大兵有的一面向天空掷帽子；有人一面逢人握手遇人拥抱；也有的人狂欢大笑；但也有的人泪流满面，泣不成声的。这真是人类感情交织，各自表现不同。

我也遇见了许多影剧界的朋友，他们、她们都来凑热闹。她们也报以微笑。这些情形与往日都不相同。大约十时半达到了高潮，因为鞭炮早已放过，在九时半后还陆陆续续从远近响来。偶然附近又一阵大鞭炮划破了空中寂寞。这时候又有锣鼓声音。虽然人这么多，品类这么杂，但整一夜没有发生一桩违警事件与伤害事件。可知喜事也可以减少犯罪。

我直到十一时才回南岸去，半夜才到家。虽然拖着一身疲乏，但兴奋之情过了午夜才入睡。第二天是日报报导全世界的一般反应，包括中国各地区最详尽的反应。

（陈纪滢：《抗战时期的〈大公报〉》，台北：黎明文化事业公司 1981 年版）

杨肇嘉：上海的号外 [1]

八月十日的晚上我未去医院，睡在家中，两点多钟，也就是十一日的凌晨，我接到医院中张医师的电话，他告诉我日本有接受《波茨坦宣言》之意，现正委由瑞士、瑞典两中立国接洽中。我听了电话后，高兴得不能再入睡！《波茨坦宣言》，其中最主要的一项是说将台湾收归祖国。这一项对台湾人民太重要了！台湾人民被日本统治五十年，所朝思夕想的就是这一点。我想那一夜的台湾人凡知道这一消息的都会和我一样高兴得难以入睡的。我想我过去领导"自治联盟"绵亘六年的奋斗，总算没有白费。我真感谢蒋主席的真知卓见！于波茨坦会议中提出了台湾人民所渴望了五十年的要求。祖国的健儿抗战八年，牺牲的生命和财产，可以说无算，但有了这一项，就得到了补偿。在日本人的刺刀下，虽然死去了几百万中国人的性命，却从日本的铁蹄下收回了数百万的炎黄子孙。我真太高兴了！高兴得不待黎明，我就奔向医院，好将这一消息尽早告诉我的家人，告诉我那正在病床上期待着的炜儿。

这一天的上海市全市休业，下午三时各报发行号外，市民欢腾！

不过由于市民的过分欢腾，反引起日本驻屯军的顾虑，于是日军遂实行戒严。

八月十五日的中午，日本政府真的接受了中、英、美、苏四国的《波茨坦宣言》，由日本天皇颁布诏命，无条件投降，将台湾归还中国。市民

---

[1] 题目系编者拟。

闻讯，更是欢声雷动，一时鞭炮声响彻云霄，真的是欢欣若狂。据事后获悉，台湾方面民众的欢腾尤有过之，这自是当然之理。上海沦陷不过八年，而台湾亘五十年之久，人们的精神一旦获得解脱，深埋心中五十年的积闷，当然如洪水的决堤，一泻千里！其精神上的愉快情形，自然是非笔墨所能形容的了！

（杨肇嘉：《杨肇嘉回忆录》，台北：三民书局 1967 年版）

金雄白：我和周佛海听到日本投降消息后的复杂心境[1]

八月十日的中午，我还在佛海家里与他同饭，他说由于长崎、广岛被炸，损失的浩大，看来战事将缩短于半年以内结束。反正总有这一天会来临的，我仍然不以为意。那天晚上，我在上海亚尔培路二号的私人招待所中，依然自得其乐地约了许多朋友饮宴。八月上海的天气，还是十分酷热，我们在草地上的晚风中进餐，餐毕回到室内，平剧清唱。记得那天宾客不多，有名伶姜妙香、张淑娴以及名票张四小姐（影星葛兰之姊），以及影星胡枫等人，他们在轮流吊嗓。我悠闲地坐在沙发上静静地听着。忽然，桌上的电话铃声响了，侍役告诉我是周公馆来的电话，我一接听是佛海的声音，他说："有要紧事，你立刻来吧！"我送走了宾客，急忙去至居尔典路周家。佛海坐在楼上起坐室中，面容很沉重，一看到我进去，第一句就说："电台广播，日本接受《波茨坦宣言》，宣布无条件投降了！"我为突如其来的消息所惊愕，不料这可以想到的一天竟是那样快就来了。我为他的话所惊住，呆立着不知如何作答。

佛海所告诉我的日本投降广播，这消息来得太突然了！使我情绪一时有些陷于混乱，心里浑不知是喜是忧。八年抗战，终于赢得了最后胜利，尽管胜得很惨，胜得侥幸，而凡是稍有良心的中国人，一定会因国家的得救而感到高兴，沦陷地区也可以不再因反攻而重受锋镝之苦。但是日本在华军人的态度，既不可测，自己未来的遭遇更不可知。思潮起

---

[1] 节自金雄白的《汪政权的开场与收场》的第一一八、一一九节部分内容。题目系编者拟。

伏，既然彼此具有同样复杂的心境，我与佛海遂至相对无言。

正在此时，罗君强醉醺醺地也来看佛海。他刚从虹口参加了一个日本人的宴会回来，宴会是磋商有关上海的某一个问题，君强以上海市政府秘书长的身份代表前往，交涉中大概日方作了若干让步。君强满怀得意地向佛海絮絮作报告，因带有几分酒意，就显得特别轻松，而佛海似乎完全心不在焉地在敷衍着他。

最后君强又说：他曾经与在座的日军人谈论到战局，一致认为日本还保持着强大的陆军实力，即使在太平洋各岛中战况不利，海、空军损失重大，而一旦在日本本土作战时，将一定给美军以惨重的打击，时期也至少能维持至一年以上。再不幸日本本土作战失败，那末中国境内的三百万兵力，更将战至最后一人。佛海在苦笑中说："难道你们还没有听到日本投降的广播？"君强愕然，好似酒意也就醒了一半，默然不复唠叨。

我忍不住问佛海道："你今后将何以自处？你有没有准备好收拾残局的整个行动计划？"佛海道："此时我心里乱得很，不知应如何着手，大体上我一面将先向重庆请示；一面将赴京与公博洽商。政府（按，指"汪伪政权"）一定应该迅予解散，但要应付这复杂的环境，与收拾六年特殊的局面，我焦虑的，是不是能不再另生枝节，致使地方再遭糜烂。我所能为力的，也只能随机应变。你与君强经手的事，也先好好的作个结束，以等待我最后的决定。"我与君强在黯然中一同离开了周家。

那晚回家以后，自然不再能好好地入眠。我告诉妻以日本投降的消息，彼此商量了一阵，也谈不出什么道理。一切当然应该作最坏的打算，彻夜我在检讨自己六年中的所作所为，更在猜想不知重庆将采取怎样的手段。我为佛海的命运焦虑，也为了自己的前途而烦乱。这样辗转反侧，直到天明始蒙眬入睡。

（金雄白：《汪政权的开场与收场》，台北：李敖出版社 1988 年版）

李驰：古城的喜悦

八月十日下午八时，中央社西安分社两根触角样的天线，闪进来一条意中但也突然的电报："日本呈递降书请和"。由这里，手写的和后来的各报铅印的号外很快传出了，这对于五十万市民无异投掷下一颗"狂欢炸弹"，不出十分钟，带有"传染性"的狂欢就传遍全市。人的行列涌进街头，叫着，笑着，跑着，跳着，初秋晚凉的古城在沸腾！

密如急雨的爆竹声先从中央社附近几条街发起，接着弥漫全市。慢慢地，"钟楼"附近变成狂欢的"核心"。人们到处燃着烟火，比元宵节更为热闹；弟兄们一时买不到，干脆的扳着枪机朝天，打空枪。灯笼点起来了，古城发亮了！

不到一个钟头以后，如醉如狂的街头开始有真的醉汉出现，一个，两个，……无数个，行人以无邪的稚气跟醉汉开玩笑。多少沙哑的嗓子，还在狂叫。红得发肿的手掌仍在鼓拍！市民醉了，古城醉了！

陶醉于"世纪的喜悦"的市民，从四面八方不约而同地汇集于"钟楼"墙根。朝东的广场先堆满了人，四条二三十尺宽的马路也挤满了人，闹着。钟楼顶的洋乐队拼命地在吹在打，但谁也听不到半个音符、一段旋律。人的海在翻喜悦之浪！

美国兵驾着"吉普"进城，在钟楼附近终被人群堆塞着停下来，因为电汽笛已经失却了使人让路的效力。接着有百姓们骑上车头，并且挤上车把洋人高高举起，四周的观众鼓掌高呼，如雷的掌声中我们只能看到洋人的嘴唇在撅动，猜出他在说"顶好，顶好"。另外一些美国兵拿着酒瓶沿着路请人喝；一个坐在洋车上的美空军，给群众挤翻了车而致手足朝天，也说："顶好，顶好！"……

狂欢中人们常会一时消失了自私自利观念。这一夜，茶馆有免费的茶，酒馆有免费的酒。冷饮店有"冰淇淋"奉送。甚至路旁卖"沙果"的也在任人赏用，卖西瓜的把那挺像太阳旗的半截红瓢瓜，操刀狠狠地切成一片片，随便过路人吃。

另一个动人镜头是在××××的几位日本俘虏，当记者那夜里告诉他们日本已经无条件降服时，无一不狂喜万状，有一个甚至要鼓掌而忘记了他那绑着绷带还不能动的手！

"请将我这因战争而失去自由的人的一颗喜悦之心情，传达给每个中国兄弟。战争给我以死亡的绝望，但万想不到做了战俘仍然生存，并且今天看到了战争的结束。……"几颗晶亮的泪珠从眼角落下，我心头上感到那是火烫的。在那里，我看到了戏剧性的场面，听到了台词般动人的语句。……

"日本投降"这四个字震撼了古城，唯一的例外是那一两条以囤积发家的行庄街，他们静寂得近乎麻木，作为对比的是穷途陋巷中老太婆这夜里虔诚地点起"神灯"，土窑前小灯笼热闹得像江边渔火。

这夜里，没有夜生活的古城，也闹过子夜，这夜里，多少人欢喜得竟夜失眠，但也有多少"国难财"暴发户躺在床上如锅中虾！

果然，天一亮，市场的行情就不断地冲击得大亨们心惊胆跳，旬日前卖二十三万元一两的黄金，一天之内由十六万元跌到八万元。几十万元一匹的阴丹布贬至半价也没有买手。香烟跌了五分之三的价格无人过问，西药与洋货的市况也江河日下。日来头寸奇紧，好几家银号已感周转不灵，四行准备贷出七万万元现金以救济市面。

异乡人相争地问何时回乡，铁路公路何时通达，陇海铁路现正加紧修复东端灵宝至□底镇的一段，公路、电报、邮政各方面交通人员急急

报到，准备复员，河南、河北两省旅陕人士和驻陕机关，正在计划如何回老家。荒芜的家园在呼唤。（八月十三日寄）

（《中央日报》1945 年 8 月 23 日，第 5 版）

高应笃：喜从天降深夜集会[1]

　　我返回河南参加省政府组织，追随刘茂恩主席，协助推动抗战工作，处在最前线之尖端，当时河南省府同仁，只知埋首工作，不知有丝毫的怕惧。三十四年八月十四日，日本天皇宣布无条件投降，消息传到朱阳关，已是深夜一时，刘茂恩主席是夜接到中央电讯，立即召开省政府委员会紧急会议，宣布日寇投降消息，全体委员无不欢欣鼓舞，全镇人民大放爆竹，以示庆贺，刘主席报告胜利喜讯后，提出警告说："各位对于日寇投降，固然值得高兴，但不可过于兴奋，因为我们国家真正的困难，还在后面！"于是省府连日开会，作政治复员之准备计划。

　　日本既已投降，接收复员，便成了重要的工作，河南省政府开会研商后，立即组织四个宣慰团，分别由委员率领出发慰问同胞。我即奉主席分派率领第一宣慰团，一行七人，随军前进，经卢氏、灵宝、陕州、渑池、新安、洛阳、郾师、巩县、汜水、荥阳等县，而至郑州，每到一县，立即召集各机关、团体、学校代表开会，宣告省府命令，在复员期间，应当注意推动的工作，同时慰问在抗战期间各级官员的努力与辛劳，出发宣慰，日夜不停，备极辛苦，然精神至感愉快。在郑州停留数日，刘主席茂恩随亦赶到，当时第五战区司令部移驻漯河，司令长官刘峙电请省府指派委员一人，参加前进指挥所工作，俾资密切配合，我随即奉命率同原宣慰团人员改道至漯河，晋谒刘司令长官后，兼任前进指挥所

　　────────────
[1] 节自高应笃所著《内政春秋》一书第十六章第四节《喜从天降深夜集会》。

政治组组长，在漯河工作半月，该所撤销后，方始返汴复命，唯以各地尚未接收，火车交通，仍由日人管理，行车途中，火车出轨，幸未翻覆，有惊无险。回忆日本投降伊始，因事出仓卒，我方接收，毫无准备，以至手忙脚乱，事前缺乏充分的准备，以致接收步骤与接收事务，稍有紊乱，影响政府威信甚大，我等办理政治复员工作，系随军前进，一切接收，尚未办理，且日军仍驻扎原防地待命，地方治安及地方交通，仍多赖日人暂为维持，我率领宣慰团沿途抚慰同胞，有几个夜晚均无处住宿，只好借住日军营房和碉堡之内，由日人保护，以策安全，而日本军官均能善尽其照料保护责任，可见日军确是有训练、有纪律的军队，不仅能服从天皇的命令，听候中国政府的处理，而且仍然纪律严森，秩序井然，在国军未接收前，仍进行一切的工作，如维持治安，保护交通等，这是日本教育的成功处，虽然日本的侵华战争是失败了，但其军人的服从、国民的团结、部队的纪律，仍令人有未可厚侮的感觉，国人应提高警觉，发奋自强，团结奋斗，否则，将来日本恢复国力后，仍将是一个可怕的国家，仍是一个威胁中国安全的国家。

（高应笃：《内政春秋》，台北：华欣文化事业中心 1984 年版）

刘师舜：我在加拿大广播公司发表胜利演讲[1]

八月十四日日本宣布无条件投降后，加京华侨曾于翌日举行盛大之庆祝会，参加者有首都市长卢以斯氏（Stanley Lewis），以余为主要演讲人。余于简短致辞中表示：是日为抗战胜利举行之庆祝大会，我人于纪念中国艰苦抗战八年之伟绩，同时对友邦——尤其加拿大——之协助，应致深厚之谢忱，希望同盟国一致积极计划善后各问题之解决，维持世界秩序，不使和平再受侵略者之威胁，等语。是日下午，加政府军队在国会前面举行胜利游行，在场观礼者有总督、首相及外交团。首相徇观众之请，作简短演说，谓：我人应对各盟国将士之勇战不懈，表示感谢，今日重睹自由，皆是彼等努力之报，现在大家应极力合作，以期保持世界永久和平，云云。

一九四五年八月，日本正式向盟国投降，余于八月十四日晚八时十分，曾在加拿大广播公司对加拿大全国发出下列演词，以志庆祝：

"吾人得到了日本最后投降的官式宣告，从此世界各国对于极权侵略的共同斗争，可以告一段落，这是一桩最可欣喜的事。中国人民从事于此一斗争，为时最久，所受痛苦也最深。他们对此一因同盟国家共同努力而获得的辉煌战果，特别感觉满意。他们从此可以喘一口气，再来致力于当前各种重大问题之解决，其快慰可知。

---

[1] 刘师舜，字琴五，宜丰县天宝人，1900年生，1941年被任命为驻加拿大首任公使。题目系编者拟。

"这一个日子，当然是永久值得回忆，表示感谢，并且使我们祈祷的日子。我们回忆我们所作的牺牲，感谢世界历史上最残酷的战争，已经结束，祈祷这样的斗争，不致于重演。

　　"我们还记得，日本人在战争爆发的时候，曾经大胆预言：他们要在三个月以内使中国屈膝。现在这一可笑的预言，已不攻自破。无疑的，在他们作此预言之时，日本人忽略了比较一国实力更为重要的许多因素。第一，他们漠视了中国人民的优越德性——他们不屈不挠的精神，他们忍苦受难的无比容量，他们为国家生存不顾一切、奋斗到底的决心。复次，日本人没有想到我们的超特战略——'以空间易时间'以及'磁石'战术。最后，日本人沉醉于他们对其所谓'神圣使命'所抱的盲目信念，忘却了我们这一方面的堂堂正义迟早必可获得我盟国的支助。日本人现在对于他们严重的估计错误，付出了巨大的代价。今日屈膝看，不是中国人，而是日本人自己。

　　"但吾人不能否认：日本人对于中国国力的低估，显示中国在初期抗战时的危机。我们不必讳言：当时在物质设备方面，我们实无作战的能力。但国家的生死存亡，较任何因素更为重要，驱使我们不得不接受日本的挑战。这一坚定的决心，使我们不但继续抗战，而在珍珠港事变以前抗敌至四年半之久。虽有种种不可以言语形容——或者君等认为不可思议——的困难，几乎为任何国家所不能不视为对于继续斗争之不可抗阻力，虽然如此，我国政府并未接受日本屡次提出的和议呼吁。万一我们在长期战斗之中，稍尔迁就敌方的要求，虽则我们始终相信最后胜利必属于我，我盟国所受之损失，那就当然更为重大。每一念及，不寒而栗。

　　"我们了解，盟国的协助，也是光荣胜利的一种因素。我们对此，表示由衷的感谢。对为维护自由而牺牲或受到任何伤害的人，我们应致最崇高的敬意。我们深知，彼等若不贡献其热血、时间与才力，于这一共同奋斗，我们完全胜利的来临不会如此其速。

　　"中国人常言说：'痛定思痛'。我们虽然对于战争的结束表示欣慰，但当前的种种艰巨任务，使我们不能不作深长思。第一，没有痊愈的伤痕，尚待将养。大规模的救济及复员工作，尚待积极进行。最关紧要的，在旧金山为永久和平奠定的基础，要好好的发扬光大，庶几世界安全，不致于再受战争的威胁。

"中国人民为一传统爱好和平的民族。他们全面准备担任此一切要的工作。同时，他们将继续为解决他们内部的问题而努力。他们急于要成立一民主政治制度。他们要设法增进其社会福利。他们要实现工业化，来促进与完成其经济建设。尤其在这一战后计划之中，他们祈求友邦及盟国人士的指示及协助。

"鉴于将来世界的发展，我们一致地——单独的与共同的——重新贡献我们的力量，为和平问题—— 一如已往地为战争问题而挣扎。"

（刘师舜：《出使加拿大回忆》，台北：传记文学出版社 1972 年版）

［韩］金九：看到日本投降，实在可惜[1]

　　我那天晚上就在我们同胞金钟万家度过，翌日我参观了西安的名胜古迹，晚上就依约到祝主席家去共进晚餐。吃过饭后在客室里一面吃西瓜一面闲谈时，忽然电话铃响了，祝主席吃惊地站起来说，不知道重庆有什么消息来，就到电话室去，过了一会儿回来喊着：

　　"倭寇投降了！"

　　这真是个令人兴奋快乐的消息，但是对我来说，却好像天塌了一般，几年间千辛万苦地准备参战竟成徒劳，已与美国陆军部协商好在西安与阜阳训练我们的青年，授以秘密武器，从山东乘美军潜水艇返国，去破坏或占领要塞以后再由美机运送武器的计划，一次也未能实行，倭寇就投降了，真是前功尽弃，实在可惜。比这更难堪的是我们在这次战争中没有做过一件事，因此在国际上将没有充分的发言权。

　　我再没有心情待下去，就告辞而出。我的车开到大街时，已经到处是人山人海，高呼万岁的声音直冲霄汉。

　　我辞谢了西安各界为我准备的欢迎会，立刻回到杜曲去。我们光复军因为还没有履行自己的任务而战争就告结束，感到非常失望，全都沉浸在抑郁的气氛中，而美军教官及大兵却都忘形地雀跃欢呼。

　　美国为了建造能住数千名光复军的营舍，自终南山搬运木材，从砖

---

[1] 金九系设在重庆之韩国临时议政院选举的国务会议主席，在陕西省政府主席祝绍周邀金氏在其私邸共进晚餐时，得知日本投降的消息。题目系编者拟。

石工厂搬运砖头，现在也就停止了。我这一次来的目的是要派遣第一批在西安训练的我国军人回国，再到阜阳派遣在该地接受训练的第二批回国，然后再回重庆。可是这个计划却成了泡影，我自重庆来时搭的是军用飞机，回去时就只能搭客机了。

（［韩］金九著：《白凡逸志：金九自叙传》，宣德五、张明惠译，民主与建设出版社 1994 年版）

［日］古屋奎二：
日军从外国广播中听到投降消息 [1]

突然间，响起了出人意外的欢呼声，冲破静寂——时针指在下午七时五十分（按，八月十日）。原来是从盟军总部一带发出的英语吼声，夹杂着"顶好""好啊"的欢呼，激荡在薄暮的长空。

日本投降（接受《波茨坦宣言》）——这是由东京的英语国际广播最初传送到重庆的一个瞬间。

这个瞬间，相信不仅是在重庆，同时也是在华盛顿、在伦敦所有爱好自由、和平的人们衷心盼望着的时刻。在二十世纪历史中，用鲜血写成的第二次世界大战，现在总算是面临了最终的时刻。

在重庆山洞的国民政府主席官邸，蒋中正是当时国民政府主席兼军事委员会委员长，正在欢宴新到任的墨西哥大使易斯加兰特。日本投降的正式报告还没有到达宴席上，但是潮涌般的欢声所表达的是什么意义？无待报告，谁都能够凭自己的听觉判断出来——除非是日本投降，还会有什么原因能让人们兴奋到如此程度？

宴会在平静的气氛中继续进行。宴后，接着就召集了军事干部紧急会议。其实，就在这一天的中午，才举行过军事会报，预料到日本将会投降；对于若干的准备措施，已经有所研讨。

重庆中央广播电台很快地开始转播日本投降的第一次报导。广播员激动得声调颤抖，而且屡次停顿。胜利的好消息，随着电波立即传遍全

---

〔1〕 题目系编者拟。

国。凡有人烟之处，都响起了沸腾的欢声。

根据日本方面的资料：东京发出的英语国际广播，因为预料会受到阻碍，所以并未通过军事当局的检查，而是由外相东乡茂德核发。因为日本军事当局，尤其是陆军方面，主张决战到底，不肯让步。就在这个广播的不久之前，陆军大臣阿南惟几还在向国内广播说："就算是嚼草根、啮土壤、伏尸原野，也要战斗到底！"他要大家相信："置之死地而后生。"他号召全体官兵"誓为玉碎，绝不投降"。

可是国际广播，却已经飞越过前线日军的头顶，被同盟国方面所收录，以致正在和日军交战中的中国军、美英军反而在先得到了日本投降的新闻。

就连日本的"支那派遣军"总司令部也都漏听了本国广播；还是在稍后从外国广播中才收听到这个消息。

（［日］古屋奎二：《蒋总统秘录：中日关系八十年之证言》第 1 册，
"中央日报"社译，台北："中央日报"社 1974 年版）

乞降：网开一面

1945 年 8 月 21 日，日军降使今井武夫前来芷江乞降。

《良友》1945 年 10 月号

萧参谋长向今井提出十项问题，需日方立即加以答复。
《良友》1945 年 10 月号

萧参谋长交与致冈村宁次备忘录一件，今井签字盖章，并允立即转交。

《良友》1945 年 10 月号

日方将日军在华兵力配置图交呈萧参谋长，并听候裁处。

《良友》1945 年 10 月号

［日］今井武夫：身历芷江洽降[1]

飞 往 芷 江

为十五日停战诏书而痛哭的总司令部，次日（十六日）特别为军心动摇而担忧，乃由派到南京的朝香宫大将重新传达了圣旨，我们的工作更加纷忙紧张起来。这时宁可把别的工作放下，也必须尽先同重庆国民政府军恢复联系。

在这一年的年初，我为了促成日华和平会谈的目的，与何柱国的联络路线同时并行的还有通过驻福建的中国第三战区司令长官顾祝同上将的驻沪联系人张叔平，谋求与顾取得联系，经过努力，逐步获得成效。约定八月初顾和我举行会谈。为此，我决定前往江西省的玉山机场[2]，在这前几天，派木村辰男翻译官提前去杭州。

这时恰巧日军决定投降，八月十七日，张叔平就偕同南京政府参军长唐蟒来访总司令部，他声称奉蒋介石主席命令，重新传达应由日军派代表到玉山去。

当时同重庆方面的联系，除依靠市内秘密私设的无线电台外，别无其他办法。迄今为止，为逃避日军宪兵队的耳目，都是暗中进行秘密通

---

〔1〕 节自《今井武夫回忆录》中与乞降、受降相关的内容。题目系编者拟。除特别注明外，本文注释皆为原书编译者注。
〔2〕 玉山在江西省，原文误为福建省。

讯，实现停战后，这些电台突然都纷纷钻到地上，开始公开活动，究竟相信哪个电台的报道，叫人很难判断。就以日军代表到达地点而论，中国政府指定的机场，除上述的玉山之外，有的报称福建省建瓯[1]的，还有报称长沙等地的，其出处不明，使人难以置信。这些自称为重庆政府机关的不负责任的怪情报满天飞，使人无法掌握真相。

因此，日本方面虽然接受片面打着蒋介石命令旗号的联系，也不能轻易相信。我就抱着半信半疑的心情，于十八日先飞往杭州，与以前负责居间和顾祝同进行秘密联系的浙江省省长丁默邨会见，托他查明真相。

当晚，丁省长同顾司令长官联系的结果，转告我们说，因为玉山机场遭受破坏不能使用，前发命令相应变更，另行指定湖南省芷江机场。

不得已，只好中止玉山之行，次晨从杭州经上海折返南京。过了些时候，逐渐明确了芷江机场确是蒋介石所指定的地点，上海陆军部的情报也证实了这一点，我这才放心了。

二十日再次从南京出发，在汉口住了一宿，依照重庆政府方面的无线电报指示，于二十一日日本时间中午，即重庆夏季时间上午十时，乘非武装的运输机，机尾拖着两条三米长的红色布条，先飞往湖南省常德上空。

由于乘务员疏忽大意，中途发现机内遗留一挺机关枪，遂从洞庭湖的上空投下，葬于湖水之中。

渐渐飞进常德上空时，正如预先接获的通知一样，六架美军 P-54 号战斗机从云层里像袭击我机似的飞来。迄今为止被纷至沓来不明真相的指令搅得疑惑不安，一下子面临现实，才开始打消了疑虑。同时也就开始了人世间可悯的凄惨道路。

我们乘用的 MC 机，是为了顾全日军最后的体面而选择借用总司令长官的专机，它饱经长期战争的苦难之后，漆皮脱落，弹痕累累，看着

---

〔1〕 原文误为建甄。

就很寒酸，这也是万不得已的。不由得使我联想到安倍贞任向接待他的源义家口述的诗句：[1]

> 饱经岁月苦，
> 线杇乱横斜。
> 且顾残衣甲，
> 褴褛难掩遮。

我们的运输机因为速度慢，性能不免有些迟钝，而美机性能好，速度快，我们无法对付它，再加上他们还未消除敌对的心情，在我座机的上下左右纵横无阻地乱飞乱钻，进行威胁约有一小时。我机一度误将洪江当做芷江，发觉后又继续飞行，才进入芷江的上空。

从飞机上空俯视芷江机场，只有一条单方向的跑道，铺装得很简陋，不过是山间常见的一种临时飞机场而已。但是分散隐蔽在周围各处的飞机足有一百架之多。在我逗留期间看到他们每天冒着季节性的浓雾，不分昼夜地起降。若与落后的日本空军的现状相比的话，敌方空军实力之雄厚令人惊叹。

当地时间过了正午，我们在机场降落，依照飞机指挥台的指示，绕场滑行了一周。轰动起来的中、美两国士兵数千人，从机场的四周跳过停止线蜂拥而至，手里都拿着照相机给我们的飞机照相，我看见其中也有被挤倒的。

飞机慢慢地停下，我们一下飞机就有两位身穿陆军少校军服的中国军人，用日语自报官职和姓名，接着对我们全体人员进行身份调查后，让我们分乘两辆吉普车，在另外一辆乘有中国宪兵的吉普车前导下开始前进。

---

[1] 源义家是日本平安时代后期的武将，曾与其父同往征讨安倍贞任。一〇六二年安倍贞任战败投降，被杀。

从机场到宿舍的路上，差不多都挤满了中、美两国士兵，这里同样有照相机对着我们，甚至不得已停车好几次。在这里几乎见不到一般居民，军人们都是喜形于色、生气勃勃的。

宿舍离机场约两公里，是两所临建的木板平房，在板墙上画着大的白十字标志。周围好几处有宪兵岗哨戒备，不许群众靠近，据说为此就动用了一个营的兵力。

警卫和哨兵对我们的态度都很和蔼，给人的印象是，与其说是包围监视我们，不如说在外围保护着我们。

给我准备了两个房间，随员每人一间，甚至每人一名仆役，室内虽没有什么装饰，却铺着新席子，被褥和日用器具完全是新的，朴素而给人以好感，甚至临时安装了澡盆。

到机场来迎接的两位少校，继续担任接待任务。我们在宿舍休息之后，下午三时稍过，他们领我们乘吉普车到距离约四公里处的会谈场所。

我们乘坐初次见到的吉普车，这种野战式的敞篷车，一路上穿过了好几处像是在庆祝胜利的牌楼。据向导人告诉我们说，几天前在这些牌楼附近，曾经召开过盛大的庆祝会，征尘仆仆的中、美两国将士互相竖起食指和中指做成表示胜利的 V 字，为战胜的美酒所陶醉，通宵狂舞。战败的我们，有如被一堵黑暗的墙壁隔断了前途，绝望的孤寂感和不安的心情是不能消除净尽的。

车子停下来的地方好像是一所兵营的进口处，这里耸立着一座格外高大的牌楼，上面悬挂着中、美、英、苏四个胜利国的国旗。

这所房舍原来是中国空军第五大队和第十四中队的营房，是木结构的平房建筑。中国陆空军总部昨晚从昆明经重庆飞到这里，将此处作为临时指挥所。我们穿过排列在两侧的木造营房，走到正面的尽头，就是会场，有很多中、美兵士层层排列在两旁，看不出什么特别不愉快的神情，只是默默无语地目送着我们。

走进建筑物，紧连着走廊的是一间不太宽大的长方形的礼堂，暂时作为会场。

在正面墙上，悬挂着国父孙文的遗像和中国国旗。室内靠里边相对着放着两张长方桌。

在里面桌子的正当中，已坐着中国陆军总部参谋长萧毅肃中将，对面右侧坐着副参谋长冷欣中将，对面左侧坐着中国战区美军参谋长巴特勒准将和译员王武上校。我佩着军刀在他们对面靠门口的另一张桌子的中央就座，参谋桥岛芳雄中佐和参谋前川国雄少佐以及木村辰男翻译官都坐在我两旁。

周围列席的，除很多军政两界要人之外，还有中、美两国新闻记者一百数十人，连会场外的走廊和房屋外面都坐得满满的。

其中，有很多是昨晚从重庆以及其他各地方赶来参加的将军们。

列席的还有汤恩伯、张发奎、卢汉、王耀武、杜聿明、吴奇伟、廖耀湘、郑洞国、张雪中等高级军官以及韦以黻、刁作谦、顾毓琇、刘英士等政治家。

会谈从下午四时一直继续到五时，每次发言都译成中、美、日三国语言，这完全是走过场，至于实质性的实施要领的细节和有待议论的问题，留待回宿舍后，在逗留的三天里，随时解决。

萧中将开头首先高声地自报个人的姓名和身份，并介绍了左右两旁的同事以后，要求我们出示代表身份证明。

我说明：因为中国派遣军尚未接到大本营的正式命令，难以派出正式代表，此次只是前来进行联系的，因此没有携带身份证明。立时举座哗然。经我把总司令官派我们前来的命令副本给他们看了之后，萧中将才松了口气似的宣布，作战命令可以代替身份证明，于是就转入会谈了。

为了使读者了解当时的气氛，这里将会谈内容以问答方式记述如下。

萧："本人是奉中国战区最高统帅蒋中正阁下的命令，代表何应钦上将的参谋长萧毅肃中将。

"左面是副参谋长冷欣中将，右面是中国战区美军作战司令部参谋长巴特勒准将。希望出示日军代表的身份证明。"

今井："本人是奉日本国中国派遣军总司令官冈村宁次大将的命令特来会见中国战区最高统帅蒋委员长的全权代表的副总参谋长今井武夫少将。另外随员有桥岛参谋、前川参谋及木村翻译官。

"本人没有携带刚才要求出示的身份证明。理由是，因为本人此次的任务是来联系订立停战协定的准备工作的，不是前来签订协定的。更详细地说明一下：日本政府和军事代表目前正在马尼拉与盟军最高指挥官进行停战协议，在协定签订前，不准任意行动。然而我们料想中国方面的停战事宜，当然要由蒋委员长阁下负责处理，因此，认为在礼节上应该迅速与贵方取得联系，所以不待奉召，主动前来。"

萧："任何可以证明身份的文件都没携带吗？"

今井："没有携带身份证明。不过，奉命与贵军取得联系的日本军作战命令的副本却带来了，请过目。"

桥岛参谋出示作战命令副本。

萧："我认为作战命令可以代替身份证明。

"根据八月十八日中国战区最高统帅蒋中正发给冈村宁次将军的电令，希望提供驻在中国、台湾及北纬十六度以北越南地区内的所有日军作战分布兵力的位置以及各指挥系统等文件。"

今井："此项电报已经收到，制成的概要图带来了。但是台湾及法属印度支那地区的日军，因为不属于中国派遣军管辖，不能提供详细情况，只尽所知概要的情况附记在上面。详细情况由桥岛参谋说明。"

桥岛参谋面交概要图。

萧："这份概要图由我方保管，细节随后再行联系。此外，没有携带其他文件吗？"

今井；"没有携带其他文件。为了说明南京、上海地区机场的状况，所以让航空参谋前川随同来了。"

萧："可以在以后说明。现在将中华民国三十四年八月二十一日发给驻华日军最高指挥官冈村宁次将军的中国战区中国陆军总部中字第一号备忘录，当面交给你们（用中、美、日三国语言朗读原文）。

"今井少将如果接受此备忘录，要在收据上签字盖章，并负责面交冈村宁次将军。"（用中、美、日三国语言朗读收据）

今井："我可以将此备忘录转达给冈村总司令官阁下，但是对其内容是否许诺，难作答复，还请谅解。"

面交文件。

今井："本文件显然有难以执行之处，希望在提问后能陈述意见。"

萧："提问可留待以后联系时再说。"

今井："以后如有协议的安排，就留待那时陈述意见。"

萧："在冈村将军办理投降手续未了期间，已安排派冷欣中将去南京设立前进指挥所。冷中将一行计划与贵代表一同前往。

"何总司令决定在投降手续未了前，在最短期间空运部队到南京、上海和北平。为此，美空军地勤部队将首先进驻，希望冈村将军配合以上情况，作好必要的准备。

"再者，为了确保中、日两军相互联系，贵代表回到南京后，希望马上开始与另纸所开各机关单位进行无线电联系。"

面交各机关单位名单。

桥岛："通过芷江电台，现在马上可以与南京进行无线电联系，我们已准备好通讯规定，希望予以利用。"

桥岛面交日军的通讯规定表。

萧："以后经何应钦总司令批准将派中国陆空军和美军将校到贵代表的宿舍去进行细节的联系。

"上述细节联系完毕后，希望贵代表一行务必迅速返回南京。

"关于出发时间由我方另行通知。"

以上会谈结束后，我们回到宿舍。自二十一日晚到二十三日，只限于接受何应钦总司令特别命令的人，先后到我们宿舍来过好几次，每次都恳切会谈数小时。

第一次是二十一日，与中国陆军总部副参谋长蔡文治少将为首的参谋人员交谈，从八时半开始，畅谈到晚十一时半。

日本方面为按照面交的备忘录上所列的事项圆满地执行起见，作为中国派遣军，有必要再接受日本大本营的命令。经说明后，取得中国方面的谅解，达成了下列各项协议。

一、驻在中国的日军，全部隶属于冈村大将的确实统率之下。总司令官已对全军下达停战命令，除自卫行动外，已停止一切战斗。

二、武器及军需品以及各项设施，严禁破坏、烧毁，维持现状妥善保管，作好圆满地移交给中国军队的准备。

三、但是，停战后在日军占领地区内，近期陆续发生自称是国民政府军行动总队指挥部或前进指挥部以及先遣军总司令部等非正规部队，进行无领导的行动。

日军对此种情况很难处置，认为在自卫上有断然采取行动的必要。蔡少将当即答称：这些武装团体既然类似土匪，日本军可以采取自卫行动。再者，行动总队虽系重庆方面的游击队，但希望在正式谈判前，注意不要答应他们的要求。附带声明，任援道虽曾申请担任南京地区先遣军总司令，但未予批准。

四、请求对于旅华日侨加以保护并予遣返；日军个人的武装要求在乘船回国前，准其携带以便自卫。蔡答称：关于保护日侨并遣返回国问题，由中国政府负责处理。但关于日军个人武器问题，因无权回答，约定在请示上级后再作答复。

五、日方对于备忘录所列法属印度支那、台湾、热河以及全部海军，均属中国派遣军管辖范围之外这一点作了说明后，蔡提出要求说：本件既系盟军会议上所决定的事项，希望回到南京后，从速与各部队取得联系。

六、说明南京和平政府以及其他各机关的要人，曾协助日军为占领区民众谋幸福做过贡献，请求破格给予宽大处理，对此未作答复。

这次会谈时间相当长，中国方面以蔡副参谋长为首，各参谋无不表示对日方深切的谅解，始终以武士道[1]的态度相待，与其说是对待敌国败将，不如说好像是对待朋友一样。尤其是钮先铭少将，他的言行甚至可看出要警惕不致使败军使节负辱自杀。

第二次会谈是在次日二十二日上午十一时开始，冷欣中将和美军巴特勒准将，偕同王武上校来访，进行了约四十分钟的会谈，内容如下：

一、因冷中将为设立前进指挥所，将先赴南京，要求我方以书面提出对其安全予以保证。我们说南京治安并无任何不稳定情况，没有提出保证书等的必要。最后决定，等我们回到南京后，改用电报通知。

又，命我方准备提交中国俘虏名册，并要求对军需物资及仓库等严加保管，除冷欣之外绝对不允许任何人接收。对此，日本方面说明了当前的实际情况，为了制止不法之徒的活动，请求国民政府对游击队加以管束。

二、巴特勒准将询及美国俘虏的现状和待遇情况，要求将俘虏记录整理齐备，完整保存，并且愤慨地说：对美国俘虏如有不法待遇，必采取严厉报复措施。

在这次会谈中，特别使我感觉奇怪的是冷副参谋长发言的内容。冷因亲自进驻南京而要求日军以誓约文书保证其安全。我认为以一位战胜

---

[1] 武士道是日本武士阶级所应守的道德，是维护封建体系的狭隘国家主义的思想支柱。

国的高级将校竟然向战败国使节要求保证安全，既无意义又不自然，总觉得未免有些滑稽之感。于是我说："这种文件不但没有价值，而且没有必要，日军恭候阁下光临！"竭力婉言解释，使他安心。

但是冷依然反复要求说："作为外交手续，无论如何希望提出一个书面保证。"

因此，最后决定回到南京后，用无线电代替书面。

关于这件事我认为，中国军对于迄当时为止夸耀不败的日本军，觉得并非凭自己的力量获胜，而是依靠盟军在其他战场胜利的压力，才名列战胜国之一，因而他们自己并没有战胜的实感，对日军的畏惧心理尚未消除。不仅如此，给我的印象是，作为军人在战场上有这类言行，总觉得有些不恰当。

其次，中国方面向日军提出的要求中，对于军械、军需品、设备及财产的接收问题，表示了异常的关心，曾再三强调要全部接收，并反复坚决要求对于命令系统以外的分子的介入，要严加拒绝。特别是和冷中将的协议，几乎完全集中在这一点上。

事实上，从中国军进驻后的实际情况中也可以证实这个问题，大小纠纷多半是围绕着接收武器和财宝问题而发生的。也就是：对没有接收权限的部队向日军强行接收，如果拒绝，就会遭受其打击报复；又，正式办理接收的人，在公开接收之外，有的要求表册以外可拿到黑市倒卖的物品；或者因为被看做是拥有财宝的人，即便毫无关系，也当做战犯遭到逮捕；但对于以不正当手段获取财宝的中国人却能免予按汉奸治罪，不予逮捕。因此，国民政府军队的威信一落千丈，国民政府的前途也就岌岌可危了。

另一方面，美军所关心的，集中在俘虏一点上，其言行完全是事务性的，谈判期间，毫无情感可言，与中国方面对照，印象特别深刻。

在第一次和第二次正式会谈期间，各参谋和空军上校张廷孟等曾分别与我们个别谈话，就有关南京及上海等机场的状况以及通讯设备等，完成了事务性的联系。

钮少将通知我们，日军投降预定将在南京正式举行受降仪式和签字。此外，日本留学生出身的徐祖贻中将、曹大中少将以及其他数人因想和我会面，曾经来访，但是未经许可，特意留下名片表示问候。

以上各项会谈和谈话结束后，到八月二十三日钮少将又交给我们五份备忘录，其中两份的内容，却出乎意料之外。

其中一份是：

"目前在马尼拉与美军正在进行协议的日本军代表扬言：中国方面因为国共两党争执，治安不稳，日本人的生命安全受到威胁。这是对中国国家的严重侮辱。必须注意今后不得发生同样事情。"

我答复说：

"是否在马尼拉作过这种报告，以及事情的始末，中国派遣军是一无所知的。"

另外一份说：

"日军当中，还有不肯向中国军投降而对中国军有挑战姿态的，应当立即制止这种行动，并作出调查报告。"

我加以反驳说：

"日军今天如果对中国军还存有挑战意图的话，何苦在蒋总统正式指示之前，不等日本大本营命令，就主动表示诚意，特意先去玉山、后又到芷江来联系呢？"当时就表示上述两份备忘录难以接受，遂予以拒绝。

因此，中国方面在善后处理上，似乎很感棘手。在某种意义上讲，我反倒使他们重新认识到了日军并非搞阴谋，而且似乎是有效地使他们消除了对日本百万常胜军会起来反抗的顾虑。所以何应钦也抱着宽容的心情特地把这项备忘录撤回去了。

后来，同我一起返回南京的中国军先遣人员把带来的备忘录直接面交冈村大将，而得到圆满的处理，我认为这完全是中国式的做法。

当天下午突然得知何应钦总司令想和我会面。下午二时五十分我偕同木村翻译官赴何的宿舍。

何应钦特别对我们不辞辛劳远道来到芷江表示慰劳，再次要求转交备忘录，并说新决定从八月二十六日至八月三十日空运一部分中国部队到南京，希望日军加以协助。

我回到宿舍，马上和全体人员一起到机场，下午四时由芷江出发，中途在汉口加油后，一直回到南京。

一行除日本方面全体人员以外，还有作为中国军先遣人员的参谋陈昭凯少校和空军地区司令孙道岗上校及译员一名同行，日本时间晚上九点多在南京大校机场降落。

以南京市长周学昌为首，以及民间权威人士到机场迎接，争先要求会见中国军先遣人员，可是他们不予理睬，甩开尾随的人群，登上汽车急忙往日军准备的宿舍驶去。

这时候，圆圆的明月，似乎不参与大地上的那些纷扰，静悄悄地掠过紫金山的山顶悬挂在晴空万里的天空，放出皎洁的光芒。

我觉得自从宣布战败以来，我们这几天的行动，简直像发生在另外一个世界上而由别人扮演似的，使我深深地沉浸于伤感之中。

从重庆、昆明等地乘飞机或利用其他交通工具聚集到芷江来的各国新闻记者有一百数十人，他们对会谈的报道相当活跃。

我们与一般人隔离，非经何应钦批准，任何人都不得出入我们的宿舍，报纸上虽然刊登有和我会见的记事报道，但实际上我从未会见过一位新闻记者。

报道一律以重要的消息发表，占有很大的篇幅，但其内容却大同小异。现将其中中国政府机关报《中央日报》的报道，部分揭载如下：

（中央电台）芷江二十一日电

驻华日军总司令部冈村宁次的代表今井武夫副总参谋长及其随员等，于二十一日与我总部参谋长萧毅肃会见。

萧参谋长提交我方何总司令给冈村宁次的备忘录后，举行了会谈。

会议室的布置极为简单，只悬挂国父的遗像和国旗。

会议上，萧参谋长所提出的问题，由我方译成日文、英文，今井的回答，由日方译成中文。

我方萧参谋长提问时，态度和蔼而带些激昂神情，今井听取提问时，极为沉着细心。

下午四时三十分，萧参谋长提交何总司令的备忘录，今井接受后，签字盖章。

中外记者都积极拍照，把具有历史意义的签字情景尽收镜头之中。

会议进行了约两小时之久。

胜败双方的友情

当时中国方面对日军仍抱有相当不安的心情，尽管日军战败，日本政府本身已向盟国投降，但驻华百万日军，就大陆范围来说，还是一支堪称不败的精锐部队。他们对日军的动向一时难以预测，何况其中也可能有一部分不满分子和越轨部队，违反本国政府及上级司令部命令，很难估计会发生什么行动。

他们考虑，特别是在中国内部，除誓愿效忠重庆中央政府的中央军之外，不但有与重庆公开角逐的中共军，而且还有相当数量的南京和平政府军以及其他散驻各地的非正规军，这些部队若与日军勾结，将难免有武器和军事设施流失之虞。

然而自从芷江会谈以来，国民政府军在受降工作中，看到日军依然坚守建军以来的纪律，从未发生丝毫纠纷。尽管国民政府以外的其他中国部队顽固地加以威胁，但日军严厉拒绝将武器和设施移交给他们，而是全部移交给中央军。这在我们日军来说，本来是理所当然的事情，却给一般中国人以意外的感受。

对于日军始终能贯彻执行命令，和整齐严肃地撤退，近来我不断听到称赞。所以尽管日军是战败之敌，可是这成为中国军初在战时，继在战后，一直对日军怀有畏敬心理的原因。

我们在芷江停留期间，由负责接待的将校陪同去用饭，虽然是农村饭菜，可是每餐都郑重其事地准备得很丰富，全体人员一起围着圆桌而坐，尽量饱餐。

只是飞机驾驶员松原喜八少佐，不知什么缘故，似乎是食欲不振。我觉得很奇怪，一次在吃饭时谈起此事来，他才打破一向的沉默，开口说：

"说起来，我今年已经四十三岁了，作为一名驾驶员在军内算是最年长的，按规定竟超龄三年了。况且这次打了败仗，恐怕在我一生中，这就是最后一次掌握驾驶盘了。回忆起当初的驾驶工作，想不到竟会有今天这样悲惨的遭遇，真叫人十分伤心。

"还有我们乘来的心爱的 MC 机，停在机场上，每天在中美两国敌军环视之下，作为标志挂上的两条红布，经过好几次重新整理，都被中、美军人揪掉，恐怕他们是拿去当做纪念品吧！对这架飞机别管怎样偏爱它，也算不上是什么可以自夸的货色，可是我怕它遭受雨淋，一定要把它盖好。这在阴雨天也毫不在乎地让飞机暴露在露天下的美国兵看来，总以好奇的眼光注视着。他们对我们几个人吆喝着，一齐用手搬动螺旋桨的那种原始的做法感到稀奇，每回都像是看杂耍似的聚上一大堆人。作为一个驾驶员的我，感到像刀割一样的难受。

"芷江每天上午都笼罩着季节性的浓雾，万一我们一行回去的当天，也遇上这样的雾，说不定非一天天往后顺延起飞不可。

"人家不管是有雾是夜晚，都能满不在乎地自由起飞，只有我们的飞机不能飞行，这不仅是我驾驶员的羞耻，虽说是已经战败，但热爱祖国的心情却不允许祖国名誉受到损害。

"一想起这些，心中愁虑，饮食难以下咽。"

尽管我国已经战败，我们身为其使节，等于铐着双手来到敌国投降的，但作为一个纯洁的军人，产生以上这种想法，还是有正当理由的。

事实上，我们的飞机性能很差，即便是外行人也能一目了然，而且从外观上看着也那么寒碜，相形之下有着显著的差别。这从常德以后的飞行中就已有了现实的体会，因此不得不全都停下筷子齐声忧然叹息。

在逗留当地的三天里，与我接触的中国人都仅限于职务上的关系。此外，也有转托出入的人代为传话，或留下名片表示私人问候的，已如上述。

在宿舍里负责接待的两位少校，一位是陈应庄，八年前我在北平工作时，当时他在该地当新闻记者，曾经会见过，他是日本留学生。另外一位陈昭凯，是日本士官学校留学生。

在会谈中担任翻译的王武少校，在参加日本陆军士官学校入学考试时，我正好担任考官，据说他的生母是日本人。

此外，和我们接触的主任参谋钮先铭少将，战前我在北平工作时，曾和我很有友情，是冀察政务委员会委员钮传善的长子。

我与这些人们不期而遇，感到很惊异，同时感谢他们的好意，对我完成任务给予很大帮助。但事后我观察到，这并不是单纯的巧遇，而是中国方面特别照顾而安排好的。

例如宿舍中的这两位少校，到了九月间中国军进驻南京而在我们面前出现时，陈应庄是新编第六军政治部副主任、少将副参谋长，陈昭凯是中国军总部的上校参谋。

我们对于那样罕见的连升数级的情况，一度曾感到有些吃惊，可是后来才逐渐弄清楚：他们在芷江为了适应临时任务，不过是故意暂时佩戴低两三级军衔的徽章而已。因此，我们对中国方面的照顾更加深了感激。

萧参谋长和我们举行正式会谈的会场，为使日方代表不觉得有威胁性的压迫感，中国方面本来特意采用圆桌会议的形式布置的，但临开会前，想不到美军插手干涉，急忙改成长方桌面对面地对谈方式。日本留学生出身的人们对此表示不满，以美国人不理解东洋道义而表示愤慨。

他们告诉我们说，在会谈结束后，他们为我们顺利地完成任务而高兴，认为我们尽管是战败军的使节，并未曾有损于他们曾经留过学的国度的日本军人的体面，他们本身也觉得光彩，并互相拥抱流泪呢！

我们在战败后，立即出使到敌军阵营中去，尽管我们作好了精神准备，认为蒙受战败的屈辱是理所当然的，在某种场合，会有生命危险也是迫不得已的。谁知敌国军人却出乎意料地对我们满怀友邻之爱，此时此地更加深了我们的感激之情。

在大东亚战争初期，我任联队长出征。传闻日军对待新加坡的英军和菲律宾的美军降将，强迫他们只准说"是"或"不是"，有时拒绝他们投降等情况。同时知道日俄战争中乃木将军对待俄国将军斯特塞尔和日清战争[1]中伊东提督对待清将丁汝昌，都是名副其实的军人作风，而如今出现的情况却有所不同了。我深深感激中国军人对我们战败军使节那种令人怀念的态度，同时，并认识到这里面隐隐蕴藏着日本战败的原因。

停战后与中国陆空军总部同时进驻南京的曹大中陆军少将，当时和日本军总司令部也有过接触，一九六二年他从台湾来到阔别二十五年的东京进行过访问。从他当时的谈话中得知：在芷江迎接我们日军代表的何应钦上将，是在云南接奉蒋介石总统命他接收日军的指令后，急速前往重庆进行准备工作的。

陆军总部参谋长一职，重新起用了曾任卫立煌将军的参谋长、四川省籍的萧毅肃中将。此外，从地方部队中电召徐祖贻中将和曹大中少将同往芷江，作为表面上没有特定任务的参谋。

徐是日本陆军大学毕业生，曹毕业于日本陆军士官学校，两人都被视为日本陆军留学生老前辈何应钦的心腹。此次派两人同行的措施，并

---

[1] 指中日甲午战争。

不是何应钦的独断专行，因任务特殊，是暗地由蒋介石授意而行的。也就是说，萧参谋长代表与中国结盟的盟军，负责处理有关日军投降的工作，另外，以建立中国军与日军今后的新关系为目的，决定派徐、曹两人同往，以便同日本方面进行联系。

但是萧参谋长却不了解其中真意，所以没有让他们两人与日军使节会见，因此终于未取得成果。

又，中国军总部在到达芷江前一天的二十日晚，在重庆举行了何应钦、萧毅肃、徐祖贻、曹大中四人会谈，商谈接收日军的准备事宜。

会上，萧主张：命令日军对在南京、北平等地的，按重庆方面所指名的伪政府要人全部加以逮捕。但别人却不赞成，因此日军才免除对亲日政府要人的背信行动。

因为有以上的经过情形，我们可以推想到：特别是日本留学生出身的人，对于芷江会谈的顺利结束，会更加感到高兴。同时也能察觉到蒋介石和何应钦就战后中、日两国的互助合作问题，都有过深谋远虑。

南京受降签字仪式

重庆国民政府军继先遣将校之后，于八月二十三日与南京日本军总司令部取得联系，决定派副参谋长冷欣中将于八月二十七日先行进驻南京。当天下午五时，冷率领部属、顾问、宪兵等百余人，分乘飞机七架，在大校场机场降落。首都陷落后相隔八年之久，才又设立了国民政府军前进指挥部[1]。

九月五日中国新编第六军被派为进驻南京的部队，开始用飞机空运陆续到达。九月八日总司令何应钦上将在数十架战斗机的护卫下，隆隆的机声响彻全城上空，向留在日军占领下的本国市民炫耀威力，然后在

---

[1] 应为陆军总司令部前进指挥所。——编注

故宫机场降落，并隆重地进入首都。

的确，这是件使中国军感到得意和值得回忆的事情。他们特意选择次日九月九日上午九时这个吉利的"三九良辰"，在原来的国防部这个与军事有关系的地点，举行了日军投降的签字仪式。对战败的日军来说，感到这个"三九"确是惨痛的开端。

这一天早晨，按规定时刻，总司令官冈村大将率领幕僚在中国军将校引导之下，照日军占领时期同样的行军队形，由武装的两个分队分乘警卫车担任警卫，通过扎有"和平永奠""胜利和平"等金色字样的牌楼，沿着打扫整洁的中央马路前进。

进入黄埔路，来到国民政府时代的国防部（汪兆铭政府时期改为军官学校），警卫车一开到建筑物的大门口，就在路旁退避，使成为非武装状态，只有小轿车继续开进门内，在宽阔的院子里，竖立着盟国的国旗。

我们预先在车里把佩刀摘掉，留在车内，解除武装，并把军帽拿在手中，走进会场。

场内，在四周的墙壁上张挂着红白蓝三色布，悬挂着中、英、美、苏四大国的国旗，有"和平"两个字和一个"V"字，正面墙上悬挂着国父孙文的照片，对面墙上挂着四大国元首的照片。

在会场正面的桌子中央，中国陆空军总司令何应钦上将已经在坐。在他的左右并排坐着海军总司令陈绍宽上将、陆军副总司令顾祝同上将、空军代表张廷孟上校、总部参谋长萧毅肃中将等将领。来宾席上坐有盟军将校以及中国政府高级官员等。

日本方面的桌子是摆在正面的中国方面桌子的对面。中央是冈村大将的席位，两旁列席的有：中国方面舰队司令长官福田良三中将、台湾军参谋长谏山春树中将、法属印度支那军代表参谋三泽大佐、中国派遣军总参谋长小林浅三郎中将、参谋小笠原清中佐和我本人。

我们由中国王俊陆军中将引导进入室内，各就本位立正敬礼，何应钦像是要站起来似的欠了欠身子还礼，遵照他的指示分别就席后，当即出示了冈村大将有关受权投降的证明书。

然后，小林总参谋长从何上将处接受了受降书两册，经冈村大将用毛笔签名，盖章后交给何，何查阅后，将其中一册由萧参谋长交还冈村，仪式就此宣告结束。

我们退出会场，在进门处乘上了汽车，驶到大门外才开来警卫车，按来时完全一样的情况回到总司令官宿舍。

在这段时间里，为祖国悲惨的命运而饮泣吞声，始终默默无语地行动，盼望着时间快些过去，一心祷念着这不幸的仪式赶快结束。

唉！国破了，和平终于没有实现！

奉何应钦总司令命令，中国派遣军总司令部今后改为中国战区日本官兵善后联络总部。总司令部自一九三九年十月成立以来，整整六年，至此宣告撤销。

我所收藏的芷江会谈记录[1]

（一）第一号

〔结束战争之芷江会谈记录　昭和二十年八月二十一日（见正文）〕

一、出席人员

中国方面：中国陆军总司令部参谋长　中将　萧毅肃

　　　　　中国陆军总司令部副参谋长　中将　冷欣

　　　　　军令部科长（翻译）　　　　上校　王武

美国方面：中国战区美军作战司令部参谋长　准将　巴特勒

日本方面：中国派遣军副总参谋长　少将　今井武夫

　　　　　参谋　中佐　桥岛芳雄

---

〔1〕　题目系本书编者拟。

　　　　　　参谋　少佐　前川国雄

　　　　　　翻译　特派　木村辰男

二、时间　昭和二十年八月二十一日十六时至十七时

三、会谈概要〔从略，参见正文〕

（二）第三号[1]

〔结束战争之芷江会谈记录　昭和二十年八月二十一日（见正文）〕

有关细节的联络事项

一、出席人员

中国方面：中国陆军总司令部副参谋长　　少将　蔡文治

　　　　　　陆军独立工兵第十五团团长兼

　　　　　　中国陆军总司令部第二处处长

　　　　　　　　　　　　　　少将　钮先铭

　　　　　　中国陆军总司令部科长　少将　林秀栾

　　　　　　中国陆军总司令部科长　上校　刘廉一

　　　　　　中国陆军总司令部科长　上校　赵　某

　　　　　　军令部科长（翻译）　　上校　王　武

日本方面：中国派遣军副总参谋长　少将　今井武夫

　　　　　　　　　参谋　中佐　桥岛芳雄

　　　　　　　　　参谋　少佐　前川国雄

　　　　　　　　　翻译　特派　木村辰男

二、时间 昭和二十年八月二十一日二十时三十分至二十三时三十分

三、会谈概要

今井：首先由我方就派遣军的现状加以说明。

1. 派遣军接到大本营的关于停战的命令后，立即向全军下达停战命

---

〔1〕原书无第二号、第四号、第五号。

令，除自卫行动外，全面停止战斗。目前派遣军在冈村总司令官阁下的统率下，全军举止进退，纪律肃然。

2. 对武器、军需品等，一律严禁破坏和烧毁，完整无损地加以保管，准备圆满地进行移交。

3. 在华军用及公用的各项设施及资材等，一律严禁破坏、焚烧、毁损，准备完全移交中国方面。

4. 但在日本军队占领地区内的实际情况，确实存在一些枝节问题，有些小股部队恐未接到蒋委员长命令，或要求解除日本军队的武装，或要求接收日本军队占领地区等等，贵国的武装团体不断发生无统制的行为。

例如曾发生如下一些事例：

在徐州、蚌埠、芜湖附近，尚受到延安共军的进攻，另有一个师进入浦口，其中一部分要求开进南京城内。又如宝庆对面的贵方部队要求日军解除武装，当予以拒绝时，遭到迫击炮的攻击等等。

对此种不法行动者，究竟应如何处理，希聆听贵方高见。

蔡：由于何总司令奉蒋委员长命令负有全责，因此，除接受何总司令命令外，其他任何部队遇有要求解除武装或进行其他交涉者，贵军均可采取自卫行动，此等武装团体实属土匪之类。

今井：虽可认定延安共军是明显地违反蒋委员长命令者，但应附带提出的是，在其他部队中，也有自称为接到蒋委员长的新指令，在上海、南京、苏州等地区采取如上行动者，例如，有自称为行动总队指挥部或先遣军司令等名义者。

蔡：对于这些，贵军如何进行处理的？

今井：对于这些，如果采取武力行动，万一对方确系接受蒋委员长命令者，则恐造成误解。故尽量要求其反省，进行交涉。但此等不法部队异常顽固。

据此，正如贵方所知，至八月十七日，曾以冈村总司令官名义，利用广播通告派遣军为了自卫起见对不法部队应采取断然措施。对上述派遣军的处理，希能聆听贵方意见。

蔡：行动总队虽为我方的游击部队，但在正式谈判达成以前，希勿接受其要求。我方虽亦考虑对该游击部队力求做到彻底的领导，但由于和此种部队的通讯联系不够完善，贯彻命令需要时日，尚希谅解。

今井：任援道自称已接到蒋委员长命令，任南京地区先遣军司令官拟即开始活动。

蔡：任援道曾来电申请，但尚未予批准。

今井：鉴于上述实际情况，切望贵方负责人员从速进入南京，本日会谈中听萧参谋长阁下谈及冷欣阁下近日内即来南京，此与我方希望完全一致。

重要的是，我方联络人员不妨留驻贵处，但望今后双方更加紧密联系，避免发生误会。

下面就今日收到的备忘录陈述几点意见：

1. 日本军队只能钦遵天皇陛下谕旨行动，因此，凡按此备忘录不能采取行动之点，而又在未收到本国的钦命时，不能采取任何行动。希充分谅察日本军队的这一特点。

我方预料，恐在"马尼拉"停战谈判达成之后，始能重新拜受天皇的钦命，因此，对此备忘录只能看做派遣军在将来拜受天皇钦命前所应进行的事项，预先通过此备忘录取得内部的联系。故重复加以说明的是本备忘录的内容，并非日本军据此就能立即实行者。

2. 备忘录中写有"除辽宁、吉林、黑龙江省外"的词句，是否有包括热河之意？

注：蔡当即答称热河包括在"中国"一词之内。

热河属于关东军总司令官管辖，台湾与安南都在派遣军管辖之外，同时在中国境内驻扎的海军各部队，亦均在冈村总司令官的隶属以外，因此作为中国派遣军总司令对此无指挥的权限。

我方对贵国的要求，虽具有尽可能从速加以实施的诚意，但在未拜受大本营的附加权限之命令时，则无权对上述隶属以外的各部队进行指挥，对此尚希谅察。

蔡：在马尼拉进行的协定如能达成，则各种必要事项必然由贵国大本营明确告知。故需要贵方说明的事项仅属时间问题而已。

今井：本官亦认为或许仅属时间问题。但由于日本军队的统率极为严格，非根据大本营命令的事项，不拘贵国怎样强烈要求，从日本军的立场来说，即使使用武力恐亦不能应允实施，对此尚希谅察。本人可以接受备忘录，代为传达，但如要求对其内容立即实行，则碍难照办，尚希贵国谅察。如今只能在收条上签名盖章而已。

蔡：对阁下的任务我十分理解。

热河、台湾北部、法属印度支那半岛问题，为盟国会议决议的结果，已是确定的事实。希阁下返回南京后，尽速与关东军、台湾军、南方军取得联系。

对驻屯中国境内的日本海军亦应同样办理。

今井：关于以上各项，一旦拜受大本营的钦命，即可照办。而在当前状态之下，则尚无可能。但我方不妨做好必要的研究和准备工作。

驻屯在中国境内的日本海军兵力虽不详知，但想象大约在四万人左右。

飞机数字，可使用的约为二百至二百五十架，如加上修理后尚堪使用者，约达四百乃至五百架。

再者，由于在华北、华中方面延安共军仍在飞扬跋扈，因此日本军队立足于大局的观点，将其所有的步枪等是否可在港口附近进行移交？当然，我方希望在贵方监督下负责确实进行移交。同时，关于日本侨民的回国问题，尚望贵方特别予以照料。

蔡：从我方来讲，首先确保诸如南京、上海、天津、北平等交通要冲，正在研究如何使日本军队将兵力向各该地区集中。当然关于保护日本军队及日本侨民以及运送回日本国内问题，我方自当负责处理，且目前正在考察研究借用美国船只，向日本国内运送。关于有无危险等情尚有讨论的必要。

今井：对火炮、重机枪等类部队装备武器，另当别论。但如将个人装备的随身武器过早地予以剥夺，则作为帝国军人来说，甚至战至最后一兵一卒，对此种随身武器亦抱有极为深切的眷恋不舍之情，考虑到将来促进中日两国间友好关系，我方恳切希望贵方不要进行过早的处理。

我方所至为深切期望的就是对此项问题所持的上述意见，特请向何总司令及贵国最高统帅予以转达。

蔡：我方对日本军队的武士道精神虽能有所理解，但由于本人对携带武器的处理无立即作答的权限，因此，尚需向上级进行请示。

作为当前的问题是：凡属贵国军队占领的据点，在我方军队进驻之前，务希继续坚守，切勿放弃。

今井：现由我方管理经营的交通线完整的维持一事，不论对日本军队的撤退，或贵国军队的进驻，均属必要。因此，对遭破坏处所，目下亦在积极抢修之中，即使将来在此等交通线移交贵国之后，我方对其运行修理等，亦准备长期提供技术援助。

再，关于日本伤病员需要继续治疗者，希立足于人道主义的观点，在医院、药物等方面予以关照。

蔡：病员就医问题我方予以保证。

今井：最后虽非军事问题，即在日本方面的地区，迄今为止背叛贵方的意志，而和日本方面进行合作的贵国人士，对彼等长期以来的功绩，我方深表感谢。我方虽理解贵方对彼等在感情上殊属憎恨，但彼等为了谋求和平地区民众的幸福，并在废除治外法权、收回租界等方面也做出不少贡献。即或不论贡献，仅就彼等的罪恶而言，亦应由日本方面承担。希对彼等今后的处理格外从宽。

蔡：我方希望尽快地解放襄河以西地区，连结长沙、湘潭、衡阳之湘桂铁路以西地区，衡阳以南粤汉铁路南部沿线以及广东地区，特别希望尽量从速解放宝庆地区。（如修复宝庆附近的公路，汽车即可贯通直达。）

对此问题，恐难于即时作答，希回到南京后，从速进行研究。

再则，关于在南京设置中国陆军总司令部前进指挥所及向南京空运一部分军队问题，希即速报告冈村总司令官阁下，立即采取措施。

今井：关于此项问题，因为内容比较复杂，本人拟在返回南京后，即向冈村总司令官阁下进行报告。

再，本人拟在冷欣阁下之前先行出发，贵方营地筹备人员可先与本人同行，待一切准备就绪后，冷欣阁下即可飞往南京。

桥岛：希能获悉关于前进指挥所的规模以及所希望设在南京的位置与空运部队的兵力等。

蔡：前进指挥所为冷欣中将及部下十数人，携带有通讯工具。最初可设于机场附近，便于指挥空运部队。然后迁至城内。空运部队人数为一个军，约五万人。该部队日前暂定为进驻南京、上海的部队。

再，关于各战略单位指挥官的姓名和士兵人数、所在地点等我方急于了解，尚希告知。

今井：不回到南京无从查明，冷欣阁下进入南京后，有关细节再行联系。

（三）第六号
〔结束战争之芷江会谈记录　昭和二十年八月二十二日（见正文）〕
会谈记录
一、会谈人员
中国陆军总司令部副参谋长　陆军中将　冷欣
　　　　　　　　翻译　上校　王武
美军中国作战司令部参谋长　准将　巴特勒
派遣军总司令部副总参谋长　陆军少将　今井武夫
　　　　　　　　翻译（特派）　木村辰男
时间：昭和二十年八月二十二日十一时十分——十一时五十分

会谈内容

冷：中国方面拟在最近期间派遣本人及若干中国军人以及美国军人前往南京，希日军方面提出保证安全的书面保证。

今井：作为现实的问题，该项书面保证似无必要。日本军方毋宁说热望迎接阁下的来临。

冷：现实问题另当别论，但从外交的意义上讲，尚希务必提出此项书面保证。但为了方便起见，南京日军不妨以无线电之答复来代替书面保证。

今井：照办。阁下预定将在何时来宁？

冷：接到无线电答复后立即出发。同时希望日本军对上海、南京飞机场的完整保存彻底负责。

今井：日本军不仅对所有军用物品无不完整无缺地保管着，而且认为有修理必要者正在继续进行修补。但由于飞机场的设备及技术等相互不同，故希事先派遣数名检查人员前来，根据检查的结果，进行必要的准备，以期到来时万无一失。

冷：昨晚阁下委托蔡副参谋长转达的内容，已在何总司令处听到，不胜同感之至。本人到宁时，希立即交出此次事变中被贵军俘虏的人员名册。

今井：俘虏分散在各地，进行调查尚需一定时日，阁下到宁时能否立即交出名册尚成问题。但本人返宁后，立即进行准备。

冷：所谈可以谅解。主要并非时间问题。对中国及中国人的财产，例如军需物资、仓库等，贵军应严格负责予以保管，一切按本人指示进行移交。此项权限系蒋委员长对何总司令委以全权，何总司令将此项权限交与本官，因此，除本官以外，不许任何人接收，希严格注意。

今井：关于接收权限之所在，本人到达芷江后方得知。据传闻，在上海、南京等地诸如行动总队之类，自称已奉蒋委员长之命令，动用实权接收或查封仓库，以上情况希加以谅察。今后，一切定将按尊意办理！

冷：在中国，历来属于乱世之际，出现此种情况屡见不鲜，今后绝对不能应允上述要求，对此务希进行协助。

巴特勒：在华美军的俘虏情况如何？本人必须根据美军俘虏的实际情况，准备供应，故需详细了解。

今井：本人一行的随员中，无精通俘虏业务的人员。待返回南京后，立即命令进行调查，以满足贵军的要求。

巴特勒：现在美军俘虏收容在何处？望告知。

今井：不久前，由于传闻美军将在上海附近登陆，故将收容在上海的俘虏已转移到华北。又听说运送俘虏途中，在徐州附近曾有四五人逃亡共产地区，但记忆不够准确。

巴特勒：四五名俘虏系何时逃走的？

今井：约一个月前。

巴特勒：美军要求提交有关俘虏的全部材料，相信日本军必能确实保管关于死亡、伤害、病状等详细记录报告。

希望贵官绝对负责，不使此项记录出现烧毁或遗失等情事，且在南京予以提交。美军将据此对日本军采取决定性的处理方针。

今井：如前所述，本人对迄今为止的情况虽不详知，但今后返回南京将按阁下所谈立即进行调查。准将阁下是否亦同中将一同前往南京？

巴特勒：尚未决定。

（四）第七号

〔结束战争之芷江会谈记录　昭和二十年八月二十三日（见正文）〕

会谈记录

会谈人员

中国方面：中国陆军总司令　上将　何应钦

　　　　　　　　参谋长　中将　萧毅肃

　　　　　　　副参谋长　中将　冷欣

翻译　上校　王武

美国方面：美军中国作战司令部参谋长

准将　　巴特勒

日本方面：中国派遣军副总参谋长　少将　今井武夫

翻译（特派）　木村辰男

时间：昭和二十年八月二十三日十四时五十分至十五时

会谈内容

何：八月二十一日由中国陆军总司令部萧参谋长提交冈村总司令官的中字第一号备忘录，是否已经得知？

今井：业已收到。

何：八月二十三日令中国陆军总司令部钮处长送交的三份备忘录附件是否已经收到？

今井：业已收到。

何：阁下此次长途跋涉，特意前来芷江，实多辛劳，希阁下于返任之后，除将上述备忘录妥交冈村宁次将军之外，并立即着手办理所需的手续，迅速确实地实行各项条款。

今井：备忘录一定转交。但就其内容本人预料，作为在华派遣军来说，在收到大本营命令之前，不能立即付诸实施，尚希谅察。

何：中国方面预定在八月二十六日以后至八月三十日以前期间，空运一部分部队前往南京，希望将此备忘录迅速转交冈村宁次将军，做好必要的准备，并适当地加以保护。

今井：一定转达。

何：阁下现在即可开始准备返回南京。

上述会谈结束后，钮先铭处长和王武科长来到宿舍，提出要求如下：冈村总司令官及何总司令之间将在南京办理正式签字手续。同时希望对何总司令的警卫、住宿等事项作好准备。

以上资料，均系著者的收藏品。这里仅将与本文有关而从未公开问世的一部分加以发表。再,本书正文中引用的全部资料——如《日、华协议记录》亦同样录自著者所收藏的原文。

〔 〕内者为著者所加的注。

（［日］今井武夫著:《今井武夫回忆录》,天津市政协编辑委员会译,
中国文史出版社 1987 年版）

《大公报》：萧毅肃与今井武夫的谈话纪录[1]

【中央社芷江二十一日电】冈村宁次将军代表今井武夫少将偕参谋桥岛芳雄、前川国雄，及译员木村辰男，于二十一日下午三时四十分至陆军总司令部晋谒萧参谋长毅肃，接洽投降事宜，并接受何总司令致冈村宁次将军之备忘录。今井晋见萧参谋长时，系在一会议厅内，厅内布置简洁，正面悬国父遗像暨党国旗，上置有中美英苏国徽，及一巨型 V 字。参与会谈之军事长官有副参谋长冷欣、美军作战参谋部长司令柏德诺、各有关军事官员百余人，及中外记者五十余人。今井武夫等四人到达时，均面呈忧戚之色，齐向萧参谋长、冷副参谋长、柏德诺参谋长致敬礼，旋坐于萧参谋长对面，萧参谋长遂向今井少将提出十项问题，并请其逐一答复。询问时，由我译员译成日文及英文，萧参谋长问话时，态度庄严而和蔼，观者均极表钦佩。今井注意倾听萧参谋长之问话，态度沉静而细心。四时三十五分，萧参谋长宣读何总司令致冈村宁次之备忘录，并请今井签具收据。今井除表示接受转达外，即用毛笔签字盖章。是时中外摄影记者纷纷拍照，情况极为紧张。一席具有历史上重大意义之接谈，历两小时始毕。五时整，日代表辞返住处。兹志问答详情如下：

萧毅肃称：

1. 本人是中国战区中国陆军总司令部参谋长萧毅肃中将，今天代表中国战区中国陆军总司令何应钦上将来接见贵官，这位是本总司令部的

---

〔1〕 本文原题为《历史性的一幕，萧参谋长召晤今井》。

副总参谋长冷欣中将，这位是在中国的美军作战司令部参谋长柏德诺将军，他们两位是陪同我来接见贵官的。今井等举首周视后，萧氏续问：

2. 请贵官说明身份，并交出身份证明书。

今井答：鄙人是日本驻华派遣军总司令官冈村宁次派来晋见中国最高统帅负责代表，任务是在停战协定以前与贵部准备联络。鄙人是中国派遣军今井总参谋副长，这位（指右）是桥岛参谋，这位（指左）是前川参谋，都是我的随员。此时萧氏命其交出身份证。今井称：仅有受任之命令书。萧氏称：命令书亦拿出来看，今井乃立亲自呈出。

3. 中国战区最高统帅蒋委员长（八月十八日）下午六时致冈村宁次将军之电令，要贵官随带驻中国台湾及越南北纬十六度以北地区内所有日本陆海空军之战斗序列、兵力位置，及指挥区分系统表册，想贵官业已带来，请即交出。

今井答：中国派遣军仅负责指挥中国战区之日军，关于台湾、越南，因不属本军指挥，故不十分明了。今井此时即命机师交出日军在华兵力配备图。

4. 冈村宁次将军还有其他文件交贵官带来么？

今井答：除长官发给令本人前来联络之命令外，无其他文件。

5. 中国陆军总司令何应钦上将，现有中华民国三十四年八月二十一日中字第一号备忘录一件，是致送冈村宁次将军的，由我交给贵官，请贵官交给冈村宁次将军。请贵官先行阅读，读完后请在接受备忘录证书上签字，并请负责转交冈村宁次将军。萧氏当即宣读备忘录全文，并交今井细阅一遍，并要求对内容有所说明。萧氏允予先行派员洽谈。

6. 在上项中字第一号备忘录内说明中国陆军总司令部要先在南京设置一前进指挥所，由冷欣中将作主任，此项措施，可使日军投降事项顺利实施。所有本总司令部前进指挥所之人员，附空军机场设站人员，将乘中国飞机与贵官同时飞往南京，请贵官转告冈村宁次将军，妥为保护，并妥为招待。

今井答：当代为转达。

7. 何应钦上将将不待冈村宁次将军签订投降书，即于最短期内输送军队前往南京、上海、北平各地接收，请贵官转告冈村宁次将军。今井允予转告。

8. 为使以后接洽便利起见，何应钦上将愿与冈村宁次将军直接通电，兹特规定对方电台呼号、波长及通报时间表一份，交与贵官，请贵官于回南京后立即转告冈村宁次实行。今井接受后，并出示日方之通报时间表一份。

9. 何应钦上将还另有许多问题，另派中美专家向贵官问讯。为了贵官安全起见，中美专家将分别前往贵官的住所，请贵官据实详细答复。

今井答：本人此来纯系任联络任务。日本天皇已接受《波茨坦宣言》，现日本代表在马尼拉与盟军最高长官议定最高原则的答复，故未奉到最高命令以前，日军不能随便行动。惟日军深知蒋委员长，故愿先派人来。在道义方面说，亦应速来与中国联络。

10. 贵官回南京的时间，另行通知。

至是萧参谋长宣告会谈完毕。

（《大公报》1945 年 8 月 22 日，第 2 版）

严怪愚：芷江受降侧记

　　一九四五年，日本投降前夕，我正在雪峰山前线采访。八月上旬，由龙潭司回到安江。八月十五日，当时在安江出版的《中央日报》发出"号外"，说日本已"无条件投降"，安江全镇轰动，镇民及安江纺纱厂工人的欢乐，几乎到达疯狂的程度。八月二十日，我奉报社派遣，就便乘新六军军长廖耀湘的吉普车奔赴芷江，等候日本侵略军投降人员的到来。当日乘飞机到达芷江的有第二方面军司令官张发奎以及华中、华南各战区负责人卢汉、余汉谋、王耀武、顾祝同、汤恩伯、孙蔚如等数十人。下午，重庆飞来运输机四架，何应钦、萧毅肃、冷欣、钮先铭同随员及新闻记者五十余人同时赶到。二十日晚上，何应钦及各方面军司令官卢汉、汤恩伯、张发奎、王耀武与湖南省主席吴奇伟、新六军军长廖耀湘等一度会商，认为接待日本侵略军投降专使人员的生活，应全部军事化，起居饮食不但要规定时间，且应以号音为准，严肃庄重，方不失战胜国风度。同时，所有标语、便条，亦应印上 V 字（victory 胜利）。在这之前，筹备工作的实际负责人，以第四方面军与新六军的两个副官处长赵汝汉、敬远平为主干，他们已忙碌了三日夜，才布置好这一宏伟的场面。会场原为空军第五、六队俱乐部，乃一西式平房，东西两头有出口处及休息室，正中部是会场。会场前有一旷地，左右皆有马路可通，路口各扎松柏牌楼一座，左边入口处缀"公理"两字，中为 V 字，上扎有"和平之神"；右边亦然，缀以"正义"两字，会场前旷地，高竖中、美、英、苏四国国旗。东头墙上有大红色 V 字，两旁各悬四国国旗。其前置一长桌，玻璃窗均糊上绿色纸。其间空隙处，又悬四国国旗各一小面，两边各摆一长桌。西墙上悬挂大钟一口，其下为新闻记者席。

在日本侵略军投降专使人员所乘飞机未到以前，记者们特驱车到为日方准备的招待所参观。该所位于空军总站合作社之后，有小马路可达，为一灰色平房，食宿房屋各一栋。宿处系门形平房，共六间，每室备有未加油漆的木椅、木桌、木床各一张，红色门帘，被单皆系新置。进食处在其左右，且有休息室，朴素而整洁，连日方投降专使人员都觉得中国方面宽大优遇。

参观后，数千人伫立在机场等候日机到来，谁知到了正午十二时，还不见踪影。当时机场广播台广播：日机已飞越常德，接着又说已过辰溪。但十二时过去了，还是没有消息。后来才知道，日机中途迷失方向，错认洪江作芷江，因此耽误了一些时间。

在机场上，我碰着冯英子。当时湖南新闻界就只《中国晨报》及我和沅陵《力报》黎浩三人参加。英子是报社特派来的。他告诉我，报社曾发行"号外"，全体人员渡过沅水到辰溪市区散发，市民们无不欢欣鼓舞，特别是从外地流亡来的人，看了"号外"，彼此握手，拥抱，跳跃，含着眼泪，互询何日买舟东归。

十二时十一分，日机飞临芷江上空；二十分，驶向指定地点着陆。飞机两翼下面各缀有日本国旗一面，两翼末端各系以四公尺长的红色布条。二十五分，在严密保护下启开机门，陆军总部派陈少校（实际上是新六军的政治部主任陈应庄少将）接待。今井武夫在机舱口立正，问陈是否可以下机？陈答称："现在可以下机了！"今井着军装，佩军刀，首先下机，面有戚色，缄默无语。陈应庄检查前来联系人员的名单，宪兵草草检查行李后，十二时三十分，陈即引导今井及其随员等七人，分乘吉普二辆入城。中外记者沿途拍照，今井横目挺胸，手握军刀，情绪颇为紧张。

日本投降专使住的招待所距机场约两公里，周围设有数层宪兵岗哨严加戒备（据说足足用了一营的兵力）不让老百姓接近，也不许新闻记者进入采访。

二十一日下午三时二十分，陈应庄等引今井及其随员分乘吉普开赴会场。会场正中桌旁坐着中国陆军总部参谋长萧毅肃中将，右方是副参谋长冷欣中将；左方是中国战区美军参谋长巴特勒准将和翻译官王武上校（其他翻译人员都立在王武左右）。汤恩伯、张发奎、卢汉、王耀武、杜聿明、吴奇伟、廖耀湘、郑洞国、王雪中等高级将领及文职人员顾毓琇、刁作谦、刘英士、龚德柏等亦都列席。中美新闻记者数十人，从走廊一直挤到会场外面。

会谈从下午四时一直谈到五时半，所有发言均译成中、英、日三国语言，其实，这只不过是走走过场而已。实质性的问题，萧毅肃宣布将在今井逗留的三天之内随时解决。

萧毅肃以何应钦的备忘录一份交与今井，要今井转致冈村宁次。备忘录中关于日军投降及我方军事长官受降地点曾作详细规定，似乎把受降接收分成十几处，但中间没有一处有共产党军事人员，也没有划给共产党军队一个接收地区，仿佛共产党根本没有参加过抗日战争，胜利的果实应当国民党独吞似的。这种情况，连美国记者也觉得奇怪。

萧毅肃在递交备忘录时，特别强调要日军保管各地武器及财产，说不得交与没有接收权限的任何军队及团体，否则惟日军是问。日译员木村没有将这一段话详细译成日语，中国译员即提出抗议，木村只好重译一次。今井答复："日军的精锐武器都在满洲国；在中国华南、华东、华中、华北的武器都是陈旧的了！"这是挑拨但也有几分真实。他接着又说："中国军队想接收我们的武器及物资的很多，我们很难对付。"萧说："那些都是些土匪或地方杂牌部队，一点也不能交给他们；如他们强行接收，日军可采取适当防卫手段！"又说："在冈村将军完成投降手续以前，中国方面决定派冷欣中将到南京设立前进指挥所。冷中将一行计划与贵方代表一同前往。何总司令决定在最短期间空运部队到南京、上海和北平去。为此，美国空军地勤部队将首先进驻。希望冈村将军配合我方作好准备。"今井说："本文件中有显然难以执行之处，希望在此陈述意见。"萧答："有困难留待以后再进行联系。"会谈即告结束。

在会谈中，冷欣时而站立，时而屈膝而坐，身体晃动不已，人又瘦小，简直有一点像一只猴子。新闻记者们都认为他有失国格。

芷江电信局任务繁重，新闻电报一时发不出去，我与英子商量，让他留在芷江，我于当日黄昏搭第四方面军吉普车回辰溪报社，将一切情况写成通讯发表。二十二日晨，再乘便车到芷江。

二十三日下午近三时左右，何应钦接见今井武夫，对他们"不辞辛苦远道来芷江，表示慰问"。并说中国决定八月二十六日至三十日空运一部分部队到南京，希望日军加以协助，然后，今井等全体人员一起赴机场，下午四时飞回南京。中国陆军总部先派人员陈昭凯少校和空军地区司令孙桐岗上校及译员一名同行。

当天晚上，何应钦就在空军驻地举行了一个鸡尾酒会，庆祝"胜利"，除了已经赶回自己的司令部部署部队调遣的几位高级将领之外，其他的人，包括新闻记者都参加了，何应钦捧着酒杯到处找人交谈，喜笑颜开，我从来没有见过他这么高兴过。有记者问："为什么接收人员中没一个共产党员？为什么没有给共产党一个接收地区？"何应钦反问："你认为中国应该有两个政府、两个领袖吗？"记者再问："日本投降以后我们的政府对共产党如何处置呢？"何应钦说："只要他们不捣乱，服从指挥，政府中可以给他一个位置的……不过他们现在就不听指挥，在各战场上抢夺日军的武器了。这是不能允许的。"

不知他们从什么地方弄来了一汽车西瓜、半车梨子和一些高级糖果，我一边听他们谈话，一边饱吃了一顿西瓜、梨子。

（中国人民政治协商会议全国委员会文史资料研究委员会编：
《文史资料选辑》第 7 辑，中华书局 1960 年版）

方国希：日本降使在芷江

芷江是中国反攻的陆空主要基地，在今日一举而成为历史上万代不可磨灭的一个光辉的城市。这里正有成千人员昼夜忙碌，从事筹备接受日本投降的盛典。

空军基地边缘有一灰色小屋，这所小屋，建筑在舞水上流左岸不到三百公尺的山野，两座满缀青松，分嵌着"正义""公理"的牌楼，高耸在门外，屋子里面，红地白墙，屋顶上有"和平永奠"四个大字，前面四根旗杆扬着中、美、英、苏的国旗。

中国陆军总司令何应钦将军，是八月二十日黄昏时候到达的，他的前方司令部也就在舞水左岸的几十间房屋中间。二十一日上午十时，将军曾在其客厅中，以最愉快的心情，和四十个中外记者见面，并说明他麾下今后的任务，已经不是对敌反攻，而是接受中国战区所有敌军的投降。他相信在CCC麦克鲁将军协助之下，必能顺利达成一切任务。

十一点钟的时候，芷江已经清晰地听到飞机咆哮的声音，当我赶到机场的时候，一架P-51式的战斗机正盘旋在机场的上空，后面跟随着一架奇怪的运输机和另外两架P-51机，更有6架P-51机翱翔在云层里。

十一点三十五分，一架两翼和尾部挂着红布作标记，机身髹着花绿色和红色太阳徽的双翼飞机，已经停于离我不到二十公尺的地面，首先下机的是一个着西装的日本人——今井的译员。其次便是戴拿破仑帽、少将领章、佩刀、马靴，穿草绿色哔叽翻领军服的今井武夫，日本驻华派遣军总司令冈村宁次的总参谋副长，奉命代表中国本部所有日军前来接洽投降的专使！

今井下机之先，他曾探首门外和我们陈少校谈话："我可以下来吗？"（日语）"可以！"（华语）

然后他才从梯子上下来。后面跟着他的随员陆军中佐桥岛和少佐前川。正当四面八方开麦拉和摄影箱大肆活动的时候，他的飞行员也从驾驶室下来了，立正举手行礼之后，其中一个用颤动的声音发问："取下行李吗？"于是他从机上取下五口小箱子。今井的译员交出一张名单给陈少校，上面一共是七个名字。

今井随即被引到一辆插有白旗的吉普车上，坐在司机台旁边。后面坐着前川、桥岛和译员，另辆载着其余三个日本人和行李。我们宪兵有一班人，分坐两部车子，一在前引路，一在后保护，徐徐穿过人海，直向预先指定的住所驶去。

几分钟后，车子停在一所凹形的屋子前面。縏在灰色墙上的两个白十字，老远就有点触目。今井下车后，即被引进屋去。室内相当整洁，卧具是美国军毯和绷子床，家具是两只沙发、一张桌子、两把椅子。用具是茶杯、笔、墨等。一切布置，可以说和一个中等旅馆差不多。其他要员住的房里，比较单调，军毯铺在木板床上，另外就是一两把椅子和一张小桌。不过这样布置已经是足够接待敌方降使，世界上也只有我们中国人才能这般仁恕。

今井一行的食物，和陆军总部官员所吃的一样，一点也不曾歧视他。给他们进过午餐，并且休息了一个很长的时间后，才由陈少校将他带到何应钦将军的前方司令部。

前方司令部的大厅，是一间长约二十公尺，宽约八公尺的木房子。厅的一端，萧毅肃参谋长、冷欣副参谋长及麦克鲁将军的参谋长白莱特准将，并肩端坐在案前，旁边坐着两位译员、一位记录，还有一位年青的祖籍日本的美国人，他是白莱特的译员，坐在白氏的身旁，另外一张桌子前面，面对着萧参谋长并排设三个座位，右端侧着一个座位，都是空着的。

三时三十五分，在严肃的情景中，今井、桥岛、前川和他们的译员，被带进厅来。入门的时候，今井脱下帽子拿在手里，可是没有解下腰间的军刀，我们也没有命令他解下。四个人一直走到空着的座位，面对着萧参谋长立正着。

"请坐。"萧参谋长的声音。

于是今井等坐下了，桥岛坐在右边，前川坐在左边，翻译便坐在桥岛左边的桌端。

一幕历史上的喜剧的对白，便从此开始，每一句话都用中日英语依次通译。萧参谋长自称是"本官"，称呼今井是"贵官"，这是一个相当客气的称呼！

首先是查询今井的身份，请他缴验身份证明书。可是他没有这个证件，他只带着一张冈村宁次遣他来乞降的命令书，桥岛便将这张命令书送到萧参谋长面前，由我们查验后，仍旧还给他。

接着是请今井交出中国战区及越南、台湾日军兵力配备及第一线战斗序列的详细表册，桥岛再度打开他的黄色皮包，一张有颜色的地图便被臻呈到萧参谋长面前，并且展开在台子上，成为无数摄影机的唯一目标。以后是用中、日、英语宣读何应钦将军要公开转交冈村宁次的中字第一号备忘录。每一种语言的声音，都非常洪亮而有力，尤其是白莱特准将的语调，简直就是发射机关枪！读完以后，一张预先备就的收据（共两份）和毛笔墨盒，由我们的翻译员送到今井面前，请他签字。

无数眼睛的视线，从前后左右集中到今井身上，无数的摄影镜头，也或远或近，或高或低地瞄准了这个中心人物。四点四十分的时候，今井在两份收据上，先后写下"今井武夫"四个相当工楷的字，并且加盖了一个椭圆形的朱红名章。这一幕历史上的喜剧，演到此处便完成最精彩的一节。这幅画面，严肃而有趣。

签署了的收据，一份由我们翻译员带回，另一份和备忘录平整地放置在今井的前面，双方继续谈话。萧参谋长拿出一页说明书，上面注有陆军总部某一电台的波长和呼号，交与今井带给冈村，请冈村立即在南京确定电台和我们联络，并将指定的电台的波长呼号等［的］详细说明书以最迅速方法送来，以便传达我们陆军总部的意旨。可出乎意料地，我们所需要的说明书，竟在桥岛第三次打开他的皮包的时候就出现在我们眼底。

今井请准提出他想说明的问题，被"可以不必"四个字拒绝了。谈话的最后一段是萧参谋长的吩咐：

"关于日本军队投降应执行事项，除备忘录所列各项外，一切有关技术上的细则，另行谈话。我们为贵官安全起见，以后谈话即在贵官住所举行，前来洽谈的为中国陆军总司令何应钦将军所指定的中美军事技术人员，除此以外，不得和他人洽谈。凡有询问，希望贵官据实答复，现在请退出。"

这一段话通译完毕之后，摆在今井面前的备忘录和一份收据、一页电讯联络说明书，由桥岛谨慎地收进皮包里，然后今井才率领他的随员立正，鞠躬离座，萧参谋长在今井鞠躬时曾单独地站起来，这是我们仁恕和礼貌的表示。

今井退出大厅，正是下午四点五十分，日本投降喜剧第一幕，在一小时十七分的时间内完场了。

在此次谈话中，我们对于半个世纪以来的仇敌，一点不骄，也就毫无使他难堪之处。而他呢，在每一个答复中，也总算能使我们满意。不过有一点是值得报道的：今井在整个谈话中，始终避用"投降"一语，当提到日本代表赴马尼拉请降的时候，他也用"作军事上的接洽"一语支吾过去了！

今井出去后，何应钦上将立刻出现在厅中，以听取他的幕僚长的报告，并验看冈村宁次送来的地图以及今井签署的收据，他对萧毅肃中将方才的处置，极为满意。并有许多人趋前向他道贺。当晚，麦克鲁将军特在SOS设宴向他致敬。

在今井住所的客厅中，傍晚就有我们指定的军事技术专家——许多校官分批莅临，和今井继续洽谈，直至第二天晚上，这种谈话仍在进行。详细内容，当系和投降有重要关系的问题，而在冈村送来的地图上不能找到答复的，如空军地面设备、现存战斗力量、陆军物资，以及内河船只等等，这些都是我们急需明了的。还有一个重要的问题，那就是我们的陆军部队，决定不待敌人签署降书，就要先行进驻京沪平津等重要城市，对于当地敌军如何执行我方命令、如何交出全部武装，都是要由今井此行以转达冈村的。因此，我们除由专家口中传达何应钦上将意旨外，另有中字第二、三、四、五号备忘录交今井带去，以补充中字第一号备忘录的不足。

据今井说：日本军人素视军刀如生命，取下他的军刀，就等于坏了他的性命，因此他对于我们这个保留军刀的特许，实是感激不尽的。

从二十一日晚到二十三日晨，陆军总部的主要幕僚，一直不断集会，作种种进兵敌占领区的部署。顾问团也整日开会，研究收复区有关政治经济的接收问题。同时，何应钦上将更亲自主持了一个重要的军事会议，以机宜授予来此的各位司令官，在陆军总部电台上，每隔五分钟向南京冈村指定的电台呼叫一次，直到取得了联络为止。有些重要的决定，在二十二日下午，由无线电传达给冈村。

第二天，就是今井回去复命的日子。我们给他预定启行的时间，原是早上，可是一直延到午后两点三十五分，他的绿色飞机才升空而去。

在起飞前二十五分钟，今井和他的随员又被引到总部另一室中。端坐在里面的是何应钦上将，站在他后面的是萧参谋长和冷副参谋长。

上将的第一句问话是："我的意旨你都明白了吗？"第二句是："我交给你带回去的文件都收到了吗？"今井的答复是"全收到了"。以后是上将的结语："那么现在你可以回去！"于是今井鞠躬而来，也同样鞠躬而退。

吉普车将他送上飞机，立刻便在我方四架 P-51 机的保护下，升空而去。机上的人物，除去原来的七个日本人外，增加了三个中国人，一个是我们空军第一路地面司令孙桐岗，一个是陆军总部的科长陈昭凯，另外就是他俩的译员。

下午七点钟，在陆军总部里陈设着一个胜利和平大宴，主人就是总司令何应钦将军，客人中有麦克鲁将军及其重要幕僚，有我们的各方面司令及其他军政大员，有陆军总部到芷的全体官佐，有三十多名中外新闻记者。

进宴的地点，恰好在萧参谋长和今井接谈的大厅前面的广场上，大厅里面张着中美国旗，外面墙上悬着四个红色的 V 字。餐后，主人和首席客人——麦克鲁，先后站在四个 V 字的中间，发表了各人的演说，空前欢洽的宴会，在月明如昼的好景下，宣告极欢而散。同时，敌方专使前来洽降的一幕，也就终结。只有横跨舞水的芷江大桥两端，屹立着"正义大道""和平桥梁"两座高大牌楼，直将与河山并垂不朽，以至于万世千秋！（1945 年 8 月 24 日晚发自芷江）

（贵阳版《中央日报》1945 年 9 月 6 日）

时集锦：芷江受降记

一、受降城外月如霜

八月二十日下午六点钟，中国战区的受降使节——一个包括四十人的代表团，在九龙坡机场起飞。这代表团由中国战区陆军总司令部何应钦总司令率领，团员是中央各部会的代表们。其中有陆军大学研究部主任徐祖贻、军训部次长王俊、劳动局长贺衷寒、行政院参事徐象枢、交通部校监韦以黻、教育部秘书刘英士、扫荡报社长黄少谷，分乘两架向美国第十四航空队借来的绿色运输机，在耀眼的强烈阳光下，飞向晴明亮蓝的天际，气候报告良好。云朵仅占天空的 20%。

胜利的彩虹

丘陵像清浅的池塘底似的，俯视下去，只觉浮生着一片青青的荇藻。云层到了，飞机上升，滑行在莹白的絮被上，"虹！"驾驶室的美国朋友曲着背跑出来，指给他所不相识的一位中国军官看，果真，在云层上面出现了一圈胜利的"虹"，那样鲜明，下落到无穷尽的地面，环抱世界。

气流在变化，飞机忽然起了一阵颠簸。夕阳收尽它远天的点点霞光，丘陵就像沉没到深海的底里去了，黝黑得连闪亮的河流都辨别不出。

八时十分找着灯火万点的芷江，平安着陆在机场上，刚好下过一场大雨，场上湿淋淋的，弄得每个人都是两脚黄泥。爬上卡车，到了中国陆军总部。

昆明也来了三架巨型机。这真叫总部负责招待的人乱了手脚，原定六十个人的准备，完全打破，人数多了几乎三倍。一批人到了就开一次会，又一批到了，马上又座谈起来。有研究受降步骤的，有讨论实际手续的，小到接待日本代表方式的细关节目都在开会范围之内，忙得不可开交。

受降的序幕

二十一日，老天一早就送来了太阳，陆军总部设在新建的三座平房里，地方很安谧，正在两条低低的丘陵里，前后都是一片稻田——和平的陇亩。何总司令赶早起身，给中外记者们开了一次招待会，虽然，他是天亮前四点半钟入睡的。招待会上出现了中国战区美军作战司令部麦克鲁将军的参谋长柏德诺准将，一位脸庞通红、讲话流利爽快的美国军官。作过一番介绍，何总司令说了些客套［话］"战时小城，招待欠周"之后，开宗明义地说："中国陆军总部现阶段的任务是接受中国战区日军的投降。至于中国战区的范围，以后当再公布。中国战区最高统帅蒋委员长授命本人统一指挥，接受投降，对象是日本驻华派遣军最高指挥官冈村宁次大将。今天他的参谋副长今井武夫少将为代表来接投降命令，随员有中佐参谋两人和一个翻译官，十一时可以到。新闻记者准许摄影，但不能同他谈话，接见的场合，也不允许向他提出'询问'。"接着，记者们举了些问题出来。重要的答复有：在华日军正式投降签字，要待盟军统帅在菲律宾与日军代表签字后；伪军的投诚包括在规定的日军分区投降区域内；伪政府官吏要照国内法治罪；其中还有战事罪犯，盟军战俘被释后，盟方可以派员来会同照料。有位女记者很细心，她关心到日本代表的食宿问题，答复是另外替他们准备好了地方，要派人照料保护他们，吃的也跟我们差不多，不会亏待的。总司令回答何时回南京呢？"希望早日去。"

今井来了

中美混合团第五大队六架迎降机出动得很早。他们分作三小队，十点半到了常德上空，看看还没有日机的影踪，又向西北飞，终于在洞庭湖上瞥见了一颗近空的黑点。今井来了，他的座机是九七式的双发动机，绿色的油漆，已经花纹斑驳，不大壮观了。于是保护着它的六架飞机从七千英尺降到五千英尺，指引着路途。日机的驾驶员大概是一名轰炸芷江老手，一鼓劲沿江而来，却不料把洪江错当了芷江，落到一千英尺准备降落了，幸得周天民队长下去摇动机翼招呼了两次，才把它引到芷江。

十一时十五分，今井座机在芷江机场盘旋了几下慢慢着地。这时周围已围绕着成千的我警卫部队、十四航空队的警卫军、中外新闻记者。机门一开，日本飞行员下来架好梯，陆军总部陈应庄少校几个人迎了上去，今井武夫在机门口问，"我可以下来吗？"陈说："可以。"于是递给他纸，请他写下他的全部随从：前川国雄少佐、桥岛芳雄中佐、本村辰男翻译官和四个飞行人员。除了今井和二位参谋带了指挥刀以外，其他人都没有任何武器。今井架着黑玳瑁边的眼镜，秃头顶活像一个小商人的脸型；翻译官木村穿着浅灰色的西服，是个结实的胖子，讲的中国话很生硬，有些福建口音。他们被招呼上插有小白旗的两部吉普车上，一直开到机场附近为他们备妥的房舍，那屋上漆有两个和平白十字，他们休息了。就在不远的公路旁，人们已经在架彩坊，他们正在贴四个大红字：和平永奠。

历史性的一幕

西南四大将星，临时赶到了二位：张发奎和汤恩伯。王耀武是早在芷江了的。后一天，卢汉和杜聿明也来了。但他们同何应钦总司令都没有在集会场合出现。今井武夫的正式接见是在下午三点多钟，是由司令部萧毅肃参谋长和柏德诺准将、冷欣副参谋长主持的。今井显得很呆板，白衬衣的衣领皱折着翻在军服外面。他说他的任务仅在联络，不够投降签字代表的资格。萧参谋长向他要证明资格的文件，今井说只有冈村宁次大将的委令。于是要来看了，交代他十八日蒋委员长训令指定的各项图表。今井拿出一张地图同翻译官一起解释给参谋长听。本来他们是坐在下面桌旁的，这一动，摄影记者就一起活动，镜头集中到上面桌上，镁光闪烁，着实热闹了一会。今井说台湾、越南军区不属冈村管辖，只知道大概，满洲因为军事关系，部队情形也不清楚。萧参谋长随后又交给他何总司令致冈村的中字第一号备忘录内容说："本人以中国战区总司令地位，要你命令辖区内的日军停止一切敌对行动，听候中国最高统帅蒋委员长接收，在接收以前，你应保护仓库、码头、房舍……一切设备，并负安全全责。"备忘录里附了一份负责将领接收地区的名单，于是拿备忘录的收据让今井签字，今井侧起身在裤袋里摸他的笔，又给了毛笔。他看了一遍，在中日两份上都签了字，摄影记者又大肆活动，每一动作都给他上了镜头。接着，萧参谋长告诉他：总司令的意思，要不等正式的投降签字，就派部队到北平、南京、上海接收去；副参谋长冷欣同今井一起回到南京，去设立前进指挥所，附带还派中美空军人员去设立航空站，要冈村妥加保卫；何总司令为了和冈村接洽方便，今后将直接同他通无线电话，附带给他一份中国陆军总部电台的呼号、波长跟时间表。接见完毕，参谋长告诉今井：贵官回南京时间另外通知，何总司令为了要明了实际情况，要派几位中美军官到他寓所跟他谈谈。

今井乘破飞机复命去了

今井是二十三日下午二时二十分走的。走之前，何应钦总司令给他一次非正式的召见，地点在陆军总部礼堂的东厢房。何总司令坐着，参谋长萧毅肃和麦克鲁的参谋长柏德诺站在他后面，今井带着他的翻译官进到屋里，站着鞠了躬。这时屋里人很少，余外就只有三个摄影记者，同中央社记者、外籍记者各一位。话没说上几分钟，今井告辞，鞠躬退出来，戴上他的拷克帽，带着给冈村的四件中字号的备忘录回到寓所，同他随员一起到达机场。他坐的这架九七式双引擎机发动很吃力，先要像木炭车似的在引擎下面装上曲柄摇一大阵，螺旋桨才慢慢地转起来。今井上了机。我们特派跟他去的空军第一地区司令孙桐岗中校和他的秘书毛文麟、陆军总部的陈昭凯少校也一一跟送行的握手上机。今井始终像一个感伤的老人似的，表情平淡，言语很少。两点半钟飞机刮起一道黄尘升空而去，六架护送的飞机已经在头上盘旋等着了。

月夜盛宴

今井一去，大家好像都松了一口气。当夜，何总司令在陆军总部招待所空地上举行了一次西式宴会。他的首席客人是麦克鲁二级上将，其次有三十位美国军官、中国高级将领多人，和行政院所属各部会的代表、几十位中外新闻记者。满月从湘西平原的矮树后渐渐探出头，光临这一场盛宴。何总司令作了一番主人地位的演说，他对美、苏、英三国给予我们精神与物质的鼓励、协助，表示推崇，尤其是已故罗斯福总统和现任总统杜鲁门对世界和平的领导和贡献，至于美国帮助我们训练部队，充实我部装备以及其军官士兵助战作战的努力，何总司令代表中国军民致谢，同时对中国将领、官兵的忠勇，中外新闻记者冒枪林弹雨的忠实报道，深加赞美。李维果氏担任了翻译，词意都译得很完美。

麦克鲁的演词，一起首就说出中国十四年以来空间换时间的终究获胜，他道他可以代表魏德迈以下的美国官兵保证战后决计协助中国建设成一个强大的国家。战后的和平时期，就中国言是极可宝贵的，中国必须统一团结，把握建设，不要放弃大好时机；中国亟须普及教育，提高国民生活水准，说完这些，他并为蒋委员长、中国将领、来宾们举杯祝饮，九点多钟兴尽而散。夜凉了，水在闪映着的月光下，显得一片苍茫。数十辆吉普车同时开动，驰驱在这受降城外如霜如雪的平原月夜。旷场上，军乐队在演奏一首和平而感慨的曲子，老是重复着"米索、米索独、拉米索"。

二、芷江受降的意义

受降会谈之一幕

芷江选为接见日军投降代表地点，实具有双层意义：一、芷江为敌丧师折众进攻未逞之重镇，今春湘西会战，为我转胜起点，芷江象征八载艰苦抗战卒告胜利；二、芷江为新生武力核心之一，广大机场上银翼相接，极为壮观，城郊新车奔驰，新装备之战士荷枪站立，一片朝气。敌人见此，必凛于中国实力，有所戒惧。去年此时，记者随王耀武将军观战湘西，宝庆撤守前，黯然告别。今重聚于敌投降时际，欢欣逾恒。此一年间战局变化之大，令人感喟。去年记者在芷时，湘西半壁摇摇欲坠，机场亦一夕数惊，我虽握有天空优势，仍时刻在防敌机奇袭。今日翘首晴空，日降使即将飞来。

三、日本降使下芷江

我空军二十一日晨派机六架，于九时半由芷江起飞。驾驶员中国四人，美国二人。十时五分到达常德上空，在高空七千英尺盘旋三匝后，我驾驶员周天民在洞庭湖上空西北方发现一小点，知系日本投降代表所乘机，乃由七千英尺降低为五千英尺，在日机上空掩护。该日机系九七式战斗机，改装为运输机，性能尚好，机身浅绿色。我机六架在日机上空交叉掩护，旋即向溆浦飞行。抵溆后，即沿沅水西飞。到达洪江，日机误为芷江，即推机头降落，已至一千英尺高度，我航员周天民知系误会，乃摇翼示意。日机未觉，周君乃盘旋一周，以手示意，日机乃觉，复由我机领航，于十一时到达芷江机场，安全降落。

日本降使今井武夫一行八人，乘白绿相间色飞机一架，二十一日上午十一时降落芷江机场，美战斗机一架先导着地，我国飞机多架翱翔上空，犹如群鹰。吉普车一辆后挂英文"跟我来"木牌，由美兵二人驾驶，引导敌至停驻地点。中美士兵及新闻记者万头攒动，争看降使。日方人员两名立于机上，向观众注视，彼此寂然无语。机停，我陆军总部陈少校偕军宪上前照料。今井以日语问道："我可以下机否？"陈答"可"。日方翻译木村辰男首先下机，今井继之。我方人员向其索要名单，逐一核对，并检查其行李，彼等除军官携带有军刀外，无其他武器。随由陈少校率领登吉普车四辆，前后各两辆，我军士兵握木盒枪警戒。日方人员乘居中两辆，上悬白旗。四车徐徐驶过人群。今井坐第二辆车司机之旁，着草绿敞领军服，微胖，两目间视，面无表情。陈少校导彼等驶向机场附近招待所，说所有木房几间，略设简单用具。日代表既到，我勤务兵即携开水一壶，随进室内待客。招待所四周树木青葱，幽静冷落，实避暑佳地。

今井武夫少将四十八岁，日本陆大二十四期毕业，曾在我国陆大任教，又曾在北平任宋哲元之顾问，并任日军驻北平之军事发言人。今井由机场去住所之路上，黝黑粗壮之新六军士兵十余步一岗，夹道而立。

四、会 之 幕 谈

萧毅肃参谋长今接见日代表今井，转达何总司令致冈村宁次指示投降之备忘录，在高热下，问答延续一时半之久。中、英、日语交互翻译，照相机及电影机轧轧作声，镁光闪闪，气氛严肃庄重。会毕，人人感到疲乏，深叹战争固艰难，知和平亦不易。日代表今井及随员桥岛等态度镇定，入门后立正，向萧毅肃参谋长点头为礼。萧氏正坐，点头为答。两目直视，待今井随员坐后，即说明用意，嘱今井说明身份，并索取证件。刹那间令人感触万端。萧参谋长道尽中国人八载心情，今井则俯首听话。可注意者，即日代表在应对中，始终未有投降字句，仅谓"遵圣断接受《波茨坦宣言》签订停战协定"。今井退席时，偕随员向萧参谋长鞠躬为礼。

五、日本签降初洽盛会琐记

陆军总部设在七里桥空军招待所，是在芷江西北七里的地方。这里原是我空军第四中队的驻地，居中一座礼堂可容两三百人，左右两排宿舍，天井成长方形，几天的活动都以这个地方为中心。大门外停放了无数的吉普车，重要人员每人专用一辆。中国新闻记者集中住在城南汽车站附近的东亚旅馆，典礼筹备处派有吉普车一辆及载械车一辆备用，在机场、陆军总部和芷江之间行驶，交通便利异常。

总部地址原是典礼筹备处预备招待我方代表和顾问人员的招待所，礼堂也挂了"休息室"的白纸签，何总司令到后次日便宣布，这就是他的陆军总部了。总部的人员不断乘机由昆到来，重庆来的人本来就超出了预算的一倍，所以这个狭小的地方就愈来愈拥挤。今井谒辞何总司令的时候，院庭的两旁走廊上站了好几层人，军人的领子上最少是一个嵌在金板上的星，文官们也多在部任以上。开起饭来总是上百桌。难怪负责一切招待庶务的第四方面军赵副官处长累得一个劲儿地叫："不得了！"

因为人多房少，原定住一个人的房间也得住两个、三个、四个的大员，汤恩伯和卢汉住一间房，王耀武的房内住了四个人，亏了有空军招待所可以帮忙，床铺不成问题，美国军毯也取之不尽，用之不竭。但是桌椅沙发等一部分还是从安江运来的，一位重要筹备人员——四方面军的李胖子伸出一个大拳头得意地说："安江县政府和湖南一、二纱厂的好家具都让我搬来了。"

对这个盛会大家都一致地感到纪念性的浓厚，除了拼命地照相，还有很多纪念的方法，美空军人员把日本飞机遵命系上的三个长足两尺的红布条抢撕光了，大家分来留作纪念。办事人员佩的黄绸与新闻记者佩的红绸出入证上面，印着"日本投降签字典礼出入证"字样，人人准备好好地保留。有一位说："我要把它裱起来作为传家之宝了。"何总司令的请客柬因印了日本投降的字，大家也都好好地保存起来。

何总司令在二十三日下午于今井见他以前拖了中美的将领大拍照片和电影。一张是他和四个方面军司令官的合影，他居中，卢汉和张发奎居右，汤恩伯、王耀武居左，五个人站在一块，不分上下地一般高。继之何总司令又率各重要将领从殿堂鱼贯而来，拍摄电影。何的面孔上总是浮着微笑，旁观的人都说："总司令真会表演。"今井见萧毅肃参谋长前，一位外国照相记者也邀拢了我们的重要将领拍合照，王耀武将军迟到了几秒钟，想插在张发奎和杜聿明的中间。杜不动，王到旁边站，张看到王，又拉他过去，杜还是不动。

三天的紧张，大家都一致地感到疲劳，何总司令每天只睡三小时，王耀武将军除了开会还要略尽地主之谊，到处打个招呼，更是忙。二十三日今井去后，他拉我到他房间小坐，平时他那响着洪钟的声音也有点哑了，红黑的面庞变成青黄了。他说："我是军委会政治部的代表，军事政治会议都得出席。"

中国的新闻记者要以中央社的人最得意，总部的消息公报都专送给他们，从辰溪带来一部电台，一面写稿，一面译发。日报记者叫冤，恨电报不能当天到。这次到芷江的近百中外记者中，外籍女记者两人，中国女记者只算半名。外籍一女记者在一件事上打倒了其他的外籍同业，今井从机场到住所时，本来不准人跟去，我和另外几位记者爬上新六军舒副军长的巡视哨兵的车。一路我们只看到四个大的白色盆，到了今井的院子前，不知怎的那辆车里会钻出一位碧眼黄发的女郎来，律鸿起很豪爽地把我们从陈少校那里得来的今井在芷江说的第一句话告诉了她。中国的那半名女记者是田伟直小姐，代表辰溪的《汽车周刊》，筹备会的人因为她代表的是周刊，而且又是专讲汽车的，似乎和日本投降没多大的关系，没有发给她出入证。

在三天的盛会中，北方和京沪一带的混乱消息愈来愈紧急，军长以次的带兵将官都不免忧心忡忡。原传空运接收北平现在决定去上海的七十四军军长施中殿将军听我讲过斯特梅耶的话，说一个军空运北平要一个月就可完成。他很黯然地说："那太慢了！"记者与一批空军朋友见了面，总是先询今井，再就同问朱、毛两先生的消息。

我方代表和今井商谈的中心问题之一，听说是日本不得胡乱投降的问题，今井大大地同意。

何总司令招宴与会人员的大会上，李惟果翻译何的演辞，顺手接过中文稿，嘴里读出英文，语音措辞都极优美，一无遗漏，一无牵强。

六、芷江受降别记一

（芷江四日——目击日本投降）

芷江——国史上第一个受降城

八月二十一日的早晨是晴朗的。芷江在欢喜中醒来，这个筑在舞水两岸的小城，人口不足五万，向来很少受人注意，湘黔公路筑成后，它才在西南交通网中占一个位置。但自从去年美国在此地建筑了飞机场，今年四月它又成为敌人进攻目标，知道它的人就渐渐多起来。然而，它被选为接受中国战区日军投降的地点，却是它梦想不到的光荣。

家家户户挂起国旗，在公路进入街道的地方，搭起了彩楼，上面四个大字："胜利之门"。舞水大桥上，柏枝在两边桥栏饰出许多 V 字，桥头又是两处彩楼，一边是"正义大道"，一边是"和平桥梁"，城中警岗所在，立着五级的柏枝宝塔，警察在下面踌躇满志地指挥行车，墙上面处处红纸国语，充满胜利的喜悦。人人都在说着，日本投降代表，就要在城东的机场降落了。

飞机场上

这是一所广阔的机场，有宽阔的跑道，跑道间长着夏日茂密的丛草，经常有几十架飞机停歇。今天早上九点钟，场上的站房附近，已经等候着许多人，成百部吉普车，还有许多别种式样的军车，排列在路边，更多的车还正沿泥泞道路驶来。

热情的美国人，充满了胜利的喜悦，从各地赶来，机场上几乎全是他们，受降的念头教他们高兴，他们急于想看见骄妄残忍的敌人怎样吞下这一颗自作自受的苦果。但是，他们不会完全懂得这次受降的意义吧！这是中国人民八年多来血泪的收获。它所带来的希望和欢喜，和它所带来的问题与戒慎，怕只有担负了战争的全部重担的中国士兵和农民才能充分领会。

而且，这次受降完全由中国方面主持，美军只站在一个顾问的地位上。中国方面愿意把典礼弄得简单、严肃，乃至冷淡的程度，握手、军乐、欢呼都是不允许的，其实，何总长前一日晚间已经到达芷江，四个方面军司令也都来到，第一招待所里充满了星章的将军，但来接待日本代表的是一位少校，此外仅有师管区的郑司令和担任警戒的新六军的团长，中国方面的人显得特别少，只有警卫的士兵，冷然握着枪杆站立。他们代表中国的士兵农民，在这次受降中充当真正的主角。

记者团聚在指定日本代表登车的地点。两辆为他们准备的吉普车插有白旗，挺引人注意。摄影记者急于要找到一个合适的地点，到处攒动，和中国的警卫弄得不大愉快。

载着屈辱飞来敌机

十时才过，四架飞机在东方出现来到机场上空。三架是盟方银色战斗机，一架是深色的双引擎机，翼下清楚地漆着两个太阳徽。人群开始骚动。八年来它们一直是残忍和狂妄的象征，一年前它们还满载炸弹来到芷江，今天它载的却只有屈膝——忽然间一架战斗机顽皮地从高空对准日机冲去，又巧妙地掠过了机头，引起地面上一片愉快的哄笑。

四架飞机盘旋又盘旋。日机在东边跑道上降落，方向由北向南，它油漆绿色，带着白点。漆有六个日徽，四个在机翼，两个在机身，它向南驶去，很快消失在丰草背后，就像一只青蛙。

半天一个美国机械士又领着它在机场西边出现。到人群面前停下，又掉了一个转身，把尾向着人们，这时可以清楚看出机翼每边都挂着一小条红绸，按中国规定，这应当有五公尺长，作为降机的标帜，可是现在高空的风把它们吹断了。

一顶硬壳帽在机门口出现，于是一顶绿呢军帽，又一顶绿呢军帽……记者群中立刻骚动起来，几十架摄影机都急于向前动。负责警戒的郑司令急得连声说："反正等等，有三分钟把吉普车开到大家面前来照相的，不要忙，不要忙！"

一共是八个日本人，戴硬壳帽穿便服架黑边眼镜的是今井武夫少将，桥岛中佐和前川少佐穿全身军服。木村翻译穿灰青色西装，四个航空员中，三个也是军服，一个穿衬衣军裤。军人们都挂着佩剑，代表还挟上大皮包。这时四个人坐上降车，（今井）自己坐到最前一辆来，他显得很矜持，很冷淡。充当战胜国的代表，不是容易有的机会，听说本来派的代表胖子李中校，但是中校级别显得太高，后来又改为一位少校。李中校失望地说："我希望我能降一级就好当代表了。"

日本代表也带着矜持坐在车上，只有桥岛不时左顾右盼。车开动了，第二辆车如约开到记者群前面停下，顿时镁光横飞，一片照相机的响声，谁都怕这三分钟去得太匆匆。一位少将带了个相机预备照，看见司机不耐烦的样子，怕他不守约，放弃了自己的机会，过去拿钟看看时间，一直到整三分钟才放走那吉普。这时候没有一个日本人动弹一下，全都挺直地坐在车上，眼光下垂，只有那中国司机不愿意地掉过脸去，避免把自己跟这些沮丧的形象摄在一起。

三分钟后，四辆车开向不远的空军总站去，日本代表的住所安置在里面，给他们最简单的食宿，外面安下三道岗卫，没有特别命令，谁都不许进去。

开会前奏

投降初步会议的地点设在机场附近的第一招待所，招待所的设备简单而整齐，为了今天这个日子，除了大门上扎了点柏枝，贴上"和平永奠"四个大字以外，这里并没有其他的装饰，一切都简单而朴素。进门来两排营房末端，横着一所小小的会议厅，那就是今天的会议所在，也就是今天全中国乃至全世界目光所注视的目标。

会议室内，右面正中墙上，是一张很大的国父半身画像，和党、国旗各一。排成弧形的几张桌子，上面仅仅铺着一块洁白的桌布，好像是法官的案台，在案台前不到两米的地方，面向着摆有四张黑漆的椅子，这是为投降代表而设的。在会议室的另一端还有为新闻记者预备的一张大餐桌，靠墙还有一圈椅子和凳子。门口没有任何装饰，桌上没有花瓶和烟，一切的一切都异常简单，明显地标出这是一个接见投降代表的地点，对于投降代表我们不必客气的。

会议正式开始以前，会议室里有过一度紊乱，记者席完全为外国记者和他们带来的打字机所霸占，而且打字机"哒……"的声音立刻盖过了来宾的嘈杂；房间的另一端喜气洋洋的中外军官互相道贺，而最突出的是主持会议的中国陆军参谋长萧毅肃将军和美军代表柏德诺将军响亮的笑声。

萧将军坐在桌前正中，穿着全新哔叽制服的柏德诺准将在他右手，而他左手则是副总参谋长冷欣中将，译员们和记录坐他们四周，他们三位起劲地谈着，显得异常亲热。忽然，柏将军作一个手势，教人递他的水壶上来给萧将军喝。萧将军把水泼到衣服上，柏将军又赶快掏手绢替他拭抹。大家微笑着注意他们，会场也渐渐安静下来，像是法官已经入席，只等犯人进来的那一刻。

会议开始以前，萧将军先声明三点：第一，今天在场的中外记者不得发问；第二，日本代表进来的时候，大家应安坐不动；第三，所有中国方面的发言，都先译成日文，并译成英文；所有日本方面的发言，都先译成中文，再译成英文。他的报告立刻引起一片议论和打字的声音。

一个中国军官走到屋子另一端来打电话了："立刻去把日本代表带来，只准来四个，那个参谋长，两个参谋，和那个翻译，立刻去。"

停了一会，他又拿起话筒说："不准他们带枪。"人们开始向外探望。

忽然间萧将军又站起来宣布："还有一点要说清楚，这里就是中国陆军总部。"大家都不解地向他看，他又补充说："中国陆军总部已经从昆明迁到芷江，就在此地，这屋子里。"会场里立刻有一片惊异的声音。

一个历史性的场面

门口传来一阵阵"来了、来了"的声音，可是大部分人还遵守萧将军的命令，安坐不动，但摄影记者已经紧张地准备着了。萧将军说了"请进来"之后，四个代表即鱼贯而入，还是早上一样的装束，走到桌前恭敬地行了鞠躬礼后，萧将军只是冷然说了一声"请坐"，然后他们坐下了，今井在中间，桥岛在右，前川在左，木村在最右。

刚一安坐下来，萧将军开始说话了，他在介绍完了自己和其他接见降使的代表以后，马上就说："现在首先请贵官说明身份，并且递出身份证明书。"

日英文相继译毕以后，今井开始用低沉但是清晰的声音介绍自己和两位随员，木村把它译成了不大流利的英文后，今井又接着说："鄙人只代表冈村宁次将军作联络的工作，没有权力决定，也没有权力在任何文件上签字，这一点是要声明的。""日本政府依照天皇的圣断，接受了联合国波茨坦的公告，已经派代表到马尼拉向盟军最高统帅进行军事行动的停止谈判。驻华派遣军方面则由鄙人代表向中国方面同中国最高统帅蒋委员长的代表见面，进行停战协定。"他很仔细地用"停战"代表"投降"，从头到尾，他一直没有说过"投降"这个字眼。这是他们有计划的奸诈，从这当中也许可能看出未来许多的问题。

接着萧将军不耐烦地说："刚才我问贵官有没有带来身份证明书，如果带来有，就请交出来。"

日文译员刚把萧将军的话译完，今井就站起来发言，柏德诺将军立即用手止住了他的声音，用他的中文说："对不起！对不起！"萧将军也说："让你停止发言，等英文译完再说。"这个钉子的确使今井少将碰得有点难受。

今井没有带像萧将军一再所要的身份证明书，只有冈村宁次的特别命令。

萧将军看了今井所递上来的"特别命令"，接着又问他有没有带来蒋委员长电报上所指的那些表册。

今井回答说："表册是没有，只有一份地图，而且最近东三省军队向华北调动的详情还没有注明在图上，至于越南和台湾的情形，因为不属于冈村宁次将军的范围，所以也没有注在图上。"

木村只译到此地就停止了，中国方面的日文译员立刻站起来说："今井少将的话还有两句没有译出来，东三省、越南和台湾的大概的情形是可以知道的。"假如是允许鼓掌的话，他这一个杰作定会得到掌声不少。

当桥岛和木村毕恭毕敬站在桌前说明他们所呈献的地图时，可忙坏了这许多的摄影记者，几十个镜头，大的、小的，从天空落照下来，从地板上仰照上去，旁敲侧击，都集中到了桌子上的地图，和正在说话的桥岛和木村的脸上，全场顿时混乱起来，这样的局面继续了有十分钟之久。摄影记者的努力工作固然可嘉，可是引来了在座记者和来宾不少的怨声。

幸而萧参谋长把话题转移到了一个新的项目。开始拿出一份备忘录来，混乱的现象才渐渐消失。

当萧将军高声朗诵这份洋洋千言的备忘录时，不仅今井少将和他的随员显得极度紧张，就是全场空气也顿时严肃起来。在这份备忘录（中）有着关于各战区受降、接收的详细规定，它不仅在目前是一切中国战区日军投降事宜的基础，无疑地在将来历史上它也有它应有的重要地位。在这严肃的空气中却夹杂了一个有趣的插曲。当日文译者念完各战区接受投降的具体步骤时，只看见坐在正中的今井老是取出手绢来擦他自己额上的汗珠。

当英译稿刚一念完，萧将军就拿出来两张准备好的收据，让今井签字，同时也就把备忘录递给了他。在签字前，今井要求"询问几点"，萧却以极其幽默而轻松的口吻回答他说："我看，这不必吧！"然后几十个镜头又大忙了一阵，全部集中在握着笔管签名盖章的今井少将身上。

会议已近末尾，今井发现自己没有了询问的权利，而萧将军则继续以命令的口吻要求今井把几点通知转告冈村：关于冷欣中将去南京成立前进部让日方"妥为招待，妥为保护"，关于中国军队即将降落平京沪一带，让日方妥为保护机场，协助中美人员搞好机场工作。今井提出"再行讨论"的要求，但是萧将军根本没有理会。

会议的最后一件事是交换何总长和冈村的来往电台呼号，让他们能直接通话，萧参谋长又特别通知日本代表，他们的行期以后再决定，将有中美人员来和他们细谈，但事先必须由何总长亲自批准。

日本代表站起来，鞠躬，又像进来时一样鱼贯着走出去。

中国的虹

人们走出了中国陆军总部，大家进来的时候明明是满天的太阳，不知道什么原因现在已经是阴云密布，忙得满头大汗的摄影记者们迎着凉风，松快地吐了一口气。

西方天空还有晴朗的一角，把阳光邀下西方的山头，奇怪的是没有雨，可是在东方的云幕上现出一道七彩虹。

一个外国记者伸出大拇指，说："虹，中国的虹，中国的吉兆。"

是的，八年多的苦难快要结束了，但是痛苦的回忆和对于人的戒慎，还像阴云一样罩在中国人民的心头，但我们的希望却像彩虹，向他们确定地保证晴朗的明天。

我这样地想着，微笑着转过头来，车刚刚驶过一道彩楼，上面四个大字："胜利之门"。

七、芷江受降别记二

日落芷江——中国战区日军投降第一幕

一、历史的悲惨的命运降临于日本法西斯。一九四五年八月十四日，日本在盟军空前严重的打击之下，宣布接受《波茨坦宣言》而向中、美、英、苏四强无条件投降。八年前嚣张的侵略者梦想不到会有这一天！遭受过日本军阀侵害的坚强不屈的中国人民现在是光辉地站在他们面前，摘取血汗换来的胜利的花朵了！

中国战区陆军总司令何应钦上将奉令负责接受中国战区日海、陆、空军之投降。八月二十一日，日派遣军总司令冈村宁次的投降代表总参谋副长今井武夫少将由汉口飞抵芷江，演出中国战区日军正式投降的第一幕。

何总司令及其随员、顾问共三十二人，早今井一日，由重庆飞抵芷江，记者随何氏顾问团专机同来。先后抵此之中外记者共达六十余人，来自各个不同之角落，堪称盛会。芷江为湘黔川边境一重要空军基地。四个月前，日军向其进犯，我军予以重创。

第四方面军王耀武司令官尽地主之谊，热情招待贵宾。外国记者多住在招待所。中国记者大半住在距陆军司令部约七里之东亚旅馆。李铮副官主任为招待"专员"，每日备汽车、吉普车各一辆，来往总部、机场、旅馆之间，以便记者采访新闻。

二、二十一日整天紧张，上午九时，何应钦氏在总部礼堂举行一次中外记者招待会，说明中国陆军总司令部过去的任务是率领所属部队配合盟军反攻；现在的任务则是接受日军的投降。他相信魏德迈将军领导的军队和机关，一定同过去一样与总部密切合作。

我方限今井须于上午十一时抵芷。九时三十分，中美混合团第五大队即派出六架飞机，自芷江机场起飞前往迎接。十时三十分到达约定之常德上空，发现今井所乘日机，当掩护该机同航。途经洪江沙湾机场，日驾驶员误认已至目的地，降至一千英尺，拟即落地，经我护航机指示，始改正方向。十一时许，在芷江机场担任警戒之中美官兵及中外新闻、摄影记者与在机场四周观望之民众约五千人，已可闻隆隆机声，破空而来。依照规定，我领航机一架先着陆，日机继之降落，是时为十一时一刻。该机系九七式双引擎机，机身漆绿白色花纹，机身及机翼共漆日国旗六面，极为鲜明，机尾系有一红带，为降使专机之标志。十一时三十分，日降使开始下机，先出来者为一着西服之日翻译官，向我方所派接待之陈少校敬礼。

记者们于相距约三十码之地，闻今井以日语问陈少校：“我可以下机吗？”

陈少校以国语答：“可以的。”

今井着军服，戴眼镜，佩军刀，挂参谋带，矮而微胖，四十多岁年纪，其面貌酷似张西曼教授。继今井下机者为二随员：桥岛芳雄中佐，前川国雄少佐。均着军服、佩军刀。此外，尚有日飞行员四人，共八人。彼等面带愁容，神情颓丧。这镜头，使我想起当日皇颁诏投降时，在皇宫外那一群可怜的臣民的脸色。

十分钟后，今井等分乘我方预置之两辆吉普车，上各插有白旗一面，在我宪兵押护之下驰赴彼等指定之居处。当车驰出机场时，我围观之民众，发出洪亮的报复性的胜利者的呼喊，吐出我们八年来的怨气！这一喊，令日降使变色！

记者乘吉普车尾随前往日降使居处，该地在芷江一幽静之角落，有木房四五间，设备简陋，唯警卫森严。记者仅见今井等惨然隐没于树林深处。

三、当日下午，中国陆军总司令部参谋长萧毅肃中将代表何总司令在礼堂内第一次正式接见今井及其二随员。礼堂布置简单严肃，颇似法庭。在党国旗与总理遗像下设长方形桌两张。萧中将坐正中，其右为麦克鲁将军之参谋长柏德诺准将，左为总部副参谋长冷欣中将。我高级将领杜聿明、汤恩伯、张发奎、王耀武、卢汉等坐于一旁。中外记者坐于旁听席上。礼堂外，宪兵数名持枪侍卫。三时四十分，今井等被引入礼堂。今井态度故装傲慢，其随员则无精打采。彼等行至中央，立正、脱帽，向萧中将行一鞠躬礼，继即坐于萧之对面。一刹那寂静。接见式于萧中将询问下开始。

　　萧以国语发问，再由翻译员分译成日语及英语，今井以日语回答，再分译成华语、英语。

　　萧说明自己的身份后，问："请贵官说明身份，并请交验身份证明书。"

　　今井的答复为，冈村给他的任务只是联络，他不是签字代表。仅带来冈村的命令，没有身份证明书。

　　他将冈村的命令交桥岛芳雄转呈给萧，检验过后，萧问今井有没有带来日军在中国、台湾及越南等地的位置、兵力等图表。今井说只带来在中国战场的日军部署图，台湾、越南则非日派遣总司令部管辖。当将该图呈萧。

　　嗣后，一问一答，进行极为紧张。萧中将问话谨严。今井已易其傲慢态度而略呈狼狈矣！

　　萧中将以何总司令致冈村之备忘录一件，及附件交给今井，要他带转冈村。该备忘录共五项，令冈村遵行实施投降诸事宜。附件则说明，除东三省外（东三省接收事宜，最高统帅另派员办理，该三省非中国陆军总司令部职权范围），我方将分十六区（连台湾在内）派人员接收各日占领区，并说明，中国战区陆军总司令部副参谋长冷欣将去南京成立前进指挥所。何总司令并将不待日军正式签字投降，即空运大军接收上海、南京、北平三地，均令冈村知照。

今井在签具收据时，首现狐疑，要求再加说明。萧谓："我看不必要了。"于是，今井执毛笔签字，并盖章。一时二十余架开麦拉一齐开动，摄下此珍贵镜头。

最后，萧中将告之今井："贵官回南京的日期，另行通知。现在，贵官可以回住处休息一下了。"

第一次接见式至此完毕，计历时一小时又二十分钟，今井等退出时，又向萧中将行一鞠躬礼。

四、二十一日晚上和二十二日整日，中美两方专家都去和今井谈过话。中国记者团曾向何总司令请求去和今井谈话，但没有得到允许。

二十二日下午，陆军总司令部各高级将领及随何氏前来之顾问团开会达五小时，讨论有关日军投降细节问题，均有决定。二十三日下午，今井得我方命令，飞返南京。行前，何总司令亲自接见其一次。彼携去者除二十一日交彼之备忘录一件外，另有何总司令致冈村之备忘录四件。内容迄记者发稿时止，尚未发表，与今井同行者有我军官四人，先去南京为陆军前进指挥所筹备一切。冷欣中将一天内即可飞往南京。

记者确知，中国战区日军正式投降签字典礼，已由我最高当局决定在南京了。

八、芷江受降别记三

欢声震动芷江城——今井曾向我方提出要求，他想穿一双木拖鞋

我们中国人所见到的飞机种类，实在不可算少，然而还从来没有见过披挂红布条的飞机。那鲜红的布条衬着碧蓝色的晴空，拂着云彩，御风而来，确实标致而新鲜。那是一架日本投降代表的飞机，这些压迫我们五十余年，侵我国土十四年的敌人，今天，我们最高统帅命令他挂着红布条来接洽投降。

我们有六架野马式驱逐机去警戒这架挂红布的降机。我们空军第五

大队十七分队长林深先、队员许志俭，二十七中队长周天民、队员娄茂吟，美员葛兰芬、乐威等六个幸运儿去担任这个任务。十时零五分，这六架野马已经在常德上空盘旋着等待着。绕了三圈，周天民先在西南方向洞庭湖上空五千英尺高度左右发现了一个小黑点，一摇翅膀招呼僚机娄茂吟，一看那架机子似曾相识，那是一架九七式双发动战斗机改装的运输机。驾驶员又兴奋起来，一推机头冲到那机旁，打开照相机，对着挂红布条的飞机拍了一个优美的姿态。

日本投降找错了目标

驾降机的那位日本驾驶员，他过了溆浦以后，根据他偷袭的经验，在芷江是沿江而飞的。然而这次，他的神经太紧张了些，把洪江误认芷江，当他到了洪江的沙湾机场，他以为就是芷江机场了，作下降姿态。降到一千英尺了，周天民在交叉飞行中间，还能辨别方向，知道他飞错了，急忙摇翼示意，降机犹未知觉，他就冲到降机的驾驶舱前去伸手比了一个三百一十度的转弯，才把他转正了方向。

降机在绕圈子到芷江来，还将多花二十分钟的航行时间，这可急坏了机场等候的中外记者，和机场外边的千万观众。五大队又派了三架野马式战机去迎接。

十一时三十分，这一机群到达了机场上空，周天民往机舱外探望了一下，喊了一声："好家伙！有这么多人呀！"他在指挥降落的地点俯冲了一下指示降机降落，周领着他的僚机先行落地。这架两翼尖和尾端挂着三条四公尺长红布的飞机，就在千万人仰望的五十英尺低空绕机场飞一周，有人还颇欣赏那架机子的美观，那绿花斑的机身，绘着红太阳，飘着红布条。

在机场警戒的是美国宪兵，接待日代表的是中国宪兵。降机着陆以后就滑行到指定的地点，记者群和中美空军人员似潮水一般的往那边拥挤去。美国宪兵大声呼叫着，维持了一条仅可行一部吉普车的狭小的人巷。摄影记者则挤集在一起，等候车子来临。

今井首句话——可不可下机

机舱开处，立正一位穿着全副日本陆军礼服的少将今井武夫，是日本请降代表，日本中国派遣军最高司令部的副总参谋长，也曾经一度做过宋哲元的总顾问。那位花尽心血来做侵略迷梦的人，此时正清醒过来了。询问了我陆军总部的接待人员陈少校，可不可下机。陈少校说"可以"。于是他们依次下机，同时陈就检查了他的名单：参谋桥岛芳雄、前川国雄，随员木村辰男，中佐松原喜八，少佐久保善助，航空员小八童正男、中川正治。等中国宪兵把他们行李检查以后，就坐上了插着白旗的吉普车，在人巷里缓缓而行。车子经过摄影记者的镜头前面，司机就将车稍停，灯光闪闪，颇为刺目，尤其是今井少将的面部肌肉，对这个刺激反应最为灵敏。

车子出了机场跑道，在我新六军弟兄警戒之下，开赴总站长室旁的职员宿舍里休息。到下午三时半，今井就到七里桥中国陆军总部（前为空军四大队部）谒见萧参谋长毅肃。总理遗像面前中间坐着萧参谋长，右边冷副参谋长和中国译员，左边是美军柏德诺准将和他的译员。陈少校引今井步入会议厅，今井面对萧参谋长行了一个鞠躬礼，萧参谋长并未起立回礼，今井坐下后，桥岛坐右，前川坐左。摄影记者又蜂拥而前，闪烁着镁光，有一位美国摄影记者，拿着镜箱，以临近之紧张姿势，挨近今井面部拍了一个特写镜头，颇觉潇洒。

签字的地点决定在南京

萧参谋长以严肃的声调，声明了他的职位，并介绍了冷副参谋长和柏德诺准将。萧参谋长要看他的身份证明书，今井取出了他的受命令，冷副参谋长和柏德诺准将也拿过看了一遍。萧参谋长要今井交出日军在华军队系统表和人数，今井说："没有带来！"但他交出了军队分布的地图。于是萧参谋长就将何总长提出之备忘录一件，交今井转交冈村宁次。又告诉了他一些投降时的注意点，今井似乎有所申述，萧氏说结束谈话了，今井就深深地鞠了一个躬，萧参谋长只站起一下，表示送客。当这位客人走出会议厅，似乎有些儿哭丧着这个大东亚迷梦，为什么醒得这样早呀！

当晚，今井在住所要求穿木拖鞋，招待人员可给难住了，结果送了两双新的中国布鞋给他穿。

第二天，我方陆空军方面都曾派人去往访，商谈一些投降缴械的技术问题。我空军方面是第一路司令官张廷孟氏代表往谈日本航空机的接收办法。张氏在"八一三"沪战爆发的时候，他是第二大队的大队长，和副大队长孙桐岗氏，于八月十四日那天率领中国空军第一次去炸上海公大纱厂的日军。现在孙氏任空军第一地区司令，在二十三日上午偕秘书毛文麟，和陆军总部少将科长一起，乘今井的座机飞往南京与冈村宁次会谈接受投降办法，和接洽投降地点。据有关方面估计，或将在南京或上海举行。

历史是毫不容情地这样写下去了。这架挂红布的机子的姿态，即将在照相机的底片上显影出来。

（《时代精神》1945 年 4、5、6 期合刊）

受降一：硕德不孤

投降仪式中，美国人不打领带，不敬礼，以示轻蔑。
The National Geographic Magazine, November 1945

徐永昌：徐永昌将军受降日记

三十四年八月十二日　午间钱慕尹（大钧）电话：蒋先生要余准备往菲律宾接受日本投降，明日或须成行云云。当即决定以杨宣诚、朱世明、王丕成、李树正及陈养空等八员随往。

九时半诣曾家岩，赫尔利大使、魏德迈、陈辞修等先在。赫尔利称：日本复电今晚可到；签字举行期亦甚近。魏德迈又说为余准备飞机及食宿等事，情意甚殷。

八月十四日　蒋先生约晚饭。饭后钱慕尹来云：魏德迈请转达已为备妥飞机两架到白市驿，其中一架设备至佳，备余乘坐云云。

八月十七日　午后二时半决定即日起行赴马尼拉。五时半赴九龙坡飞机场，六时一刻乘运输机赴白市驿，换乘四引擎飞机于六时五十分起飞，晨二时廿分（菲为三时卅分）抵菲。

八月十八日　午前美方情报部主任魏乐比少将及特务团长某来。午饭在领馆，饭前视察难侨居所，宣达中央轸念之意（侨胞升旗燃放爆竹）。

午后五时半访麦克阿瑟将军谈签字事，俟代表到齐偕往冲绳岛，然后转东京湾于美舰上举行。在此约需留一周。美总部亦将移驻东京。麦表示愿余亦往。余自美总部归，麦旋派警卫团长区特勒再来。

八月十九日　午前会客。魏乐比少将馈赠烟酒，并转达麦克阿瑟将军午宴之意（昨已束约）。

八月二十日　电　蒋先生报告：日代表河边虎四郎一行于皓（十九）日晡时到岷，由美军方参谋长萨德兰接受其投降意见，并提示下列几点：

（一）详报东京附近机场设备，并令附近居民迁移；（二）美即空运一个师赴东京，准备营房；（三）俟空运部队全数到达后，麦克阿瑟即赴东京。日本代表要求盟军于两个月后登陆，经予拒绝。河边等于哿（二十）午飞返东京，濒行要求于夜间飞抵降落，并谓渠国内情形复杂，问题尚多也。

午前，陈博生偕中外记者十余人来访，问答约刻许。渠等行时为余摄影片。

八月二十五日　苏代表一行十三人今午到此，已电蒋先生。今日本定登舟，以前日飓风袭东京，海上风浪正狂，改明日成行。

八月二十六日　午后三时出发，船为美方一运输舰，五时开驶。闻须行五昼夜，计于三十一日午后始可达东京湾。签字已改为九月二日矣。

八月二十八日　美军二十六日已有军官三十人、兵士百二十在东京着陆。麦克阿瑟本日飞冲绳。

八月二十九日　午后四时各国代表在舵楼上同摄一影。

舰上情报：麦克阿瑟三十日由冲绳飞东京，降落之机场离东京十八里。空运部队七千五百人及海军陆战队万人将于卅一日飞莅东京，舰队亦于是日进入东京湾港内。

日本报纸社论称：宜与美合作，切戒妄动，须认识从前错误，然后可以和平云云。

八月三十日　今日情报：麦克阿瑟已降落东京，日方曾备鲜花表示欢迎美军之意。尼米兹亦将代表美国签字，已在途中。海尔赛第三舰队驶入东京湾。第五、第七两舰队亦相继开到。

八月三十一日　舰报：美英舰队三百八十艘已驶抵东京湾、横滨附近，航空母舰计九艘，尼米兹亦到。

午后三时四十分过横须贺军港，悬有大白旗几面，曾摄一影。四时四十分抵横滨附近下碇停泊。但见四周艨艟围绕，入晚灯光闪灼，照耀海滨，如一扇形，真有舳舻千里之概！甲午之役果能一胜，则我国海军今日不悉何似。又尼米兹、海尔赛二旗舰及主力舰十三艘（亦在三百八十艘以内）、美陆战队七千五百人于横须贺登陆完毕。据麦克阿瑟称：日对投降似有完全诚意，各地之占领似可希望不至有多大的摩擦云云。今日舰上报纸发表余之略历，并请余发表对于此次战事以及受降之感想，余仅答以：我觉得这是一个应该忏悔的经过。

九月二日　今日为受降签字期。七时半乘〇〇号驱逐舰，于舰上晤美、英、苏、澳、荷代表，八时许到达米苏里号，美第三舰队总司令海尔赛之旗舰也。按规定，中国代表先登，军乐大作，英、苏、澳等代表继登。九时日方代表亦到。首由麦克阿瑟简单讲述仪式开始辞。此时已各按规定就位，日代表立于案之对面，各代表依次排列为美、中、英、苏、澳、加、法、荷、纽九国，美海陆军官，原在菲律宾被俘之温锐特少将暨新加坡被俘之裴西佛亦参加。加拿大代表签字误低一格，致继签者亦相率而低，此殊失态。

九时八分仪式完成，麦让各代表入客厅，余与麦克阿瑟、海尔赛二人寒暄（仪式前已与尼米兹晤叙），海尔赛指船左上空空军九百架密集队形飞过谓余曰：此皆第三舰队之空军也，先已另有保护机各数百架在上空盘旋。嗣与麦话辞，旋即按规定仪式下舰，登驱逐舰而返。美代表为尼米兹元帅，中国即余，英为苻立则上将，苏为得菲比亚利少将，澳为布来梅上将，加为考斯古特上校，法为纳克勒克少将，荷为海勒夫利须海军中将，纽为立锡惕少将；日方为重光葵及梅津美治郎等十一人。

午饭后移岸上寓新大饭店，命王参谋洽询飞机事。

九月三日　飞机今晚始可到此，尚须留此一日。中饭后同人在东京，余未偕往。四时偕王参谋至附近街头周游约一时半，见日本警察守岗如常，民众静肃，各报登载亦毫不隐饰，直谓降伏（不实在、无纪律之国民，将来困苦必较日本为大），日人之兴，可计日而待也。

晚饭时决定明晨行。某要同人大饮，且谓此真痛饮黄龙者，余切止之方罢。诸人不悟忧难之将临，似怪余不尽人情者。

九月四日　今早十时廿分起飞，经东京，机中遥望富士山，曾摄一影。经大阪、神户，被灾较东京为重。过广岛时为一时四十分，机身环绕两周，残破最甚，几仅余十之一二，余尽夷为平地。原拟经长崎，嗣以该地下大雨，气候稍差，乃改直飞上海，六时廿分到。原说机师休息后继飞，乃下机后机师欲留，谓白市驿无夜航设备，同行诸人亦多有欲留者，余遵循其意。机场仅有航委会数人，美机数架，机师数人；日机颇多，询悉各场有七十余架。守卫仍由日军担任，以我军运输缓慢，所到无几。闻张雪中今早到此。俄顷，二区航空司令章君来，迓余与养空宿于该部，余俱赴市宿。竟夜大风。

在米苏里舰上遇《大公报》记者，询余感想，略告以：我觉得大家皆应反省。除非真是想不出自己过失者外，皆应有所忏悔（编者按：当时《大公报》所载较此为详）。

该舰客室置马鞍一具，谓系受东讥讽之答复。于驱逐舰上晤史迪威，曾相与问讯数事。

九月五日　今早十时同人都自城来，而机师不至，遂延数小时。结果又改定明晨起飞，余又留居大场（机场地名）一日。

九月六日　早八时一刻起飞，沪市多人及记者来送。沿江西航过武汉、恩施，一时廿分抵白市驿。半小时后乘航站车回寓。此行来去整二十日也。

九月七日　早十时谒蒋先生，报告签字一行经过，并谈述菲侨情况，约三十分钟。魏德迈继至，略寒暄而去。

（赵正楷：《徐永昌将军受降日记》，《传记文学》第8卷第1期）

陈博生：在米苏里舰看日本投降

一、观降去来

一九四五年九月二日，东京湾内米苏里号战斗舰上日本代表签字投降的一幕，是极具历史意义的镜头。能够参加签降典礼的人，算得上运气好，趁此机会大开眼界，给生命史添上一段丰富的史料。新闻记者在一般人中总是幸运儿，那天米苏里舰上的记者，总数将近四百人，他们的笔，他们的开麦拉，把这幕好戏留下忠实的纪录。

事先，陪都方面中外记者，应魏德迈将军之邀，也组织了观降团，随我国出席签字的代表团，同往马尼拉，转赴东京湾。我很高兴我能参加，不仅为了能参与这历史的一幕，也是为了一雪当年旧仇——民国二十六年抗战前夕，我是中央通讯社的驻东京特派员，在日本居住的十五阅月中，我的活动时时受监视，处处受轻视，形同囚犯。如今，我也能以战胜国的记者资格，目击当年睥睨一世的日本人屈膝了。

签降典礼仅十八分钟，即大功告成。签降前的准备，则达半个月之久。扩大一点说，签降典礼的准备，应该自"九一八事变"算起，整整十四年。

二、马尼拉疑云

八月十七日晚七时，两架 C-54 式巨型运输机，一架载我国代表团，一架载中外记者团，直航马尼拉，十八日上午四时到达。

那时，马尼拉的空气不大好，有点紧张，日本接洽投降的代表始终未到，麦克阿瑟总部电台与东京电台直接通报，东京方面屡次要求延期，因此许多人发生怀疑，谣言四起，纷传东京对投降问题发生变化，战争未必能即日结束。这疑云，一直等到日本洽降代表团到达后才廓清。

在疑云中，我们每日参观马尼拉港。马尼拉现在是美国在远东最大的根据地，海港物资堆积如山，船只不时驶进驶出，码头上大小汽车更昼夜不停。看了这种情形，令人有美国军队打仗打的是物资之感，如果日本不投降，这些物资将发生最大的效力。

日本洽降代表团到达马尼拉的头一天，记者团接到总部通知，第二天有五十几辆吉普车送记者们到机场，在机场站立的地位也被指定。

三、日本代表团

总部命令运载日本洽降代表团的飞机停在机场跑道中间，以便机场上的人个个看得见。

日本代表团一共十五个人，由河边虎四郎领队，头一个走下飞机，其余陆续下来，站成一排。在机场接洽的盟方军官是副参谋长韦洛贝将军。河边伸出手来，想和韦氏握手，韦氏未理，第二次才轻轻地，握了一下，河边的脸色很难看。其后八辆汽车把他们代表送走了。

日本代表住在什么地方？记者们都不知。大家只好分头去找。报告日本代表到达的新闻电，第一通是美联社发出来的，第二通是中央社。我们发完电报，正找车子，另外有一个美国人也找车子，就坐到一起。那美国人是谁，我们不知道。其后发觉他是美联社驻马尼拉代表。后来他设法打听到日本代表的住处，找车子去探访，他也不认识我们，结果我们便一同去了。

原来日本代表住在马尼拉饭店分店的卢沙尼亚旅社二楼，房子相当大，三楼则被炮火轰平了。我们赶到时，在大门看上去日本代表正在洗脸，美国宪兵不准我们进去，交涉无效，只好在门外遥望一番，当晚他们开会，记者们也不能去参加。后来知道，开会情形只是河边接受麦帅命令，告诉他，美军准备占领日本，计划如何，行动如何，规定详尽，这个备忘录长达一百多页，像一本书。据说，河边当时说明国内还有些不稳，所以他们来时是秘密的，希望他们的行动不要发表。美方将领对此甚为奇怪，但仍向河边警告：美军登陆时如发生意外，一定要由日方负责，不要后悔！河边唯唯诺诺，第二天下午便回去了。

当日本代表在马尼拉时，发生笑话。一个日本代表，拿了五十元美钞，托侍者去买香烟，美国香烟很便宜，侍者买了两条，找回的零钱却是一大捆日本军用票，那个日本代表竟是哭笑不得。

四、大琉球一瞥

占领日本本土的行动中，大琉球是最重要的基地。占领原定廿九日开始，廿六日日本附近海面飓风大起，以致一切顺延四十八小时。我们由马尼拉到大琉球，也改到廿八日。虽然行色匆匆，我们依然找机会将大琉球岛巡礼一番。

大琉球岛在美国经营之下，准备成为世界上最大的空军根据地。岛上处处机场，已使用的有十三个，还有十五个正赶修。天上，地下，都是飞机，煞是壮观。

美国军队在大琉球打得苦，从岛上只余二三十栋完整的房子上便看出来了。投降后的日本居民，被集中到一处居住，不准外出，食粮由美军供给。

日本人集中处不准参观，我们只好去看琉球人。琉球人也集中一起居住，自己组织警察，保护自己。他们不承认是日本人，只承认是琉球人。我问他们：美国军队来了以后，有什么不便？他们答复一致是没有。他们的食粮也由美军供给，有米有肉，大家很满意，琉球人的小学校照常开课，可见美军对待琉球人是满好的。

后来找到机会看到日军俘虏区，俘虏区共有三处，我们只参观了一处，大约有七千人左右。日本俘虏的神气很可怜，其中还有许多十六七岁的小孩子，可见日本兵源已形枯竭。我们参观的那天，又有从附近小岛上刚运来投降的日兵二三百人。

五、厚木·横滨

厚木机场成为历史性的地名了，美军占领日本的第一降陆处，便在那里。占领日期是八月卅一日。那天清晨零时起，千百架飞机由琉球起飞，每一个机场，每二分钟起飞一架 C-54 式巨型运输机，一架接着一架，引擎怒吼，的确是伟大场面。二时，我们记者乘机起飞，天空乌黑，什么也看不见。天明后，快到厚木时，才看见满天都是飞机，一架接着一架，平安降陆。我们是七时半踏上日本本土的。飞机卸下人货后，不到十五分钟，便飞走了，卸下的人和物资，刹那间也都被汽车载走，人去布防，物进仓库。计划之周到可以想见。据说，那一天运输兵员达一万四千人，包括他们必需的装备和给养，这种大规模的空运，还是有史以来的第一次。

在厚木等待三小时，来了十七辆卡车，把我们运往横滨。行车路线早经规定，沿途有日宪警布岗，看见汽车便敬礼。两旁商店住户一律紧闭大门，玻璃窗也遮上幕布，一个日本人也看不见，只有横滨大街上，还有几家店铺开张，有三五平民出门张望，一个个都面带笑容。

麦克阿瑟元帅是卅一日下午二时到达厚木机场的。四时到达横滨，总部设在海关办事处内，是一栋很大的房子。

六、偷进东京

到了日本，谁都想去东京看看，尤其是新闻记者，更为着急。可是麦克阿瑟元帅下令，任何人不准走出美军占领区。那时美军只占领了几条街道。命令如此之严，谁也不敢动。谁知道，夜间十二时左右，美联社一位记者逛了一趟东京，回到横滨，大家更着起急来。第二天一大早，便不顾一切，设法偷进东京。

从重庆去的记者中有六个人成为一伙，开始找车子。日方为总部准备了二百五十辆小汽车，由日本人驾驶。我们不管三七二十一，就抓住一辆汽车，令日本汽车夫开车。日本人也弄不清楚，把我们送进了东京。

七、阔别八年，我又进入东京城

横滨的建筑，百分之七十五被炸光，街道几乎全不认识。由横滨到东京，公路距离廿七英里，战前两旁全是工厂，现在只能看见一些孤立的烟突、瓦砾、废机器、破卡车和一堆堆的铁片（据说这是当年美国卖给日本的）。东京被炸的程度和横滨差不多，百分之七十以上没有了，人民只好用木板钉起临时的住屋，只有电灯和自来水正常供应。商店什九关门，大百货店有八九层楼，现在只有一二层营业，支持门面，货架上却空空洞洞，卖一点磁器漆器和普通药品。布、皮革，早没有了，据说日本人四年来添不到衣服。他们一律穿黄色国民服，女人也没有宽大的和服，改着衬衣长裤，一来为工作方便，二来为便于改穿男子的旧衣服。战前东京人口七百万，现在只有二百万，街头轰炸景象，比廿九年卅年的重庆还惨。

在同盟社找到熟人，他们借给我们一部汽车，巡礼东京。所得的印象是：八年仗把日本打完了！

八、签   降

日本投降典礼，定九月二日上午九时在美国主力舰米苏里号上举行。

米苏里号是美国最大的战舰，四万五千吨，连同本身的重量总计七万吨。她停东京湾中，周围有巡洋舰、驱逐舰、航空母舰，重重保护。

头天晚上，记者们得到通知，观降时服装可以随随便便，领带也可不打，记者们站立的地点也详细规定，正是有得看又有得听的地方。

八点多钟，将近四百名记者陆续到达米苏里，其后美国军官也到了。八时半，尼米兹将军到达，他是美国五星元帅之一，头发全白。八时四十五分，麦克阿瑟元帅莅临，军乐大奏，全体军官敬礼。我国代表团徐永昌将军等六人，和其他各国代表团，都是八时四十分到场。

将近九时，美国军官把日本代表团带上甲板，一共十一个人。重光葵（代表日皇及政府）和梅津美治郎（代表日本大本营）领队，计陆军四人、海军三人、外务省职员四人。他们到达时，也奏乐欢迎，据说这是国际礼貌。甲板上有一张长桌，上铺绿毡，降书二份，墨水瓶一只，广播机一具。日本代表分三行站立，第一行是重光和梅津二人，第二行五人，第三行四人。他们在那里伫立六分钟，于是舰上人员都得以"饱餐秀色"。

九时，典礼开始，麦克阿瑟从休息室中走出来，在广播机前读一篇简短的广播词，手有一点发抖。读后，即令日本代表签字。重光第一个签，因为他只有一条腿，特准坐在椅子上。重光从袋里拿出笔，却没有墨水，他挤了一下，抖了几下，还是没有水，想吸桌上的墨水，不料瓶口很小，笔进不去，重光非常之窘，还是一位美国军官救了急，递一支笔给他签。梅津第二个签，他有两条腿，便没有坐椅子的资格了。签完字，退回原处立正。重光因为腿的关系，似乎很不耐，不断地去摸秃头，直在冒汗。十一个日本代表的脸色都不好。

日本代表签完字，盟方代表继续签字。第一位是麦克阿瑟，他用了六支笔，第一支笔送给巴丹战役被俘的魏锐特将军，只有第六支笔，才是他自己常用的笔。我国代表徐永昌将军，继麦帅之后签字。其他各国代表亦陆续签字，连同日本代表在内，共计十国，签字时间是十八分钟。在这十八分钟内，清算了十四年来侵略的罪恶，决定了"大日本帝国"的命运。

典礼期间，麦克阿瑟元帅除宣读广播词外，始终一语未发，也未理日本代表。签字完毕，他即行离场。

九、日 本 舰 队

日本舰队到哪里去了？日本投降前，这是一个谜，日本投降后，这个谜被揭开了。

参观签降典礼后，新闻记者先忙着发电。将近四百名记者，每人平均发五千字，就要二百万字，可是麦帅总部只有一部机器和旧金山通报。中央社记者在场的，一共四个人。随尼米兹元帅的记者曾恩波知道，舰上有一架发报机，可与旧金山通报，于是随海军的四十名记者拈阄。很幸运，曾君抢到了第一，于是赶快把新闻电发出，午后回横滨，途中参观横须贺海港。

曾经烜赫一时的长门战舰，便停在横须贺，但那只是一个残骸，里面烧得乌黑。据美国专家说，这只战舰等于废铁，恐怕没有用处。此外仅有两艘轻型巡洋舰和十余艘驱逐舰。日本海军在全世界上原属第三位，现在可谓全军覆没了。据东京方面的日本人说，日本海军损失最大的一役，是去年菲律宾海战，几乎完全消灭，所以其后美国舰队到处去找日本舰队，始终找不到，原来已经没有了。

十、日 本 印 象

从横须贺到横滨，吉普车上坐了五个人，却有三个国籍：两个中国人，两个英国人，一个美国人任驾驶，车行四十分钟到达。沿途看见许多小孩子，甚至十七八岁的青年，都向我们举手表示欢迎。

这时赴东京的禁令尚未解除，于是我们再度偷进东京。为了明了日本人对盟军的态度，我们决定乘电车去，总部原怕记者们有闪失，被日本人袭击，每人发了一支步枪、一支手枪、一顶钢盔，以便自卫。我们不愿表示对日本人的敌意，便没有带枪，只戴了钢盔——目的不是防御，而是必要时当做洗面盆。

日本人对于我们的服装，深为奇怪，拼命看我们，我们毫不在意，只装做不识路，向他们打听，他们很客气地指路，毫无敌意。

由这两件事看，日本人民因为自己力量打完了，所以没有敌意。只要领导的人，走向民主，未始不可参与未来的和平世界。但是，这次战争使日本国力消耗殆尽，即使日本人努力复兴，恐怕三五十年内也难恢复战前旧观！我以为在政治上，对日军应该采取严厉的政策，丝毫不可放松，在经济上应该代谋生存的出路，这才是长治久安之道。（三十四年九月十二日于重庆）

（《新闻天地》1945 年 10 月 30 日，第 8 期）

朱启平[1]：落日

——记日本签字投降的一幕

一九四五年九月二日上午九时十分，我在日本东京湾内美国超级战舰米苏里号上，离开日本签降代表约两三丈的地方，目睹他们代表日本签字，向联合国投降。

这签字，洗净了中华民族七十年来的奇耻大辱。这一幕，简单、庄严、肃穆，永志不忘。

天刚破晓，大家便开始准备。我是在七点多钟随同记者团从另一艘军舰乘小艇登上米苏里号的。米苏里号舰的主甲板有两三个足球场大，但这时也显得小了，走动不开。到处都是密密簇簇排列着身穿咔叽制服、持枪肃立的陆战队士兵，军衣洁白、折痕犹在、满脸笑容的水兵，往来互相招呼的军官以及二百多名各国记者。灰色的舰身油漆一新，十六英寸口径的大炮，斜指天空。这天天阴，灰云四罩，海风轻拂。海面上舰船如林，飘扬着美国国旗。舱面上人影密集，都在向米苏里号舰注视着。小艇往来疾驶如奔马，艇后白浪如练，摩托声如猛兽怒吼，几乎都是载着各国官兵来米苏里号舰参加典礼的。陆地看不清楚，躺在远远的早雾中。

签 字 场 所

签字的地方在战舰右侧将领指挥室外的上层甲板上。签字用的桌子，

---

[1] 朱启平（1915—1993），时任《大公报》记者。——编注

原来准备向英舰"乔治五世"号借一张古色古香的木案，因为太小，临时换用本舰士官室一张吃饭用的长方桌子，上面铺着绿呢台布。桌子横放在甲板中心偏右下角，每边放一把椅子，桌旁设有四五个扩音器，播音时可直通美国。将领指挥室外门的玻璃柜内，如同装饰着织锦画一般，装着一面有着十三花条、三十一颗星、长六十五英寸、阔六十英寸的陈旧的美国国旗。这面旗还是九十二年前，首次来日通商的美将佩里携至日本，在日本上空飘扬过。现在，旗的位置正下视签字桌。桌子靠里的一面是联合国签字代表团站立的地方，靠外的留给日本代表排列。桌前左方将排列美国五十位高级海军将领，右方排列五十位高级陆军将领。桌后架起一个小平台，给拍电影和拍照片的摄影记者们专用。其余四周都是记者们的天下，大炮的炮座上、将领指挥室的上面和各枪炮的底座上，都被记者们占住了。我站在一座在二十厘米口径的机关枪上临时搭起的木台上，离开签字桌约两三丈远。在主甲板的右前方、紧靠舷梯出入口的地方，排列着水兵乐队和陆战队荣誉仪仗队，口上又排列着一小队精神饱满、体格强壮的水兵。

白 马 故 事

八点多钟，记者们都依照预先规定的位置站好了。海尔赛将军是美国第三舰队的指挥官，米苏里号是他的旗舰，因此从来客的立场讲，他是主人。这时他正笑吟吟地站在出入口，和登舰的高级将领们一个个握手寒暄。之后，美国太平洋舰队总司令尼米兹将军到了，海尔赛将军陪着这位上司步入将领指挥室，舰上升起尼米兹的五星将旗。海尔赛以前曾在向记者的一次谈话中说过这样一件事：他看中了日本天皇阅兵时骑的那匹白马。他说，想等击败日本之后，骑上这匹名驹，参加美军在东京街头游行的行列。他还说，已经有人在美国国内定制了一副白银马鞍，准备到那时赠他使用。一个中士也从千里外写信给他，送他一副马刺，并且希望自己能在那时扶他上马。我还想起，第三舰队在扫荡日本沿海时，突然风传米苏里号上正在盖马厩。现在，马厩没有盖，银驹未渡海，但日本代表却登舰签字投降来了。

乐队不断奏乐，将领们不断到来。文字记者眼耳倾注四方，手不停地做笔记。摄影记者更是千姿百态，或立或跪，相机镜头对准各处，抢拍下这最有意义的时刻。这时候，大家都羡慕四五个苏联摄影记者，其中两个身穿红军制服，仗着不懂英语，在舰上到处跑，任意照相。可是我们这些记者因为事先有令，只能站在原定地点，听候英语命令，无法随意挪动。这时，上层甲板上的人渐渐多了，都是美国高级将领，他们满脸欢笑，说说笑笑。我还从来没有见过在这样一块小地方聚集这么多的高级军官。

代 表 到 来

八点半，乐声大起，一位军官宣布，联合国签字代表团到。他们是乘驱逐舰从横滨动身来的。顷刻间，从主甲板大炮后走出一列衣着殊异的人。第一个是中国代表徐永昌将军，他穿着一身洁净的哗叽军服，左胸上两行勋绶，向在场迎接的美国军官举手还礼后，拾级登梯走至上层甲板上。随后，英国、苏联、澳洲、加拿大、法国、荷兰、新西兰的代表也陆续上来了。这时，记者大忙，上层甲板上成了一个热闹的外交应酬场所。一时间，中国话、英国话、发音语调略有不同的美国英语以及法国话、荷兰话、俄国话，起伏交流，笑声不绝。身移影动时，只见中国代表身穿深灰黄军服；英国代表穿全身白色的短袖、短裤制服，并穿着长袜；苏联代表中的陆军身穿淡绿棕色制服，裤管上还镶着长长的红条，海军则穿海蓝色制服；法国代表本来穿着雨衣，携一根手杖，这时也卸衣去杖，露出一身淡黄咔叽制服；澳洲代表的军帽上还围有红边……真是五光十色，目不暇接。

八时五十分，乐声又响彻上空，盟军最高统帅麦克阿瑟将军到。他也是坐驱逐舰从横滨来的。尼米兹在舰面上迎接他，陪他进入位于上层甲板的将领指挥室休息。舰上升起他的五星将旗，和尼米兹的将旗并列。军舰的主桅杆上，这时飘起一面美国国旗。

上层甲板上热闹的外交场面渐渐结束了。联合国代表团在签字桌靠里的一面列队静立。以徐永昌将军为首的五十位海军将领和五十位陆军将领，也分别排列在预先安排好的位置上。这时有人说，日本代表团将到。我急急翘首望去，只见一艘小艇正向军舰右舷铁梯驶来。不久，一位美国军官领先，日本人随后，陆续从出入口来到主甲板。入口处那一小队水兵向美国军官敬礼后，即放下手立正。乐队寂然。日本代表团外相重光葵在前，臂上挂着手杖，一条真腿一条假腿，走起路来一踮一拐，登梯时有人扶他。他头上戴着大礼帽，身穿大礼服，登上上层甲板就把帽子除下了。梅津美治郎随后，一身军服，重步而行，他们一共十一个人，到上层甲板后，即在签字桌向外的一面，面对桌子列成三行，和联合国代表团隔桌而立。这时，全舰静悄悄一无声息，只有高悬的旗帜传来被海风吹拂的微微的猎猎声。重光一腿失于淞沪战后，一次在上海虹口阅兵时，被一位朝鲜志士尹奉吉投掷一枚炸弹炸断。梅津是前天津日本驻屯军司令，著名的《何梅协定》日方签订人。他们都是中国人民的熟人，当年在我们的国土上不可一世，曾几何时，现在在这里重逢了。

仪 式 开 始

九时整，麦克阿瑟和尼米兹、海尔赛走出将领指挥室。麦克阿瑟走到扩音机前，尼米兹则站到徐永昌将军的右面，立于第一名代表的位置。海尔赛列入海军将领组，站在首位。麦克阿瑟执讲稿在手，极清晰、极庄严、一个字一个字地对着扩音机宣读。日本代表团肃立静听。麦克阿瑟读到最后，昂首向日本代表团说："我现在命令日本皇帝和日本政府的代表、日本帝国大本营的代表，在投降书上指定的地方签字。"他说完后，一个日本人走到桌前，审视那两份像大书夹一样白纸黑字的投降书，证明无误，然后又折回入队。重光葵挣扎上前行近签字桌，除帽放在桌上，斜身入椅，倚杖椅边，除手套，执投降书看了约一分钟，才从衣袋里取出一支自来水笔，在两份投降书上分别签了字。梅津美治郎随即也签了字。他签字时没有入座，右手除手套，立着欠身执笔签字。这时是九时十分，军舰上传来一声轻快的笑声，原来是几个毛头小伙子水兵，其中一个正伸臂点着下面的梅津在又说又笑。但是，在全舰庄严肃穆的气氛下，他们很快也不出声了。

麦克阿瑟继续宣布："盟国最高统帅现在代表和日本作战的各国签字。"接着回身邀请魏锐德将军和潘西藩将军陪同签字。魏是菲律宾失守前最后抗拒日军的美军将领，潘是新加坡沦陷时英军的指挥官。两人步出行列，向麦克阿瑟敬礼后立在他身后。麦克阿瑟坐在椅子上，掏出笔签字。才写一点，便转身把笔送给魏锐德。魏锐德掏出第二支笔给他，写了一点又送给潘西藩。他一共用了六支笔签字。签完字后，回到扩音器前说："美利坚合众国代表现在签字。"这时，尼米兹步出行列，他请海尔赛将军和西门将军陪同签字。这两人是他的左右手。海、西两人出列后，尼米兹入座签字，签完字，就各归原位。麦克阿瑟接着又宣布："中华民国代表现在签字。"徐永昌步至桌前，由王之陪同签字。这时我转眼看看日本代表，他们像木头人一样站立在那里。之后，英、苏、澳、加、法、荷等国代表在麦克阿瑟宣布到自己时，先后出列向麦克阿瑟敬礼后，请人陪同签字。陪同的人澳洲最多，有四个，荷兰、新西兰最少，各一人。各国代表在签字时的态度以美国最安闲，中国最严肃，英国最欢愉，苏联最威武。荷兰代表在签字前，曾和麦克阿瑟商量过。全体签字毕，麦克阿瑟和各国首席代表离场，退入将领指挥室，看表是九点十八分。我猛然一震，"九一八"！一九三一年九月十八日日寇制造沈阳事件，随即侵占东北；一九三三年又强迫我们和伪满通车，从关外开往北平的列车，到站时间也正好是九点十八分。现在十四年过去了，没有想到日本侵略者竟然又在这个时刻，在东京湾签字投降了，天网恢恢，天理昭彰，其此之谓欤！

投降书脏了

按预定程序，日本代表应该随即取了他们那一份投降书（另一份由盟国保存）离场，但是他们还是站在那里。麦克阿瑟的参谋长苏赛兰将军本来是负责把那份投降书交给日方的，这时他却站在签字桌旁，板着脸和日本人说话，似乎在商量什么。大家都不知道出了什么事，记者们议论纷纷。后来看见苏赛兰在投降书上拿笔写了半晌，日本人才点头把那份投降书取去。事后得知，原来是加拿大代表在日本那份投降书上签字时签低了一格，占了法国签字的位置，法国代表顺着签错了地方，随后的各国代表跟着也都签错了，荷兰代表首先发现这错误，所以才和麦克阿瑟商量。苏赛兰后来用笔依着规定的签字地方予以更正，旁边附上自己的签字作为证明。倒霉的日本人，连份投降书也不是干干净净的。

日本代表团顺着来路下舰，上小艇离去。在他们还没有离舰时，十一架超级堡垒排列成整齐的队形，飞到米苏里号上空，随着又是几批超级堡垒飞过。隆隆机声中，我正在数架数时，只见后面黑影簇簇，蔽空而来，那都是从航空母舰上起飞的飞机，一批接一批，密密麻麻，不知有多少架，顷刻间都到了上空，然后向东京方向飞去。大战中空军将士厥功甚伟，理应有此荣誉，以这样浩浩荡荡的阵势，参加敌人的投降典礼。

我听见临近甲板上一个不到二十岁满脸孩子气的水手，郑重其事地对他的同伴说："今天这一幕，我将来可以讲给孙子孙女听。"

这水兵的话是对的，我们将来也要讲给子孙听，代代相传。可是，我们别忘了百万将士流血成仁，千万民众流血牺牲，胜利虽最后到来，代价却十分重大。我们的国势犹弱，问题犹多，需要真正的民主团结，才能保持和发扬这个胜利成果。否则，我们将无面目对子孙后辈讲述这一段光荣历史了。

旧耻已洒雪，中国应新生。

1945 年 9 月 3 日写于横须贺港中军舰上

（朱启平：《朱启平新闻通讯选》，今日中国出版社 1995 年版）

全体签字毕，……看表是九点十八分。我猛然一震，"九一八"！……现在十四年过去了，
没有想到日本侵略者竟然又在这个时刻，在东京湾签字投降了，天网恢恢，天理昭彰，
其此之谓欤！

西井一夫编集：《昭和史全纪录》（1926—1989），东京：每日新闻社 1989 年版

加拿大代表签低了一格，占了
法国签字的位置，法国代表顺
着签错了地方，随后的各国代
表跟着也都签错了，……倒霉
的日本人，连份没降书也不是
干干净净的。图为代表补正降
书"签错"问题。

坪田五雄：《昭和日本史八·终
战的秘录》，东京：晓教育图书
株式会社 1976 年版

黎秀石：日本签降的一幕

记者多么希望读者都能亲眼看见今天早上日本投降的仪式，我甚至希望我能够把今天的胜利报告给那些舍掉了生命才使胜利真正来到的几百万同胞。通讯社在报道上占有极优越的地位，所以当记者的报告到达读者时，读者已经从通讯社里知道了投降仪式的大概情形，但是下面关于这个历史事件的描写也许会使读者感到兴趣。

二百八十位分隶二十个国籍的战地记者和摄影记者登上了米苏里号，从早晨七点起就准备这项重大的差使，四个日本记者得到允许参加仪式，用他们自己的笔和照相机记录下日本人企图奴役世界的最后一章。

八点钟，美国的国旗就升起来了，它算是米苏里号的"主旗"，这面美国国旗在一九四一年十二月七日升在国都华盛顿，后来就在罗马和柏林上空飘扬了。

海军乐队奏的乐声在今天早晨特别洪亮，就好像回答第三舰队的感恩祈祷者："我们感谢上帝，那些爱好和平的人们由于战胜了那些爱好战争的而得到酬劳，我们这样的祷告。"

八点十五分，中国全权代表徐永昌上将率领代表五人向着举行仪式的甲板上走去，他们看起来精神很饱满，很镇静，美国、苏联、英国和其他各国的代表随在后面。麦克阿瑟、尼米兹和海尔赛于八点四十五分到达，所有的目光都集中在他们身上，表示对于他们在取得胜利中所占重要地位的尊敬。

八点五十三分，日本的降使到场，重光葵和梅津美治郎被三个陆军军官、三个海军军官和三个政府官员卫护着，这真是最适当的组织，他们恰好代表日本的陆海军和政府惨杀几百万人掠夺半个世界应负的责任。在抑扬的音乐声中，重光很可怜地摇摆着走到了门口，向着签订降书的桌子为日本人预备好了的地位走去。

日本代表于签字开始之前，在盟军最高统帅和盟国全权代表的面前站着，静默了五分钟。日本正式屈膝了。

梅津代表日本大本营签字，这是最合适的。他的签字不啻承认日本陆军是主要的战争罪犯，投降签字使日本陆军结束了日本帝国的扩张。麦克阿瑟这伟大的军事领袖，他用六支笔继续着签字，给摄电影的人很精美的镜头。

当徐永昌上将在九点十分签字的时候，我的两眼充满了眼泪，种种情绪涌上心头。我为中国的将来，为自由，以及为纪念那些为我们而牺牲了的人们祈祷。我为中国那些无名英雄的家属祈祷。当徐将军离开桌子时，站在我旁边的一个海员说："他是个大好人，他打仗打了多久了？"徐将军的确令人不觉是骄傲的征服者。在仪式完毕之后，记者请徐将军在这胜利的时候向国内的人说几句话，他起初拒绝说什么，后来慢慢地经过深思后说："今天是要大家回想的一天。今天每一个在这里有代表的国家也可同样地回想一下过去，假如他的良心告诉他有错误，他就应当勇敢地承认过错而忏悔。"

盟国的全权代表在九点二十分时离开甲板，留下日本人在后面从盟军最高统帅那里接受签了字的文书，这时，从第一舰队上起飞的飞机在米苏里号上以凯旋的行列，掠过盟军的官员，新闻记者都向上看，很愉快地欢迎飞机上的空军人员，但是那十一个日本人却没有一个向上看，他们都低头看着甲板。他们虽然故作镇静，但无疑地已经打击了他们心灵深处。在盟机的飞翔下，他们离开米苏里号走向岸上，去报告天皇日本投降了。

已经落了两天雨的东京湾，今天却又出了太阳，象征着和平的开始。

大约十点钟时，苏联的新闻记者，摄影员把整个仪式都记录下来。在仪式完毕后，苏联的记者握着我的手，我们彼此庆贺，并且交换我们的铅笔作为纪念品。

（黎秀石：《日本签降的一幕》，《大公报》1945 年 9 月 4 日，第 3 版）

［美］史尼都（Louis C. Snyder）：
东京湾日本投降典礼

　　无条件投降典礼在东京湾中的"米苏里号"主力舰上举行，《巴尔的摩太阳报》记者柯克朗（Robert B. Cochrance）对典礼进行的报导，刊载在一九四五年九月三日的该报上。报导中可以看到他对细微末节的注意力—— 一位优秀记者的特质。

　　在今天上午，东京时间九点十八分，官方宣布第二次世界大战的终止。

　　"程序完结。"麦克阿瑟将军以这句话结束了这次大战。

　　日本外相重光葵、参谋总长梅津美治郎大将，在"米苏里号"主力舰高昂的大炮下面，在投降文件上签下了他们的名字。这份文件使日本无条件地置于盟国掌握中，日本征服世界的迷梦从兹消逝。

　　这是一种遵照固定军事程序的典礼，但就像宗教仪式般庄严。

　　麦克阿瑟主持这项典礼，他穿着军便服，但戴着他那顶有名的军帽，对着一排扩音器，他以坚定充实的声调演说，把他有力的信念，以声音传布在甲板上，越过水面，传布到锚泊着的"爱阿华号"和"南达科塔号"主力舰上。

　　这项典礼，在五十位陆军将领、五十位海军高级官员、三十六位外国签约代表要员和十一位日本代表静肃的注视下进行，他们都聚集在舰长甲板上，面向着一张覆有金边绿桌布的十尺长桌子，桌上铺着投降文件。

　　环绕着他们四周，有两百位新闻记者、摄影记者和广播记者。在典礼进行中，全舰所有白制服的海军士兵与陆战队，排队站在前后甲板上。

最先签字的是重光葵，时间是九点零三分，最后一位是纽西兰空军元帅依悉特，时间是九点十七分。

然后，麦克阿瑟将军演说：

"让我们祈求世界恢复和平，也让我们祈求上帝永远保持和平，程序完结。"

战争就这样结束了，但是投降文件上的讨论却没有结束。日本特使抗议他们的副本上签错了，麦帅的参谋长苏则南中将发觉加拿大的签字代表康斯格鲁上校在日本的投降文件签错了一行，苏则南将军用他自己的钢笔，正确地把它注记出来，日本代表方始满意。

这次典礼安排与结束都很早，除开加拿大人弄错了以外，打从上午七点四十五分开始，典礼准时进行。先由舰上牧师祈祷永久的和平，不要忘却那些为了今天的胜利而付出牺牲代价的人们。

这天阴霾不展，但是程序结束后两分钟，光亮灼热的阳光破云而出，就像是人类未来和平的预兆。

"米苏里号"主力舰锚泊在横须贺海军基地外狭窄的东京湾里，右侧是"爱阿华号"，后面是"南达科塔号"。

极目所及，可以看见星罗棋布的驱逐舰、运输舰和护航舰。在签字前后，头上轰轰地飞过舰载机和战略空军飞机。

观礼人员和官员，破晓以后，就由驱逐舰运过海湾，登上"米苏里号"。参加的来宾，都在炮塔、主甲板、舰桥和上甲板处指定了位置；舰桅以上是舰上兵员，每一处有利的位置都挤满了人，"米苏里号"以前从来没有装载过这么多的乘客。

新闻记者和那些专业与业余摄影人员，为了争占位置，引起扭动、伸着颈子，运用着各种方法，整个右舷成了人头与制服的人墙。

七点三十分钟开始，高级官员纷纷到达。

记者的驱逐舰系在"米苏里号"的左舷，但是其他坐小艇来的人都挤在这里，小艇艇长的哨音、谈笑声，响成一片，一直到典礼开始。

七点五十九分，奏起《灿烂的星条旗》和《天佑吾王》，大家都面向国旗，立正、敬礼。

九十二年以后，舰队司令伯里（Perry）在日本登陆时所带来的国旗，装在玻璃框里，挂在舰长官舱门的上面，俯瞰着这次签字的进行。

舰上所有的大炮，都仰高到最大的角度，增加一种力量与权力的印象。

典礼开始以前，舰载机和水上飞机巡逻着海湾，在最后一位签字完了后几分钟，有三百多架飞机和四十六架"空中堡垒"以一种令人难忘的壮大队形，怒吼着在上空飞过。

舰桥的一侧，展示了"米苏里号"的胜利成果，十一面旭日旗，代表所击落的飞机，四个符号表示炮轰作战。

在舰尾栏杆外，横须贺海军基地，在雾中隐约可见，越过舰尾左方，看不见在一片阴沉中的东京。

对日本来说，这是阴沉的一天，这位登舰求和，看来出奇弱小的小矮个儿，竟引起了一个能制造像这种艨艟巨舰的国家中怃许的悲戚与忧伤……

签字代表在右舷舷梯上陆续登舰，法国代表到达是八点十五分，英国代表八点二十分，以后是苏俄、中国、澳洲各国的代表。

全部外国代表都站在桌子后方，麦克阿瑟将军同苏则南将军、爱格贝上校，在八点四十三分到达。

尼米兹将军在舷梯边迎接麦克阿瑟，陪着麦帅以迅捷的步伐，直接走向签字桌，桌上只摆了一份白色的纸垫，两支带套的钢笔，和一个圆形的镇纸玻璃。

麦克阿瑟经过集合的外国代表，走向上层甲板的上将官舱，等候投降的时刻。

八点五十一分，一条装载着日本代表的小艇，驶向左舷的舷梯登舰，可以望见坐在艇后戴着大礼帽的日本人，和一位穿着制服的日本军官，其他人都在艇中。

小艇接近战舰的舷侧便看不见了，到日本代表登舰时，中间好像经过一段无限长的时间。领先的重光葵，他右腿的义肢使他不良于行。

重光葵的后面是梅津大将，一位典型的日本矮个子，穿着暗黄色军服，戴着尖顶军帽，右肩上环绕着黄色的绶带；他的后面是两位戴大礼帽的日本官员，像重光葵般穿着大礼服和晨（？）礼裤，戴着黄手套，只有重光葵拿着手杖。

这一群日本人中，一位穿白色平民服装，其余都像梅津般穿着制服。

由于重光葵的残腿，他们走得很慢，在盟国代表对面的桌子这方停止，签字的外相和参谋总长两人站在第一排，第二排是五人，第三排是四人。

日本人和盟国代表在极端的肃静中彼此注视。

盟国代表是五光十色的，在接近右舷栏杆这排末端倒数的第二位，是穿着草黄军便服的尼米兹将军，他后面是来自美国舰队中的三位官员。

他身边是徐永昌将军，穿着紧身的暗绿制服，系着斜皮带，高领的军服胸前佩满了勋奖标带。

旁边是海军上将费瑞苏（福拉塞）勋爵，整整齐齐地穿着白色的军服上身，白色的短裤、皮鞋和袜子，只有金色的肩章相调和。

他的左侧是得拉维扬可中将，站在他部下高级将领前面，穿着高领军服，红边军帽，戴着耀眼的金色肩章。

俄国人的左边是一位胖大个子，澳洲军队总司令布拉梅，浅黄褐色军服，四排勋奖标带，戴着几乎和得拉维扬可一样的红边军帽，系斜皮带。

布拉梅左边是加拿大的康斯格鲁上校，服装和布拉梅一样，但没有系斜皮带，显得瘦得多了。

再过来是勒克拉将军，法国向乍得湖（Lake Chad）进军的英雄，带着手杖，黄军服上有三排勋奖标带，军帽上有排成钻石形的四颗星。

荷兰代表海弗利希将军，穿黄军服，白色海军军帽，没有带勋奖标带。

纽西兰的空军元帅依悉特，戴着金边的海军军帽，黄军便服，左胸上有飞行翼章，两肩上有蓝色的阶级带。

再过来便是魏锐特将军和皮西伐尔将军（Cen. Wainwright & Percival），他们是这次历史性最高潮的贵宾。

所有美国官员都穿着军便服，不戴勋奖标带，也不打领带，这是本战区规定的美国制服，唯有在穿军常服上装时才戴勋奖标带。

没有人佩带武器，即令是日本人，也没有带刀或系刀带。

麦克阿瑟将军在上将官舱前出现时，是八点五十分，他迅捷地步下楼梯，大步走到一排扩音器前。

当他就位以后，便开始了他的受降演说，他以一种有成就的演说人那种坚定而清晰的声音开始宣读……

他祈求世界和平，祈求一个致力于人性尊严的信任与了解的时代，这两张薄薄的讲稿在他的手中震抖，但是他的声音并没有抖颤。

作为盟国的最高统帅，他说：

"就我固守的目的，在我国固有的传统下，兹宣布我以公正及容忍（他稍为提高了声调）开始执行我的责任，采取所有必要的措施，以确保投降条款能充分、迅速与忠实地履行。"

当他说到这一点，他成为一位完全的军事统帅，他的声音像鞭击般提高：

"现在，我邀请日本天皇、日本政府及日本帝国大本营的代表们，在指定的位置上签字投降。"

以这种毫无错误的音调发出坚定的命令，使得日本代表们在这种紧压下踌躇不安。

一位戴大礼帽的日本人走向桌子，把礼帽放在一边，铺开日文投降文件的副本，重光葵僵直地走向桌边坐下，脱下礼帽，第二位随从官员从左方走向桌边，指示签字的所在，重光慢慢地签上了他的名字。

上午九点零三分又四十五秒，完成了第一份文件的签字，重光以同样的慎重签好了第二份。

他后面紧跟着梅津大将，接替签完退下的外相，梅津站着签完了两份副本。

九点六分三十六秒，日本人都回到原来位置，麦克阿瑟宣布他代表全体盟国签字，他上前四步走到桌边，在签字前，他转头说道：

"请魏锐特将军和皮西伐尔将军出列陪我签字。"

两位将军出列，站在麦克阿瑟后面稍左的地方，麦帅在桌上一堆钢笔中，拿起一支钢笔签了他的名字，然后转身把它交给魏锐特。（作为纪念品）

他再签写名字（取用另一支笔），把另一支钢笔交给皮西伐尔。

他一共用了六支钢笔，其中一支是他军便服左边口袋中（旧有）一支老式的红钢笔。

他签完后，邀请美国代表签字，尼米兹出列，请海尔赛和薛尔曼将军陪同签字。

以后，所有代表的签字，都采用了同样的方式。

（［美］史尼都（Louis C. Snyder）：《二次世界大战新闻报道精华》，

黄文范译，台北：幼狮文化事业股份有限公司 1970 年版）

江肇基：蒋主席胜利日渝市巡视[1]

　　九月二日日本降书签字、盟国宣布胜利日之后，我中央政府亦通令全国自九月三日起庆祝三天。并于事前规定庆祝办法，全国一致通行，是日各大都市及重要乡镇，除集会游行外，于庆祝第一日鸣放鞭炮一百零一响，教堂寺院，亦鸣钟击鼓，以纪念此历史上光荣伟大之胜利，蒋主席并于是日亲自乘坐敞车巡行陪都市区，与民同乐。据中央社报道："一九四五年九月三日为陪都庆祝最后胜利降临之第一日，八年来沉着紧张领导全国抗战之陪都显已变成一狂欢之都市，街头巷尾，人群拥挤，交通为之断绝，百万市民，咸陶醉于千载难逢之欢乐中，对于抗战期中身受之苦难似已忘怀。各机关、商店、住宅均悬国旗，亦有同时悬挂各同盟国旗者。煞费匠心之各式松柏牌坊几随处可见。十二时蒋主席由军委会驱车绕行全市，接受百万市民之致敬，沿途市民欢呼与掌声响彻云霄，蒋主席于车中频频挥手示答，状至怡然，上午九时陪都各界曾在市心区较场口，举行庆祝胜利大会。"和平之声"及礼炮一百零一响适于是时发放，市民初闻解除警报呜咽长鸣犹悚然有恐，及忆此乃庆祝和平之声时，复不禁哑然失笑，盖"五三""五四"陪都大轰炸所予市民之印象今日尚未磨灭也，正午十二时各界大游行开始，参加者达五六万人，至午后三时半游行行列渐散，全市交通始行恢复。蒋主席于三日上午十一时二十分，自官邸乘车驰赴市区巡视，

---

[1]　节自江肇基编：《日本帝国的毁灭：纪日本投降始末》一书中的相关内容，题目系编者拟。

接受市民之致敬，主席着草绿色军服，佩长剑，戴手套，含笑坐于黑绿色之敞车中，颜色慈祥，和蔼，令伫立路侧之千万市民，感觉一股温暖，而不禁向主席欢呼，主席亦频频挥手作答，至十二时始返官邸休息。

（江肇基编：《日本帝国的毁灭：纪日本投降始末》，
昆明：扫荡报社 1945 年版）

1945 年 9 月 3 日，在重庆，人们高举同盟国领袖的头像庆祝胜利曰。
Life, 1945

百万市民，咸陶醉于千载难逢之欢乐中。胜利日的狂欢。
Life, 1945

宣适：日本降书签字记[1]

　　横滨附近的海面，停泊着一艘名"米苏里号"的美国新锐战舰，日本降书的签字仪式，就在这舰右舷的甲板上举行，时间是一九四五年九月二日。

　　那天上午八点钟以后，联合国各代表和最高指导官麦克阿瑟元帅，先后走进了会场。会场的正中，置有长方桌，受降各国的全权代表，围绕着这桌，并排地站着，八点五十分，日本的投降代表，也乘小艇到了。

　　时钟正敲过九点，签字仪式开始，日本代表和随员九人顺次走入会场，分三排并立，向各国代表致敬意后，遵照麦帅的指示，由日本外相重光和总参谋长梅津，先后在降书上署名，随后，同盟国最高司令官麦克阿瑟元帅，和受降各国代表，顺次署名。

　　双方签好名以后，麦帅代表联合国，郑重把降书一件，亲手交给日方代表，他们便相继退下去，仪式宣告毕。

　　从签字仪式完毕的时候开始，日本政府和人民，就该一律遵守《波茨坦宣言》，和遵守他们的宪法一样。(据中央社电讯作)

　　　　　　　　　(《国民教育指导月刊江西地方教育》，1946年第1期)

---

[1]　此文系"中高年级国语教材"内容。

［美］杜鲁门：日本的投降[1]

日本的投降

　　八月十日由东京无线电台发出的消息；日本政府发出的正式照会；把回答日本照会的草稿转发给英、俄、中三国；英、中两国表示同意；哈里曼和莫洛托夫发生争吵，经过修正的俄国答复；美国在占领日本问题上的政策；八月十一日正式答复日本；同盟国同意选派麦克阿瑟为最高统帅；密切注意俄国和中国共产党对日本投降的态度；八月十四日日本投降；美国庆祝胜利；对世界和平的希望。

　　八月十日上午七时三十三分，我们的无线电监听员收听到由东京无线电台发出的消息：日本政府今天向瑞士和瑞典政府发出转致美、英、中、苏的照会如下：

　　日本天皇虔诚地希望早日停止战争，实现世界和平，以免天下生灵因战争的持续而遭受浩劫。日本政府服从天皇陛下的圣旨，已于数星期前请当时仍居中立地位的苏联政府，出面斡旋，

---

〔1〕 节自美国前总统杜鲁门所著《杜鲁门回忆录》一书中的第二十一章《日本的投降》和第二十三章《在"密苏里号"战舰上举行受降仪式》两章内容，题目系编者拟。

以便对诸敌国恢复和平。

　　不幸这些为促进和平的努力，已经失败。日本政府为遵从天皇陛下恢复全面和平，迅速结束由于战争而造成的不可言状的痛苦，兹作出下列决定：

　　日本政府准备接受中美英政府首脑于一九四五年七月二十六日在波茨坦所发表、后来又经苏联政府赞成的联合公告所列举的条款。而附以一项谅解：上述公告并不包含有损天皇陛下为最高统治者的权力的任何要求。

　　日本政府竭诚希望这一谅解能获保证，并切望迅速对这种保证予以明确表示。

　　这并不是一个正式照会，但它已把日本的意图表示得足够清楚，使我们能据以商讨我们应该怎样答复的问题。我请李海海军上将邀请国务卿贝尔纳斯、史汀生和福莱斯特尔于九时到我的办公室来商谈下一步应采取的步骤。

　　当他们四人来到以后，我逐个问他们对下列问题的看法：我们是不是把这个消息看作是东京接受《波茨坦公告》的表示呢？我国有许多人认为天皇是日本政治制度的不可分割的部分，我们曾保证要摧毁这种制度。我们能不能一面保留天皇同时却指望消除日本的好战精神呢？我们能不能把附有这样大的"保留条件"的答复当作我们不惜进行战斗以求实现的无条件投降呢？

　　史汀生部长过去常常表示保持天皇对我们有利，现在他坚持同一观点。在他看来，我们需要保持所有日本人民所拥护的、唯一的权威象征。李海海军上将也提出，即使单单为了利用天皇来实现投降这一个理由，我们也应该接受日本的建议。国务卿贝尔纳斯对于我们是否应接受次于毫不含糊的投降声明的任何东西，表示没有把握。他辩论说，在目前环境下，提出条件的应该是美国而不是日本。海军部长福莱斯特尔提议，我们可以在我们的答复中表示愿意接受日本投降，但同时用能彻底实现《波茨坦公告》的意图和目的的方式来确定投降条件。

我请贝尔纳斯起草一个可以表达这种意图的答复。这几位阁员们于是都回到自己的各部去了。快到中午的时候，国务卿贝尔纳斯回到白宫，带来了刚从瑞士公使馆接到的日本政府的正式照会。这个照会除了加上一段通知我们已通过中立国家将同样的要求送到中国、英国和苏维埃社会主义共和国联盟的政府以外，其他部分都与早先无线电广播的一样。

贝尔纳斯同时呈上答复日本的草稿，待我批准。我请国务卿留下来午餐，同时宣布下午二时召开内阁会议。午餐时，我们拟了一个致英、俄、中三国政府的紧急照会，征求他们同意我们给日本的答复。李海海军上将也参加了起草工作。

下午二时，内阁开会，我向他们宣读了日本照会的原文。接着贝尔纳斯提出了致日本的答复的草稿，并指出我们用什么程序征求盟国的赞同。我们向伦敦、莫斯科和重庆发出同样的电报。在每一份电报中我们都指示我们的大使立刻把电报送交收报人，以示迅速是最重要的因素。我们发出的电报的部分内容如下：

> 日本政府已接受《波茨坦公告》条款，但声明："附有一项谅解，上项公告并不包含任何有损天皇陛下为至高统治者的皇权的要求。"我们的立场如下：
>
> 从投降时刻起，日皇和日本政府统治国家的权力即须听从盟国最高统帅之命令，以便采取他认为适宜于执行投降条款的步骤。
>
> 日皇和日本最高统帅部须签署为执行《波茨坦公告》条款所必需的投降条件，向日本所有的武装部队发布停止作战、交出武装的命令，并发布最高统帅执行投降条件时所需的其他命令。
>
> 一经投降，日本政府应立即把战俘和被拘留的公民移至指定

的安全地点，俾能迅速登上盟国的运输船只。

日本政府的最后形式将按照《波茨坦公告》，依日本人民自由表达的意志确定之。

盟国武装部队将留驻日夲，直至达到《波茨坦公告》所规定的目标为止。

发给伦敦的电报于东部战争时间三时四十五分从白宫发出，我们驻伦敦大使馆于我们的时间四时五十八分接到，三十分钟后送达英国外交大臣。英国的答复于当天晚上九时四十八分到达华盛顿。

艾德礼和贝文都表示同意，但对于要求天皇亲自签署投降条款是否明智，表示怀疑。因此他们建议将复文作如下的修改：

天皇将授权并保证日本政府及日本帝国大本营签署为执行《波茨坦公告》条款所必须的投降条件，并须对日本一切陆、海、空军当局以及彼等统辖之一切武装部队（不论其在何处）发布命令停止作战行动、交出武装以及如你们的答复中所规定的事项。

魏南特大使又报告说，丘吉尔曾打电话给他，说他完全同意我们的做法。

我们给蒋介石的电报获得这样的答复，这个答复是由我的海军副官于八月十一日早餐七时三十五分送达的：

杜鲁门总统：我同意您的一切条件，并支持您就日本政府接受《波茨坦公告》一事所作的答复。我尤其同意须由日本天皇和日本最高统帅部签署投降条款并发布执行投降条款的命令。我也同意日本政府的最后形式应依日本人民自由表达的意志建立之。后者是我多年来曾表达过的条件。蒋介石哈里曼大使对莫斯科反应的报告，在我那一天起床时送达：

当您的……电报到达时，英国大使和我正和莫洛托夫在一起。莫洛托夫正在询问我们两国政府对日本政府的建议采取什么态度。他通知我们苏联对日本建议所抱的态度是"怀疑的"，因为苏联人并不认为这是无条件投降，因此，苏联的部队仍继续向满洲挺进。当时方过午夜不久，他着重指出苏军出征才第三天，它将继续下去。他给了我一个深刻的印象，他极想把战争打下去。

接着您的电报就到达了，我把电报翻译给他听。他的反应是不置可否，并建议明天给我答复。我告诉他，我们对这不能满意，我们希望今晚答复。于是他同意去和他的政府商量，并尽可能在今晚给我答复。如果我不能在适当的时间内得到他的回话，我会打电话给他，并将经过情况向您报告。

不久，我又接到哈里曼的第二封电报。
"莫洛托夫要英国大使和我再次去见他"，哈里曼的电报报告说。

他交给我下述声明：
"苏联政府同意美国政府就日本政府乞降照会所提出的盟国答复草稿。

苏联政府认为，上述答复应以对日作战的主要国家的名义发出。

苏联政府并认为，如果日本政府作出肯定的回答，盟国应就日皇和日本政府所应隶属的代表盟国最高统帅的一位或一位以上的人选达成协议。

莫斯科时间：一九四五年八月十一日上午二时。

苏维埃社会主义共和国联盟政府授权签字：维·莫洛托夫"

我坚决反对苏联声明中的最后一段，并说，据我看来，我的政府绝不会同意这一点。我指出，这正是苏联政府接受我们建议的一个保留，它给予苏联政府在选择盟国最高统帅一事上以否决权。在回答我对他的用意所提出的质问时，他最后建议，最高统帅可以包括两个人，由美苏将领各一人担任，苏联的人选是华西列夫斯基元帅。我宣称最高统帅不由美国人担任是不可思议的。

经过一场非常激烈的争论以后，他坚持要我把他的意见通知我的政府。不过，我说，据我看，这是不能接受的。

当我回到我的办公处时，我接到莫洛托夫的秘书巴甫洛夫的电话，通知我莫洛托夫已请示斯大林。他说，刚才是一场误会，只是想就这一问题进行磋商，并不一定要达成协议。我向莫洛托夫的秘书指出，我相信"或一位以上的人选"字样也不能接受，并要他把这个意见转达莫洛托夫。几分钟以后，他回电话说，斯大林同意删去这些字样。他同意用书面肯定这一点。

因此最后一段改为："苏联政府并认为，如果日本政府作出肯定的答复，盟国应就日皇和日本政府所应隶属的代表盟国最高统帅的人选进行磋商。"

至于经修正过的苏联答复是否能予以接受，请给予指示。

哈里曼当然是表达了我们的既定政策。国务院、陆军部和海军部协调委员会好久以前曾对战后日本的管制制订了我们的方针，并已获得我的批准。我们希望把日本置于代表盟国的美国指挥官的控制之下，可以由他通过一个会议来协调盟国的意愿；我们建议称这个会议为远东咨询委员会。

我决定，对日本的占领不能重蹈德国的覆辙。我不打算分割管制或划分占领区。我不想给俄国人以任何机会，再让他们像在德国和奥地利那样去行动。我希望用能够使这个国家恢复国际社会地位的方式来管理它。对参加波茨坦会议的我国一切官员，我曾强调这些思想。因此，哈里曼（当时也出席会议）在莫洛托夫企图改变对日基本政策时，能立刻加以反驳。

由于三国政府都赞同，于是我们便准备给日本发出正式的答复。我们接受了英国的建议，改变了一句短语，使意义更明确。英国提的建议是"天皇将授权并保证签署……"我们改为"天皇必须授权并保证……"

正式的答复（日期是八月十一日）由贝尔纳斯交给了瑞士代表赫尔·玛克斯·格腊斯利，经伯尔尼转东京。当然，战争并没有结束。海军上将尼米兹向太平洋舰队发出了命令，这道命令必然和许多命令相同：

> 绝不允许因日本人就《波茨坦公告》公开发表的结束战争的建议，而放松对日本攻击的警惕，无论是日本人或盟军都没有停止战斗。即使突然宣布局部或全面投降，也必须采取警戒，以防敌人的背信行为。保持目前一切的侦察和巡逻。除非另有特别指令，攻势仍继续进行。

阿诺德将军对战略空军航空队发出命令，向日本人口集中地区散发传单，把和平谈判的情况通知这些地区的日本人民。

同时，在华盛顿，我们准备发出一份电报，通知盟国，我们选派道格拉斯·麦克阿瑟为驻日最高统帅。在同一电报里，我建议新任最高统帅应指令日本在东南亚的部队向该地区最高司令海军上将路易斯·蒙巴顿勋爵投降，那些与俄国对峙的部队应向苏联远东军司令官投降；一切其他在中国的部队应向蒋介石委员长投降。

我们又采取了步骤，准备尽快地传播日本接受我们各项条件的消息。国务院已准备好发给苏联、英国和中国政府以同样电报。除了填入收到日本答复的时间和日期以外，一切都准备就绪。在这些步骤办完以后，剩下来的只是等待日本的答复。

第二天（八月十二日）是星期天，但我几乎整天待在办公室里，时常和国务卿以及其他将领们在一起。办公室被报纸和广播记者们围住，而很多群众则聚在白宫和辣斐德公园外面。傍晚的时候，听到日本人已经投降的传说，但结果是假的。

……

与此同时，我接到了斯大林、蒋介石和艾德礼的来电，他们都同意道格拉斯·麦克阿瑟出任盟国最高统帅。尽管取得这些协议，却也来了一个不妙的消息。保莱大使正在莫斯科进行另一个徒劳无益的尝试，即和俄国人在赔偿问题上，寻求协议。他敦促我们在远东从速采取行动以防俄国人贪得无厌。

他来电说："此次关于赔偿和其他方面的问题（我重申其他方面的问题）的讨论，使我相信我们的部队应迅速地尽可能多占领朝鲜和满洲工业地区，从南部开始向北推进。我认为，在有组织的战斗停止以后，所有这一切可以在不牺牲美国人生命的条件下办到；同时，我认为占领状态应继续到有关各国就赔偿和领土权或其他特权问题满意地达成协议时为止。"

哈里曼同样敦促我们用行动对付俄国人的执拗态度。

他的电报说：

在波茨坦时，马歇尔将军和金海军上将告诉我，如果日本人在俄国的部队占领朝鲜和大连之前投降，我们就要在这两个地方登陆。

考虑到斯大林进一步对宋子文提出要求的做法，我建议我军至少应在辽东半岛和朝鲜登陆，以接受日本部队的投降。我不认为，我们已承担任何义务要尊重任何苏联军事行动的地区。

中国也开始发生一些复杂的问题。赫尔利报告说，共产党乘日本崩溃在即，也在尽可能寻求最大利益。在一份详尽的电报中，他对国务院说，中国共产党军队的总司令朱德将军，曾广播一项命令说，在解放区的"抗日武装部队"根据《波茨坦公告》可以向附近城、镇或交通中心的敌军或他们的司令部，发出最后通牒，命令他们在规定时间内缴械。在解除武装之后，得依照优待战俘条例对待他们，保障他们的生命安全。他又宣布说，他的军队有权进入和占领由敌人或傀儡军队所占领的任何城镇或交通中心，实施军事管制以维持秩序，并任命专员执行地方的行政事务。

这个命令显然是对蒋介石政府的公开违抗，并与《波茨坦公告》背道而驰，因为《波茨坦公告》指定日本应向三国政府投降。

赫尔利大使的电报说：

> 如果美国政府和联合国允许中国的一个拥有武装的敌对政党接受日本投降，并缴收日本人的武装，那么中国的内战便会因而不可避免。我已建议依照投降条件，日本须将所有在中国的武器，包括日本兵士手里的日本武器、支持日本的中国傀儡部队以及同日本一起作战的游击队的武器，交给中国国民政府。我们也曾建议投降条款应规定：惩罚日本企图武装中国国内任何反抗国民政府的作战部队……
>
> 魏德迈将军给我看了他致参谋长的报告，在报告中他就如果允许日本人把武器交给共产党武装部队将造成的局势，提出了自己的看法。我同意魏德迈将军的报告，并建议国务院敦促投降条件应规定：不准把日本人的武器交给中国共产党武装部队。

当然，这些从莫斯科和重庆打来的电报，并没有引起新的问题。过去几月的情况已经表明，斯大林及其同僚并不是从同我们一样的观点来看问题的。蒋介石和中国共产党双方军队之间的微妙的均衡关系曾经是我们制订政策的专家们反复讨论的主题。现在有结束连年战争的机会了。独裁者可以把他的士兵当做没有灵魂的小卒来驱使，但是像我们这样的政府，却必须倾听人民的呼声；美国人民在一九四五年夏最迫切地要求的莫过于结束战争，让儿子们重返家园。

八月十二日参谋长联席会议研究了给麦克阿瑟将军的训令的草稿。第二天我批准了这个文件，只修改了一处：草案只规定一个人，即最高统帅，代表盟国在投降文件上签字，我指示参谋长联席会议通知麦克阿瑟，在他代表盟国签字后，四国的代表应一一附带签字。

八月十三日过去了，仍然没有得到日本人的回音。不过，八月十五日早晨，瓦达曼司令官带信来说，伯尔尼收到了从东京打来的密码电报。这应该就是我们所等待的回答。贝尔纳斯在早饭后到我这边来，我们交谈了一旦日本接受投降条件，我们应采取的步骤，因为我们深信日本会投降。午后不久，国务卿打电话给我们驻伯尔尼的公使哈里逊先生，要他探悉东京拍至伯尔尼的电报的内容。结果发觉那根本不是对我们的电报的答复。于是我们继续等待。

三点钟，贝尔纳斯报告我，他刚刚获悉伯尔尼后来又收到一封从东京拍来的密码电报。四时零五分他打电话给哈里逊，哈里逊把我们正在盼望的答复告诉他：日本已投降！

这时，贝尔纳斯马上以电话通知贝文、哈里曼和赫尔利，并安排在华盛顿时间七点钟在四国首都同时宣布这个消息。

午后六时，驻华盛顿的瑞士公使馆代办把正式复文交给贝尔纳斯，后者立刻把这个复文带到白宫。这就是那停止战争的答复：

　　阁下：
　　我荣幸地在这里提到你八月十一日的照会，在这个照会里，你要我向我国政府转达美国、联合王国、苏维埃社会主义共和国联盟和中国四国政府对我在八月十日的照会里所转达的日本政府照会的复文。

今天二十时十分（瑞士时间），日本驻瑞士公使以下列书面声明交瑞士政府转致各盟国政府：

日本政府于一九四五年八月十四日致美、英、苏、中四国政府的照会：

关于日本政府八月十日就接受《波茨坦公告》条款一事所发出的照会和美国国务卿贝尔纳斯于八月十一日所发出的美、英、苏、中四国政府的答复，日本政府荣幸地通知四国政府：

（一）天皇陛下已就日本政府接受《波茨坦公告》条款事发出诏书。

（二）天皇陛下准备授权并保证他的政府和帝国大本营签署为执行《波茨坦公告》的规定所必须的条款。天皇陛下还准备命令所有陆海空军当局和所有在他们统辖之下的各地部队停止作战行动，缴出武器，并发出盟军最高统帅为执行上述条件所必须的其他命令。

阁下，请接受我最崇高的敬意。

此致

尊敬的詹姆斯·贝尔纳斯国务卿

瑞士公使馆代办

格拉斯利（签字）

一九四五年八月十四日

七点钟，白宫新闻记者聚集在我的办公室里。杜鲁门夫人和大部分阁员都在场。我也请过去的阁员科德尔·赫尔和我一同参加这个重大的时刻。这时他病得很厉害，多年来他是一位非常出色的国务卿，直到宣布日本正式投降的盛会快要结束时他才来到，但是我们终于使他进入到为此所拍的正式照片里，这使我很高兴。他为了使这么一天的到来做了不少工作。

当人们都到齐时，我站在我办公桌的后面，宣读了声明：

> 我在今天下午接到了日本政府对国务卿八月十一日所发出照
> 会的答复。我认为这个答复完全接受了规定日本无条件投降的
> 《波茨坦公告》。答复中没有任何保留。
>
> 为尽快举行投降书的正式签字仪式，我们也正进行各种部署。
>
> 任命道格拉斯·麦克阿瑟将军为接受日本投降的盟国最高统
> 帅。英、俄、中三国将派高级将领参加。
>
> 同时，盟国已下令盟国武装部队停止进攻。
>
> 战胜日本的胜利日要等到日本正式在投降书上签字时宣布……

声明的其余部分是日本照会的本文。

新闻记者欢欣鼓舞地跑出办公室，向他们的报纸发消息。杜鲁门夫人和我走到北面草坪上的喷水池旁。广大的人群聚集在大门外，当我用丘吉尔的手势作了一个 V 字的记号时，立刻响起了巨大的欢呼声。我在外面只逗留了一会儿便回到白宫，打电话给母亲，她住在密苏里的格兰德维约。

八点钟前后，外面的人群仍有增无减，我走到走廊，用装置在那里的扩音器讲了几句话。这是一个极有意义和极生动的一刹那，那种兴奋的情绪深深感动了我。我的心情同全国各市镇正在庆祝的广大群众一样激动。

我们已赢得了战争。我希望德国和日本的人民能够在占领下复兴起来。正像我在柏林所声明的，美国不要领土，也不要赔款。各国的和平与幸福，过去是我们的战斗目标，今后也是我们的工作目标。没有一个国家在世界历史上曾经取得过这样完整的胜利。也没有一个国家具有像美国这样的军事力量，曾经对敌人这样宽大，对朋友这样有帮助。也许

我们能够把基督的登山宝训的教义变成现实。[1]

在米苏里号战舰上举行受降仪式

在东京湾的米苏里号战舰上举行正式受降仪式的理由；八月十三日向参谋长联席会议发出指示；麦克阿瑟遵循的程序；麦克阿瑟给日本人的第一号电令；在受降事宜上的进展和困难；在华盛顿制订占领政策；日本政府关于占领其国家的建议；对日本建议的答复；麦克阿瑟作为最高统帅的权力；斯大林对受降仪式的安排发表意见；调整时间；九月二日从东京湾的广播转发到白宫；对美国人民的演说。

当伦敦、莫斯科、重庆和华盛顿就日本投降问题进行着热烈争论的时候，从关岛和马尼拉不断传来关于报道我军在占领日本本土方面所取得的进展的消息，以及关于在那里接受日本正式投降的消息。

刚一听到日本人准备接受《波茨坦公告》所规定的条件，李海海军上将和马歇尔将军便问我应当在什么地方举行受降仪式。我毫不迟疑地建议，应当在东京湾的一艘战舰上举行正式的受降仪式，而这艘战舰应当是美国的船只米苏里号。我认为，为了加深日本人民对于战败的印象，在日本首都目所能见的地方举行这种仪式是明智的，不过，在还没有能切实保证不会最后爆发狂热的行动以前，似乎仍以离开海岸为好。

我选择米苏里号的原因是很明显的。在我们的舰队中，它是最新的也是最强有力的战舰之一；这艘战舰是以我的故乡米苏里（现译名为：密苏里。——编者）州命名的，而且我的女儿玛格丽特曾是该舰命名典礼会上的主礼人，我也在这次典礼上讲过话。

---

[1] 按《圣经》马太福音五、六、七章说，基督登山训众，要人们互相友爱，"爱你们的仇敌"等。——原译者

日本投降对于美国人民是一件大事，我希望能使尽可能多的人知道这件事情。早在八月十三日，我就向参谋长联席会议发出了如下指示：

我希望正式签署日本投降书的仪式成为一个公开的新闻事件，凡是在场的新闻记者，都应当允许他们以自由竞争的方式发布他们的消息。

我还希望凡是参加受降仪式的盟军陆海军官，都授予他们充分代表本国政府和他们的陆海空军部队的资格；并应尽可能使他们受到优待。

请转饬麦克阿瑟将军查照办理。

这不仅是欢乐和庆祝的日子。我们没有忘记使我们能够获得胜利的上帝。我在一份宣告书中宣布八月十九日为祈祷日。宣告书说：

日本军阀和日本的武装部队投降了。他们无条件地投降了。在欧洲获得胜利的三个月以后，胜利降临到东方。

八年前，日本发动的把邪恶势力散布到太平洋上的残酷的侵略战争，已经遭到彻底的失败。

这是独裁者想要奴役全世界各国人民、毁灭他们的文化和开辟一个黑暗、屈辱的纪元这一巨大阴谋的终结。这一天是这个世界的自由历史的新的开始的一天。

我们所获得的全球性胜利，是来自团结一致、坚决进行斗争的自由男女的勇气、毅力和精神。

这一胜利是来自爱好和平的各国人民所创造的巨大武装力量和物资力量，爱好和平的各国人民知道，除非获得胜利，否则世界的正义就将完结。

这一胜利是来自全世界各个地方的成百万和平公民，他们在一夜之间变成了战士，向无情的敌人显示出他们并不害怕斗争，也不害怕死亡，而且知道怎样去赢得胜利。

这一胜利是来自上帝的帮助，在最初遭到的不幸和灾难中，上帝和我们同在，而现在，上帝又给我们带来了这个光荣的胜利的一天。

让我们感谢上帝吧，让我们记住，我们现在已经奉献出我们自己来追随上帝的道路——走向持久和正义的和平、走向美好世界的道路。

因此，现在，我——哈里·杜鲁门，美国总统，特指定一九四五年八月十九日这个星期天为祈祷日。

我号召各种信仰的美国人团结起来，为我们取得的胜利感谢上帝，并祈求上帝支持和指引我们走上和平的道路。

我也号召我的同胞们决定这一天为祈祷日，借以纪念那些为了实现我们的胜利而献身的人们。

我已经在宣告书上签字并盖上美利坚合众国的公章作为证据。

总统致詹姆斯·贝尔纳斯国务卿。

哈里·杜鲁门

（盖章）

公元一九四五年八月十六日，美国独立一百七十周年，于华盛顿市签署完毕

与此同时，麦克阿瑟将军获悉了我们对日本投降事宜的正式答复，也获悉了同战败的敌人建立联系时所应遵循的程序。

马歇尔致麦克阿瑟：

国务院已收到日本正式表示接受投降要求的文件，兹通过中介国家答复日本人如下：

（一）日本军队应立即停止敌对活动，并将停止之日期与时刻通知同盟国最高统帅。

（二）立即派遣特使往见同盟国最高统帅，此种特使应充分明了日本军队与司令官之部署情况，并充分授权，实行同盟国最高统帅所指示之任何布置，使最高统帅及其军队能到达其所指定的地方，接受正式投降。

"为了接受此种投降并使其生效，五星上将道格拉斯·麦克阿瑟已指派为同盟国最高统帅，由其将正式受降时间、地点和其他细目，通知日本政府。"

你可按照上述指示采取必要行动，希随时报告一切有关情况……

麦克阿瑟将军于是用无线电向日本人发出了一道命令，命令他们派出代表到马尼拉去见他。这是麦克阿瑟的统帅部和东京之间的一系列无线电通讯的开始，商讨关于准备正式受降和占领军到达事宜。在这些电讯往返的过程中，我桌上不时收到电文的副本，使我得以经常了解麦克阿瑟所取得的进展。麦克阿瑟拍发给日本人的第一个电报如下：

同盟国最高统帅致电日本天皇、日本帝国政府和日军总部：

我已被任命为同盟国（美国、中华民国、联合王国和苏维埃社会主义共和国联盟）最高统帅，并授权与日本当局直接筹划关于在尽早和切实可行的日期停止敌对活动的事宜。盼在东京地区正式指定一个无线电台，以便继续供本统帅部同日本总部间进行无线电通讯之用。你方复电应说明呼号、频率和电台的名称。

盼同我在马尼拉的统帅部进行无线电通讯时使用英文。在等待你方于东京地区指定一个电台执行上述任务时，JUM 电台，频率 13705 千周，将用来从事这项工作，马尼拉的 WTZ 电台，频率 15965 千周，将回复你方来电。

　　收到此电时盼告。

　　在第二次电报中，这位新任命的最高统帅命令日本人派出一个代表团经琉球群岛来马尼拉，以便听取他的关于正式受降事宜的具体指示。

　　日本人用无线电拍来了回电。他们报告说天皇已经向他的全体武装部队发出了一道停止敌对行动的敕令，他们请求允许将皇室的成员派赴各驻外军队的司令部，以便传达这道敕令，并使其切实得到遵守。

　　八月十七日，日军总部抱怨说俄国人仍然在进行攻击，请求麦克阿瑟加以制止。

　　此后，马尼拉和东京之间的电讯来往不绝。我一直获悉这些电讯的内容和筹划工作的进展情况。日本的特使乘飞机离开麦克阿瑟的统帅部，回到日本，他们带回了华盛顿寄给麦克阿瑟关于正式受降的文件——天皇的宣诏、投降书、总命令第一号。此外，他们还带回了麦克阿瑟自己提出的关于"总司令进驻（日本）的要求"。

　　八月二十日，日本人报告说在中国发生了困难，有些地方的司令官自行其是，企图按照他们自己的方式来处理受降问题。他们请求麦克阿瑟派遣官员到中国进行调查，并根据"实际情况"提供处理意见。

　　八月二十一日，日本人向最高统帅报告，关于盟军在日本的战俘的安顿，他们接受了国际红十字会的"斡旋和合作"。他们建议说，这样就可以不必在占领军的主力到达以前派出特别的联络组了。

　　当受降日期日益临近的时候，电讯的往返更加频繁。日本人曾经请求准许极少量的货物出港，以便运往边远岛屿；用小型飞机来传递邮件；改换无线电台的频率和信号——显然，日本人希望避免一切可能触犯盟军致使造成重燃战火的事情。

　　另一方面，在华盛顿，我们则在拟订关于占领日本的政策指示。我们预料，关于占领区管理权的控制问题，将成为同盟国产生某些意见分歧的题目，我们需要确定我们的立场。

八月十八日，我批准了美国政府关于对日本实行军事占领的基本政策。这个政策的主要一点是占领下的日本的实际控制权，应当由我们来掌握。我们承认，联合国的其他国家也参加了对日战争，都有权参加政策的制订，但是，正由于我们像人们所期待的那样，提供了占领军的主力，因此我们也希望在占领问题上，为我们自己保留控制权。我们决定，占领应当以集中管理的原则实行，而不应当把日本全国分成若干占领区。

在关于正式受降的程序问题上，在我们的盟国当中是有许多难办的事情的。在最初发给麦克阿瑟的指令中，曾经详细说明，除了他本人是最高统帅外，参加《波茨坦公告》的四个国家的其他三国的代表，也应当在受降文件上签字。但是，英国却急于想满足英联邦自己的成员国提出的关于参加签字的要求——特别是澳大利亚。外交部长伊瓦特先生好几次发表了措词强烈的声明，要求在同日本打任何交道时都应当有他的国家参加。

因此，八月十八日，我告诉麦克阿瑟，除了美国、英国、中国和苏联的代表外，澳大利亚、加拿大、法国、新西兰和荷兰的代表们，也都已经被邀请参加日本的受降仪式，请他作好必要的准备。

日本人刚一投降，我们就收到了他们通过瑞士政府转来的一封电报，目的是向我们建议，看如何能使占领工作最有成效。电文如下：

> 日本政府深盼获致允许，就其对执行《波茨坦公告》中某些条款时所最热切希望的事务，向美国、英国、中国和苏联等四国政府，具陈所见。日本政府原可在签署投降书时陈述意见，但由于担心不可能找到适当的机会，因此只好通过瑞士政府的斡旋，冒昧向四国政府陈词。
>
> 第一，鉴于占领的目的，如《波茨坦公告》中所提到的，只是为了获致该公告中所规定的基本目的的完成，因此日本政府恳

切希望四国政府信赖日本政府的诚意，协助日本政府履行自己的义务，以便事先制止任何不必要的麻烦事件的发生，它热切地提出请求：

当盟国的舰队和军队进入日本本土时，请预先通知日本政府，以便能够做好欢迎接待工作。

盟国在日本领土上所划定的占领地区，盼限制在最小数目之内，在择定占领地区时，盼能考虑到使东京这样的城市成为非占领区，而每个占领地区所驻的军队，则盼尽可能予以减少。

第二，解除日本军队的武装是一项需要慎重考虑的任务，因为这牵涉到海外三百多万军官和士兵，直接关系到他们的荣誉；日本政府当然要尽最大努力来完成这项任务。但是，拟提请注意的是，最好和最有效的办法，是在天皇陛下的指挥下，容许日本军队自己进行解除武装的工作，任其自动放下武器。解除大陆上日军武装的工作，盼能从前线的部队开始，并分阶段进行。

在解除武装的问题上，希望能应用《海牙公约》第三十五条，尊重军人的荣誉，如允许他们佩带刀剑。此外，日本政府还希望能获悉盟国无意于使用被解除武装的军人去从事强迫劳动，它恳切地希望能迅速准备船只和必要的交通工具，把这些军人运回他们的家乡。

第三，由于有些军队驻扎在远方，不容易传达天皇的敕令，因此盼望能适当宽限停止敌对行动的时间。

第四，恳请盟国政府广施仁政，迅速采取必要步骤或给予我们便利，得以把必不可少的食粮和药品运送给驻扎在边远岛屿的日本军队，并把受伤的士兵从这些岛屿运回。

日本人在这封信中所请求的事情，有些是我们当然会去做的。这不过是对待战败的敌人的一种普通的礼貌问题。但是，我们不能在刚开始占领的时候就来商讨占领的条件。我们是胜利者，日本人是战败者。他们必须懂得"无条件投降"不是什么可以谈判的东西。根据我的指示，国务卿贝尔纳斯发出一封很不客气的回电。

日本政府所请求的关于就投降事宜作出安排这类问题，应当与最高统帅在他所决定的时机进行联系。四国政府曾经在《波茨坦公告》上签字，公告保证凡是根据同盟国最高统帅的指示向美国司令官、蒋介石委员长、海军上将路易斯·蒙巴顿勋爵和苏联司令官投降的日本全部武装人员，都能返回家乡，享受和平占领生活。返回家乡的工作应由最高统帅作出安排，在日本武装人员被向其投降的盟国司令官解除武装以后，当日本和其他方面的交通运输工具能以供应的时候，即将进行这项工作。

为了使日本人和麦克阿瑟将军都能明了最高统帅的职权范围，我同李海海军上将和马歇尔将军一起草拟了在麦克阿瑟到达日本后不久寄给他的一道公文。随后在麦克阿瑟的请求下，我应允他把这道公文加以公布：

参谋长联席会议致麦克阿瑟：

下述关于你作为同盟国最高统帅所拥有的职权的解释，已获总统批准：

一、你作为同盟国最高统帅，天皇和日本政府统治国家的权力应从属于你之下。你可以在按照你认为合适的方式履行职责时行使你的权力。我们同日本人的关系不是建立在一种契约的基础上，而是建立在一种无条件投降的基础上。由于你的权力是无上的，因此，在对待日本人的问题上，你不应当对这种权力的范围抱有任何怀疑。

二、管制日本的工作应当通过日本政府来进行，而以采取这种办法能够获得令人满意的结果为度。这并不损害你在必要时直接采取行动的权力。你可以采取你认为必要的措施，包括使用武力，来强制执行你所发出的命令。

三、《波茨坦公告》中关于（占领）意图的申述，将予以充分实施。但是，予以实施将不是因为我们考虑到由于有了这个文件而使我们不得不同日本保持一种契约的关系。我们之所以尊重关于这种意图的申述和予以实施，是因为《波茨坦公告》是我们诚心诚意声明过的关于对待日本和对待远东的和平与安全的政策的一部分。

麦克阿瑟这时候已经完成了他所制订的关于举行正式受降仪式的计划。八月二十一日，他送交日本政府一个详细的规划。但是由于八月二十二日日本本岛遭到了狂风暴雨的袭击，麦克阿瑟的计划不得不暂时推迟。

一切有关受降仪式的准备工作现在都已进行得很有眉目。日本人显然是愿意衷心合作的，所有他们发来的电文都表明，他们具有为胜利者提供方便的强烈愿望。值得注意的是，斯大林却不是这种看法。他倒宁肯按照截然不同的方式来应付当时的局面。哈里曼大使曾经向我报告关于斯大林对我们的计划所表示的意见。

他报告说："容我告诉您一件为大家所关心的事情。在我八月二十七日同斯大林的谈话中，他曾经极表关切地问到关于处理日本投降的问题。当我尽我所知地告诉他以后，他发表意见说，这样做有很大的危险性，日本人是奸诈无信的人，留下来的'疯狂的暴徒'还很不少。他说他认为为了避免发生事故，应当拿一些人作为人质。他建议说，比较可行的办法是命令日本的全部船只、飞机等等都开到马尼拉，然后叫日本人到麦克阿瑟的统帅部来签署投降书。当我向他解释，我们希望在日本心脏地区来签署投降书，从而把日本人的失败带回他们的本土；他说，这样巨大的舰队一定会给人以深刻的印象。即使不发生什么事故，那也是有危险的，舰队和空运过来的部队，在日本人看来，将是对他们显示力量的一次印象最为深刻的示威。"

我决定为了这次受降仪式向全国人民发表讲话，八月二十八日，麦克阿瑟获得了关于这件事情的通知。到最后一个时刻，东京和华盛顿之间的电报往返更是频繁得要命，为的是要确定举行仪式的时间——而与此同时，还夹杂着其他许多电报，有些琐碎的事情引起了混乱，吵吵嚷嚷，我们力图加以澄清和平息。例如荷兰政府原来曾经把范·乌颜将军的名字通知我们，说是以他为荷兰的代表。但到八月三十日，麦克阿瑟报告说，"现在来了一位黑耳弗里克海军上将，本地区的高级官员，东方荷兰部队总司令"，他带来自己政府的话，说他是荷兰政府正式授权的代表。随后还有俄国人的问题，他们希望派出一个记者和无线电工作人员小组，而且似乎认为，除非麦克阿瑟批准他们的全部名单，一个也不缺，否则他们便会感到不受欢迎。

当军事议定书的这些问题正在进行调整的时候，为了使得我国的广播时间与受降仪式的时间相一致，进行了一系列电报的往返：

> 参谋长联席会议致麦克阿瑟。
> 总统希望，如果事实许可的话，正式签署受降文件的时间最晚不要超过东京时间上午十时或十一时办完。以便使总统在这里宣布该文件时不致推迟。
> 要求用电报答复。

> 麦克阿瑟致马歇尔。
> 有关受降仪式的详细报告将在我抵达东京地区后立即商定。我相信，总统关于签字时间的要求一定能实现。待预备会议结束后，立即确定这一时间。

陆军部致麦克阿瑟。

总统希望，有关签署日本投降文件要作出商定，这样大约在华盛顿时间（东部战争时间）晚上十时便可结束。总统已批准了美国广播网建议的下列项目程序安排：

1. 由一无线电台转播发自美舰米苏里号的实况广播节目，简单直接说明正式签字仪式，同时宣布每一个与会国签字代表的名字。最后，广播员要说受降仪式结束，并说，"我们现在向你们转播华盛顿白宫消息"。

2. 接着总统立即向全国发表演说。

3. 总统讲话结束后，电台将转回广播在美舰米苏里号上麦克阿瑟将军和尼米兹海军上将的讲话。

总统希望，举行受降仪式的时间应预先尽速确定下来，以便让广播公司可以获得充分的时间安排广播项目和预告播音。

麦克阿瑟致马歇尔。

应在九月二日 I 地时间十时三十分把在米苏里号舰上广播受降仪式的各项安排准备完毕。

无线电台广播，新闻发布以及一切宣传机构于此地同一时间发布消息。

麦克阿瑟将军致陆军部。

遵照您的指示，总的各项安排已准备妥当。正如来电所述……受降仪式要在九月二日 I 地时间十时三十分播送出去。但是，在总统演说后再把广播转回播送麦克阿瑟将军和尼米兹海军上将在米苏里号舰上的讲话，实际上是行不通的。因为以前的来电提到，他们两人的讲话将被放在后面广播。

麦克阿瑟将军致陆军部。

现在已作出安排，麦克阿瑟和尼米兹的讲话放在紧接着总统的演说后面。

总统海军副官致麦克阿瑟将军。

请立即证实九月二日I地时间十时三十分作为广播受降仪式的时间。并请报告无线电台巡回线路转播白宫总统演说的预定时间。

总统海军副官致麦克阿瑟将军。

请核对我关于受降仪式广播时间的来电。这里收到的许多相互矛盾的电报使报界和公众产生混乱。请急电确定您以前说的受降仪式的广播时间将在九月二日十时三十分开始。请预计一下从东京转播总统在华盛顿演说的时间。并请通知正式签署受降文件是否将在东京广播时进行抑或电台广播放在签署受降文件以后才加以说明。

同盟国最高统帅致总统海军副官。

现在给您复电，关于受降仪式的广播时间将在九月二日I地时间十时三十分开始。转播白宫总统演说预计在I地时间一时四十五分和十时五十五分之间。

美舰"安康号"麦克阿瑟将军海上司令部通讯联络中心致总统海军副官。

受降仪式广播说明项目进行时间是在格林威治时间一时三十分开始直到一时四十五分结束。然后在格林威治时间一时四十五分转播白宫总统演说。

自"安康号"舰致总统海军副官。

受降仪式广播时间需持续二十六分半。这个时间是对以前报告所说的持续十五分钟的更正。节目从Z地时间一时三十分开始。

九月一日的晚上,我同我的千百万同胞们一样,开始收听在米苏里号战舰上进行的各项程序的广播。

我想起了过去的历史中独裁者和专制统治者给他们的人民和国家带来灾难时的情景,历史上曾经有过西班牙的菲利普二世和他的舰队,他的舰队被摧毁后,便开始了西班牙世界强国的沦落。然后是路易十四和布楞宁之战;拿破仑滑铁卢之战;德皇,希特勒,——而现在则是日本军阀。这是第二次世界大战中的第二次投降,它标志着世界上第二个最残暴的独裁政府的可耻失败和垮台。

那天晚上我还想到,不知道全世界的人,特别是我们自己,是不是学到了什么东西——我们是不是从我们在第一次世界大战所犯的严重错误中得到教训,我们是不是要重犯这些错误。当我浸沉在这些思想中的时候,东京湾的广播员把广播器接到了白宫,我开始向全国人民讲话。

我说:

我的美国同胞们,今天晚上,整个美国——实际上是整个文明世界——的思想和希望都集中在米苏里号战舰上。在停泊于东京湾的这一战舰上——在美国的这一小块领土上,日本人刚才正式放下了他们的武器。他们签署了无条件投降书。

四年前,整个文明世界的思想和恐惧心情都集中在美国的另一块土地上——集中在珍珠港。在这个地方开始产生的对文明的巨大威胁,现在消失了。从珍珠港到东京是一段漫长的道路——也是一段血腥的道路。

我们将不会忘记珍珠港。

日本军国主义者将不会忘记美国的米苏里号战舰。

日本军阀所造成的祸害是无法补偿的，也是绝不会令人忘记的。但是他们进行破坏和杀人的本领被剥夺了。他们的军队和他们残存的海军，现在已经不起作用了。

对我们大家来说，首先要感谢上帝的恩惠，因为他在危急黑暗的日子里帮助我们及我们的盟国，他使我们从软弱的地位发展成历史上最强大的战斗力量。现在上帝已看到我们征服了力图摧毁文明的残暴势力。

唯愿在上帝赐予我们的这个引以自豪的时刻里，我们切勿忘记仍然摆在我们面前的艰巨任务；我们在过去的四年中遇到许多考验和问题，但我们热情奋发，坚韧不拔，勇敢承当难局。唯愿我们今天能以过去同样的精神来完成这些艰巨的任务。

当然，我们也首先抱着感激和内疚的心情怀念在这场可怕的战争中牺牲或残废的亲人。无论在陆地、在海洋还是在空中，美国的男女将士献出了他们自己的生命，才夺得了最后的胜利，拯救了世界文明。但是任何胜利都无法弥补他们的损失。

我们想到在这场战争中遭受损害的人们，心里就感到沉痛。因为战争夺去了他们亲爱的丈夫、儿子、兄弟和姐妹的生命。任何胜利都不能使他们看到望眼欲穿的亲人。

唯有我们明智地理解到，只有他们亲人的牺牲，才能取得今天的胜利时，这样才能使他们得到一些安慰。我们活着的人们，有责任认识到，当前的胜利，是那些为之奋斗而牺牲的战士所建树的不朽业绩。

我们怀念着我们的武装部队数百万男女官兵和全世界的商船船员们，他们经历了多年来舍身忘我的战斗，克服了艰难和险阻后，上帝从灾难中把他们挽救出来了。

我们想到在这些岁月中所有在家庭里过着凄凉孤寂、忧心忡忡和恐惧不安的男男女女和儿童们。

我们眷念着数百万的美国工人、商人、农民和矿工，也眷念着所有为我国制造军事装备、并把这些装备运到盟国，使之成为抵抗和战胜敌人的武器的一切人们。

我们眷念着我国的文职官员和成千上万的美国人，他们在这些困难的日子里，不怕个人牺牲，始终在我国政府服务；我们眷念着捐募部门及粮食部门的人员；我们眷念着民防和红十字会的工作人员；我们眷念着在美国各种组织中以及在服务行业中的男男女女——眷念着所有在维护世界的自由和尊严的共司斗争中作出贡献的人们。

我们怀念着民主的保卫者、世界和平与合作的缔造人，我国已故的英勇的领袖富兰克林·罗斯福。

我们还惦念着我们在这场战争中的英勇的盟国；惦念着那些抵抗侵略者的人们；惦念着那些因力量不足，没有坚持到底，但是他们却使反抗的烈火在人民心中永不熄灭的人们；惦念着那些以寡敌众，坚守防线，直到联合国能够向他们提供装备和人员才击败邪恶势力的人们。

这个胜利不仅是武器的胜利，而且是自由对残暴的胜利。

从我们的兵工厂源源不断地开出无数的飞机和坦克，直捣敌人的心脏；从我们的船坞里开出许多舰艇和船只，在世界各大洋上搭起了输送我们的武器和军需品的桥梁；从我们的农场里生产出大量的粮食和纤维品供给我们的陆军、海军以及我们在世界各地的盟国；从我们的矿山和工厂里生产出原料和制成品，给我们以战胜敌人的装备。

然而，支持着所有这一切的，是自由人民的意志、精神和决心，他们了解什么是自由，他们也了解为了维护自由而不惜任何代价是值得的。

给予我们武装力量和使我们的战士在战斗中勇往无前的是自由精神。现在我们知道，这种自由精神，个人的自由，个人的尊严，是世界上最强大、最坚韧和能持久的力量。

因此，在这个"战胜日本日"（VJ-Day），我们对我们的生活方式具有了新的信心和自豪感。我们有过对这一胜利感到欢乐的日子。我们有过祈祷和奉献我们自己的日子。让我们现在确定"战胜日本日"作为对那样一些原则的新的献礼，这些原则使我们成为世界上最强大的国家——在这场战争中我们是那么竭尽一切力量来加以捍卫的国家。

这些原则给予我们能够帮助人们改善自己的处境和命运的信心、希望和机会。自由不能使一切人都完美无缺，也不能使一切社会获得安全。但是它比历史上任何其他政治哲学都为更多的人提供更牢靠的进步、幸福和体面。这一天再一次表明，它还提供了人类所曾经有过的最巨大的力量和威势。

我们知道，生活在自由之下，我们能够应付降临到我们头上的关于和平的困难问题。自由的人民同自由的盟国一道，他们既然能够制造出一颗原子弹，就能够使用同样的技术、能力和决心，来克服前面的一切困难。

胜利带来欢乐，也总是带来负担和责任。

但是我们对未来和未来的危险是具有巨大信心和巨大希望的。美国能够为自己建立起一个获致就业和有所保障的未来。它同联合国一道，能够建立一个奠基于正义、公平交易和宽容基础上的和平世界。

我作为美国的总统，谨宣布一九四五年九月二日星期天为"战胜日本日"——日本正式投降的日子。这还不是正式宣告战争结束或敌对行动停止的日子。但是我们美国人将把它作为一个最后审判日来永远记住这个日子——正如我们将永远记住另外一个日子，那个丑恶的日子。

从这一天起，我们开始向前迈进。我们走向在国内获得保障的新世纪。同联合国其他国家一道，我们走向一个新的更加美好的和平、国际亲善和合作的世界。

上帝的帮助给我们带来了今天的胜利。承蒙上帝的帮助，我们自己和全世界的人民在今后的岁月里也将获得和平与繁荣。

（［美］哈里·杜鲁门：《杜鲁门回忆录》第 1 卷，李石译，生活·读书·新知三联书店 1974 年版，内部发行）

麦克阿瑟在日本投降仪式上的演说

【中央社美战舰"米苏里号"二日合众电】麦克阿瑟元帅，于签订日本投降仪式中演说称："吾人咸集此间，缔结一庄重之协定，俾得恢复和平。理想与观念之分歧，业已在世界各战场上彻底解决，故目下断无讨论及辩论之必要。吾人在此系代表全球民族之大部分，并非前来以互疑恶意及仇恨之精神相见。凡我胜利者与失败者，实应共同发扬崇高尊严，唯此尊严，方能加惠于吾人行将指向之神圣目标，凡我众人，均应尽力矢守其行将正式担任之工作，余深盼举世人类，亦同样深盼可自此庄严之时刻以后，由过去之流血屠戮中产生一更善美之世界，以信义谅解为基础，谋维持人类之尊严，实现其所珍爱之自由容忍及正义之希望。日本帝国武装部队投降之条件，载于刻在诸君面前之降书内，余以最高统帅之地位，兹宣布依所代表各国传统精神，余之坚定目的为以正义及容忍继续执行余之责任，并采取一切必需之处置，藉使投降条件确能全部迅速忠实履行。"

（中国陆军总司令部编：《中国战区中国陆军总司令部处理日本投降文件汇编》上卷，1945年版）

受降二：三九盛典

自 1945 年 9 月 6 日起，新六军八万健儿陆续飞抵南京，被
称为"军事史上最大空运"。
《良友》1945 年 10 月号

抗日战争胜利时军事委员会参谋长兼
中国陆军总司令何应钦肖像。
何应钦:《日军侵华八年抗战史》,台
北:黎明文化事业公司1982年版

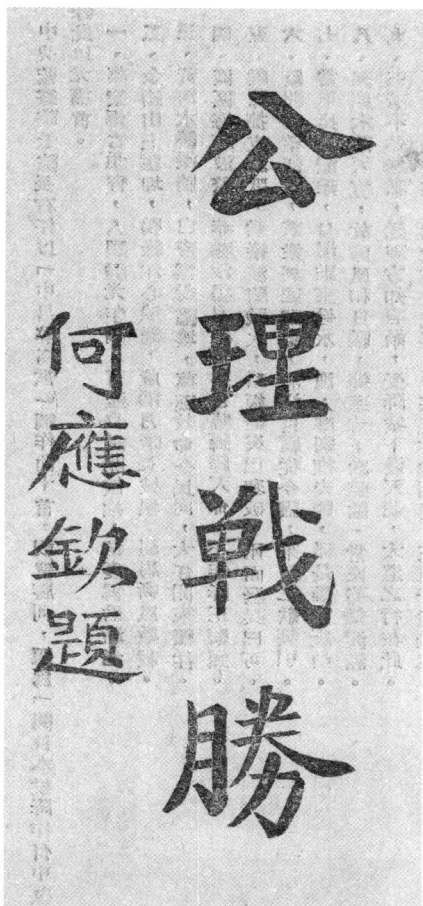

公理戰勝

何應欽題

何应钦为江肇基编的《日本帝国的毁灭:纪日
本投降始末》(昆明:扫荡报社1945年版)一
书题词

大门口扎起柏枝的彩坊，缀上老大一个红 V 字。二门也是彩扎的，加上"和平永奠"四个金字。……礼堂门口又是一座"胜利和平"的彩屏，礼堂的廊柱全部用红白蓝三色彩布包了起来，钟楼上也是 V 字。

《良友》1945 年 10 月号

广场中间道路的两边，竖起五色招展、鲜明夺目的联合国国旗。这旗帜从重庆运来，是外交部的，将来要分赠各国使馆保存，留作纪念。

《良友》1945 年 10 月号

日本降使步入会场

受降会场全景

冈村宁次在降书上签字用印

小林浅三郎呈递降书

何应钦核定降书并签字

何应钦将蒋委员长命令面交冈村，小林参谋长双手接受后，交由冈村签署领受证，并回呈何

接受日本投降仪式程序

日期

中华民国三十四年九月九日

会场

中国陆军总司令部（即南京中央陆军军官学校旧址）大礼堂。

程序

一、上午八时三十分以前，各中外来宾均在规定之休息室休息。

二、上午八时三十五分，中国参观人员入会场各依席次坐定。

三、上午八时四十分，同盟国参观人员入会场各依席次坐定。

四、上午八时四十三分，中外新闻摄影记者准备会场外之照像（即日军投降代表下车时之照像，限定一分钟，并不得进入日军投降代表之休息室）。

五、上午八时四十五分，日军投降代表乘车由中国王武上校引导，到中国陆军总司令部广场下车，同时由王上校引入日军投降代表休息室。

六、上午八时五十分，中外新闻记者及摄影记者入会场，各依席次坐定。

七、上午八时五十一分，何总司令率参加受降官入场，各依席次坐定。

八、上午八时五十二分，中国王俊中将引导日军投降代表入会场，先到规定地位立定，向何总司令一鞠躬，何总司令命坐后，各依规定之席次坐下，王俊中将即退入参观席。

九、上午八时五十三分，何总司令宣布照像五分钟。

十、上午八时五十八分，何总司令请冈村宁次大将呈出证明文件，何总司令检视后将该文件留下。

十一、上午九时整，何总司令将日军降书（中文本两份），交付冈村宁次大将阅读并签字盖章（此时各中外摄影记者一律准予照像），冈村宁次大将于签字盖章后，送呈何总司令。

十二、何总司令在日军降书上签字盖章后，以一份交付冈村宁次大将。

十三、何总司令将中国战区最高统帅蒋委员长之第一号命令连同命令受领证交付冈村宁次大将，由冈村宁次大将在受领证上签字盖章后，将该受领证送呈何总司令。

十四、何总司令宣布日本代表退席，仍由王俊中将引导该代表等退至规定位置，向何总司令一鞠躬后，再导出会场。（此时中外摄影记者一律准予照像，照像后仍速回会场坐定，听何总司令广播。）

十五、何总司令广播。（以下时间均准予照像）

十六、何总司令率参加人员退席。

十七、同盟国参观人员退席。

十八、中国参观人员退席。

附受降席及投降席席次表：

（见下页）

（中国陆军总司令部编：《中国战区中国陆军总司令部处理日本投降文件汇编》上卷，1945 年版）

受　降　席

陸軍中將　蕭毅肅
陸軍二級上將　顧祝同
陸軍一級上將　何應欽
海軍上將　陳紹寬
空軍上校　張廷孟

陸軍派遣軍參佐謀　小笠原清
陸軍少將支那派遣軍總參謀副長　今井武夫
陸軍中將支那派遣軍總參謀長　小林淺三郎
陸軍大將駐華日軍最高指揮官　岡村寧次
海軍中將支那方面艦隊司令長官　福田良三
陸軍中將臺灣軍參謀長　諫山春樹
陸軍大佐第三十八軍參謀　三澤昌雄

投　降　席

（大門）

《中央日报》：日军投降签字仪式全部经过

　　【中央社讯】举世瞩目之中国战区日军投降签字仪式，业于九日在中国陆军总部大礼堂，以廿分钟之时间，顺利完成。举行签字仪式之地点，乃我作育革命军人之中央陆军军官学校大礼堂之原址。黄埔路上满布由空运抵京之宪兵及新六军担任警戒，自辕门通至礼堂之道侧，每隔十步，竖有各同盟国国旗，旗与旗之间，立有新式装备之警戒兵一名，身着绿色美式秋季制服，钢盔革履，精神焕发，威武森严。签字仪式系于上午九时整开始。中外来宾于八时三十分陆续签名入场。八时五十二分，日军投降代表冈村宁次大将等，分乘汽车三辆，由中国王武上校引至中国陆军总部。在广场下车时，中外记者纷纷为之摄影。王上校旋导日军投降代表入休息室，其时各参观人员均已依席次坐定。礼堂中央为受降席，受降席前设一较小长案为日军投降代表席，其后各立整齐严肃之士兵十二名。受降席与投降席之四周，环以白绸，其左侧为高级将领席，及中国记者席，右侧为盟国军官席，及外国记者席，参加者共达千人。八时五十六分，中国陆军总司令何应钦一级上将，率参加受降官四人入场，中外军官及来宾均肃立迎迓。何总司令居中，坐于受降席上，左为海军上将陈绍宽、空军上校张廷孟，右为陆军二级上将顾祝同、陆军中将萧毅肃。受降席上，正中置一时钟与中国文具一套。八时五十八分，中国王俊中将，引导日军投降代表入场，先至规定地位，立正向何总司令作四十五度之鞠躬，何总司令欠身作答，并命坐下。日军投降代表，乃依规定，分别于投降席次坐下。驻华日军最高指挥官陆军大将冈村宁次居中坐下，面对何总司令，举首即可瞻仰会场所悬之中美英苏国旗。支那派遣军总参谋长陆军中将小林浅三郎、支那派遣军总参谋副长陆军少将今井武夫、支那派遣军参谋陆军中佐小笠原清三人，则依次坐于冈村宁次大将之左侧；支那方面舰队司令长官海军中将福田良三、台湾军参谋长陆军中将谏山春树、第三十八军参谋长陆军大佐三泽昌雄，则依次坐于右侧。日方代表共计七人，一律戎装，均未佩刀，日方译员木村辰男，则仍着赴芷江洽降时之灰色西服，以立正姿势，立于冈村宁次之后。冈村就座时，将其军帽置于案头，余均始终握于手中。日军代表入席后，何总司令乃向中外记者宣布："摄影五分钟。"中外记者骤形忙碌，纷在四周及走廊上拍摄电影及照片，我受降大员之雍容仪表，与骤然肃坐之日军投降代表，一一摄入镜头。九时零四分，何总司令命冈村大将呈出证明文件，冈村乃命小林总参谋长呈递何总司令，何氏检视后，当将该证明文件留下，旋将日本降书中文本两份，交由萧参谋长转交冈村宁次大将。冈村起立，双手接受，小林总参谋长在旁为之磨墨，冈村一面匆匆翻阅降书，一面握笔含毫，在两份降书上分别签字，毫无犹疑踌躇之状。签字后，复从右口袋中，取出圆形水晶图章一枚，盖于其亲笔签名之下，所盖印鉴，略微向右倾斜，签字笔迹虽颇娟秀，唯其墨痕似嫌稍淡。签字时，中外记者莫不争取此稍纵即逝之机会，迅敏摄取冈村握笔姿态，一时投降席顿成电影机及照相机之焦点。而案头所置降书笔砚，及冈村之军帽，当为各记者所感兴趣而欲摄取者。冈村于签字盖章之后，即将其图章纳入原口袋中，一面命小林参谋长将降书呈何总司令，一面点头，若在表示日本业已无条件投降矣。小林总参谋长，当将冈村签名盖章之降书两份，谨慎持置受降席前，双手呈递何总司令，何氏加以检视后，即于日军降书上签字盖章，态度从容安详。旋以降书一份，令萧参谋长交付冈村宁次大将，冈村起立接受。何总司令复将中国战区最高统帅蒋委员长命令第一号，连同命令受领证，仍命萧参谋长交付冈村，冈村当在受领证上签字盖章，并将受领证命小林参谋长送呈何总司令。

至此，何总司令宣布日军代表退席，仍由王俊中将引导日军代表离座，并肃立向何总司令一鞠躬，然后退出礼堂，何总司令曾起身作答。日军代表退出会场后，何总司令即席发表广播演说，向国内外宣布，日军投降签字仪式，业在南京顺利完成。词毕，全体掌声雷动。嗣由鲍副处长静安译成英文；翻译甫竣，全场复热烈鼓掌。何总司令旋率受降人员退席，并将渠本人签字所用之毛笔携出，留为永久纪念。中外来宾群趋何总司令之前，与何氏握手道贺，并于礼堂门首，摄影留念。此人类有史以来最大悲剧之最后一幕，于兹宣告结束。(《中央日报》九月十日)

（中国陆军总司令部编：《中国战区中国陆军总司令部处理日本投降文件汇编》上卷，1945 年版）

《中央日报》：胜利和平记受降

昨天（九月九日），我们正式接受了中国战区日军的投降，完成了受降签字，这历史的新页，是被我们写定了。

我们首都的民众，在八年忍受下蕴藏着的热烈情绪，早在前天，何总司令飞来的时候，已经充分流露出来，那种夹道欢呼的狂热，"日月重光"的锦旗，都在表达着一个概念：我们的受降代表业已到达，我们已是战胜国，我们的人民，已是不受任何侵害的人民。

就在当天下午四点钟，何总司令在新迁来的中国陆军总司令部招待中外记者谈话会上，用带着喜悦的感慨口吻，道出他是二十六年十一月二十六日离开首都的。又说："我们的胜利，不是偶然。"

日本正式向联合国要求允许投降的照会，是八月十五日经我国外交部公布的。十八日，最高统帅蒋委员长电令冈村宁次大将派员到芷江接受投降命令，冈村的参谋副长今井武夫少将于三天后乘机到达芷江，我陆军总部的参谋长萧毅肃中将，和副参谋长冷欣中将、中国战区美军作战司令部参谋长柏德诺准将接见了他，给了他转致冈村的投降命令。今井在廿三日下午返回南京，冷欣将军随后于廿七号飞京设立了前进指挥所，接着是我新六军将士的空运前来，一切布置就绪，于是我们的受降代表亦陆续莅京。

受降签字的礼堂在现在的我陆军总司令部，就是以前黄埔路的中央军校。大门口扎起柏枝的彩坊，缀上老大一个红 V 字。二门也是彩扎的，加上"和平永奠"四个金字。再进去，广场中间道路的两边，竖起五色招展、鲜明夺目的联合国国旗。这旗帜从重庆运来，是外交部的，将来要分赠各国使馆保存，留作纪念。礼堂门口又是一座"胜利和平"的彩屏，礼堂的廊柱全部用红白蓝三色彩布包了起来，钟楼上也是V字，堂中嫩绿的矮绸屏三面围起签字的上下两条长桌，四围楼厢也用红白蓝三色装点起来，正中墙上是总理像，正对面则是四强领袖像，其间有一只挂钟，这有历史价值的钟，据说将赠送给何总司令。整个礼堂和现在的布置将全盘不动，留作胜利的纪念。礼堂布置的材料，说来惊人，是由重庆、芷江空运装来的。

九月九日上午九时，三九良辰，日军投降代表：驻华最高指挥官冈村宁次大将、中国方面舰队司令官福田良三海军中将、派遣军总参谋长小林浅三郎中将、总参谋副长今井武夫少将、台湾军参谋长谏三春树中将、三十八军参谋长三泽昌雄大佐、派遣军参谋小笠原清中佐，一行七个人进入礼堂。冈村、福田、小林、谏三、三泽都穿军便服，而且七个人都是光头。这时，观礼的中外军官、来宾、新闻记者，都已就座。中国受降代表：一级上将何应钦、海军上将陈绍宽、二级上将顾祝同、陆军中将萧毅肃、空军上校张廷孟，也早都入席坐定。冈村趋前鞠躬，何总司令微微颔首命他们坐下，旋即索阅冈村的签字代表身份证明书。于是何总司命将日军降书两份——都是中文本——交给冈村阅读签字盖章后送呈何总司令，两次任传递的，我方是萧毅肃，日方是小林浅三郎，两人都是参谋长，何总司令签署以后，把一份给了冈村。全部签字过程花了一刻钟工夫，接着，何上将把蒋委员长的第一号命令同受领证交给了冈村，要他在受领证上签了字，然后何上将就宣布日军投降代表退席。像进来一般，由王俊中将引导日代表退席，日军这七位代表又是深深一鞠躬，于是鱼贯出去，冈村绷着脸，表情很有感触似的。

何总司令随着当场举行广播，报导此一举世瞩目的大事件的顺利完成，观礼者高兴极了，全场自然而然地热烈鼓掌。午间，何总司令假励志社宴请观礼与参加受降的人员，共庆胜利。正当十一点半，他派了副参谋长冷欣中将飞去重庆，带着冈村签过字的降书，报告给我最高领袖蒋委员长，同时也给重庆赶来观礼的新闻记者们帮了个忙，带去他们对于此一盛典的记述和描写的通讯稿。

下午四点钟，何总司令率领陆军总部军官与记者们，谒拜总理陵寝。阳秋九月，在和风习习中将胜利成功的喜讯，默告给总理的在天之灵。一别八年，陵园的树木都高大多了，宝蓝色的屋瓦依旧如故，只是门口多了一块伪政府在三十一年七月订的谒陵规则玻璃屏框。灵堂内，何总司令、王主席、马市长等献的花圈陈列着。何总司令领大家行了礼，绕墓瞻视一周，出来时，发觉陵园附近的房子烧去了几处，大好河山正是疮痍满目，急待休养生息，重新建设。这八年的艰苦抗战，证明了公理不灭，正义永存。(《中央日报》九月十日)

(中国陆军总司令部编:《中国战区中国陆军总司令部处理日本投降文件汇编》上卷，1945 年版)

《青年日报》：记日本投降签字礼堂内外景况

　　绵延八年烽烟万里之大战，已因日本无条件投降而终结，人类大悲剧之最末一节，亦已奠定，太平洋永久和平，重要之一节，即将于十六小时内由中国战区日军之签署降书而告完成。由此庄严而深具历史意义之签字手续之完成，吾人不仅取得半世纪来忍辱负重，与八年喋血抗战之应得代价，且将予亚细亚以至全人类以和平自由与无穷幸福。战争发动之初，吾人即深信义师必胜，正义终得伸张，今则最后胜利果然来临，证明吾伟大中华民族为不可侮之正义力量。九月九日为吾人最光荣兴奋之时刻，行见抗战史中最末最大之一页，于气象万千之军营中写成，此一接受中国战区包括台湾澎湖及越南北纬十六度以北所有日军投降之军营，畴昔为吾中央军校所在，今为吾国陆军总司令部，中央军校为吾争取自由陆上武力之发挥点，今以此胜地，临兹盛事，自益具特殊意义。自中山门进入南京城，北行千余公尺，一向东北伸去之坦途，梧桐夹道，绿荫匝地者，是即著名之黄埔路，一临路口，即见"中国战区日本投降签字典礼会场由此进"，与"中国陆军总司令部"之指标，横跨道上，高与行道树齐，而相映成趣。前行约一公里，红色建筑物一列，巍然矗立于路底，葱翠雄壮之紫金山第二峰，屏峙于侧背，而国父陵寝所在之紫金山第一峰，更以虎踞龙蟠之姿态，映入吾人眼帘，真乃毓秀钟灵，宜吾民族有此光荣际会也。入门处，此刻已松柏牌楼迎面高耸，光耀夺目，"中国战区日本投降签字典礼"金字，巨大之红色金字及四强国旗与油绿色互相辉映，数百公尺外即清晰可见。经此前进，"中国陆军总司令部"与"和平永奠"诸字,亦镶嵌于松针柏叶间。再前则为一百公尺见方绿草油油之广场,此处旗杆夹道森列,五十二个联合国国家之国旗,迎风飘扬,此一伟大布置,洵属空前。通过旗林,即见"和平胜利"四字,以最醒目姿态出现,而雄踞其后者,为红蓝白三色缠绕之四大柱石,其巅巨幅国旗矗入云表,入内即日本投降签字之所,厅内布置气象万千,二百零八幅联合国旗与无数V字标帜,布满空际及四壁,而红蓝白三色巨旗更环绕全厅,正中台上为交叉之党国旗暨国父遗像,并有"和平"二字,台前即为吾受降最高长官何总司令及其主要幕僚座位,相对数步列座位一排,是为日本投降最高代表冈村宁次大将及其随员而设者,而百余万日军之投降文书,即将于不盈丈之条桌上签定。两旁为被邀参观此盛典之外宾及我方高级官员与中外记者座,可容三百人。而厅内外仪队及担任警卫之武士,将在千人以上。自签字大厅外出,迎面可见者,为一金色之"中华民国万岁"标语,此语实予吾人以最快慰情绪,而深信吾民族前途之无疆也。(《青年日报》九月九日)

(中国陆军总司令部编:《中国战区中国陆军总司令部处理
日本投降文件汇编》上卷,1945年版)

何应钦：回忆九九受降[1]

艰难缔造、有志竟成

　　六十年来的"中华民国"，是在艰苦中诞生，也在艰苦中茁壮，更在艰苦中磨炼成长的。如果说，六十年前的辛亥武昌起义，是我们革命建国史上成功的第一页，则二十六年前的九九受降，也可以说是为我们革命建国所留下的最光荣史页。

　　谁都知道，辛亥武昌起义的成功并不是偶然的，是国父领导我们革命先烈，经过十次革命的失败，抛头颅，洒热血，才唤醒了我们民族的灵魂，振奋了我们民族的精神，大家一致起来，推翻了专制腐败的满清政府，创建了中华民国的。记得辛亥武昌起义的前夕，我选在日本东京牛込区的振武学校肄业，这是专为我们中国留学生接受日本军官教育以前施以特殊训练的一个陆军预备学校，当时我们听到武昌起义成功的消息，真是兴奋异常，几乎所有中国学生都准备回国参加革命。后来几经交涉，我们才以请假的方式，获准离日返国。我也就这样到达上海，加入了陈英士先生的沪军都督府，担任训练科的一等科员，以后奉派为江苏陆军第七师第三团第一营营长。直到民国二年，才又获得日本政府的同意，重返振武学校，继入步长五左联队后，升陆军官校，继续完成我

---

[1] 本文系何应钦为 1971 年 9 月号的《东方杂志》所作，本书节选了原文除《前言》《结语》之外的主体部分，文字有删节。原题为《"建国"六十年忆受降》，题目系编者拟。

们的学业。这说明当时我们革命建国运动的开始，是如何的艰难困苦；与我们那一代青年，在那时候，又是如何地热心于这一运动的初步完成。

民国成立以后的几十年间，由于我们的建国基础没有巩固，我们革命的敌人到处都是，以致我们的建国工作，首先遭到袁世凯称帝的破坏，与北洋军阀所引起割据私斗的纷扰。经过我们二次革命、云南起义、护法运动，以至东征、北伐，不知多少次的牺牲奋斗，才终于统一了我们的国家。（节略）

这里，我只要略举几项统计数字，就不难获知在这一长期对日抗战中我们所遭受损失的严重与战斗的艰苦。单就军事方面来说，除海军由于优劣悬殊，在作战初期，我们所有舰艇即多遭日军摧毁或被我自动沉没以阻塞航道外；陆军方面，在八年期间，总计与日军发生大会战二十三次，重要战斗一千一百一十七次，小战斗三万八千九百三十一次，我军伤亡失踪官兵达三百二十一万一千四百余人；空军方面，我们以仅有少数劣势的飞机，与日本空军相周旋，在八年期间，总计出动作战一万八千五百余架次，伤亡空军官兵达四千六百余人。而日本飞机对我们的空袭，单以后方城市遭日机空袭次数，即达六万二千九百余架次，我国平民被炸死伤总数达二十万九千余人。这些统计数字，显示我们在对日抗战中牺牲的重大，与我们革命奋斗精神的坚强。也正因为这样，所以我们这种牺牲的成果是丰硕的、是光荣的。我们终于在苦战八年之后，获得了辉煌的胜利。

记得民国三十四年的九月九日上午九时，我在南京中央军校大礼堂，代表中国战区最高统帅蒋委员长，接受日本在华派遣军总司令官冈村宁次大将代表签降的典礼完成后，曾发表广播说："敬告全国同胞及全世界人士，我是中国战区中国陆军总司令何应钦，中国战区日军投降签字，已于本日上午九时，在南京顺利完成。这是中国历史上最有意义的一个日子，这是八年抗战艰苦奋斗的结果。东亚与全世界人类和平与繁荣，亦从此开一新的纪元。本人诚恳希望我全国同胞，自省自觉，深切了解今日为我国家复兴之机会。一致精诚团结，在蒋主席领导之下，奋发努力，使复兴大业，迅速进展。更切盼世界和平，自此永奠其基础，以进于世界大同之境域。"（节略）

不念旧恶、以德报怨

中国与日本两大民族，同文同种，无论在地理、历史、文化、经济上，都具有极悠久深厚的关系。早在民国十三年冬天，我们的国父孙中山先生在东京讲演，即曾呼吁日本人民，要与中国国民加强合作。他提出大亚细亚主义，主张中日两大民族，必须彻底觉悟，密切合作，以为未来亚洲的两大支柱。当时他这一主张，曾获得中日两国不少先知先觉人士的普遍共鸣，而尤为我们的蒋总统，和我们许多致力于中日亲善合作关系的朋友们，所一直奉为圭臬，并为我们唯一努力的目标，因此，尽管我们过去与日本军阀之间，不幸而发生八年的战争，然而，我们对此一中日亲善合作的信念与目标，仍然是始终不渝的。

蒋总统对中日亲善合作的信念与远见，最值得今日日本国民感念不忘的：第一是当战争进行至民国三十二年的十一月，罗斯福总统在开罗会议中，就日本皇室地位的问题，征询蒋总统的意见。蒋总统即直率说明，日本起意发动战争的，实在是日本军阀。这一问题，应该由战后的日本国民，依其自由表明的意志来决定。事实上，早在战争刚开始的时候，日共领袖野坂参三等，即盛倡废除天皇制度。民国三十一年罗斯福总统推荐给蒋总统的美籍顾问拉铁摩尔，和当时在重庆美国大使馆的文生参事与美新处长费正清等，都主张废除日本天皇。拉铁摩尔甚至主张，把日本天皇流放到西伯利亚去。今天这些主张，已经证实是出于国际共产主义的导演。而蒋总统洞烛几先，毅然提出由日本国民自己决定的意见，维护了日本天皇的制度，这对战后日本国内局势的安定，影响是十分明显的。其次是在开罗会议中，罗斯福总统希望中国在战后军事占领日本的任务上，应该担当主要的角色。而蒋总统则坦率表示，中国无意担任这一任务。这一工作，应由美国来领导执行。因为蒋总统深知中国如果派遣军队占领日本，则苏联亦必将派遣红军占领日本的北海道。其结果，必将使今日的日本，陷于与韩国、越南和德国同样的命运。因此，在开罗会议对这一问题虽未作最后决定，而在战后美国派遣军队占领日本的时候，我们始终没有派遣军队参与占领的工作。这对维护日本领土的完整，其关系是极为重大的。

自然，最重要的，还是蒋总统在战后对日本以德报怨的伟大昭示。当民国三十四年八月，日本天皇宣布无条件投降的第二天，蒋总统立即对全国广播说："我们中国同胞们须知，不念旧恶、与人为善，为我民族传统至高至贵的德性。我们一贯声言，只认日本黩武的军阀为敌，不以日本的人民为敌。今天，敌军已被我们盟邦共同打倒了。我们当然要严密责成他忠实执行所有的投降条款。但是，我们并不要报复，更不可对敌国无辜人民加以侮辱。我们只有对他们为纳粹军阀所愚弄所驱迫而表示怜悯，使他们能自拔于错误与罪恶。要知道，如果以暴行答复他们从前的暴行，以奴辱来答复他们从前错误的优越感，则冤冤相报，永无终止，绝不是我们仁义之师的目的。这是我们每一个军民同胞，今天所应该特别注意的。"

本着蒋总统这一伟大的昭示，我个人在受降的措施中，确曾做了一些对日本宽大的处置。在接受日军签降的第二天，我特别单独召见日本在华派遣军司令官冈村宁次大将。我坦率地告诉冈村："今后是中日两国真正亲善提携的时候了，让我们来共同努力。"我委派冈村为日本派遣军联络部长官，允许日本在华官兵，仍然维持原有的军队建制，由冈村担任命令的转达，并发还必要的交通通讯工具。这在当时，虽曾遭到同盟国一部分人士的反对，主张应该给他们以普通俘虏的待遇。然而，我却认为唯有这样，才能够圆满达成遣返的目的。至于日本妇女，却又为了顾虑她们的安全，特地将她们集中在一起，优先遣送，以免遭受到意外的侮辱。那时，在我国内地的日本军民，总数约两百一十万人左右。以我们战后交通工具的缺乏，加以各方还都复员的需要，要将这样多分散在我国内地的日本军民，在短期内集中于几个港口，分别遣送回日本，其困难是可想而知的。我为了执行蒋总统的决策，乃不顾一切，千方百计，尽力抽调可能的运输船只，终于在十个月内，完成了这一史无前例的遣返工作，特别是在将近结束阶段的时候，汉口、长沙等地有一部分待遣的日本侨民，实在没有船只可资遣送，而盟军方面为了配合从上海遣送至日本的舟船计划，又坚决主张这些日本军民，由汉口沿江步行东下。我唯恐这些军民长途跋涉，医药困难，死亡必多。加之经过各地的中国人民未必完全洞悉蒋总统的德意，以他们过去身受日军的蹂躏，难免不发生对日本军民报复的行为。因此乃毅然决然，集中平汉、陇海、津浦三路铁道运输的力量，将日军民从汉口经由郑州、徐州，转运南京、上海。这种苦心，是唯有当时参加遣返工作的人员，才能深切了解的。

战后，冈村宁次曾在日本发表一篇《徒手官兵》的文字，说明当时他们在被遣返时所受到的待遇。对这些事实，有比较详尽的记载。其中有一段这样说："当遣返之际，无论军人或侨民，都准许除了被盖之外，各带行李三十公斤，及侨民一千日元、军人五百日元的现款。这和从其他国家遣返的人相比较，可以说实在是宽大的处置。当然，在侨民中，也有许多人久居中国，已经建立了经济基础。这时，只能带这一点东西返国，自然是一件悲惨的事。他们这种悲惨的心情，也自然值得同情。不过，我想这些人一旦返抵日本，看到从其他各地区被遣返的人抵达日本港口时的样子，也许会知道中国采取的处置，是如何的宽大。""当时我曾屡次被驻日盟军责难，从中国返日的人行李过多，阻碍登岸后到各地方的运输，对此我未加理睬，贯彻到底。从这个事实，也可以知道，与其他从南洋各国返日的人相较，从中国返日者的行李，是的确太多了。"他在这篇文章的最后，还强调说："我从返国以后，一直避免公开发表一切有关国际政治或某一个人的谈话。本文的目的，只在传达战争结束时，蒋总统以下中国官民，对战败的日本所表现的好意，并订正一般错误的宣传，写出我渴望尽早实现中日真正提携的诚意！"这段话，可以代表日本国民对我们当年宽大处置的感激。这在我个人每次旅行或经过日本的时候，与日本朋友的接触，都可以深深地体会得到。最近，许多日本热心中日亲善合作的朋友，在福冈市所举行感谢我们蒋总统恩德的大会，更充分表现了日本国民对我们这份感情的滋长。（节略）

茹苦含辛、精诚合作

八年长期的对日抗战，在最初的几年，我们一直是以劣势的兵力与装备，单独对日本军阀作战的。当时，英、美等国家对我们的同情与支持是极为有限的。英国甚至在他们国内情况紧急的时候，还为了讨好日本军阀，封锁滇缅路的交通，助纣为虐，使我们海陆对外的交通，都陷于阻断。

美国一直是我们最忠实的朋友，早在民国二十一年初，即已有史汀生"不承认主义"的宣布，给予我们精神上的支持。作战初期，对我们淞沪战役的壮烈牺牲和南京撤守，也只以惋惜的语气，预测我们终必遭失败。及至开战一年以后，看到我们抗战精神反愈挫愈奋，才由对我们普遍的同情转而发生尊敬，愿予我们实际的援助，并对日本逐渐采行各种经济制裁的措施，先后废止美日通商航海条约，限制战略物资运往日本，冻结日本在美资金等。民国三十年，更通过对我租借法案，派遣军事顾问团来华，负责装备及训练我国新军。同时成立美国空军志愿队，在陈纳德将军指挥下，参加我军作战。直至太平洋战事爆发，我们对抗日本军阀的战争，才真正进入与美英等国盟军并肩共同作战的阶段。

民国三十一年，中国战区统帅部成立后，当时我们对日抗战的军事形势，更增困难。日军继第三次长沙大会战之后，正积极企图集中兵力，加强对我们的压迫，以期及早能解决中国境内的战事，以便利其抽调部队，使用于南太平洋方面。而我们这时作战物资极端缺乏，美英等国又正集全力计划首先击败德国，一切战略物资的供应，都以欧洲战场为优先，可用于中国战区的，真是寥寥无几。而我国对外交通，又只有依赖喜马拉雅山驼峰的一条为空运补给线，且时遭暴风雪的袭击，以致每日运输的物资，仅能供应陈纳德将军所指挥美国第十四航空队的需要，其他都无法供应。我们也就在这样恶劣的情势下，与优势装备的日军作战，其艰苦的状况，真是难于形容的。然而，我们本着蒋总统的指示，与盟军的合作，密切无间。首先，当民国三十一年三月，日军以三个师团的兵力，突入缅甸，此时英军在马来亚战败之余，士气颓丧，战力脆弱。我军奉命入缅支持，四月上旬，因英军放弃重要据点马格威后，我入缅远征军右侧背已感受严重威胁。而英军第一师及其战车营，接着被日军围困于仁安羌，情况危殆万分。我远征军奉命不顾一切，进解英军之围。经过两昼夜的苦战，终于救出了英军军长史烈蒙将军以下九千余人。其后，更掩护英军统帅亚历山大将军，向印度撤退。这种舍己救人的牺牲精神，在盟军战史上，会写下光辉的一页，充分表现了我们与盟邦的精诚合作，曾为美国盟友们所称道，而尤其值得像英国那样"只有永久的利益，没有永久的友谊"的国家所应该深切反省的！

本来，在盟军并肩作战的时候，与友军合作的诚意，是极重要的成功因素。当时，同盟国家为谋中国战区军事的密切配合，由美政府派史迪威将军担任中国战区参谋长。史迪威将军对中国国情不尽了解（节略），在中美军事合作上，曾留下不少令人不愉快的事情。研究战史的朋友，对这些事实，曾有不少的记载和传说。事实上，史迪威将军往往以西方人的观点，来作不切合中国国情的建议，而又固执他的成见。譬如有一次，史氏建议以我驻印军汽车兵团的驾驶兵和炮兵部队的观测兵，拨补当时新二十二师和新三十八师的步兵。这件事，在他们西方人看来，是很平常的。但以我们要训练一个驾驶兵和观测兵是并非容易的事，当然对这样做法，便不能同意，然而这却很难获得史氏的谅解。不过，我们在许多地方，仍然尽可能地迁就史氏，譬如史氏所坚持反攻缅甸的主张，我们仍部分采纳了他的意见，把我们最精锐的部队，投向缅甸战场。而且在中缅公路完工后，蒋总统特命名为史迪威公路，以纪念他的功绩。凡此，都可见我们在与盟军并肩作战的过程中，虽则吃尽了苦头，仍然咬着牙根，而这份与盟友精诚合作的精神，是绝不稍受影响的，这正是我们中华民族传统的重道义的典型表现。

　　继史氏担任中国战区参谋长的魏德迈将军，对我们的国情十分了解，因此和我们的合作也十分圆满。他在回忆录第二十章里，一开始就说明："我在执行职务时，曾认定我系奉命来改善中美关系。我知道要达成此一使命，则应该以同情而友好的态度去接近蒋委员长及中国政府。以往美国人那一套高高在上、盛气凌人的态度，非改掉不可。"由于他正确的工作态度，就他的观察所得，在他回忆录的第十三章里，记载着："在盟国方面，中国远较其他作战的时间要长，所受的痛苦要深。然而获自美国的援助，比之英国与苏俄所接受的庞大物资，几乎是沧海之一粟。蒋委员长所领导的政府，已证明是最忠实而要求又最少的一个盟邦。"他更说："中国自一九三七年以来，即在孤军作战，所得到的援助却微不足道，虽然西方国家对中国如此漠视及忽略，中国却仍然挣扎苦撑。中日战争之初期，蒋委员长相信若能把握以空间换取时间策略，美国必有一天卷入对日战争，中国自可因而获得救助。但是在珍珠港事变之后，虽然情势迫使美国应该对日全力作战，而罗斯福却与丘吉尔走上同一条路，将击败德国当做我们的最高目标。于是中国的情势，不仅没有比战争初期好转，反而由于日本对美英两国发动攻击，而使中国战局益形险恶。由于日本在占领香港、马来西亚及缅甸后，乃使补给艰难万端的中国军队供应完全断绝。……过了几个星期，我开始认识中国国民政府对日抗战，具有惊人的刚毅与坚忍。史迪威及他的几个记者朋友所描述中国不愿作战的情形，完全不是那么一回事。法国只在德军发动攻击后六个星期，即告覆亡。但中国在一九四四年，仍然苦撑，那已是日本发动侵略战争的第七年了。"由这一位忠实盟友的坦率回忆，可见我们当年作战是如何的艰辛。而事实上，我们迫使日军深陷在中国境内的泥足，真的无法自拔。即使在它们南太平洋的形势已告劣转的时候，仍不惜倾全力发动对我们的黔桂攻势，妄图解决对华战争。更可知我们对日的抗战，实不仅直接给予日军以相当重大的损伤，同时，也为盟军在南太平洋的作战，减少了不少的威胁。显然，我们在这个战场上所担任的角色，是十分重要的。

我个人每一回想到当年我们在抗战的后期，特别是当我担任中国陆军总司令的时候，所有美国政府派遣到中国来的将领和官兵，如魏德迈将军、麦克鲁将军、齐夫斯将军、欧阳达将军、米都顿将军、陈纳德将军等，与我们相处都非常融洽。我们之间的合作，也都精诚无间。尤其是麦克鲁将军与我，朝夕相处，可以说几乎宛如一人。凡属重要的事件，我们无不开诚相商，积极进行，极其和谐圆满。尽管当时由于我们各方面的条件不够，以致我们合作的成果，未必能达到理想的境地，但我们之间合作无间的精神，总是值得我们骄傲和欣慰的。记得我于一九五八年赴美，在华盛顿停留几天的期间，晤见当时已退休的魏德迈将军，两人相互拥抱，久久不忍相释，那一种出自内心的热情，真可说是无法以文字来形容。这可见我们过去确曾有过一段合作无间的经过，才会有这样的表现。单拿老朋友三个字来形容，实在是不够说明我们之间的关系的。

我们由此想到美国与中国之间的关系，不仅在抗战期间，初期寄予我们同情和援助，后期与我们并肩作战，是我们的盟邦。其实，自从美国的力量伸展到亚洲地区后，美国政府和人民与我们之间的友情，一直是十分友好的。对我们革命建国的运动，也一直是十分支持的。这些史实，都为我们两国政府和人民所深知。老罗斯福总统且曾有过这样的话："二十世纪是太平洋的时代，太平洋东西两岸的中、美两大共和国，是世界上最富于理想主义的两大民族，同具有敬天爱人、民胞物与的大同思想。"（节略）

（《东方杂志》复刊 1971 年第 5 卷第 3 期）

总司令何召见冈村宁次大将军谈话记录

一、时间　三十四年九月十日上午八时三十分至九时三十五分。

二、地点　中国战区中国陆军总司令部。

三、出席人员：

总司令，萧参谋长，麦克鲁将军（美军作战司令），钮处长先铭，王科长武，陈科长昭凯，陈参谋桂华，冈村宁次大将，今井武夫少将，小笠原清中佐，木村辰男翻（译）员。

四、谈话内容：

总司令：

一、我知道你的责任非常重大，因为日本在中国战区内，一百数十万官兵及数十万侨民，其生命之保障及一切善后问题之解决，责任均在你肩上，所以希望你今后善能自处，只要你能切实服从我的命令，遵照我方各种规定，相信完成你一切善后任务甚为容易。

二、你为完成本身任务所顾虑到的几件事，我决定依照下面所说的原则办理：

1. 关于自卫武器：我认为在安全地区，可以不必留自卫武器，在有借用自卫武器必要地方，可以借给少数之步枪。

2. 关于粮食：你们现存的粮食，准许你们自用，但我方要派员检查监视，以免浪费。你们存粮用完后，我方届时当另筹拨补给。

3. 关于运输：闻你们国内尚有廿七万吨船只，但须作日本国内运输之用，不能调来，所以将来你们一百数十万人回国时所需船只，我可负责向我盟邦美国要求拨用，使你们早日返日。

4. 关于日本在华技术人员，拟斟酌情形，予以征用。

三、现在及今后东亚局势，必须中国统一强大，世界永久和平，始有希望。故日军一切武器器材，必须完整缴交我指定之部队长官，切勿损坏散失及落于匪手，致扰乱地方。

四、我所规定缴械办法，是先集中在一个地区，然后缴存于指定仓库，这都是为日军实施上的便利而定的。

五、我军空运到各地的部队，抵达目的地后，需用车辆较多，你们所有车辆，必须全部先行交出，至你们担任联络之高级军官所用少数乘车，我可酌予暂准借用。

六、在中国内地各处日本飞机，应先完全交出，日方所需通信联络用飞机，我已批准留给五架。

七、所有日方交通通信，均由我方接管，尔后你们通信，不能再用密码。

八、据报你们现在尚使用一部分中国人代做苦工，此项工人，应即释放。

九、此后规定命令系统，我各战区长官各方面军司令官，可下令于日军各方面军司令官及军长，至于我各战区长官及方面军司令官以下之指挥官，当以我高一级的军官下令于日军低一级的军官。

十、关于你所提出之舰艇船舶的资料太不够，应迅速提出详细报告。

十一、关于日本官兵，希望以后严守我之命令，不应发生受惩罚事情，万一发生时，处置办法分下列三种：

1. 凡犯中国陆军惩罚令者交你们自行处罚。

2. 犯情轻者令你们交出，由我方处罚。

3. 犯情重者由我方径行惩罚，即凡属刑法范围者应完全由我方办理，因为你们自九月九日起已无军法权。

十二、本人有军字第一号命令给你，此命令本来是昨夜已办好的，因知你今晨来见，故留待你来交给你。

冈村宁次：

一、刚才总司令所示各项，都已完全了解。

二、关于第三点日军武器移交问题，事实上须要向总司令说明，前（八）月十八日我已规定办法通令各部队实施，即在中国大陆之日军武器，完全缴交中国中央政府，绝不交与其他任何地方部队，此系在今井总参谋副长去芷江之前即已规定，当时并未奉蒋委员长命令，我方已下令实施。

三、关于解除武器问题，我已完全了解，所谓地域安全及非安全，谅无问题，但实际为维持日军纪律，若无少许武器，则必有一部日军指挥官不能维持良好纪律。鄙人意见，将武器全部缴交贵方，但日军在未归国之前，借用一小部分轻兵器，以为保持日军之军纪及秩序，此点，可否按照香港英军对日军接收办法处理之。（总司令答复，饬将香港方面英军对日军接收办法抄送本部参考，再行决定通知。）

四、关于日军粮食及运输问题，备承总司令关照，非常感激。以后一切当遵从总司令指示实行。

五、关于技术人员征用问题，如有所规定，当遵命办理。

六、关于汽车及联络用飞机，蒙准使用，十分感激。

七、关于传达命令问题，为求避免日军官兵受精神刺激而致逃散成为土匪游民计，各区联络部拟请仍由鄙人担任联系，使彻底奉行总司令之命令，俾在返国之前，不致有不幸事件发生。

八、关于通信使用之各种密码本，当遵命呈送贵总部。

（中国陆军总司令部编：《中国战区中国陆军总司令部处理日本投降文件汇编》上卷，1945年版）

冷欣：国史上最大荣典纪盛[1]

受降典礼

受降典礼内外景素描

三十四年九月九日，真是举国兴奋，薄海腾欢，我革命军人最感光荣、最值得纪念的日子，抗战史中最末最大的一页——接受中国战区包括台湾、澎湖和越南北纬十六度以北所有日军投降，由日本冈村宁次大将代表签字的仪式，于南京黄埔路中央军校旧址、今中国战区中国陆军总司令部举行。在国父革命首次于广州起义的纪念日，于作育革命军人的中央陆军军官学校大礼堂举行受降典礼，益具特殊意义。

自中山门外进入南京城，北行千余公尺，转向东北的一条坦途，梧桐夹道，绿阴匝地，这就是著名的黄埔路。一临路口，首先映入眼帘的是"中国战区日本投降签字典礼会场由此进"和"中国陆军总司令部"的指标，横跨道上，高与行道树齐，相映成趣。前行约一公里，红色建筑物一列，巍然矗立于路底，葱翠雄壮的紫金山第二峰，屏峙于侧背，而国父陵寝所在的紫金山第一峰，更以虎踞龙蟠姿态，赫然入目，真乃毓秀钟灵，宜吾民族有此光荣际会。入门处，松柏彩坊迎面高耸，缀上一个又大又红的 V 字，光耀夺目；"中国战区日本投降签字典礼"巨大

---

〔1〕 节自冷欣所著《从参加抗战到目睹日军投降》一书中《受降典礼》《台湾光复》《与冈村宁次的会谈》等与受降相关的章节，部分内容有删节。

的红色金字和中、美、英、苏四强国旗，更与油绿色的松针柏枝互相辉映，数百公尺外便清晰可见。二门也是彩扎的，加上"和平永奠"四个金字；"中国陆军总司令部"八个字也镶嵌松枝柏叶间。再进去，则为一百公尺见方绿草油油的广场，此处旗杆夹道森列，五色招展、鲜明显眼的五十二个联合国会员国的国旗，迎风飘扬，此一伟大布置，在当时来说，洵属空前。这些旗帜都是外交部的，特别从重庆运来（礼堂所有布置材料，都是由重庆、芷江空运来的），将来要分赠各国使馆保存，留作纪念。通过旗林，见礼堂门口，又是一座彩牌，"和平胜利"四个大金字，以最醒目姿态出现，而雄踞其后者，为红蓝白三色彩布缠绕的四大柱石，其巅巨幅国旗矗入云表，钟楼上也是 V 字。入内即日本投降签字之所，厅内布置气象万千，两百零八幅联合国旗与无数 V 字标志，布满空际和四壁，而红蓝白三色巨旗更环绕全厅，嫩绿的矮绸屏三面围起签字的上下两条长桌，四围楼厢也用红蓝白三色装点起来。正中台上为交叉的党国旗暨国父遗像，并有"和平"二字；正对面则为四强领袖像，其间有一只挂钟，这富有历史价值的钟，据说后来赠予何总司令了。台前为我受降最高长官何将军和陪同官员座位，相对数步列座位一排，系为日本投降最高代表冈村宁次大将及随来官员而设，两旁为被邀参观此一盛典之外宾及我方高级官员与中外记者座，可容三百人；而厅内外仪队和担任警卫的武士，将近千人。是日黄埔路上，满布由空运抵京的宪兵和新六军担任警戒，从辕门通到礼堂的道侧，每隔十步，竖有各同盟国国旗，旗与旗之间，立有新式装备的警戒兵一名，身着绿色全新秋季制服，钢盔革履，精神焕发，威武森严，益增胜利国受降荣典庄严和平的气氛。

国史上最大荣典纪盛

签字仪式，依照预定程序准时开始：八时卅分，中外来宾如江苏省政府主席王懋功、第三方面军司令官汤恩伯、接收计划委员贺衷寒、盟军军官麦克鲁中将、海恩中将、柏德诺少将、保义上校暨中外记者数百人陆续签名入场。八时四十五分，日军投降代表冈村宁次大将等，分乘汽车三辆，由中国王武上校引到中国陆军总部，在广场下车时，中外摄影记者纷纷摄取镜头。王上校接引他们入休息室，这时应邀观礼人员，都已依席次坐定。礼堂中央为受降席，受降席前设一较小长案为日本投降代表，其后各立仪容整肃的士兵十二名。受降席和投降席四周，环以白绸，左侧为高级将领席及中国记者席，右侧为盟国军官席及外国记者席，参加者共达千人。八时五十一分，中国陆军总司令一级上将何应钦，率参加受降官四人入场，中外军官及来宾均肃立致敬。何总司令居中，坐于受降席上，右为第三战区司令长官顾祝同上将、陆军总参谋长萧毅肃中将，左为海军总司令陈绍宽上将、空军第一路司令张廷孟上校。受降席上，正中置一时钟。引导日军投降代表入场，先到规定地位，立正，恭向何总司令一鞠躬，何总司令欠身作答，并命坐下，日军投降代表，便依规定分别于投降席次就座：驻华日军最高指挥官陆军大将冈村宁次居中，面对何总司令；支那派遣军总参谋长陆军中将小林浅三郎、总参谋副长陆军少将今井武夫、参谋陆军中佐小笠原清三人，依次坐于冈村宁次大将的左侧；支那方面舰队司令长官海军中将福田良三、台湾军参谋长陆军中将谏山春树、第三十八军参谋长陆军大佐三泽昌雄，依次坐于右侧。日方七位代表，都是光头，穿军服，未佩带军刀；日方译员木村辰男穿灰色西服，以立正姿势，立于冈村宁次之后。冈村就座时，把他的军帽置于案头，其余都始终握在手中。日军代表入席后，何总司令便向中外记者宣布："摄影五分钟！"中外记者骤形忙碌，纷在四周和走廊上拍摄电影和照片，我受降大员的雍容仪表，和肃然危坐的日军投降代表，一一摄入镜头。九时零四分，何总司令命冈村大将呈出证明文件，冈村转命小林总参谋长呈递何总司令，何氏检视后，将该证明文件留下；接着又取出日军降书中文本两份，交由萧参谋长转交冈村宁次大将，冈村起立，双手接受，小林总参谋长在旁替他磨墨，冈村一面匆匆翻阅降书，一面握管含毫，在两份降书上分别签字，毫无犹疑踌躇之状。签字后，复从右口袋里，取出圆形水晶图章一枚，盖在他的亲笔签名之下，所盖印鉴，略微向右倾斜，签字的字迹虽然很娟秀，但墨痕似嫌稍淡。签字时，中外记者莫不争取此一稍纵即逝的机会，迅捷摄取冈村握笔镜头，一时投降席位顿成电影机和照相机的焦点，而案头所置降书笔砚，和冈村的军帽，也是各摄影记者所感兴趣争取拍摄的对象。冈村于签字盖章后，就把图章装入原口袋中，一面命小林总参谋长把降书呈递何总司令，一面点头，好像日本无条件投降，完全出于自愿，现在中国战区日军已签字投降了，从此两国终止战争状态。小林总参谋长，当将冈村签名盖章的降书两份，恭谨地捧到受降席前，双手呈递何总司令，何氏加以检视后，便于日军降书上签字盖章，态度从容安详。旋以降书乙份，命萧参谋长交付冈村宁次大将，冈村起立接受。何总司令复将中国战区最高统帅蒋委员长命令第一号，连同命令受领证，仍命萧参谋长交付冈村，冈村遵于受领证上签字盖章，并将受领证命小林总参谋长送呈何总司令。至此，何总司令宣布日本代表退席，仍由王俊中将引导日军代表离座，七位日军投降代表肃立，向何总司令一鞠躬，然后鱼贯退出礼堂，何总司令曾起身作答，只见冈村绷着脸走，内心似有无限感慨；小笠原清落后了两步，形容惨淡，几乎要哭了！

广播演说与胜利午餐

日军代表退出会场后，何总司令即席发表广播演说，向国内外宣布，此一历史上正义战胜强暴、为举世瞩目的空前盛典——日军投降签字仪式，已经在短短二十分钟时间，于首都南京顺利完成。词毕，全体掌声雷动。嗣由鲍副处长静安译成英语，翻译刚完了，全场复热烈鼓掌。何总司令旋率受降人员退席，并把他本人签字所用的毛笔携出，留为永久纪念。这时，中外观礼来宾群趋何总司令之前，向何氏握手道贺，并于礼堂门口，摄影留念。当参加受降和观礼的人员顺序退出时，招待人员大声呼喊着："请观礼的嘉宾，到励志社共进胜利午餐！"这是何总司令为庆祝胜利邀请的。

降书全文

一、日本帝国政府，及日本帝国大本营，已向联合国最高统帅无条件投降。

二、联合国最高统帅第一号命令规定："在中华民国（东三省除外）台湾与越南北纬十六度以北地区内之日本全部陆海空军与辅助部队，应向蒋委员长投降。"

三、吾等在上述区域内之全部日本陆海空军，及辅助部队之将领，愿率领所属部队，向蒋委员长无条件投降。

四、本官当立即命令所有上第二款所述区域内之全部日军陆海空军各级指挥官，及其所属部队，与所控制之部队，向蒋委员长特派受降代表中国战区陆军总司令何应钦上将，及何应钦上将指定之各地区受降主官投降。

五、投降之全部日本陆海空军，立即停止敌对行动，暂留原地待命，所有武器、弹药、装具、器材、补给品、情报资料、地图、文献档案及其他一切资产等，当暂时保管；所有航空器及飞行场一切设备，舰艇、船舶、车辆、码头、工厂、仓库及一切建筑物，以及现在上第二款所述地区内日本陆海空军，或其控制之部队所有或所控制之军用或民用财产，亦均保持完整，全部待缴于蒋委员长及其代表何应钦上将所指定之部队长，及政府机关代表接收。

六、上第二款所述区域内日本陆海空军所俘联合国战俘，及拘留之人民，立予释放，并保护送至指定地点。

七、自此以后，所有上第二款所述区域内之日本陆海空军，当即服从蒋委员长之节制，并接受蒋委员长及其代表何应钦上将所颁发之命令。

八、本官对本降书所列各款，及蒋委员长与其代表何应钦上将，以后对投降日军所颁发之命令，当立即对各级军官及士兵转达遵照；上第二款所述地区内之所有日本军官佐士兵，均须负有完全履行此类命令之责。

九、投降之日本陆海空军中任何人员，对于本降书所列各款，及蒋委员长与其代表何应钦上将嗣后所授之命令，尚有未能履行或迟延情事，各级负责官长及违犯命令者，愿受惩罚。

奉日本帝国政府及日本帝国大本营命签字人中国派遣军总司令陆军大将冈村宁次印。昭师二十年（公历一九四五年）九月九日午前九时　　分，签字于中华民国南京。代表中华民国、美利坚合众国、大不列颠联合王国、苏维埃社会主义共和国联邦，并为对日本作战之其他联合国之利益，接受本降书，于中华民国三十四年（公历一九四五年）九月九日午前九时　　分，在中华民国南京。

中国战区最高统帅特级上将蒋中正特派代表中国陆军总司令陆军一级上将何应钦印。

最高统帅第一号命令

接中国战区最高统帅特级上将蒋委员长第一号命令，系对中国战区内中华民国（辽宁、吉林、黑龙江三省除外）台湾及越南北纬十六度以北地区内的日本陆海空军颁布，令文相当长，其内容要点，约有下列五端：（一）投降之日本陆海空军，即停止一切敌对行为，暂留原地静待命令；将所有一切武器、弹药、装具、器材、物资、交通、通信及其他作战有关之工具案卷，及一切属于日本陆海空军之资产等，予以暂时保管，不加损坏，待命缴纳于本委员长，或何应钦上将所指定的部队长官，或政府机关代表。（二）日本部队及附属部队之军官，须保证所属严守纪律及秩序，且须负责严密监视其部下，不得有伤害及骚扰人民，并劫掠或毁损有关文化之公私文物及一切公私资产。（三）联合国战俘及被拘人民，在本委员长或本委员长之代表何应钦上将接收以前，必须妥慎照护，并充分供给其衣、食、住及医药等。（四）日军及日军控制下之一切军政官员，须协助本委员长之代表何应钦上将所指定之军队收复台湾（含澎湖列岛）、越南北纬十六度以北地区及中华民国境内各日本军占领区。（五）本命令所规定各项，及本委员长之代表何应钦上将，嗣后所发布之命令，日军及日军控制下之一切文武官员及人民，须立刻敬谨服从；对于本命令或此后之命令所规定事项，倘有迟延或不能施行，或经本委员长或何应钦上将认为有妨碍盟军情事，将立刻严惩违犯者及其负责之军官。

投降前夕"秘史"公开

依无条件投降规律，一切由战胜国安排，战败国无条件服从，所以对于签字仪式、降书内容、投降代表应准备事项，均由我战胜国方面径行决定，不须征询投降代表签字人意见。当冈村宁次接获我总部中字第十九号备忘录，规定何总司令接受日军投降地点、日期、时间及日军投降代表签字人与出席人后，一再请求我提示签字时出示证明文件应载明事项，并盼事先能了解降书的内容。我嘱交涉人员转致他证明文件内容，须包括：（一）奉命代表，（二）管辖范围两点，请先准备；关于降书及蒋委员长第一号命令的抄本，经请示总部同意，曾于签字前夕——九月八日夜间，秘密先给冈村宁次将军以阅读的机会，随即取回；并约定：（一）不许抄录；（二）不准提修改意见；（三）不得于签字以前宣扬。对方一一承诺。第二天俯首签字，毫无犹疑踌躇之状，与典礼前夕这一段秘密协调有关，这在当时是最高的秘密，现在事隔二十年，依外交公文惯例，可予公布，所以敢在读者前，公开这一段"外交秘史"。

敌酋军刀的处置

刚才追记当年投降签字情形，提及日军投降代表七人，一律军装，均未佩带军刀；其实，关于敌人军刀的处置，事先交涉是颇费周章的。因为日本军官的威仪，平日就表现在这把代表武士道精神的军刀上，今天，日本虽然战败宣告无条件投降，而敌人多少还希望保留一点尊严；

如果硬性规定在签字之日不得佩带军刀入场，日方也只好俯首听命，不过好像太不给他们面子，假使因此恼羞成怒，使出武士道切腹自裁的精神出来，不愉快事件，正好发生在投降签字前夕或典礼进行当中，那是不可想象的损失！因此早在九月二日，总部曾以中字第十七号备忘录送冈村宁次："根据盟军最高统帅麦克阿瑟将军规定：（一）日军缴械时，不得举行副武器仪式；（二）日军代表于正式投降时不得佩带军刀；（三）凡日军所有军刀，均应与其他武器一律收缴，一俟正式投降后，日军即不得再行佩带。以上规定，在中国战区一律适用。希贵官知照，并转饬所属日军遵照！"日方没有反应；我为此曾和幕僚们商量，大家主张日军绝对不得带刀，甚至连勋标均须拿下；也有主张按投降惯例，投降代表须当场献出军刀；最后决定于投降代表到达休息室时，先将军刀解下。由于几经婉言交涉，获致他们谅解，才同意不佩刀入场，并将刀分别呈献：冈村宁次大将所佩军刀，恭献何总司令；总参谋长小林浅三郎中将的刀，献赠萧参谋长毅肃；总参谋副长今井武夫少将的刀献赠给我。军刀问题，总算恪遵上级指示，得到了合理的处置。

奉命飞渝呈递降书的殊荣

受降典礼完成，参加受降及观礼人员，都愉快地到励志社与何总司令共进胜利午餐；而我呢，正当十一点半钟，便奉总座命，携冈村宁次签过字的降书，于当日中午，乘专机赶飞重庆，代表何总司令呈递委座（当时的国府主席）查阅，因此未及参与胜利午餐，但此行却给重庆赶来观礼的新闻记者们帮了个忙，带去他们对于此一盛典的记述和描写的通讯稿。专机于下午四点多钟抵渝，先见侍从室主任周至柔将军，再访晤中央党部秘书长吴铁城先生，经他们商量决定，于第二天（九月十日）上午九时，在国民政府礼堂，与中枢纪念周、国父首次起义纪念仪式同时举行。（广州起义纪念日，原为九月九日，因值星期日，故于第二天举行纪念周时补行纪念仪式。所以安排在这一个场合，在当时来说，我国革命五十年，抗战八年，能获如此空前胜利，皆种因于当年国父第一次广州起义，于国府纪念首次起义的典礼中，向蒋公呈递降书，尤具深远的意义。）在简单而庄严隆重的仪式中，我手捧降书，恭谨地向主席蒋公呈递，并留影纪念，博得全体一致鼓掌，内心实感荣幸。礼成后，蒙蒋公召见，适社会部长谷正纲先生，为计划赴京接收同时召见也在座，我把日军投降签字经过，一一面报主席，蒙慰勉有加，尤深感奋！在纪念仪式进行前后，关于军事方面，曾向军政部长陈诚将军请示，希望约定时间面报，承他盛意邀我中午到他官邸共进午餐，我准时前往，向他面报日军投降经过。午膳毕，立法委员狄君武兄持纪念册来请我题字。中央通讯社社长萧同兹兄亦闻讯而至，老友相见，备觉亲切，为南京中央社筹备复社事谈了一会，他知道我此行匆匆，不及返回黄角垭家中小憩，就得赶回南京复命，因此陪我同车赴白市驿机场，表示欢送。这时希望搭乘我的专机赴南京的，都集中在机场守候（《中央日报》主笔张文伯就是其中之一），我都未置可否，只说要问担任驾驶的飞机师，机上能装多少就多少，乘客配合飞机的载重量，彼此安全，皆大欢喜。只因起程稍迟，空军飞行人员，状殊焦急（此时南京机场还没有夜间导航设备，天黑降落恐有困难），幸抵京时为六时十分，天未全暗，总算顺利达成任务，向何总司令复命。

　　幽默小故事两则

　　这里，我想穿插两则幽默风趣的小故事；因为八年抗战，一朝胜利，笔者奉命筹办受降这件大事，经常和盟军美、英军官和各国派遣来京采访摄影的记者接触，从外籍人士的小动作上，得到不少有趣味的启示，值得一提，谓为小插曲或特写镜头可也。有一次，参加各国驻华军官晚宴，席间，一位美国军官和英籍军官猜拳，美国人屡猜屡输，请我代猜，如果反败为胜，愿赠我美酒一瓶。结果我赢了，替他争回面子；赠酒的事，以为戏言并未介意。第二天，这位美国军官真的到我办公室来，恭敬地赠我洋酒一瓶表示谢意，美国人讲求信用，于此可见一斑。又有一回，一位美籍摄影记者和俄籍摄影记者，同时提着相机，对我摄取镜头。俄国人抢先拍摄，不料灯泡一再不亮；只见那位美籍记者将他一推说："你不行，我来！"结果第一张照片还是给美国人拍去了，俄国记者默然！从这种很小的地方看，俄国的科学设备毕竟不及美国，美国人是值得骄傲的。

"总司令官"变成"联络长官"

冈村宁次大将在投降书上签字盖章后，他已不再是"支那派遣军总司令官"，也不再被称为日军驻华指挥官，依照九月九日中国战区中国陆军总司令陆军一级上将何应钦对冈村发出的军字第一号命令，"应于本（九）日将'支那派遣军总司令官'名义取消，并自十日起，改称中国战区日本官兵善后总联络部长官，其总司令部应同时改称中国战区日本官兵善后总联络部，任务为传达及执行本总司令之命令，办理日军投降后的一切善后事项，不得主动发布任何命令"。九月十日晚，我从重庆飞回南京复命，何总司令告诉我：是日上午八时三十分，他首次召见这位总联络部长官，此为冈村宁次大将投降后首次晋见，冈村曾向何总司令恳切表示：九日九时签订降书后，即脱离日本政府节制，完全听从何总司令命令。何总司令对于处理日军投降事宜，也曾面予指示，其最重要一点："现在及今后东亚局势，必须中国统一强大、世界永久和平，始有希望，故日军一切武器器材，必须完整缴交我所指定的部队长官，切勿损坏散失及落于匪手，致扰乱地方。"冈村都表示绝对服从云云。

筹备受降盛典[1]

筹备受降盛典工作紧张

筹备日军投降典礼，是本指挥所最大任务之一，要做到上国威仪，

---

〔1〕 此文有删节。

庄严隆重。九月四日，奉芷江总部电示："限即到。×密。投降典礼所需费用，由经理处直接开支。何应钦机申支印。"我遵即批交经理组照办；筹备工作，也从此一天紧似一天。受降签字仪式，原拟假国民政府礼堂举行，我指派新六军副军长舒适存少将和高参王连庆少将积极筹备，加紧修理国民政府房屋；后经几度筹商，最后还是择定黄埔路中央军校大礼堂，为受降典礼礼堂，改推马崇六将军专负指挥布置礼堂。至于受降典礼观礼人员的邀请，因礼堂容量有限，必须稍加限制，于九月五日电呈请示，拟规定为军官少将以上，文官简任以上，党部为中央委员及省市主任委员，本部为中校以上官佐；一切计划部署，均已完成。

欢迎何总司令莅京志盛

芷江总部何总司令，为了检视受降各种准备，代表领袖主持中国战区日军投降签字典礼，已决定八日由芷飞京，南京特别市党部发动组织的南京市各界庆祝胜利大会筹备委员会，为此并曾于九月二日、四日两次召开会议，筹备欢迎何总司令莅京。

九月八日午前八时，参谋总长兼中国战区陆军总司令何应钦上将，乘专机从芷江起飞，于中午十二时一刻，飞抵南京，南京市民众满怀着兴奋愉快，万人空巷伫候这位受降最高长官的莅临。上午十时左右，各机关团体学校代表，陆续整队前往明故宫机场迎候，自动参加民众，尤为踊跃，就我目睹热烈情形，当日欢迎民众有二万人以上。日本驻华最高指挥官冈村宁次将军，偕小林浅三郎、今井武夫等高级将领，并另成一列，肃立欢迎，各盟国军事代表团到机场欢迎的，有美军柏德诺少将、英军克逸斯少将和法、荷等军事代表多人；我方欢迎人员除本指挥所全体官员外，还有接收计划委员会谷正纲、贺衷寒诸先生，南京市政府马超俊市长、南京特别市党部卓衡之主任委员、新六军廖耀湘军长，地方商会、工会、农会以及南京学生总会代表等。机场警戒由我鸿翔部队与日宪兵共同担任，秩序井然，但铁丝圈外民众群集。每人均要一瞻何总司令英姿丰采，虽久立骄阳下，而渴望之情不减。何总司令所乘为美龄号双引擎座机，由战斗机九架保护，于十二时五分，飞临首都上空，一时万人翘首欢呼，鼓掌的声音，此落彼起，连续不绝。战斗机三架，翱翔于数万国旗飘扬之上，使机翼上青天白日国徽更增光辉；六分钟后，专机降落，何总司令旋即下机，由邓璞、陈宗旭两小姐分别代表南京全体市民献花，并献"日月重光"锦旗；贾传芬小姐代表南京特别市党部献赠"党国干城"锦旗。何总司令笑容可掬，手持鲜花，任由中外摄影记者数十人包围拍摄镜头，历时五分钟，才徐步走过欢迎行列，点头答礼，然后登车，由空军第一地区司令孙桐岗驾指挥车前导，径赴中央军校内中国陆军总部，沿途人山人海，夹道高呼："欢迎何总司令！""蒋委员长万岁！"……天真可爱的小学生，挥旗跳跃，热情奔逸，真使人感动得流下眼泪。

胜利不是侥幸，不是偶然

何总司令当天下午三时廿分，在中央军校招待中外记者，美军作战司令麦克鲁将军、参谋长柏德诺将军、萧参谋长和我均在座。何氏发表谈话说：

"记得民国二十六年十一月二十六日，我们离开首都的那天，我们都有一个沉痛的决心和坚强的自信：我们一定要奋斗到底，获得最后的胜利，重回首都。果然，在最高领袖蒋委员长英明领导之下，全国军民一致的努力，以及盟邦的协助，经过八年的艰苦抗战，终于获得光荣的胜利，重回到首都，内心自然是无限的兴奋和愉快；同时想到这八年来为抗战而牺牲的将士和同胞，以及陷区同胞八年来所遭遇的痛苦，又不胜其感念！今天回到首都，首先要代表蒋委员长对陷区同胞和死难军民的家属，表示恳切的慰问。我们的胜利，不是侥幸，不是偶然，今日的目标，唯在如何建设我们的国家，使成为一个真正富强康乐之国，来共同担负起安定东亚、维护世界永久和平的任务，这是今后全国同胞应有的努力。"

与冈村宁次的会谈

具有历史性的会见

这是我革命军人经过八年苦战的岁月，重振国威的日子，也是一个富有历史意义的早晨。日本驻华最高指挥官冈村宁次大将，率同总参谋副长今井武夫少将、参谋小笠原中佐等一行，收敛起昔日侵略者的威风，怀着沉重的心情，于三十四年八月二十八日上午八时，亲来南京萨家湾一号（前铁道部官舍）前进指挥所和我见面；我也率同邵参议毓麟、陈主任参谋倬等，礼貌地亲到室门口（非大门口）迎接。互行军礼后，即引进室内，按预定节目，进行首次会谈。

会谈开始前，我把总部颁发的中字第六至第十三号备忘录八份，面交冈村将军亲收；同时日方也送来涉外委员会业务分担表一份，这是一个专负对我联络和咨询的机构，其内容系以今井少将为委员长，小笠原、尾川、延原、揭山、船山等六参谋为委员，由小笠原中佐为实际负责人。

首次与冈村宁次会谈

首次会谈系由黄高级参谋瀛和日方随员冈田清担任翻译，张参谋汶杰任纪录，双方发言，均极慎重而礼貌。

先介绍在场我方有任务官员，与冈村大将见面：

"昨天来到南京，贵官派今井武夫少将、小笠原中佐等来迎，本人非常感谢。这位是总司令部参议邵毓麟先生，那位是本指挥所主任参谋陈倬少将，还有高参黄瀛少将暂任翻译。"

冈村礼貌地问："贵体健康吗？"

"很好。"接着我说明此行任务，"本人奉中国陆军总司令一级上将何应钦的命令，来南京设立前进指挥所，在何总司令没有到京以前，负责随时传达何总司令命令，希望贵方切实照办，并给予本人一切便利。"

"照办！"冈村敬谨地答。

我问冈村："何总司令交今井总参谋副长转给贵官第一号到第五号备忘录均收到否？"

"都收到了。"

"想贵官已采取适当措施，不知现在已做到什么程度？"我继续追问。

冈村思索一下答道："已遵交今井副参谋长以下幕僚人员办理，细节情形我不太清楚。"

"希望提出书面报告，以便转呈何总司令！"

"当饬今井参谋副长准备。"

"本人这次带来何总司令第六号到第十三号备忘录，希望贵方遵照办理，以免贻误时机；最好能把办理情形，随时告诉我。还有，本人来京以后，一切事情，都希望贵方很快办理！"我说到这里，稍为停顿一下，又接着说，"本人所讲的话，到此为止，贵官有何意见？"

冈村回答说："自当秉承何总司令的计划办理。我方一切都遵本国命令处置，而本国命令，完全以贵国蒋委员长为对象，不须以中美联军为对象。"最后一句特别强调。

我体会冈村这句话有分化的含义，立刻补充道："本人说明一句：美国与中国为同盟国！"

日军总部图移吴淞未成

"以后本部队今井总参谋副长以下幕僚，常来贵指挥所和阁下会面，本总部因让出房屋，最近想移驻乡下，为便贵部联系，联络人员将仍留置南京。"

"准备移驻什么地方？"

"打算移驻吴淞，以便管制船舶集中，但绝对不进入上海。"

"请暂缓移动，等转报何总司令再作决定！"

"报载贵国国民政府十月十日还都，让出房屋给贵方机关办公，想在九月底迁移。"

"请待转报何总司令核示再作决定！是否十月十日还都，我还不知道。"

"或许何总司令到京后即可决定。"

今井少将插嘴道："何总司令究竟什么时候莅京？"

"还不知道，等我获悉确切日期，再通知贵官。"

指派专人和日方联络

会谈快结束时，我对冈村大将特别声明说："我方派宫其光参谋为主，和贵方联络；其他人员都须宫参谋介绍，才准和贵方接谈。至于专门性问题，临时要提出的，由本指挥所派专门人员和今井总参谋副长商谈；其余一切人员，都须经许可才能会晤。如何知道是本人许可的？当由宫参谋事前通知识别。"

冈村以腾让房屋供给我方机关办公为理由，想把他的总部移驻吴淞，经我转报芷江总部，奉何总司令指示："希转饬冈村宁次将军，在未得本总部许可前，其本人及其总司令部，不得离开南京。冈村将军应明了：为使日军投降便利，及其所有日俘与日侨安全，亦应留驻南京负责，并办理本总司令之一切命令。"

接收日本驻伪府使馆

与冈村作首次会谈后，即部署受降的工作，与饬属调查伪组织各院部会负责人动态及接收日本驻伪府的大使馆。二十八日，南京特别市党部委员吴子良、袁涌庆等来所请示接收伪市党部事宜；二十九日，江苏省政府主席王东成先生派凌绍芬、张渊扬、许闻天三人来所商谈接收伪江苏省政府及南京市政府事宜……同日完成日本驻伪府大使馆的接收工作，所得文件，分别交由邵参议毓麟、龚参议德柏两先生审阅。

自二十九日起，我规定每晚八时，集合组长以上官员，举行工作汇报，检讨本日工作，并指示次日应办事项。

王顾问奉命东来

南京前进指挥所已成立三天，因无线电信迟滞，芷江总部对此间工作开展情形，未能详悉；何总司令，亟待明了，特于八月二十九日，亲笔手书，请王达天先生飞京面交本人："容庵兄鉴：关于南京方面情形，因无线电信迟滞，此间不甚明了。兹特派王顾问来京视察一二日，即返芷报告，希将该方面情况详细告之为要！此颂时祺。何应钦启 卅四、八、廿九。"

我即将总部所需了解与日本交谈各点，详细面告，并就日军于投降签字前后等重要问题，如何解决，分别交换意见，请代一一转呈，王氏翌日返芷复命。事后追究电信迟滞的责任，查明系第三发报台贻误，当将该台负责人，从严处分。

和今井武夫私人谈话

八月卅日下午三时，今井武夫少将，率同参谋小笠原、翻译木村，前来前进指挥所看我，仍由黄高参担任通译，当时《前线日报》马树礼社长亦在座，做了五十分钟的私人谈话：

"我们今天仅作私人谈话。最近几天因备忘录的需要，多烦阁下和各位幕僚们偏劳！"我说。

今井答道："贵所人员很少，想必比我们更忙；敝部对于这些应做的工作，在可能范围内，愿尽量效劳。"接着小声小气地说："还有阁下个人方面，如有什么需要，请随时提示，以便遵办。"

我知道日本人时有一种不光明正大的心理，尤其军阀恶习，盛行"奉献"；可惜今井这一番试探性的暗示，对我有如雨落荒田，一无用处。因以严正的态度跷起脚来对他说："个人毫无所需。本人生活素极简单，我足上的皮鞋，已穿着四年了。"

今井俯首看看我的皮鞋，略有愧色，恭顺而感慨地道："关于这一点，日本军人自愧不如，因为日本军人生活，近来较为复杂，他们除去固有的日本生活之外，兼有西洋化的生活，到贵国后，又有中国化的生活，因此不但日本将校，就是一般士兵，也有私人财产，移动时行李很多，虽小部队也需卡车运输，关于这一点，使目前统帅人员，甚感困难！"

"军队输途，似不宜有笨重行李。"我说，一面把话转入正题：

"近来贵部工作，我想一定很忙。昨二十九日已收到第五号备忘录答复文书，希望其余部分也加速办理，以便迅速推动工作。"

"关于这一点，敝部早已知道，正分令各有关单位遵办中。因日前贵所各参谋和敝部参谋人员举行联席会议时，提出项目较多，鄙人已饬各参谋漏夜工作，关于这一点，鄙人对他们尚感满意。再贵国军队组织，和敝国稍有不同，就司令部言：贵国一切重点（如兵站补给等）集中于上级机关，敝国的一切重点，则分散于各部队，因此所有资料，多须临时向各部队搜集，以致答复稍有迟延。这一点鄙人当再督饬各幕僚加紧办理。"

"希望贵部能迅速办理！"我边催边解释："阁下代表冈村将军，我代表何总司令，如能早日完成任务，彼此都感愉快。"

"是！回总部后，当尽速遵办。现在有三点须提出请示的：（一）日军武装将如何解除？（二）日军由内地撤到沿海，将如何运输？（三）日军在运输期间，粮食如何补给？是否由日军自行购办？有无预为购储必要？"今井又逐点补充说明："关于运输方面，日本原有轮船七百万吨，经被炸损失，还能行驶的仅二十七万到三十万吨，因缺乏器材和工具，破坏的一时无法修理，在这二十七万吨的船舶中，中国方面最多只能分配五万吨，如此最快需要两年时间，才能输送完毕；如果一切条件不完备，则需两年半到三年才能运完。假使借用英美轮船若干万吨，能在四五个月内即可运完。这就是运输力、滞华期间和粮食问题的三联关系。鄙人对于这一点特别重视，希望贵方设法妥为解决。过去日军粮食，都是就地采购，今后则无法收购，如日军既不能回国，又无法采购供应，等于'死不能死，活不能活'，必致发生问题，如节制不当，恐有发生暴动之虞！"

"关于这一点，个人深具同感，愿电何总司令请示。"

"现在下级士兵，虽已服从命令，但依敝意，必先使他们能够安心，才是治本的良策，请求贵方能设法安定他们。"

"这一点，深信何总司令愿为解决，只是中国也缺乏船只。"

"可否借用或雇用同盟国的船只？"

"在我来京以前，何总司令已计划到这一点，我想已有解决办法。"接着向他提出工作要求："对本部备忘录的回答，大概何时可以全部送来？"

"因判行需时，明三十一日上午可呈送。"

"急于呈送总部，希望能更快送来！"

"是！又贵部第六号备忘录中涉及经济和政治问题，这种事情，不是本部所能办理的；目下已在大使馆中组织一个涉外部，将由该部直接办理。又关于敝军对于无飞机、无重火器的共产军无法解决的真相，愿在此特别一提：因为敝军分散驻防，人地不熟，而共产军多着便衣，与百姓不分，所以常被包围袭击，使日军深感棘手，现在顺便向阁下一提。"

"恐不一定都是共产军，想其中也有我方地下部队战斗员尚未奉到命令。"——这是有含义地予以答复。

谈到这里，我又把话题一转："这次贵国受原子弹伤害，实况如何？"

"广岛方面，先死三万人，伤九万人，后续死亡三万人，受伤的多不易治好；长崎方面，因人口较少，仅死亡一万人，伤三万人。关于原子弹，前年日本也几已发明，不幸到最后阶段，因实验时一位助手不小心，以致发明人和有关文件，也都遭炸毁。"

今井讲到"不幸"两个字，好像很伤感似的，我淡淡地说了两句："你们的不幸，正是我们的大幸。"接着又问："美国完成原子弹时，贵方知道不知道？"

"日本仅知美方着手研究，并不知道已经完成。"

我和今井少将的私人谈话，至此结束。

关于京市治安，因伪府军宪警人员，奉总司令指示："仍维原状，候令处置。"他们继续维持秩序执行任务，所以南京城内治安情形良好。市面物价，相当稳定，一般较内地低廉十五倍至二十倍，当时均按伪币计算，自前进指挥所驻京，市民多已自动改用法币。物资除汽油无市外，日用百货，供应无缺，不过多半为日货罢了。

访冈村宁次二次会谈

听说冈村宁次身体不适，拟前往慰问，并寓答拜之意，乃于三十一日上午八时五十分，率同黄高参瀛，专赴其住所问疾，仍由黄高参和木村分任通译，与冈村宁次将军作第二次会谈：

"听说贵官近日身体不舒服，不知现已痊愈否？这次贵部今井总参谋副长以下诸幕僚，对于本部备忘录所交办事项，都能热心认真迅速办理，本人深感满意。其中还有没有办的，仍希望继续努力赶办，好告一段落。"

"谢谢！还没有办好的，自当督促早日办理，现在本人愿向阁下提出报告的：日军这次战败，虽在其他战场有个人切腹和小部队不听节制等情事发生，但在本人管辖之内，还没有这种事情，总算很幸运。但对于这类事件的预防，本人处于监督者地位，实感困难。最近据第一线部队报告：前方官兵所不安的，为粮食问题，像这次接收洛阳方面的胡宗南部，虽对敝军特别优待，但该地粮食集中采购，相当困难，实际上我方不能不顾虑这一点。希望接收时，在敝部驻在地内，贵方仅派驻监视部队，等接收完毕后，再派全部人员入城，如此调剂粮食，似乎比较妥善。这次解除武装，有粮食和运输两大难题，如能顺利解决，一切不成问题，事实上恐有相当困难，关于这一点，愿将敝意提供阁下参考。"

提三点意见供我参考

一、鄙人切望签字事宜的顺利履行，但因有上述的不安情况，拟请准予暂时借用自卫武器，俟船舶配备确定后，于乘船地点全部交出，关于这一点，希望依贵国实际情况，加以研究。

二、这次东三省方面，苏联解除敝国军队武装时，也因顾虑粮食问题，准予关东军携带自卫武器和必要的汽车，并且特准自行采办粮食，这并不是请贵方援例办理，仅提供做个参考。

三、洛阳方面接受"内交涉"时，认敝方下士的刀剑，属于国有财产，军官所佩刀剑和望远镜等为私有财产，关于这一点，希望贵方早日解释，以免纠纷。

我对于冈村所提三点希望，面允转达何总司令："关于贵官所提各项，本人当分别请示何总司令。"

冈村宁次的远虑近忧

"还有，本人所忧虑者：恐怕官兵中有不服从天皇命令，自暴自弃之徒，不愿归国，在华流为土匪，关于这一点，我已再三告诫部下，万一有不服从命令的，在军法废止后，仍依普通刑法执行。因日本本土粮食，仅足供给三千万人民食用，将来军队和侨民回国后，将有总数七八千万，需要粮食供应，相差太大。关于这一点，目前一般官兵，都很了解，所以对恶意的自暴自弃之徒，不得不加防止，他日如真的留华流为土匪，对贵国尤为抱憾！"冈村说到这里，只是摇头，若不胜太息者。最后，又继续说了一句："另外，还有好意愿归化贵国的日人，不知贵方对他们怎样处置？请明示。"

我反问："不知道这两种人各有多少？贵官有无确实统计？"

冈村率直地答道："现在敝管辖区内，还没有发现恶意单独行动的分子。但小商人不想回国，愿留在贵国内，虽无统计，实际上恐不在少数。另有一部分会说华语的知识分子，也有自愿归化中国的可能。"

"关于自暴自弃的匪徒，当由国军极力剿除；至于好意自愿归化的，事关内政，本人愿报告何总司令转请。"我说。忽然联想到首都治安问题，我问冈村："最近两三天南京治安情形如何？"

冈村道："不但南京平安，连上海也极其安定。前几天，镇江附近虽发现土匪一股，但两三天内，便由敝部派部队击退，沪杭路现在也已经全部通车。最后，鄙人愿提出个人意见：如贵方同意，日军愿为地方治安和修路、剿匪等方面有所效力，不知贵意如何？"

我说："这个意见很好，本官当将贵官好意报告何总司令。"同时也作结束讲话："今天已耽搁很久时间，希望阁下早日恢复健康。"

双方推诚的会谈，从开始到结束，计费时五十分，空气始终和谐而愉快。

一个有趣的误会

当宣布成立前进指挥所伊始，我就告诫部属绝对不得私自外出，更不得"接收"任何东西，亦不得使用封条，违者军法从事。记得本所在芷江曾领到总部封条一百二十六张，始终未动用一张，并责成原保管人参谋张汶杰、副官印耀文两员负责，于九月八日撤销后，原封缴还总部。约束军纪成功，我个人深感满意！为了这件事，还有一个有趣的误会值得一提，可见当时部队对命令的遵守与服从。原先随我到京的新六军副军长舒适存兄，所部军纪甚佳，三十一日，忽见报端披露该军官长行踪；九月一日，又据报励志社门口，有人贴上新六军封条，当用电话查询。翌日，适存兄派人送信来解释误会。原函云："容公钧鉴：到京以来，恪遵规定，杜门不出。仅本军政治部副主任，原系《扫荡报》记者，偶与来京报人小叙，邀弟作陪，并非正式招待。不意报纸遂张大其词，殊为遗憾！甚矣！言行之不可不慎也。昨据副官报告：励志社贴有战地服务团条子，本军久驻国外，不知战地服务团之组织关系，诚恐华贵建筑与家具，被人破坏，故饬加贴本军长条，意在保护，并非占驻。昨奉电谕，已饬扯去矣。此外所贴条子，均系营房，且经日军派员同去勘定者；除此以外，如有本军条子，当系假冒，殊属可恶！又本军到京者，仅特务连兵一排，现正担任四处警戒，甚少外出，此外到京者有空军、有伞兵、有宪兵、有其他各机关人员，外间不明真相，概目为新六军，故法币争值，容或有之，然未必尽属本军，现已遵谕严加约束矣。知劳尊念,敬以奉闻,并叩晨安。舒适存九月二日。"

解救了铁道危机

胜利还都,最要紧的是交通运输问题,铁路交通,尤不可忽视。当我接见伪府人员梅思平时,曾面嘱注意京沪、津浦等铁路(沦陷时期系由华中铁道公司经营)照常行驶,在任何困难下,不可中断。九月二日,据报日军宣告华中铁道解除军管,青黄不接,再加缺钱缺煤,员工怠工,势难维持现状,他用书面向我报告;并向周佛海呼吁,设法由伪中央储备银行垫款维持。原函是这样写的:

"容庵先生赐鉴:顷据报告:华中铁道(京沪、沪杭甬及津浦自浦口至徐州),已于昨日起,日军宣告解除军管理;现在中央尚未接收,所有管理之责,似不得不由原有之华中铁道公司负之。闻该公司收入不敷,员工已有怠工之相,以上海方面为尤甚!八月份薪饷尚未发放,购煤亦无款项,似此现象,于交通影响甚巨!弟顷已电致佛海兄,请就近垫款维持,电稿附呈;最好乞兄亦致佛海一电,以免员工四散,或无煤应用也。如何?候夺!明日如得暇,乞赐一面,尚有他事奉陈也。专叩大安!弟梅思平顿首,九月二日晚。"

又梅思平致周佛海电稿:

"上海中央储备银行周总裁佛海兄勋鉴:华中铁道,已于九月二日起解除日军管理,在中央未接收前,自应暂维现状,闻公司收入不敷支出,八月份发薪及购煤等费,需二百万万,请就近与郑董事长商议,由中储垫款,以维交通如何?乞覆示为感!弟梅思平叩。冬。"

九月三日,我将此经过,报告何总司令;华中铁道难关,总算因此渡过。在中央未派员接收前一段时间,始终维持行驶,没有间断一天。

(节自冷欣:《从参加抗战到目睹日军投降》,
台北:传记文学出版社1967年版)

龚德柏：我所参与的日本受降过程[1]

何总司令请我去受降

三十四年八月十四日中午，我同黄少谷在张治中家吃饭，上面已说过。当我们吃完饭，还在继续谈话时，忽然勤务兵进来报告：何总司令（应钦）来了！黄少谷闻言就对我说：我们走罢！他说完就出去了。我也随之而出，刚走到客室门口，何总司令到了。我由报纸所载相片，当然认识他，他却不认识我。对我看看。张治中就介绍说：这是龚德柏先生。何总司令即握着我的手说：啊！日本通！不要走，跟我当顾问去。我只得回头再坐下。何总司令坐下后又说，跟我当顾问去。我说：总司令什么事叫我办，我极愿效劳，至于当顾问的话，我不敢当。他说：那太好了！你在家中等候，我派车来接你好了！他说完这话，就同张治中谈受降问题。我听他们谈国家大事，不敢再坐，就告辞而出。何先生又说：你在家中等好了。这样无头无尾的话，我有点莫名其妙，但又不敢信他是开玩笑。后来才知道：何先生刚见委员长出来，委员长叫他赴南京接受日本投降，他说：跟他当顾问去，就是叫我随他去南京受降。

我回到家中后，虽还不知道是干什么？但何先生叫我在家中等，这话说了两次，没有疑问。所以我就在家中坐等，私人的事，一切处理清楚。这时日本投降，我的文字生涯完全没有了，成了废人，一点事没有，

---

〔1〕 节自龚德柏著《龚德柏回忆录》一书中第三十七章《南京受降》，题目系编者拟。

所以真在那里待车来。

八月十七日上午，汽车果然来了，给我十万元（值二两半金子）作安家费，我就离开我住了整整六年的蜗居。坐上汽车，一直开九龙坡飞机场。这时李惟果（他是陆军总司令部政治部主任）也在那里，我们是要搭乘美军总司令魏德迈将军的飞机。魏将军也在机上。我们上飞机后，即起飞，我就这样离开了重庆，将来是否再能到重庆？这要看造物如何安排呢！

飞机在途中颇不舒适，因气流的关系，忽而高升，忽而被迫下降。向下面一望，都是崇山峻岭。有时飞机下面都是云层，飞机却在云上走。这样的情形我是第一次经验到。由此可证：西南山地，连坐飞机都不容易呢！

飞行了三时余，到了昆明，下机后，一切都是公家招待。我在总司令部会见了参谋长萧毅肃中将、副参谋长冷欣中将，另外还有一位副参谋长，我因平日未闻其名，故仅介绍后不能记其姓名。我在这方面是不行的，除非早闻其名，或能记得。否则介绍一次，绝对不记得，因此得罪人不少，不知我的缺点的人，却以为我看不起他呢！

最初本来打算叫日本人到昆明接受命令，但昆明太远，日本人的飞机，由南京去，中途没有加油站，是不能飞到的。我们由昆明飞南京，也有同样的困难。所以后来变更计划，把陆军总司令部迁到芷江，日本人来接受第一号命令既方便，我们由芷江赴南京受降也容易。所以我在昆明住三天后，又乘飞机赴芷江。

二十日，我们由昆明飞机场起飞，一个多钟头后，又回到昆明机场。后来才知道，在起飞不久后，发动机有一个故障，又折回昆明，另换乘一架飞机，再飞芷江。到芷江时，天已大黑，靠电光的指导，始在芷江机场降下。我住总司令部内。

这个总司令部，房屋很少，而且房间也不宽大，大约是一个小学校的校址，临时征用作陆军总司令部。好在这是暑假期内，不妨碍学生上课，到开学时，陆军总司令部已迁到南京去了。

今井到芷江接受命令

日本人到芷江中国陆军总司令部接受命令的消息传出后，全世界各大报都派专人采访这项重要消息。到芷江的外国新闻记者与摄影记者，大约有百人左右。芷江这一小地方，忽然有这么多外国客人到来，真是空前的盛事。

日本总司令冈村宁次大将，派他的副参谋长今井武夫少将代表前来，二十一日到芷江，定二十二日上午，到中国总司令部接受命令。

这时何总司令以下的人已到芷江，何总司令派参谋长萧毅肃负责，向今井少将面交命令：并派新六军政治部副主任陈应庄上校为招待员兼译员，陈上校留日十余年，日语颇佳，故使负此任务。但他的肩章则为少校，以免今井认为太看重他，而以上校当招待员。

今井走进总司令部时，由陈应庄在前引导，今井随之而进。这时两走廊上各国摄影记者，都对着今井少将摄影，这个来投降的侵略军阀，当时甚为羞愧，亦只得低头任人摄取，其心中作何感想，则非我所能知也。

走到礼堂，今井向萧中将行礼后，萧中将即拿出预备妥的命令给他，他恭恭敬敬接受，并当面请示一切，然后退去，由陈应庄送至门口。这时又是对他一阵摄影。大约每人平均有三四十张底片。我在廊下看热闹，亦气为之壮。我们被日本侵略数十年，我从未参加过对日屈辱的场面，这天得目击日本人来投降，真是百世修来。

今井武夫少将这一角色，在中日八年战争中，曾负着很重大的任务，我在这里顺便介绍。七七卢沟桥事变，他以驻北平武官，与中国从事谈判。这场谈判，不在解决问题，而在拖延时间，以便日本援军之到来，即从事总攻，以夺取北平天津。战争第二年，高宗武为汪兆铭向日本沟通后，汪决心投敌，乃于武汉失陷后，派梅思平到上海，与日本开所谓"重光堂会谈"。日本代表，就是这位今井武夫中佐，他那时是参谋本部支那班班长。他同梅思平将条件议妥后回东京请示，然后再赴上海，由影佐祯昭、今井武夫二人与梅思平、高宗武签字，而汪始由重庆出走。其后他始终居重要地位，以从事侵略战争。在日本全面投降之前一个多月，他以侵华军总司令部副参谋长之资格，曾赴安徽界首，与我驻军何柱国将军，交涉有条件之投降。当时中国对这种投降，不感兴趣，故无结果而返。无何，日本全面投降，而第一次向中国受降司令官接受命令，恰恰派到他头上。因他是副参谋长，正是他的责任。他必须充任这样丢人的角色，在他们侵略派，亦可谓天网恢恢，疏而不漏也。

他得到这样的果报，但还不反省自己之罪过，这些年来，他还从事于捏造故事，希图卸脱日本侵略之责。兹特举一例，以证其余。譬如"七七事变"，是全面大战之导火线，是他参加的事，他乃捏造：在七月六日，河北省保安司令石友三对他说：明日开战，希望日本不要打他。若这话是真的，那么第一枪是中国打的。但他还没有说"中国打的"的胆子，所以说是共产党打的，说共党目的在挑起中日开战。前年日本有所谓石村教授者在台北演说，即发表此种捏造的故事，被我提出日本的证据痛斥一顿，始抱头鼠窜而去。但他们还是在捏造故事。故中国人对于今后的今井武夫，亦须注意，他有胡说，务必迎头痛击。使他们知道，中国尚有人，捏造故事，徒示日本军阀余孽，仍无觉悟而已。

日本军阀受到果报的，不只今井武夫一人，此外还有，不妨也顺便一述。何梅协议，是日本入侵平津之开始，向中国何应钦上将直接施恐吓，要求何梅协订的酒井隆（占领香港就是他）胜利后被中国捕获，在南京雨花台枪毙。而下令枪毙他的，就是被他恐吓的何将军，可谓一报还一报了！

酒井隆的直接长官梅津美治郎，是叫酒井向中国施恐吓的。他在日本投降时是参谋总长，日本的投降条约，轮到要他签字，他作了日本第一个向外国投降的签字人，可以遗臭万年了。

"七七"在卢沟桥首先向中国进攻者，是河边虎四郎，也是一个罪魁祸首。日本投降时，他是参谋次长，到菲律宾向盟军统帅麦克阿瑟元帅接受第一号投降命令者，轮到河边虎四郎，他也规规矩矩地到麦帅那里，作了与今井武夫同样丢人的事。

这些骄横一世的军阀们，到了投降时，也只得低下头来作投降将军，这真合于"来到矮屋下，不敢不低头"了。因果报应律灵验如斯。那么，世人在得意时，也应想到失意时，则天下自然太平了。

我因畅谈因果报应，不免离了题，现在话归正传。今井武夫在芷江停留三天，二十三日始飞回南京。我们的空军支队司令张廷孟上校，搭他的飞机第一个到南京，亲自看看南京的情形，总司令部等得到他的报告，然后决定赴南京受降。二十五日晚张廷孟的报告到了，南京机场良好，我机下降无问题。唯报告南京连猪肉都缺乏，应自己带猪肉去。这是日本人向张廷孟说谎，我们到南京后，知道南京不缺乏物资，日本人故意说这些谎话，以证他们打到山穷水尽始投降云。

今井武夫带回去的命令，有两件是历史上的重要文件，兹附录于此：

1. 日本投降条约原稿

九月九日冈村宁次所签的降约是我们起草，由日本人照抄的：

（略）

2. 中国各区受降司令官名单

一、第一方面军卢汉为受降主官，日本投降部队为土桥勇逸，办理投降地点在河内。（越南。——著者注）

二、第二方面军张发奎为受降主官，日本投降代表为田中久一，办理投降地点在广州。

三、第七战区余汉谋为受降主官，日本投降代表为田中久一，办理投降地点在汕头。

四、第四方面军王耀武为受降主官，日军投降代表为坂西一郎，办理投降地点在湖南长沙。

五、第九战区薛岳为受降主官，日军投降代表为笠原幸雄，办理投降地点在南昌。

六、第三战区顾祝同为受降主官，日军投降代表为松井久太郎，办理投降地点在浙江杭州。

七、第三方面军汤恩伯为受降主官，日军投降代表在南京为十川次郎，在上海为松井久太郎，分别在京沪办理投降事宜。

八、第六战区孙蔚如为受降主官，日军投降部队，分别集中汉口、武昌，办理投降地点在汉口。

九、第十战区李品仙为受降主官，日军投降代表为十川次郎，办理投降地点在徐州。

十、第十一战区

①孙连仲为平津地区受降主官，日军投降代表为根本博，办理投降地点在北平。

②李延年为济南青岛德州地区受降主官，日军投降代表为细川忠康，办理投降地点在济南。

十一、第一战区胡宗南为受降主官，日军投降代表为膺胜孝，办理投降地点在洛阳。

十二、第五战区刘峙为受降主官，日军投降代表为膺胜孝，办理投降地点在郾城。

十三、第二战区阎锡山为受降主官，日军投降代表为澄田徕四郎，办理投降地点在太原。

十四、第十二战区傅作义为受降主官。日军投降代表为根本博，办理投降地点在绥远省归绥市。

十五、台湾澎湖列岛陈仪为受降主官，日军投降代表为安藤利吉。

我第一批回到南京

当抗战时，我不仅以报人，并以广义的文人资格，最后退出南京，我在写退出南京情形时，还不敢说"最后"。但在不久前，我才知道：中央社社长萧同兹，是十一月二十六日退出，他在退出前，曾受交通当局警告：再不退出，以后没有轮船了，所以才退出。而蒋委员长的秘书长陈布雷，二十八日始退出，他是坐很小的轮船走的，他走以后，恐怕就没有运输人员的轮船了。（军运当然有）所以说坐轮船走的文人，陈布雷要算最后一个。我是二十九日晚间坐帆船宿于秦淮河口，三十日始慢慢向上游而去。所以我可以说：文人中我是最后退出南京的。

在三十四年冬，本刊主人卜少夫，曾要求我以《最后撤出南京最初回到南京》为题，为"新闻天地"写一文，我因少夫为邵飘萍（"新闻天地"第二期）一文手续上有未周到之处，我告诉他：你把那件事办妥，我方给你写，十八年来他始终未办妥那件事，但我现在终于顺便把这两个题目，先后在"新闻天地"上写出了，这算是少夫的最后胜利。

何总司令要我随他到南京受降，我是否敢于第一批出发，总司令部的高级人员，或抱有疑问。我于参谋长萧毅肃将军之态度获得证明。当我自动说：我第一批赴南京时，萧参谋长就觉得奇怪，认为我胆大。在他们看，第一批赴南京，当然含有多少危险性。因为日军的态度，还有疑问，若临时变卦，这批人都很危险。他们或者以为我会推托要与总司令同行，但我竟要先行，他所以惊奇。其实我看日本投降是绝无问题的事，故我们先到南京，绝无危险。

由芷江飞南京

八月二十日晚，始接张廷孟由南京发出的第一次报告。"机场可用"，本决定二十六日就往南京，但终因时间过于仓促，始改为八月二十七日起程，总部先晚通告，天亮就到机场。

我有生以来，到今天七十三岁为止，只有这一天，直接为国事，由五点钟起床，到次日上午三点，共二十二个钟头勤劳。因为我大都是自由职业，晚间虽勤劳，日间则没有事，办晚报时，日间有事，而晚间则无事。我做的官，是空闲职务，绝没有昼夜勤劳过。

八月二十七日这天五点钟我就起床，早饭吃后，就预备好上飞机。我们的车到机场，还没到八点钟。但芷江机场太大，一眼望不到另一边，究竟有多大，我到今天还不知道。我们预定所乘的飞机，停在何处？找了好久才找到，我们的车走了约十分钟，始到飞机停处。上机后，等别的飞机先飞，我们始起飞，这时已是十点半钟了。

这次我们共七架飞机，官佐约八九十人，另有士兵五十二人，由新六军副军长舒适存率领。这些士兵，大概是假的居多数。因为有许多人要到南京，但这时只有军运，便服的人，绝无上机的可能。所以要上机者先与上官办好交涉，穿着军装上机，故我们五十二个士兵中，这样的假兵有多少，恕我不知。

我们的飞机，大概都是沿河飞行，在沅水时，因河道有弯曲处，故飞机有时离开河道，但过洞庭湖，到了长江本流，则沿江而下，向下面看，始终未离开大江。这时是洞庭湖与长江满水时期，由空中所看见的水，实在壮观。以后虽也坐飞机，但江水就没有这次伟大，大概也是心理作用吧！

这天是六点钟吃的早饭，在机上过午，当然没有饭吃。美国飞行人员，他们自己备有面包，当然没有为我们预备，所以机上多数人都没吃中饭。其中有少数人向飞行员活动，也获得面包吃。

下午三点，我们其他各机，已开始在南京光华门城外大机场降落，我们的飞机降下时已是三点半，前进指挥所主任冷欣将军就在这机上面，所以算主机。这时日军总司令副参谋长今井少将，率领数十名接待人员，在机场欢迎。我们下机后，他们殷勤招待，预备有很多汽水，给我们饮。这次冷欣将军带有美制吉普车一辆，预备坐这车进城，因装车的飞机较迟到，又因卸车费时，故四时余，我们的吉普车始进城。别人则早已坐日车进城了。

这车前面插一面青天白日满地红国旗，又是南京从未见过的吉普车，车上的人都是美式军装（连文人也是军装），路上行人见之，颇现奇异之色。但我们的来到，日本人事前大概未宣告，故街上没有欢迎的人，碰见我们车子经过的，也是偶然。我们的车一直开到铁道部后面铁道部官舍，该处是日本人为冷欣将军所预备的行辕，布置得富丽堂皇，招待亦甚周到。

谒灵归来日军护卫

冷欣将军在机场时，就问今井少将，我们要谒国父的陵墓，有问题否？今井略为踌躇地答称：没有问题，所以我们到宾馆后不到二十分钟，冷欣就率我们赴中山陵谒灵。

这次谒灵者除冷欣将军外，有刁作谦、舒适存、张廷孟、顾毓琇、邵毓麟和我。此外也还有，恕我记不清了！

我们去时，路上有一点布置。到陵园下车，当然由冷欣将军走在前头，我们随后行。但冷欣将军故意乎？无意乎？他一步走两级，这三百余石阶，一直是这样走，后面的人都不敢落后，也只有随之走，走到灵堂外，舒适存几乎倒下来了，幸经人扶住，始未倒到地下，邵毓麟穿的哔叽军装，被汗湿透了。而两个老兵——刁作谦年已六十五岁，我五十六岁，还无异状，差可告慰。

我们谒灵过后，不久就乘车回南京城，这时与来时情形大不相同了。即我们来时，中山门外路旁可说没有一个人，这时两旁由日本兵站岗，大约十米一个，脸对路外，即背对着我们，枪举起，作预备放的姿态。

因为我们来时，没有预先告知日本人，我们走后他们才知道，所以马上派数百人为我们站岗，以备万一。只这件事可证日本人如何郑重其事！我反日反得日本军为我站岗，这真是我一生的最大光荣，我死后讣文上应记入此事，并应记入族谱，这较之做任何大官都更为光荣呢！

冈村大将进见冷欣中将

我们谒灵归后，日本人就在铁道部官舍，为我们设宴欢迎。酒席非常丰富，许多人都是十三小时未吃过饭，我是不感觉饿，别人当不同。这一席宴我们受之无愧，因为日本人还不是以中国的东西，请中国人吃？我们毫无感谢地领受，实为当然之当然。

晚间交涉开始了。日本方面派人来向我们交涉，明日早晨，请我们的冷欣中将，到日军总司令部（即中国的外交部旧址）与冈村宁次大将会面。我方由冷欣派主任参谋陈倬（在台）出面应对。日方的要求，当然毫不踌躇地予以拒绝。日方说：冈村是大将，冷欣是中将，所以应该以低阶级的进见高级的。但日本是向我们投降，不是对等交涉，故不能论阶级。第二次他们又来了，主张：中日双方主官，在从前何总司令的住宅会面。陈倬接到此要求后，下来与我们商量，如何答复？开会时，我说冈村应到我们这里来，是毫无问题的事，他这种要求当然拒绝。别人对我的话没有异议。几经交涉，最后由冷欣指示陈倬，对日方说：冈村大将来见时，他自己出到室外欢迎他。就在这样条件下，到夜半过后，始把次日会见仪式说妥。到这里，重要的问题已告解决。因为双方主将会面后，一切事务，由双方事务当局去办：我们这批文人，已没有用处了。这是我参加国家大事的唯一的一次。待我们把次日的一切商妥后，始由宾馆退出，到外交部近旁的前华侨招待所去休息。因为铁道部官舍是冷欣将军个人的行辕，所有随从人员，全部住华侨招待所。我到华侨招待所睡下时，已是上午三时了。

次日早，冈村宁次大将规规矩矩来铁道部官舍见冷欣中将，冷欣中将到室门口（并非大门口）去接他，这个会面仪式就完了，这事进行得很顺利，绝不需要征求我们这批文人的意见了！

我的家具被人搬走了

二十七日这天非常热，迄晚未凉，次日下雨，较为凉爽了。但冷欣下一手令，所有人员，均不许私自外出，有必要时，须向他请假。在二十七日晚，他已向全部人员训话：绝不许有人接收任何东西，犯者军法从事。因在他未到前，就有人借口是地下工作人员，在南京大大活动，接收房屋家具的事相当多，所以冷氏才有此行动。他这种命令，只为他的部下而发，至于对我们"客人"地位之人，当不在内，但我既没有急待要办的事，故二十八日未出外，以免有故意违犯禁令之嫌。二十九日因他人都未遵守他的命令，故我也出外了。

但二十八日未出外，我南京家中的家具却被别人偷去了。在抗战开始前，我在南京住宅区北平路有一幢房屋，系由新华银行贷款而造，每月分期还款。我撤退时，房屋中设备我虽运走若干，但他人存有满屋家具。抗战中有汉奸占据我的房屋。我到南京，报纸上公布我的姓名，占据我的房屋的汉奸，知道我回南京了，即日搬家，不但家具全部被搬去，即房屋内许多设备，能搬去的，都被搬走了。最显著的如洗澡盆、抽水马桶，都被搬走了。二十九日我去看房子，只剩空房，有的房间连门都没有了，而纱窗则更不待言，假使我二十八日就去看房子，他们既住在里面，至少有纱窗房门、洗澡盆等件。即令大批家具，那时不一定还存在，是他们自己的当然可搬，但纱窗等等则不敢搬，也不让他搬。所以二十八日我未出外，实在是一件大损失。汉奸们住了我的房子多年，又搬去许多东西，真是狠心。但这汉奸究竟是什么人，我连问都没问一声，至今尚未知他名。其实向警察询问是可以知道的，并且可以追回好多东西。因为南京秩序很好，警察仍照常执行职务，他是谁？搬到什么地方？可以知道。我不问问，真是傻瓜呢！

初到时南京的情形

初到南京，最使我感觉奇异者，是人那样少。因为在战争爆发前，南京几乎是人山人海，现在回来，以从前的眼光看，则太少了。尤其城北为然。我曾到城南从前繁华的街道去看过，得到此种印象。但有一事是从前没有的。就是街道两旁，有许许多多的地摊，出卖各种东西。譬如布匹等件，随处可买。而我们新来的人，以购买布匹者为多，因为后方如重庆等地，不但布贵，而且质料不好。一到南京，看见那样好的东西，那样廉的价钱，不要买的人，也得买两匹，所以地摊生意相当好。这些小贩都是所谓"跑单帮"的。就是由甲地买进的东西，以自己的力量赶轮船火车，甚至肩挑手提，运到乙地丙地去卖，赚点小钱，以维持生活。这种情形，只表示人民生活困难，不是这样，就不能活。这是极不正常的情形。但这种不正常的情形，由敌伪时代起，国民政府回南京后，还是未改，甚至更厉害，直到从大陆撤退为止。目前的情形，较此当更不如。因为那时还有物资，供人民贩运，现在物资缺乏，恐怕已没有"跑单帮"的情况了，或者跑单帮的情形又变更样子了，我没有亲眼看见，无从悬忖。

因跑单帮的人那样多，致交通混乱异常，每一班车或一班船，人之拥挤，不可言状。强有力者，单身可以挤上去，若稍带行李，则更困难。由车门上车的固然有，但多数是由窗户上车，且有专人作此营生。即有人要上车，他们负责把你由窗口送上车去，你给他少数报酬就行。所以这时候要旅行，非常困难。我有亲戚两夫妇，由无锡来看我，回家时，在南京车站，被人挤得脚不沾地，连鞋子都丢了。这样的事，恐怕不只他们夫妇而已。在这样情形下，我回南京后，很久很久不敢到上海去一趟，在车上虽不挤，但在站台上仍免不了挤。后来时间久了，火车班次也整理了，车站之挤虽好若干，但跑单帮这件事，永久是有的。

初到南京时，除为我们站岗护卫的日本兵外，几乎看不到兵，由表面看：在南京的日本兵少得很。但据日本高级人员告诉我：当时南京附近共有九万五千人。我由从来的战争情形看：若要以武力夺回南京，恐南京城打得粉碎，这些日本兵也歼灭不了。所以这次战争，除日本整个投降外，要完全把所有失地收复，至少也得打十年。所以日本投降这件事，实在太重要了。若日本不投降，日本兵被歼灭净尽，中国所有城市都全部毁灭，此外，没有第二条路可走。所以日皇主张投降，不但救了日本，也救了世界。

初到南京，使我们最感奇怪者，是南京城内，几乎没有一个日本女人。当然这是战时，女人应该少，但不能完全没有。我推测：这是我们未到之前，所有女人都逃到上海去了。因为日本人占领南京时，是残杀和强奸。他们既是那样待我们，他们就怕我们原礼退还，就是我们收复南京时，也来一个普遍强奸日本女人。所以她们先逃跑了。但奇怪得很，中国兵不但没有这种行为，即这种意思也没有。这不但是十四师师长龙天武的纪律严明，而中国人也是真正体会蒋委员长之宽大政策，绝不报复所致。所以南京换了主人，社会上几乎不感觉有这件事。中国这种伟大民族，实在可作世界的模范。世界伟大民族如英国人，我却亲眼看见他们对日本兵报复，这是英国民族不及中国民族的地方。

我到南京后，一直住在南京，我只知道一件事，使日本人稍有屈辱之处，即九月九日上午日本已签字投降条约。是日下午有一日本军官，在大路上全副武装带剑行走，被中国宪兵看见，把他的剑收缴去了。这是日本军官自讨没趣，中国宪兵的行动，并不过分。因为日本已投降，所有日本兵，都是俘虏，不应带剑，而他不顾身份带剑，被中国宪兵收缴，实为当然。

所以总括说一句：中国军队接收南京，实在太有节制，有礼貌，与日本之奸淫屠杀相比较，殊有天渊之别，这是我敢向世界自夸的。

日本签订投降条约

日本应签的投降条约，其底稿已由今井武夫，从芷江带回南京，前文已说过。我们到南京以后，只有叫冈村宁次来冷欣中将行辕报到时，略费口舌外，其他的事，一切顺利。九月九日是指定日本签订投降条约之日。九月三日，陆军总司令部参谋长萧毅肃中将，已到南京，等于司令部已迁到南京了。九月八日中国受降主官陆军总司令何应钦一级上将飞到南京，九日由何上将主持日本签订投降条约仪式。地点在中央军官学校大礼堂。在预定时间前，日方人员由日军总司令冈村宁次大将率领到齐，即入礼堂。九时整，由中国受降主官何上将命令冈村宁次大将签字于投降条约，冈村敬谨签字后，双手捧呈何上将，何上将接受其投降书，查阅无误后，接受其投降。于是冈村宁次大将及其所率领之全部人员，都自己将佩剑解下，双手捧呈，由中国官员一一接收。他们于是都成了中国俘虏，由中国收容。全部投降仪式完成。是日当然全世界各大报纸都有记者参加，其场面之盛，较今井武夫到芷江时尤为过之。而在场内场外观礼者亦数千人。在中国历史上仅唐太宗贞观四年四月戊戌，太宗御顺天楼受突厥颉利可汗之俘，约略近之，而尚不及。

但在我个人则有美中不足。我是何上将请去受降者，受降仪式，当然应有我参加。事务人员，把请帖送至总司令部我的办公桌上，会场中也有我的席次。但我在总司令部不负任何事务责任，故平日从不去办公，致请帖在办公桌上，我未见到，故是日未得参加典礼，诚为千古憾事。

投降条约签字后，日本全军即成了俘虏，照理应举行缴械式，即全军集合于大教场，由日军缴出枪械，中国接收。但这样办，使日本军人每一个人都感觉耻辱，这不是蒋委员长宽待敌人之意旨。所以萧毅肃将军请示何总司令，免去缴械仪式，只命令日军，将应缴之枪械，存入仓库，造一总册，由中国接收。所以这一办法，免去了日本人亲自缴械之耻辱，殊为得体。

我获得胜利勋章

抗战胜利后的国庆节，国民政府明令颁布勋章于抗战有功人员，计军人九十六人，非集团军总司令以上官员且有殊勋者不与焉，其名贵可知。但妇女界获得勋章者则一百一十余人，超于军人之数，使人大为惊奇。然政治方面人物，仅部长次长获得勋章，新闻界则只十人，而同一命令中，则有王芃生与区区两人焉，似又不无若干价值。新闻界八人因年久而人名又容易忘记，似为中央社社长萧同兹，中央日报社长胡健中，扫荡报社长黄少谷，大公报社曹谷冰、王芸生，世界日报社长成舍我，益世报社于斌，尚有一人我忘记了，共为八人。最后为王芃生、龚德柏，共凑成十人。据中央宣传部新闻处处长马星野说：中宣部的名单，只前八人，最后两人如何加入，他不知道。或蒋主席自己加入，或陈布雷签呈加入，二者必居其一。使区区不无兴奋情绪。

（龚德柏：《龚德柏回忆录》，台北：龙文出版社1989年版）

邵毓麟：与降将冈村宁次的两次晤谈 [1]

胜利后由重庆飞芷江再飞南京

八月十七日，我奉蒋主席召见，当经报告赴美经过。那时国内的情势是：日本虽已无条件投降，但在中国战区，还有日军百万。万一日军如有违法背纪行动，国人生命财产，难免不遭重大损失。如等我方正式受降，时日迁延，难免意外。因此那天我奉指示，必须设法尽速与敌军总司令官冈村宁次接触，先行说服冈村，由他负责约束所属官兵，不得有违法背纪行动，更不得任意缴出武器，造成我国混乱。本来，正式的受降工作，是由我国陆军总司令部负责，我不过是奉命协助总司令何应钦（敬之）将军，从事侧面政治工作而已。当晚，我就遵命趋谒何总司令，听候差遣。我仍保留委员长侍从室少将秘书的职衔而外，何总司令还另行给我以中国陆军总司令部参议的名衔，并且立即开始工作，协同杨宣诚兄，着手翻译盟军统帅麦克阿瑟将军的"第一号命令"，于次日完成。八月十九日，我又辞别了久别重逢的妻儿，随同何总司令飞往芷江。

我到达芷江陆军总部后，承何总司令介识参谋长萧毅肃将军、副参谋长冷欣将军和总部的几位处长，自后我们都成为很熟识的朋友。廿日，行政院各部会的代表谷正纲、贺衷寒、刁作谦、顾毓琇、张兹闿、龚德

---

〔1〕 节自邵毓麟的《胜利前后》一书的第三章"从原子弹到军事受降"数节内容，标题取自内文标题。本文有删节。

柏、陈伯庄等几位先生，都陆续到达。当天，我向何总司令建议征调日本士官学校出身的中国军官，前来总部服务，当蒙采纳下令办理。廿一日，日军总司令部副参谋长今井武夫，率同随员，专机飞来芷江接洽投降事宜，翌日离去。廿三日至廿六日，何总司令召开军事会议，各战区司令长官及方面军司令官顾祝同、张发奎、汤恩伯、卢汉、李廷年等将军，都前来芷江参加。我这个不三不四半文半武的"参议"，特别奉命列席。在这个三天的军事会议中，我总算做了一件"参议"工作，就是对于各战区伪军的受降纲领，是由我起稿而获得会议通过的。廿七日，陆总副参谋长冷欣将军奉派为"前进指挥所主任"，率同所属飞往南京部署，我也就搭机同往，以便完成我奉命与冈村接触的使命。关于正式受降前后的经过，何总司令和冷欣主任，都曾有详尽的记录和官方的发表，我在这里，只是提供若干官方或他们两位所未提到的稗史资料，作为补充。

我们飞抵南京机场之时，今井率领参谋人员在场迎迓。我和今井在芷江初次见面，仅交谈数语，但当时日本驻南京伪组织大使馆的大使谷正之、公使堀内干城、参事太田一郎、清水董三等，均系战前旧识，大约今井已和他们交换过情报，所以我们在机场晤面时，他就悄悄地告诉我说冈村总司令官有随时切腹自尽之虞。我听了内心既紧张又怀疑，但在表面上只好镇静地告诉今井说："这不是切腹的时候，请你转告冈村大将，我想尽速和他开诚谈谈。"从机场乘车到招待所，看到沿途萧条荒凉的情景，和整然列队步行的日军徒手官兵，真是感慨无量。我虽非军人，但我至少还懂得打胜仗固难，打败仗也不容易的道理。打败仗而有此沉着不乱的徒手官兵，已可看出日本民族的能沉住气以待再起的征象。当晚，今井设宴招待我方前进指挥所官员，席间他又向我表示，冈村总司令官神情不安，亟盼能向我尽早"聆教"。我想不论实情如何，此时此地，岂可让冈村自杀，冈村一死，百万日军，何人负责？我方受降又将如何？我又想到前进指挥所冷主任的任务，是替何总司令的正式受降做铺路准备工作。由于职位关系，他的任务是正面的、具体的、命令式的，也是多方面综合性的；而我的使命，毋宁是侧面的、原则的、含有说服性而亦局限于政治性的。于是我决心单身匹马，先和降将冈村一谈，试行说服他积极合作，如果他真有自尽企图，更应打消他的这个念头。

与降将冈村宁次的两次晤谈

当晚晚餐后，我和冈村宁次的晤谈，是在南京中央路龙公馆举行，陪坐者仅今井一人。冈村面色憔悴，情绪低落，但态度还很镇静，不失大将风度。他迎至门前，伸手邀我入室坐下。斯时也，更深人静，在南京炎热的空气中，却显得严肃燠闷。冈村缓慢而低声说："邵先生，久违了。败军之将，不敢铺张，只备淡酒糙肴，奉享贵客，实在失礼之至。"我回了一句："谢谢，恐怕有十年没见了。"民国廿四年，冈村以参谋本部第二部长资格来华，我们曾在南京有一面之缘。为了打破彼此间隔阂拘束的气氛，我接着说："怎么样？我们脱了外衣，打开胸襟谈谈吧。"他说："好，再好没有了。"于是我脱下外衣，呷了一口日本白酒，单刀直入地说："现在战事完了，往事已矣，问题乃在善后。听说贵官有一死报国之意，这如何可以？贵官的心境，我很了解，但作为日军总司令官的贵官，这不是负责的办法！日军侵华八年，中国人命死伤数千万，财产损失数亿兆，如今一声投降，贵官不为善后赎罪着想，撇开百万人日军官兵，百万人日侨男女的生死存亡于不顾，竟图一死了事，这岂不是太不负责！这样做，不但对不起蒋委员长和中国人民，又怎样对得起贵国忍辱负重的天皇和贵官属下的官兵与日侨？……"我接着一口气恳切委婉地说明了蒋委员长的宽大方针，剖析了战后可能演变的世界局势，以及日本民族的今后出路及其可能再起的前途，并一再申述国父中山先生所说"无中国即无日本，无日本亦无中国"的含义，而蒋委员长对于战败日本的政策，也就是中国古来"继绝兴灭"的传统精神。我还记得我向冈村引用了一句中国俗语，勉勖他说："你们日本人，好好地再过二十年后，仍会变成一条汉子的。"——虽然我当时确未曾想到我们会那样快地送掉大陆而搞到今天这样地步！更未曾想到今天的日本，竟有那么多"电晶体管收音机的贩子"，把武士道的精髓，忘得一干二净，而变成"有奶便是娘"的"町人（即商人）根性"！

我在理直气壮滔滔不绝地进行说服之时，曾经注意到冈村俯首静听，口中有时发出"嘿！嘿！"之声，也就是日语"是！是！"之意。而今井却在旁频频点头，默然无语。忽然冈村似乎很有所感地插问："邵先生，尊意我应如何做法？"于是我进一步把当局指示的两点传达给冈村说："我们所要求贵官的，只是，第一，要你负责约束你的官兵，不得于遣送归国前，再有任何违法背纪的行动；其次，要你负责约束部队，不得向中国政府所指定的受降当局以外，有任何擅自缴纳武器器材的片面行动，而造成我国今后混乱。除此以外，别无苛求。这一切，将来何总司令正式受降时会有正式命令，但此时此地，只有贵官才能够、也应该先负起这个责任。因此，贵官亦只有譬如昨日死今日生，忍受一切痛苦，来决心完成这个艰巨任务，才能对得起蒋委员长和中国人民，才能对得起贵国天皇和贵官所属官兵与日侨。"最后我说："冈村大将，我恳切希望你能明白我所说的一切，三思后行。中日之间，业经血雨冲洗，好好地把两国之间的战争结束，也就是好好地把两国之间的和平开始！"冈村和今井都先后郑重地从心坎里说出了一句："已经很明白了！"我们相对无语地沉默了片刻后，我看时间已过半夜，随即告辞。临别时我说："冈村大将决心以后，我们下次再约进一步谈话。"这是我在胜利以后第一次到达南京当夜和日军总司令的第一次谈话。

八月廿八日，前进指挥所冷主任和冈村正式会谈，我亦在座。

我和冈村第二次长谈，是在八月卅日夜，在同一地点。事前今井向我联络时，就已说明冈村大将已经决心负起结束战事的任务。在那几天里，我们虽不承认日本派驻伪组织外交人员的"外交地位"，但我亦已曾和谷正之、太田一郎、清水董三等晤谈，说明了中国政府的宽大政策，事实上前进指挥所所采取的行动，亦很合理宽大，日方似已更深切地了解了我们的态度，因此我和冈村的第二次谈话，也比较更坦白更自由了，内容也更广泛更进一步了。我记得我们曾谈到：（一）中国政府应以何种方式来责成冈村约束所属官兵的问题。这在以后我方于正式受降后，即令日方撤销"中国派遣军总司令部"名义，另行成立"中国战区日本官兵善后总联络部"。何总司令为了便利与日方联络善后计，且曾调集若干日本士官学校出身的中国军官到总部服务，结果良好。（二）陈公博等汉奸已被日方自作聪明专机送往日本的问题。我说政府将来如何处置陈等，我不知道，但我深恐日方将来或将因此而负"我虽不杀伯仁"之责。后来果然我方正式指令日方，将陈逆等送回南京，交付审判法办，而我当时的话，也竟成为陈某的谶语。（三）日本技术人员留华服务问题。除了若干海军技术人员外，此事和经济事业接收问题有关，我在后面将另有记录。（四）日本侨民的处理问题。这个问题，日方主管人员太田一郎曾来和我谈过几次，我们政府对日侨的待遇，亦优于对待日本官兵。太田后来在一九五三年任日本驻泰大使，我适因公出差曼谷，又和他碰头，他还一再感谢中国政府的宽大。此外，我们还曾讨论到一件重要问题。冈村的态度，已由消沉而积极，由踌躇怀疑而转为信任合作。我们又谈到夜深始别。我也不再担心他会切腹自杀了。

翌（八月卅一日）晨，我单独飞返芷江。向何总司令报告请示，随即奉何总司令命，飞往重庆复命，并请示一切。再度衔命于九月八日随同何总司令飞往南京，参加了历史性的九月九日正式受降典礼。这以后，我虽曾有数度机会和冈村晤面，但一切都已有我陆军总司令部指令日本官兵善后总联络部办理，进行颇为顺利，直到民国卅八年冈村离华返日以前，可以说他确已忠实执行降书所列各款及我陆总的指令，而尽了最大的努力。这和俄军接受东北地区日本关东军的投降，而将所有收缴武器，转送中共扩军的事实相比，可说完全不同。因此，中国政府准予以其劳绩赎罪，而免以战犯起诉。二十年后的去年二月，我曾顺道重游日、韩，曾在东京和冈村匆匆通了一次电话，终无缘重聚，而他也于一九六六年九月二日病逝作古了。

消弭南京伪军哗变

由于原子弹这种革命性的新式武器的出现，我们的对日胜利，真来得太快，为之措手不及。我们不仅在外交上被盟国出卖而上了大当，我们的整个受降工作，除了"军事受降"在蒋主席的宽大方针下，由于何总司令的正确执行和冈村的觉悟合作，因而收到相当顺利的结果外，其余政治、经济、金融各方面，真是毫无准备配合，搞得一塌糊涂。军事委员会中既没有像美国军部G5那样主管战地政务一类的机构，而负责受降的陆军总司令部，又无权过问军事受降以外的其他工作，甚至在九月九日正式举行军事受降典礼以后不久，因为我们空运到南京的新六军，还不到两个团，连城防和治安维持都感觉军力单薄。我记得九月中旬的某夜夜半，我正准备上床睡觉，忽然接得何总司令一个电话，说是接到紧急报告，驻在城内清凉山上伪南京警备司令部所属的某团，有哗变的情况。要我动动脑筋，即刻设法予以消弭。我奉到这个口头命令，真有点啼笑皆非，手足无措。我是一个"冒充"军人的文官，既无军权，也无兵可用，而我也不能要日本徒手官兵来替我们镇压伪军。我对这件工作，有充分理由可以推托，但我实在不忍出口。所以我在电话中只好勉强地说："我虽已报告过实在毫无把握，既然敬公如此吩咐，也唯有想想办法看吧。"

于是我在无办法中，想起了现在台北新生南路开老爷饭店的张瑞京同志。张同志原系中统局潜伏在伪府警卫军高级干部中的地下工作人员，胜利后奉派担任该局南京地区工作，我到南京就和他相识，我想他对伪军各级人员，必多熟人，当即电话请他到我寓所商量。他说他认识该团团长及干部，只要我能亲往该团团部和他们开诚一谈，他愿意陪我同往。

我们两人随即坐上汽车，在夜深黑暗中向清凉山疾驶。汽车将到山脚，忽听到步枪两响，显系警告要我们停止前进。我看情况果然不妙，但是既已来此，也只有硬着头皮壮起胆，赶快停车下来，高声喊话道："我是何总司令的代表，要和你们的团长谈话，快去通报，不准开枪！"我们在更深人静里，好容易挨过了一刻多钟，才看见两三个手电筒和一个手提灯笼的灯光，迎面前来，这是因为当时南京电厂供电，尚未全部恢复，尤其在荒凉冷静的清凉山区，更无电灯照明。幸亏张同志和来迎的大队长参谋等，均系相识，在跟着他们爬山坡时，就已把问题搞清楚了。原来这一团伪军官兵，听人传说陆军总部要把他们调往镇江，予以解散，生活性命，两无保障，因此军心思变。我听了这个消息，才安了心，自忖已有大半把握，就在半山上所谓该团团部中，和团长团附大队长等作了一小时谈话，因为先已由张同志把我"吹嘘"了一番，说什么我是蒋委员长派来南京，又是何总司令的代表，所以我的每一句谈话，都很有分量。我要他们不要轻信谣言，并且恳切说明蒋委员长对日军官兵，尚且如此宽大，对于自己同胞手足，哪有亏待之理？只要大家悔过自新，服从纪律，决心努力重建国家，我可代表何总司令保证必将予以改编收容，公平待遇，而目前最要急务，乃在维持南京治安秩序，如有违法背纪行动，一唯团长团附是问！我看团长团附等一再誓言效忠蒋委员长，决心改过重新做人，别无贰志。我真没有想到何总司令给我的"消弭伪军哗变"的紧急任务，竟能那么"不费吹灰之力"地解决了十之八九，所剩下的只是团长和团附商量了一会，坚持要我对该团全体官兵作一次训话，因此，我不得不答应等到天色微明，让他们集合了队伍，先指示团长传令"升旗"，把青天白日满地红的国旗先行升起，然后简单有力地作了十余分钟的"训话"，"大功"于焉"告成"。

我和部队长们握手告别后，为了谨慎确实起见，还请张同志带路，乘车再到伪南京警备司令李讴一的住所，当面指示他要继续负责约束部属，反省赎罪，听候陆军总部命令。在取得李某的承诺以后，我再单身驱车前往黄埔路陆军军官学校总部所在地，面向何总司令复命，承敬公慰勉有加。由于一位地下工作同志的协助，我总算亲身实施了一次我自己执笔的《对于伪军受降纲领》，花了半夜工夫，完成任务。那时天色业已大明，我也就赶回寓所，倒头便睡。

我在协助何总司令担任军事受降工作，告一段落以后，开始专心考察军事受降以外的政治、经济、金融各方情况，我亲自看到京沪收复地区的混乱情势，日方所谓华北开发会社的八田副总裁和华中振兴公司的岛津总裁，也都先后在京沪两地向我报告全国各地经济、交通、工矿的有机体系和组织，由于我方接收人员的乱七八糟，毫无秩序，而陷于支离破碎，我虽把这种情况，反映于陆军总部，但陆总实无权处理，因此我不得不再回重庆一趟。

（邵毓麟：《胜利前后》，台北：传记文学杂志社 1967 年版）

〔日〕冈村宁次：投降及投降后的状况^{〔1〕}

八月十五日及其以后

九时半到总司令部。获悉大本营陆军部次长昨夜紧急播送的"天皇陛下将于十五日十二时亲自广播，应谨拜闻"的消息。

小林总参谋长偕冈田、今井两总参谋副长同来，提出了如今派遣军的态度，除谨遵诏命以外别无他策的意见。我表示同意。

十时十分收到陆第六十八号密电如下：

1. 目前，正以维护帝国国体保卫皇土之条件，与敌交涉中。但，敌所提示条件对达到上述目的有显著困难。为此，职等曾想尽一切方法，并屡屡上奏，强烈主张敌方所提条件非吾等所能接受者。但天皇陛下基于以下理由亲自决定接受四国宣言条件。

鉴于内外形势及战局之转变，如今日不收拾战局，必将陷于国体破坏、民族灭亡之绝境。敌所提出帝国最后之政体应依日本国民自由意志决定之条款，不应视作有损帝国之国体。此际应忍痛予以接受，以冀国家之存在并缓解臣民之艰辛。

2. 圣断既已下达，全军必须谨遵圣谕。（以下略）

3.（略）

---

〔1〕 节自《冈村宁次回忆录》一书中第二章《投降及投降后的状况》中部分内容。

4．职等含泪谨以传达。

大臣、总长

正午，总军司令部全体人员，按平时遥拜式队形，于广场东面集合，拜听广播诏书。悲极无泪，我即席向全体人员作了谨遵诏命的训示。并于午后对全军将士下达训示如下：

蒙亲赐敕语，忧及圣虑诚惶诚恐，不知所措。

值兹圣战中途，而逢建国以来从未曾有的最恶事态，实无限悲痛，然事已至此，本职唯谨遵圣谕，以慰圣怀。

派遣军将士切勿削弱斗志，应愈益严肃军纪，坚持团结，根据唯一方针，分别为完成新任务而迈进。

虽说我在战地，对东京的情况不详，但上奏继续作战，已违背圣虑。因此，我以此为理由电请退职转役。十五时归舍，默默沉思。

久经战阵生活的军司令官，虽有闲暇沉溺于阅读宗教书籍，但处此变局，使我不得不感到无限忧烦。首先涌上心头的是如何把一百零五万大军和八十万侨民安全地撤回祖国；其次是怎样处理自己等等。据报道阿南陆相昨夜剖腹自裁。今天铃木内阁又总辞职。但我身负撤退重责，既不能自裁又不允许辞职。八月十五日我在日记中只写道："余决心置身于不求生亦不求死之境地。"

夜，福田司令长官来访，交谈结果，认为除谨遵圣谕外，已别无他策。

南京的骚动

自八月十五日前后，南京城内人心浮动，形势不稳。十七日有自称为周镝者，预料到日军已不会再采取武力行动，率领名为行动总队的武装团体，占据行政院副院长兼上海市长周佛海邸内，并在城内中心显目的中央银行附近，设立了重庆政府的前进指挥所，胁迫南京国民政府要人，枪击陆军部长，监禁了市长，终于与南京国民政府陈公博主席的卫队发生冲突，展开了巷战，市中乱成一片。经总军参谋小笠原中佐挺身而出，妥善说服，使冲突停止，结束了巷战。这场骚动宛如火花一闪而告终。由于蒋总统有名的广播演讲，对侨民很少压迫，治安大体得到维持。

注：后来审判汉奸，汪精卫政权的高级官员，全被处死。独周佛海判无期徒刑（死于狱中）。使人怀疑周从最初可能与重庆即有联系。其一派的周镝等人此举可能是为了抢先立功。

日军官兵的态度

中国派遣军与其他方面军不同，前后八年百战百胜，至今尚保持了足以战胜敌人之力量，而今竟因本国业已投降而不得不投降，确实面临异常尴尬的场面。前线部队未能全面收听八月十五日天皇广播，据说不少人还以为圣谕广播是让他们更加努力进行奋战！

接奉大陆令第一三八号"八月十六日十九时七分即时停止战斗行动（在中国必须于六天之内贯彻到基层部队）"的电报。据此，我立即向所属全体官兵发出即时停止战斗行动的命令，并如期于六天之内贯彻到基层部队。

当时，高级将领在某种程度上已想象到大体战败，但多数预料可能要"在日本本土和中国沿岸，再进行一两次大决战，在比较对我有利的情况下讲和"（前线某兵团长的札记）。至于一般官兵，因完全不了解全面情况，几乎还认为胜利在望，在这样心情下，突然听到八月十五日天皇的广播，大为震惊，目瞪口呆，不知所措。

前线的少壮军官及一部分下士官或愤慨，或哭泣，或胁迫部队长强烈要求继续作战等情况不断发生，各部队长为说服他们，费了几天的工夫。军官及下士官悲愤之余有自杀者。各部队对自杀者都倒填日期按战死处理，因此人数不明。但当时据我所知，仅长江下游地区，即有某大队长（少佐）以下二十余人自杀。

值此大转变时期，各部队长为安定官兵精神，转变情绪，煞费苦心，纷纷开展了武术、体育运动、歌曲、音乐、书画以及下棋等活动。

停战不久，蒋介石委员长就发表了对日本人宽大处理的方针，因此，中国军民对我军的态度大体良好。日本除下述与共军接触地区之外，基本上保持了稳定的秩序。

在长江以北驻有共军的地区，随着停战，国民政府军和共军的矛盾激化，都要夺取我军占领区域内的要地。八月十六日清晨以来，由于到处发生了企图占领交通干线及要求我小部队解除武装等情况，为此，我派遣军通告中国方面："对不法扰乱治安者，不视为蒋委员长统制下的部队，不得已将断然采取自卫行动。"同时命令所属部队，未得统帅系统命令，对敌人的任何要求，坚决予以拒绝，必要时应断然实行武力自卫，毋庸踌躇。

停战时中国派遣军的兵力，约为一百零五万（华北方面军三十万，第六方面军三十五万，第十三军三十万，第二十三军十万）。

中国官民的态度

停战后，中国官民对我等日人态度，总的来看出乎意料地良好。这可能与中国人慷慨的民族性格有关。但我认为其最大原因，是广为传闻的蒋介石委员长八月十五日所作的"以德报怨"的广播演讲。（广播全文译略）

这个演讲与当时苏联斯大林之"讨还日俄战争之仇"的声明比较，应该说中国之豪迈宽容，无以复加。我认为，这一思想及方针，如后所述，已成为中国官民在接收中对待日军投降手续及战犯等一系列问题态度的基础。

这一大方针，大体上得到遵守。但由于在基层军民中执行得不够彻底，因而也发生了不少小的纠纷。地方杂牌队伍中，有肆无忌惮索要武器者，有强索金钱财物者，甚至也有捏造罪名无理扣押者。

蒋介石委员长对日本人最集中的北平（约十万）、上海（约十万），分别部署其嫡系胡宗南、汤恩伯的精锐部队。因此，这些地区彻底贯彻了上述方针，接收及遣返等事宜得以圆满进行。

其他地区总的也表示了好意。汉口的中国军司令部在旧历九月九日重阳节时，向日军司令部赠送了满满一卡车月饼。

只是共军，与国民政府军的矛盾加剧，在中共势力范围内，此一大方针未能实行。

八月十七日、十八日，北平、上海中央政府系统的报纸即已复刊，在其第一期报上，根据蒋委员长的方针，刊载了大意为"勿以暴力代替暴力"的社论。新任上海市长蒋伯诚、副市长吴绍澍两氏，也发表了同样内容的谈话。

此外，借此时机，重庆政府内部广泛兴起中日合作的风气。此等情况从后记许多事例可以看出。

有关处理投降日军的情况，后当述及，但其基本方针具有以下两个特点。一是不称俘虏而称"徒手官兵"，一是到遣返为止不解除军队的组织，保持部队的指挥体制。官兵二字，在日语中是将兵之意，徒手官兵即意味着失去武装的将兵，这在精神上使人产生好感。有关指挥体制，则命令改变职称，将我的总司令官改称为"日本官兵善后总联络部长官"，各方面军司令官改称"某某地区善后联络部长"。

总之，中国军、官、民对我方的态度，一般良好。但中国地域广阔，局部地区也曾发生对日本军民侮辱暴行及不法行为，以致侨民中有的表示要恨中国人一辈子；另一方面，也还存在根深蒂固的反日情绪。

但是，总的来看，与其他方面比较，可以携带比较多的物品，不到一年，两百万军民即能返回日本，这应该说主要是由于上述蒋委员长的方针及中国官民善意才得以实现的。然而，随着时间的转移，也发生了一些变化。

投降手续及签字

根据蒋委员长的要求，为进行预备交涉，八月二十日派遣今井参谋副长等人飞往湖南芷江。今井参谋副长一行，在当地与中国委员就投降手续等问题进行交涉后，于八月二十三日返回，汇报交涉情况约达两小时。

其主要内容是：在芷江与何应钦及经其同意的参谋长以下人员，并美军参谋长等进行了会谈，对待日方的态度比较礼貌并表示了善意。会谈指定派遣军总司令官，为全部遣返中国战区、台湾及北部法属印度支那地区日本陆、海军及全体官民及其他善后工作的责任者。特别是命令非经何应钦批准，严禁与其他人员交涉及破坏销毁一切武器、军需品及各种设施。必须做好完整无缺向国民政府军移交的准备。

据说，中国方面的委员，大部分是日本留学生出身，对我方持有好感。八月二十七日总司令部前进指挥所所长冷欣中将，到达南京就任。根据他的要求，二十八日我去铁道部长公馆，同他进行了会谈。

冷欣亲手把何应钦总司令部的备忘录交给了我，谈话约一小时，并谈了两三件其他事项。其中，他强调在任何情况下，也必须确保南京、上海、北平、天津、青岛、武汉、广州、香港等八个大城市。我回答八大城市可能不会发生问题。冷欣中将是完全不了解日本情况的人，在初次见面时表现了胜者对败者的严厉态度。但是，八月三十一日来访时，与前次截然不同，态度殷勤，对粮食等问题表示了相当的同情。我也因治安情况不好，请求他转达何总司令在军队遣返时准许携带武器直到乘船地点。

八月二十四日大本营发来命令，指示中国派遣军总司令官，合并指挥所属全部官兵及第十方面军（台湾）、第三十八军（北部法属印度支那）并统辖中国方面舰队，向蒋介石投降。

八月二十五日，为了与盟军方面顺利进行停战交涉，在总司令部内组成外交委员。任命今井参谋副长为委员长，尾川、小笠原、桥岛、椙山、船木参谋等为委员，清水大尉及其他人员为助手。

停战后，最使我担心的是怎样使二百万军民安全回国的问题。特别在国共矛盾激烈、治安状况不好地区，如何使深居中国内地的军民安全集中到乘船地区，必须以极大关心妥善安排。为此，参谋部在多次商讨后，九月二日向何应钦总司令提出如下"有关停战协定之请示事项"。（注：结果，大部得到同意，拒绝部分以△符号表示。）

（一）解除武装：

    （1）请允许携带武器到乘船地区。

    （2）请允许指挥官携带刀剑返回日本。△

（二）回国运输：请尽量向联合国多借船只。

（三）粮食：

    （1）请允许保留日本方面现有粮食，作为停留期间生活之用。

    （2）至乘船地不足部分，请中国方面给予补充。

（四）组织领导：

    到最后为止，运用日军之领导组织，所有中国方面的要求事项，统由日本方面负责处理。

    （注：如后述，中国方面似乎已主动决定了联络部长官、徒手官兵的名称）

（五）归国日侨：

    （1）由日本方面保护同行。

（2）请准予优先乘船。

有关投降手续等，因中国方面连日提出了一些小的抗议、质问和调查等，参谋们昼夜忙于事务，其忙碌程度与进行大作战的情景无异，对他们高度的责任感，我深为敬佩和感谢。由于中国总司令部的交涉委员（参谋），全部是日本陆军士官学校毕业生，基本都会日语，在这一点上，十分方便。

九月七日，王武参谋来访今井参谋副长，当询其九月九日签字仪式，是采取总司令官携带军刀入场，然后向对方呈交的形式，还是采取不带刀入场的形式时，小林总参谋长等也参加了协商，对方回答采取不带刀入场的形式。

九月九日是在投降书上签字的日期。九时半率领小林总参谋长、今井总参谋副长、小笠原参谋、谏山第十方面军参谋长、三泽第三十八军参谋，偕同福田中国方面舰队司令长官，从我军总司令部出发，到中国陆军总司令部（军官学校）少憩。十时在王俊中将、王武参谋的引导下，进入会场。

在投降书上交换签字，并领到第一号命令（见后）。约十五分钟投降书签字仪式结束，随即退出。

对方除何应钦总司令外，陈绍宽、顾祝同两上将、萧参谋长，海军将官等也列席，在旁边列席的还有似美国军事顾问团的人员。

以后，据中国参谋透露的内部消息说，会场布置，最初中国方面为避免威胁感，拟采取圆桌方式。但由于美军方面的干涉，才改为长方桌对立方式。另外，还规定投降者必须敬礼。即：一到会场即向何应钦总司令官敬一次礼；小林总参谋长向何总司令领取投降书时再一次敬礼，我在投降书上签字盖章后，小林总参谋长向何总司令呈交时再一次敬礼，前后共敬礼三次。中国方面对此均不回礼。这恐怕也是出自美军的建议。但是，在第三次小林总参谋长呈交降书敬礼时，何总司令却不由得站起来作了答礼。看到我这位老朋友的温厚品格，不禁想到：毕竟是东方道德！

我面临投降这一未曾有过而且是意料不到的事实，心中非常不快，但尽量保持不失沉着冷静。在会场上，我不时凝视着何应钦的举动。由于是向我最亲密的中国友人何应钦投降，心中也有安然之感。

日、中两军迄今已缔结过三次停战协定。第一次是一九三二年五月五日上海事变结束时的协定；第二次是一九三三年五月三十一日塘沽停战协定；第三次是这次投降签字。第一次正面出头交涉的是田代皖一郎军参谋长，我作为军参谋副长辅助交涉。而且其后不久，中国政府派遣到上海的陈仪指名与我商谈满洲问题。第二次我作为关东军代表（当时任该军参谋副长）在协定书上签了字。这回第三次，却陷入了率领一百二十万大军（包括台湾、法属北部印度支那）签字投降的命运。想到自己和这三次停战都有关系，确属奇缘，使我无限感慨。

十时，在中国南京是九时。中国人喜欢九九九这个数字，这个纪念时日可能是特意选定的。

第一号命令（译文）如下：

中国战区中国总司令部命令

军字第一号　　中华民国三十四年九月九日于南京

一、自本九日午前九时以后，本总司令对贵官所发一切公文，均作为命令或训令。

二、本九日午前九时以前，由本总司令送交贵官之中字第一号至第二十三号之备忘录，除另有规定者外，一律认作命令。

三、本九日午前九时，由贵官签字之投降书及受领的蒋委员长之第一号命令，贵官应以最快之方法转送中国本部（除东三省）、台湾（包括澎湖列岛）、安南北纬十六度以北地区之日本陆海空军。

四、贵官及属下中国本部（除东三省）、台湾（包括澎湖列岛）、安南北纬十六度以北地区之日本陆海空军，自本九日午前九时始，全由本总司令领导指挥，不准接受日本政府之任何领导。

五、由本九日始，取消贵官之中国派遣军总司令官之名义。由十日始，改称中国战区日本官兵善后总联络部长官。

六、由十日始，贵官之总司令部改称中国战区日本官兵善后总联络部。

七、中国战区日本官兵善后总联络部的任务为执行或传达本司令部的命令，并处理日军投降后的一切善后事务，不得自行发布任何命令。

八、本部中字第二十号备忘录所划分的各地区代表日本投降部队的司令部，统改为该地区日本官兵善后联络部，并一律取消代表投降长官的原有名义，改称该地区联络部长。列表如下：

受理投降主官姓名	日本官兵地区善后联络部名称	联络部长姓名
第一方面军司令官卢汉	越北地区日本官兵善后联络部	土桥勇逸
第二方面军司令官张发奎	广州海南地区日本官兵善后联络部	田中久一
第七战区长官余汉谋	潮汕地区日本官兵善后联络部	田中久一（兼）
第四方面军司令官王耀武	长衡地区日本官兵善后联络部	坂西一郎
第九战区长官薛岳	南浔地区日本官兵善后联络部	笠原幸雄
第三战区长官顾祝同	杭州、厦门地区日本官兵善后联络部	松井太久郎
第三方面军司令官	京沪地区日本官兵善后	松井太久郎

汤恩伯	联络部	十川次郎
第六战区长官 孙蔚如	武汉地区日本官兵善后 联络部	冈部直三郎
第十战区长官 李品仙	徐海地区日本官兵善后 联络部	十川次郎 （兼）
第十一战区长官 孙连仲	平津地区日本官兵善后 联络部	根本博
第二战区长官 阎锡山	山西地区日本官兵善后 联络部	澄田徕四郎
第一战区长官 胡宗南	新汴地区日本官兵善后 联络部	鹰森孝
第五战区长官 刘峙	郾城地区日本官兵善后 联络部	鹰森孝 （兼）
第十一战区长官 李延年	青岛、济南地区日本官兵 善后联络部	细川忠康
第十二战区长官 傅作义	包绥地区日本官兵善后 联络部	根本博 （兼）
台湾行政长官 陈仪	台湾地区日本官兵善后 联络部	安藤利吉

根据这一命令，九月九日二十时，我下达有关投降命令，要点如下：

（一）余遵奉大命，率领在华（满洲除外）、台湾及北纬十六度以北法属印度支那之全部陆军向蒋委员长无条件投降。

（二）华北方面军司令官、第六方面军司令官、第十方面军司令官、第六军司令官、第十三军司令官及第二十三军司令官、第三十八军司令官，应按附表之划分，指挥所辖地区内一切陆军部队（包括非部队成员）向各地受降主官投降。

为此，目前应执行另附降书及中国战区最高统帅第一号命令的有关事项。

（三）各方面军司令官在执行上项有关命令时，应与所在地区海军指挥官密切协作。涉及陆海两军有关事项，应负责对海军部队的领导，为此，在与受降主官交涉中，应包括有关海军事项之执行。另外，有关各方面领导下的辅助部队，应按帝国陆军部队办理。

（四）第十三飞行师团长及第二船舶运输队长，其在第六军及第十三军管内之部队，在执行第（二）项规定时（中略），分别受第六军司令官及第十三军司令官指挥。

（五）各方面军司令官在执行本命令时，必须迅速、确切，赏罚严明。

（六）执行本命令时，应根据当地具体情况，书面请示当地受降主官，就地妥善处理。

（七）（以下略）

同日，又以总司令官名义，下达如下训示：

对中国派遣军将士之训示

今奉大命，率我武勋赫赫战史辉煌之中国派遣军，不得已投降敌军。念及我征战万里、确信必胜、英勇善战之将兵，以及皇国之苦难前程，万感交集，无限悲痛。

然圣断既下，事已至此，全军将士面临冷酷事实，宜彻底遵奉圣旨，毋趋极端，含辛茹苦，更加严肃军纪，保持铁石团结，进退举措，有条不紊，以显示我崇高皇军最后之真姿。

异域瘴疬之间，望全军将士珍重自爱。泣血训示如上。

九月十日，何应钦总司令提出会见。当即偕同今井参谋副长、小笠原参谋赴总司令公馆。就座后，何应钦迎头第一句话是："日本现在已无武装，我想今后将能实现真正的中日和平互助。愿我等共同为之努力。"我对此感受颇深。

会见中，就我方先前书面申请的有关借用自卫武器、联络用飞机、借用通信器材以及粮食、运输、技术援助、解除武装、命令系统、处罚问题等，中国方面表明了态度。会谈约两小时辞去。

在此会谈中，美国方面仅马库奇中将一人参加。会谈始终在和缓气氛中进行。

（［日］冈村宁次著、稻叶正夫编：《冈村宁次回忆录》，天津市政协编译委员会译，中华书局1981年版）

附一：冈村宁次：徒手官兵

一、蒋总统的声明

今天是和平后第一个八月十五日，我首先回忆起来的，是当战争结束时，蒋介石总统发表的声明："对于投降的日军，不得妄加报复，应以德报怨！"

此项声明使长久把中国视为敌国，而在中国作战的日本人，感激不尽，这是众所周知的。但在战败后的遣返情形，以及此项声明事实上如何被付诸实施，除了当时从中国被遣返的部分日本军民，也只片断地知道外，并不为一般人所洞悉。

以支那派遣军总司令官身份，签字投降，而且当遣返之际，又由中国给予总联络部长官之职务的我，对于蒋总统此项声明，能确切付诸实施，中国政府在战争结束后对我们这种善意，实在是值得无限铭感的！

为了表示我对此种善意的谢忱，在去年二月十四日由日华文化协会所主办，欢迎适在访问日本的何应钦将军举行的茶会上，我曾将此意告诉列席的文化人士，获得非常良好的反应，会毕后，并曾受到七八位名士恳切的致意，后来也承列席该会的人士，或传闻的人们，直接或间接地称道说："听到你当时的话，实在感激不已！"

二、宽大的处置

首先我想说的，乃是战争结束当时，普通把被遣返的人们叫做俘虏及侨民，但是，在中国，严格地讲，没有一个这种俘虏。

当时属于我部下的将兵数目，大概有一百二十五万人，侨民约八十五万人，总计约二百一十万的日本人，羁留在中国。为了事实的便利，其中，虽然有一部分侨民被选出，集中在一个地方，而将兵却自始就集中在一个地方，因此，能继续维持原状，未曾受过任何俘虏的待遇。

当时，中国政府称此等日军为"徒手官兵"，在公事文件上也如此写着。徒手即是不带武器的意思，官兵相当于日本的将兵。总之，他们以解除了武装的将兵来对待我们。

当然，在中国政府内也曾有许多人提出："应予普通的俘虏待遇"，但包括何应钦将军，及其他许多日本通的人，理解日本人的性格，主张采取这种形态，在维持秩序上，最为有利。而对于投降的敌方军司令官的我，给予总联络部长官的职务，又任命散在中国各地的隶下各部队军司令官为某某地区联络部长官，由我担任总指挥。

因此，尽管没有带武器，仍然维持原有的军队系统，而且归还一度被接收、但在指挥上必需的通讯器材、飞机、汽车、脚踏车等，致使我隶下的部队，确能顺利地获得遣返。

三、很多的行李

当遣返之际，无论军人或侨民，都准许除了被盖之外，各带行李三十公斤，及侨民一千日元、军人五百日元的现款。这和从其他国家遣返的人相比较，可以说，实在是宽大的处置。当然，在侨民中也有许多人久居中国，已经建立了经济基础，这时只能带这一点东西返国，自然是一件悲惨的事，他们这种悲惨的心情，也自然值得同情；不过，我想：这些人一旦返抵日本，看到从其他各地区被遣返的人抵达日本港口时的样子，也许会知道中国采取的处置，是如何地宽大。

当时，我曾屡次被驻日盟军责难：从中国返日的人行李过多，阻碍登岸后到各地方的火车运输。对此，我未加理睬，贯彻到底。从这个事实也可以知道：与其他从南洋各国返日的人相较，从中国返日者的行李的确是太多了。

四、史无前例的复员

战败之初，中国的新闻消息，一齐报导日本内地纷乱的情况。我也频频听到日本内地的军队陷于虚脱状态，使我甚至不能置信的情报。

我们处身国外，听到这些情报，曾大感迷惑。于是，我决心中国派遣军靠自己的力量复员。我从各部队中征集军官及士兵，编成先遣部队，派往日本内地。对此，中国方面也表示非常的好意，为他们派出了运输船只。副参谋长冈田少将之所以置本部于太宰府，又另在博多、佐世保、鹿儿岛、仙崎等地，设置派遣军的复员准备部，是由此决定的。

与其说是由于内地不足依靠，不如说是依靠战胜国的好意，战败军的指挥官才能担负起遣返及接收复员者的双方工作，这是史无前例的事。

五、好意的运输计划

中国的好意不仅如此，为迅速完成遣返工作计，曾排除一切障碍，为我们总动员了运输机构，亦是其中之一。

虽然只是一段短暂的时间，但在那个纷乱的时期，紧缩一般交通，为我们动员火车轮船，从中国政府言，牺牲恐怕是不少的。拿具体的例子说，即如扬子江的船只，停止经济上的运输，遣送日军。使一般运输要从汉口经由南京回到上海，必须从汉口北上，在信阳换车，绕道津浦线行走，而以这些运输工具，全部转用于遣送日军。鉴及这种对于遣返工作的合作，后来造成经济界对国民政府的不满，导致今日中国陷于苦境的事实，决心发出这种运输命令的中国政府对我们的好意，实在是很大的。

直至战争结束后一年——一九四六年四月左右，在汉口的日人三十五万人中，终于只剩下侨民一万五千人。但到了那时，实在已经没有交通工具，必须步行回来。不过，如果真的步行，无论如何，将有五千人死在半途，或是落伍，尤其妇女、孩童、病人，是不能走路的。

于是，我向何应钦将军交涉，请求给予交通工具。何将军爽快地答应，立即停止从重庆方面东下南京的旅客运输，将扬子江的全部船舶力量，集中于运输日人。当我们表示仍然不够时，又从倾注全力也不过一天可以编成十一班的铁路列车中，应我方的要求，很多时日甚至每天拨出八班，这种状态一直继续了一个半月左右，结果，我们所担心的汉口（全部）三十余万日人，终获平安地从上海搭船返国。

六、何应钦将军之言

我向国民政府签字投降，乃是一九四五年九月九日。当时代表国民政府出席的是何应钦将军。翌日早晨，何应钦将军与我联络说，有些细节待洽商，要我立即前往。我不敢怠慢，立刻前去，只带了小笠原参谋一人同行。当场我被任命为总联络部长官的职务。

席间，何将军不顾美国军事顾问在场，一开始就对我说："现在，日本已经不会再凭藉武力侵略中国了。因此，从今以后，应该开始真正的中日提携。我想：这次战争结束，乃是日本与中国恢复亲善邦交的最好机会。我们来一同努力，好不好？"

七、亲 日 女 孩

在战争结束时的蒋总统声明，被适切付诸实施的背面，有着这位与日本亲善的何应钦将军，以最高负责人的身份，不惜任何超过想象以上的合作，不知有多少益处。

或许在中国多数官民中，也有"亲心子不知"之辈，局部性的掠夺或侮辱日人，使返国后竟终身仇视中国人的日人，也不能说没有。不过，我却曾听到在中国军人中有一位中将级的长官向他的部下训示说："我们承美国支持，赢得这次战争，不过，将来不应该把日本当做敌人，相信我们必有一天非和日本提携不可的。"

此外，在南京还发生一件小事。即在战争结束之初，日本兵一度被用于杂役，有一个看到日本兵在清扫某一电影院前场地的中国女孩，立即向看完电影而要离去的观众称："尽管我们战胜日本，但是看到日本兵这样从事杂役，还是觉得怪可怜的！"当场募款购得香烟及其他物品赠给日本兵。

我从返国以来，一直避免公开发表一切有关国际政治或某一个人的谈话。本文的目的，只在传达战争结束时，蒋总统以下中国官民对战败的日本所表示的好意，并订正一般错误的宣传，写出我渴望尽早实现中日真正提携的诚意。（一九五二年《话》九月号刊载）

（何应钦：《八年抗战与台湾光复》，台北：文海出版社1980年版）

附二：何、冈谈话片断

对日俘日侨的遣返工作，一九五六年日本《文艺春秋》杂志四月号，曾刊出何应钦访日时与冈村宁次会晤谈话片断：

冈村宁次：……我不能忘怀的，是您的宽容敦厚，本来预先排定我们进场的时候，应向全体敬礼，何先生等不必还礼，可是最后我在投降文件上盖章，而由小林总参谋长呈献给您的时候，您却站起来给他回礼，后来外国顾问团有没有抗议？

何上将：是的，他们曾经说到。

冈村宁次：我看到这种情形，大受感动，西洋的道德观念和我们的究竟有些不同，何先生的人品、风度，实在使我佩服。

何上将：哪里，彼此彼此。

冈村宁次：还有一件事，应该向您感谢，就是我们打了败仗，却没有一个人变成俘虏，这是您的鼎助所赐。照国际上的惯例，战败的军队应该缴械，分别拘集军官与士兵，并分开受战俘待遇，可是我们所受到的称呼，不是俘虏，而是"徒手官兵"，这就是说没有武器的军人。在签字投降次日，九月十日清晨您召见我，您曾将中国的派令递交给我，把日本全军及侨民遣回的事务，委任我来办理，那派令是怎样写的？

何上将：中国战区日本官兵善后联络部长官。

冈村宁次：是的是的，是采用这样军队式的派令，承认我的指挥权，这样达二百数十万的人，因此才获得顺利的遣回。

何上将：那个派令，会使你堂堂正正地发布命令。

冈村宁次：我想这样破例的办法，一定是何先生所提议的。我后来听说，当时有美国方面在中国，问题并不简单，可是您却考虑到日本的国民性，认为让我们自己维持秩序，保有组织，比较妥善。由于您这样的高见，才决定这种办法。其次，中国曾准许我们各人可以带回行李三十公斤，这一点在日本虽然很少提起，但实际到过中国战线的人，却非常感谢你们。

何上将：哪里哪里，日本受轰炸的情形，我们很明白，并且我看过了飞机上摄下来的照片，所以当时我想，如果日本军民不带他们的行李回去，他们回到日本，可能什么东西都没有。数达二百万的侨民及官兵回到日本，如果身无一物，他们必定很窘很苦，且要埋怨我们，一如冈村先生所说的，中国与日本的战争到这里已告结束，今后是兄弟之邦，所以应该尽量促成和睦的关系……

（秦孝仪主编：《中华民国重要史料初编：对日抗战时期》第 2 编，
台北："中国中央委员会党史委员会" 1981 年版）

读者之友社：笑得流出泪来[1]

　　一九四五年八月十日，是历史上伟大的日子。这天，东京播出请降的消息后，中国抗战最高统帅部所在的陪都——重庆——狂了。重庆吃了不少的日本炸弹，忍受八年的苦痛，一九四五年八月十日迎接到最后胜利，精神上得到解放，所以陪都的人们高兴得笑出眼泪来，大家不约而同地长呼："日本鬼子也有今天啊！"

　　日本宣布投降的消息，于那天首先由中央社报道出来。"日本投降"几个大字的巨幅号外，贴在中央社的短而狭的灰墙上，使人们中了一枚精神的原子炸弹，当天晚上的重庆，成了欢声的大海。

　　七时左右，这一个消息经一个人传一个人，由这一处传到那一处，同时各报的号外，满街飞舞，重庆的一百三十万市民立刻都受到震动，街上挤满了人群，狂跑狂叫，跟着炮竹声响遍了每条街道。

　　人的潮水几乎吞没了全部的马路，热情的暴雨遍洒着和我们并肩作战的友人。当盟友的吉普车艰难而愉快地在人海中开辟航路时，两旁的人潮向他们洒着热情的愉快的暴雨，"哈啰！哈啰""顶好！顶好！""啊！啊！"响成一片，千千万万人的大拇指一齐翘了起来，跨海而来的盟友们咧着嘴笑，也"顶好！顶好！"翘起拇指来。

　　聚集在新运服务所前面听广播的人群，忽然听到一串英语广播演讲的中断，广播员以中央广播事业管理处的衔名起了头，于是诵读了合众

---

〔1〕　节自读者之友社编：《中国胜利与日本投降》一书中的《笑得流出泪来》。

社、中央社的新闻电，接着说：中国苦战八年，终于赢得胜利，赢得和平，……现在大重庆大街小巷百万市民已在狂欢中……现在请听：《凯旋还故乡》，爆发在听众头上的，已是一片吼叫的歌声。最后，女高音与男中音的嘹亮雄浑的大合唱在欢呼里响起来……

胜利大厦的门口，挤满了男的、女的、老的、小的，他（她）们包围着几个盟友欢呼，把他们抬起来，盟友们拱拱手说"顶好"！

正与各报馆通讯社门口一样，新运广播场里的听众越来越多了。他们怀着忍不住的微笑，倾听着敌人投降的好消息。

"号外！号外！"即刻几个报贩被包围在人群里了，几分钟之内，抢售一空，想不到这简短的几十个字，带来了他们渴望已久的最后胜利。公共汽车上，商店的门口，都是号外，就在号外的号召下，人们都翘首地朗诵着"日本无条件投降"！

电影院里，关于日本投降的幻灯片出来了。接着是全体肃立高唱国歌。

山城的各跳舞场如"国际""盟友"，除了在麦克风里报告"日本投降"以外，并演奏国歌及联合国歌，宣布跳通宵。

"国际"门口的舞迷太多了，他们要挤上去狂欢一下，结果因为达不到目的，就造成了一个热闹的"场面"，民族路上"盟友"的舞迷，已经顾不了社交礼节，狂欢通宵，舞池里灯光条不断地闪烁着。

市中心的精神堡垒附近挤得水泄不通，在强烈的水银灯光下，中外人士们带着胜利微笑的脸形被收到中外记者的开麦拉里去，他们高呼着"中华民国万岁"！

青年团火炬游行的行列走遍了每一条欢呼的街道，雄壮的歌声吸引了每一个市民。他们要造成一条漫长的行列。

街头酒店掌柜，邀着路人拿起酒壶干一杯。"今晚你的就是我的。"

天气热，情绪也热，大家的衣服都被汗湿透了，人们的喉咙都狂呼哑了！

全市鞭炮放尽了，压迫下解放的人们要出气，要欢欣，大街小巷有人在敲打，有锣打锣，没有锣敲洋瓷盆，大大小小的人一齐乱敲乱唱，没有调子，没有乐谱，有的话，只是一个"狂"！

国旗整夜悬挂街头，舞场通宵达旦地舞，全市打破的酒瓶无法统计，这一夜全市所消耗的法币更无法统计。

国民政府门前，这一晚静悄悄的，但是门前停着中枢政要所乘的一大串汽车，国府礼堂内中枢正开紧急会议，商讨日本投降事情，中枢不能给"胜利冲昏了头脑"，战后的中国还有很多事情要做：管制日本，进行复员，把握胜利，一九四五年八月十日的国民政府虽是"欢欣"，但也"恐惧"。

八月十一日，四强——中美英苏决定准许日本投降，向东京致复文指示日皇投降办法后，十五日，日本天皇便复文四强接受投降指示，诚意遵照办理，这一天，和平之神才重临中国。重庆已经狂欢得疲乏了，中华民族已高兴得够受了，大家都遵从政府颁定的正式庆祝仪式，严肃地来过这一伟大节日——中华民族耻辱洗雪的光荣"胜利日"。

原子弹的威力，缩短了战争，人类的公敌，我们的死敌，终于乞降，三天来，重庆人的情绪如一根拉到最高音的弦，狂热流露了，八年的郁积一口气都吐了出来。

"胜利来临得太快了！"人们都有这样一个感觉。一位学者带着兴奋的口吻说："连复员的准备工作都来不及做。"对了，山城的市民已经从狂欢的热浪里苏醒过来了，在我们的脑海里泛滥着"回家去"！这三个含有胜利意味的字啊！

"喂，你准备取道哪条路回家？朋友！"在咖啡馆、电影院、茶楼、酒肆、公共汽车、茶市场里……这一类对白太普遍了。

"回家"确成了一个最流行的谈话资料，无论男、女、老、幼，谁还不希望早一点回到他们亲切的家园去呢？为了回家，大家在冷静地讨论着"什么时候可以走？""利用什么交通工具走？""怎么样走？"这些问题。

好几处邮政局的邮票抢购一空，兴奋的浪潮之后，每个人都急于要把自己的"狂热症"传染给别人。他们需要同各自的亲戚、朋友、熟人，讨论一下还乡与复员。轮船公司同乡会等地方，天天有人去询问什么时候可以让他们回去，同乡会、复员协进会，纷纷地召开会议，商讨这些问题。

交通工具是有问题的。民生公司开了紧急业务会议，他们也着急，八十几艘轮船总共才二万吨左右，现在开三斗坪的还只有二十几艘。招商、三北等七家轮船公司的船，总共还没能超过民生公司的一半，修的四十只船，至少也还得几个月。交通当局的紧张更不用说，水运赶不及，据说赶快想就旧有路基修三条公路了。一条自四川直下宜昌联通武汉，一条北去中原，第三条南下桂粤，都以重庆做出发点。而出去负责接收光复区责任的军政官吏，则准备集中一批运输机来帮忙了。

关务署也已整天办公，他们奉公加紧准备各海口关卡的复员工作。粮食部通电各县的田粮机构，要他们马上整理册子、训练人员，准备恢复陷区田赋工作。

交通、粮食、救济在复员工作里占着最重要的地位，现在负责的主管长官，都在漏夜地研讨具体的办法与计划，希望即可圆满进行复员工作。

日本投降了，全中国每一个角落都在欢呼，困居沦陷区的同胞终于等到了"天亮"，眼见日本倒台。吻着最后胜利，八年的酸辛，终于有了代价——洗除日本侵华的六十年耻辱。

（读者之友社编：《中国胜利与日本投降》，重庆：
读者之友社发行 1945 年 9 月初版）

施仲猛：中国战区受降盛典[1]

民国三十四年九月九日上午九时，中国战区日军投降签字仪式，在南京举行，地点中央陆军军官学校大礼堂。

这天，黄埔路满布着担任警戒的宪兵和军队，从校门通到礼堂的路侧，每隔十步，便竖着各同盟国的国旗，警戒兵挺立其间，身着绿色制服，钢盔革履，精神奕奕。

礼堂中央为受降席，受降席前的较小长案，为日军投降代表席，左右两侧为高级将领席和新闻记者席。

中国陆军总司令何应钦上将，于九时前率领参加受降官陈绍宽、张廷孟、顾祝同、萧毅肃等四人入场，就座后，王俊中将引导戎装而不佩刀的日军投降代表七人入场，向何总司令鞠躬，何总司令欠身示答，并令就座。

经过五分钟后，何总司令便命代表日军投降的冈村宁次呈出证明文件，冈村命小林总参谋长呈上。何总司令将日军降书两份，交由萧参谋长毅肃转交冈村，冈村双手捧受，分别签字盖章，何总司令也于降书上签字盖章，以一份付给冈村，又将蒋委员长命令第一号交冈村接受，这时，签字仪式已完毕，冈村等七人便离座，向何总司令鞠躬，何总司令起身作答，王俊中将引导冈村等出场。

接着，何总司令就在席上向内外广播，宣布日军投降签字的仪式顺

---

[1] 此文系"中高年级国语教材"内容。

利完成，说："这是中国八年抗战艰苦奋斗的结果，东亚及全世界人类的和平与繁荣，将从此辟一新纪元。"在一片热烈的鼓掌声中，这人类有史以来最大悲剧的最后一幕，便在这短短的二十分钟内结束了。

（《国民教育指导月刊江西地方教育》，1946 年第 1 期）

蒋介石还都记〔1〕

一、"美龄"号飞临明故宫机场盛况

蒋主席偕夫人于今日（一九四五年十二月十八日）下午一时零七分自北平乘"美龄"号专机起飞，午后四时二十九分到达首都。商参军长震、俞军务局长济时、陈总务局长希曾等随行。并有战斗机多架，随飞主席专机前后保护。二时三十五分过徐州。南京曾派军机十二架，前往迎护。

蒋主席暨夫人乘"美龄"号专机于下午四时三十分飞临明故宫机场时，到场欢迎者有：何总司命应钦、马市长超俊暨各机关首长、各大中学校学生及京市各团体代表与民众等数万人。

主席与夫人先后下机，于摄影记者摄取珍贵镜头声中，与机侧欢迎人员频频点首。夫人并一一握手寒暄。旋即步行检阅仪队。

此时军乐高奏，文武官员及民众团体代表均肃立敬礼。主席着中山装，御黑呢大氅。故都归来，容色朗健，精神奕奕，对欢迎行列含笑答礼示谢。嗣乃与夫人并立，接受南京市民及党团所献呈之花束与锦旗。时场外民众热烈鼓掌，高呼"蒋主席万岁！"热情洋溢，主席巡视一周，含笑答礼。旋于群众欢呼声中，由军警宪开路，登汽车返抵前中央军校驻节。

---

〔1〕 题目系编者拟。

二、主席与民同欢巡视全市一周

蒋主席偕夫人登车后驶出机场，巡视市区，接受民众之欢迎。沿途经中山东路、太平路、朱雀路、白下路、建康路、中正路、中山北路、国府路，而至黄埔路陆军总部。万千民众，夹道屏立，欢呼声与爆竹声，汇成一片热潮。实缘八年来深伏心底之无限衷情，能于今日一旦宣泄，咸感莫大快慰也。

京市本日严寒，气温在零下三度，唯阳光普照，一碧晴空。主席到京消息虽未见报载，但晨八时起，市民即互相传告，全市悬旗，欢跃异常。而探听消息者，扶老携幼，往复街头。下午齐赴明故宫飞机场候迎，中山东路途为之塞。记者经逸仙桥，历五分钟始通过。

主席暨夫人即乘坐第一部汽车，车头悬插大元帅旗帜。随行人员均分乘汽车，由警卫车殿后，随着即为记者专用车。巡视全市一周约达半小时，民众拥挤不堪，欢呼之声不绝于耳，而学生民众追随于汽车行列之后者更不下数万人。

三、首都八十万市民恭候了三月

连日寒浪之后，本日气候已转温和。主席适于此际，首次莅临光复后的首都，全市国旗飘扬，到处充满兴奋愉快情绪。各电台亦纷纷广播主席莅临消息。市民闻讯，辗转相告，莫不喜形于色，感奋不已。

三月来，南京八十万市民，每日均在翘待睽违已达八年之蒋主席能早日临莅首都。此种渴望，由于周前主席之首先莅平巡视而益形热烈。

主席莅京视察原定在民族复兴节（十二月二十五日）前，旋因马歇尔抵平相约，乃提前于本月十八日抵京。所以，十八日清早，南京全市飘扬着灿烂的国旗，商店橱窗里出现了欢迎蒋主席莅京视察的红字！扎牌楼者，整顿市容者，都在极短促的时间中，以八年来最感奋的情绪工作着。

本来说主席于三时到达，但是飞机未准时到，无数的欢迎人员在朔风中期待，而寒流却被热潮冲走了。如此热烈欢迎，所以主席随着座车巡视了全市一周。到下午五时许偕何总司令应钦、海军总司令陈绍宽、空军司令张廷孟等，至陆军总部行辕休憩。当主席暨夫人下车入门时，各摄影记者，竞相摄影。略事小息，新闻记者曾跟随至总部，希望主席接见，但因主席旅途劳顿未果。

四、元首还都抗战目的完成

在陪都重庆发行的《中央日报》社论以《景星庆云照临首都》为题指出：

"今天我国家唯一的中心、民族最高的表征之蒋主席回到首都，这一事实指出了抗战目的之完成。而民族精神为完成抗战目的之最重大因素，更指出了八年来我全体同胞的痛苦牺牲获得报偿。指出了任何阴谋、任何暴力不能阻挠我们的国策与方针。我们的国策与方针终竟有完全实现之一日。

"蒋主席的坚定信念，愈受诬毁，愈益光辉。全民众的民族精神，愈被攻击，愈显光芒。八年来中华民族的历史，证明了任何狂妄的企图，要在我民族精神的头上打算，必终归于失败。"

（朱汇森主编：《中华民国史事纪要初稿》1945 年 10 至 12 月，

台湾"国史馆"1990 年版）

张道藩：胜利收京

　　民国三十四年十一月十日，上午九时三刻起飞，下午一时三刻便平安抵达南京，暂时住在励志社，吃过饭，马上到上海路、合群新村和傅厚岗等地去看房子，我在合群新村的那幢房子还好，损坏的部分很容易恢复，不过屋里的家具器物荡然无存，竹篱笆零乱不堪，园子荒芜得不成样子，花草树木，毁死不少，留存的都长得很高大了，此外浴室还算完整。我在上海路那幢房子已很破旧，树木还好，原来的家具只剩椅子小桌六七件，勉强可以住人，这是我留周振武住在那儿的功劳。

　　晚赴卓衡之同志约，吃过晚饭，和冷容庵同志到他的寓所长谈。十一日早晨去陆军总部，访萧参谋长、冷副参谋长，商洽接收前公余联欢社房屋事项，和萧参谋长到公余联欢社察勘后，萧决定由公余联欢社及文化会接收。中午马市长约宴，下午视察国民大会堂，晚上南京党政军各首长公宴孙院长和我，以及同来的同志多人。

　　十二日是先总理八秩诞辰，早晨八时谒陵，看不出什么损坏的痕迹，只是陵园新村的房子一幢都没有了。十时参加首都各界纪念总理八秩诞辰大会，孙院长主席，后来吴秘书长也赶到参加。我虽然是主席团之一，但是因为时间已晚，不愿演说；中午我一个人到龙门饭店用餐，吃了一盘炒虾仁、一盘金银肝、一碗菠菜鸡片汤，连茶饭小账一共付了一千八百元，比重庆便宜多了，可是较一月前的南京物价涨了至少五倍。下午视察国民大会堂，考虑怎样修理。四点半到六点半在太平路一带步行，看看商店物价，据说一般物价和两个月前相比，涨幅高达十几倍。

晚间八时访孙院长，十点去看吴铁老，一同到中央饭店隔壁的大明湖澡堂沐浴。铁老说："这是抗战八年以来，第一次洗了一个舒服澡。"当时我也颇有同感。

十三日一早，访客极多，下午两点又到公余联欢社和唐先生商量接收房子的事，两点半和刘光斗、徐工程师研究怎样修理大会堂，下午四时回励志社写信给叶楚伧、洪兰友，说明我对修理大会堂的意见。

南京城里秩序很好，处处安静宁谧，可是还没有完全恢复从前的热闹繁华气象，十日、十一日天晴，感觉非常痛快，昨今两天天阴，但仍觉比在重庆新鲜。励志社已整修一新，只供住宿，没有餐厅，甚为不便。这几天幸亏借到一部汽车，否则跑来跑去真不方便。昨天坐一次洋车，觉得远较重庆舒适。目前在南京，八点以前到外面吃早餐，只有吃小馆子里的稀饭，所以我准备了些蛋糕作为早点，可是既无咖啡也没有鸡蛋，稍许觉得不习惯。

连日虽然忙碌，但是睡眠还好，饮食方面，由于应酬太多，简直无法注意，不过我还是在吃张简斋的药，希望到上海后不致太累。在南京最重要的工作是接收办公房屋，但愿明后两天可以办完，十六日能到上海，两星期后回南京，再住一星期左右，我就回重庆了。

这几天心神极不宁静，很像大祸临头的样子，果然，今天下午五点接到家信，说是母亲生病，信上虽说病势已经减轻，可是族叔附来的信却叫我自己斟酌，是不是应该回家一趟。我心里明白，一定是母亲的病还没有脱离险境。

我原想取消回南京的计划，兼程赶去盘县，可是一切都准备好了，已经来不及更改，我只好先回南京。万一母亲病重，我一接到电报，立刻就由上海直飞昆明。（民国三十五年四月）

（张道藩：《酸甜苦辣的回味》，传记文学出版社 1981 年版）

受降三：图籍献还

1945 年 10 月 25 日，台北中山堂举行台湾受降典礼，被日本强据 51 年的台湾重归中国版图。

图片来自台湾省文献委员会：《台湾省通志》第 48 卷，台北：众文图书股份有限公司 1980 年版

日本驻台湾总督兼十方面军司令官安藤利吉签降。

图片来自台湾省文献委员会：《台湾省通志》第 48 卷，台北：众文图书
股份有限公司 1980 年版

台北街头庆祝台湾光复大游行。
图片来自台湾省文献委员会:《台湾省通志》第48卷,台北:众文图书股份有限公司1980年版

台北延平北路上庆祝台湾省光复大幅标语。
图片来自台湾省文献委员会:《台湾省通志》第48卷,台北:众文图书股份有限公司1980年版

采仿：陈仪飞莅台湾记

【本报台北通讯】从日皇宣布无条件投降起，台湾同胞无日不在盼望着陈长官与国军的莅台，他们足足等了两个月，首批国军第七十军的将士终于十月十七日到达了台湾，而首任台湾行政长官也于国军到达后的第七天，飞临台北。据说十年前陈长官曾来过台湾，那天也是十月廿四日，不知是巧合，还是有意选择到这一天的。

由台湾全省各地赶来欢迎陈长官的民众早几天前就都聚集在台北了，总数约有两三千人，他们都是各地的名流绅士。所以在陈长官未莅临的前几天，台北是够热闹的了。旅馆全部客满，茶馆座无虚席，全省性的文化学术团体也都乘机纷纷组织成立。

台北多雨，二十四日却是一个难得的好晴天。全市遍悬国旗，门前贴着"庆祝台湾重还祖国""欢迎陈仪长官阁下""建设三民主义新台湾"等标语，不仅台湾同胞的门前如此，就是日人也都挂中国国旗贴中国字的标语。聚有彩灯的牌坊也又多添了几座。上午九时欢迎的代表与团体纷纷驰车或列队前往松山机场。佩有红绸条的代表们都进入了飞机场，其他的团体群众在机场外的马路两旁鹄候着，为数在三万以上。

预定飞机是在十一时可到的，可是机场上毫无动静，大家挨着饿等候着，只有在场外的学生们有准备，他们因为有过在车站鹄候八小时枵腹迎国军的经验，所以这次都带了"便当"——日本式的饭盒——来，虽然吃的是冷饭，总算是不至于挨饿了。

欢迎人员中除了警备总部长官公署的官员及台湾各地代表外，引人注意的是盟友和日方安藤利吉大将、谏山参谋长等三十余高级官员，当安藤到达机场时身上还佩着一柄武士刀，经我在场警戒宪兵许连长为他解除保管，至离场时始重新交还。

二点四十三分（台湾时间）载这位首任台湾行政长官的 0-47 式七三一号美机终于在机场的西北方上空远远地出现了，渐飞渐进，在台北市的上空飞绕了三圈才缓缓地降落下来，空军二十三地区的林司令亲自在场指挥着。

飞机的门开了，跑近飞机的有葛敬恩秘书长、陈孔达军长、李世甲司令、张廷孟司令、柯远芬参谋长、范诵尧副参谋长和五位台省民众代表林献堂、罗万俥、林呈禄、杜聪明、陈炘等，葛秘书长上了机，将陈长官接下来，随即与各欢迎人员握手，检阅仪仗队，并向列队欢迎的代表们颔首答礼。日方欢迎代表三十余人在安藤利吉的率领下站在一旁，不时地俯首肃立鞠躬敬礼，陈长官也和蔼地答了礼。据说这三十余位日方高级官员欢迎了陈长官回家，有二十多位都放声痛哭的。

机场的休息室前预备好了一个广播机，陈长官于略事休息之后，就开始在广播机前作了首次的播音。这个特别的广播节目是全台湾的民众都早就准备收听的。陈氏出现在广播机前，矮胖的身材，脸庞上容光焕发，精神旺健，一点没有路途劳顿的样子，他用带有浓重的绍兴土音的国语讲话了，由广播电台台长林忠担任翻译，将它译成台湾语。他告诉台湾同胞，这次来台湾是来做事而非做官，并勉励部属做到不揩油、不撒谎、不偷懒和以爱国心、责任心、荣誉心而来为台湾民众谋幸福。

广播完毕，陈长官、葛秘书长合坐一辆吉普车驶向长官公署，后面紧跟着数十辆小汽车，连接成一字长蛇阵。沿途民众学生摇旗唱歌热烈欢迎，日人也都在道旁肃立致敬。

与陈长官同机抵台的，有美国陆军联络官硕德理上校、海军联络官凯尔上尉，还有交通处长严家淦、工矿处长包可永、糖业专家沈镇南、参事夏之骅、总部经理处长陈绍咸、陆军总司令部参议邵毓麟等。严家淦与邵毓麟都是在上海临时拉上飞机的。交通处长原来是徐学禹，因为他为招商总经理的职务所羁，无法脱身，陈长官才临时找了严家淦来。邵毓麟原是到江湾机场去欢送陈长官的，因为关于接收台湾的许多问题要请他贡献意见而备咨询，所以在登机离开时被临时拉上了飞机，连他的太太都来不及通知。

"王师北定中原日，家祭无忘告乃翁。"就在这一天的夜晚，全台湾的同胞家家户户点燃香烟举行家祭，明天举行台湾日军受降典礼，是台湾光复纪念日，三百年来辛勤创业于台湾的祖先们，若是地下有知，应该如何忻喜地来领受子孙后裔们的这份祭礼啊！

（福建《东南日报》1945 年 11 月 30 日）

采仮：万民同欢庆光复 [1]

【本报台北通讯】全国各地在八月十日的黄昏已响遍了庆祝抗战最后胜利的鞭炮声，而台湾却还没有，直至八月十五日正午，日本天皇向其全国广播了之后，才知道日本是战败而向盟国无条件投降了。受尽了五十年压迫的台湾同胞眼看着自己将要被解放，将要重返祖国的怀抱，那感奋的心情，原是应该用最大的狂欢行动来表达的，可是当时限于环境，只有紧紧地压抑着自己的感情，只能默默地留在心底窃喜。九月十五日空军司令张廷孟飞临台湾，举行了第一次的升旗礼之后，中华民国的国旗在台湾的上空开始飞扬了，台湾同胞才开始将压制住的热情逐渐奔放出来。很快地，在每个城市以至乡村，每家每户高悬起鲜艳的国旗，爆竹声也公然出现了，放得又亮又响，终日响彻在热闹或僻静的街巷。狂欢的情绪随着时日而逐渐到达高潮，到十月二十四日陈长官飞莅台北，二十五日举行受降典礼，高潮已推到了顶点。

在台湾六百万同胞的记忆里，十月二十五日将是一个永远不会被遗忘的日子，而台北市公会堂，则是一个永远留在记忆里的胜地。十月二十五日上午十时（台湾时间，即随蜀标准时间九时），六百万同胞获得解放，五十一年被异族统治的台湾同胞获得光复的重要的历史的一幕，是在台北市公会堂演出了。

台北市公会堂，是一座四层楼钢骨水泥巍伟富丽的现代建筑。门前

---

〔1〕 本文原题为《万民同欢庆光复，记台湾省受降典礼》。

一片大广场，位置在台北最热闹的市区的荣町与京町之间。这座建筑以一座剧场为主体，可以举行各种大会盛典，也可以演出戏剧音乐，容纳得下三千余人的座位。除剧场外，有许多间宽大的休息室、吸烟室、酒排间、咖啡座、大餐厅。如今公会堂是有其光荣的历史意义的了，国庆节的纪念会在此举行，而二十五日的台湾日军受降典礼与台湾光复纪念大会胜利聚餐也在这里举行，这座堂皇的现代化建筑物是被题缀上光荣的辉煌的历史的诗句了。

签字堂设在公会堂的二楼大厅，该厅坐北朝南，中央上方长案为我方受降主要长官席，隔约六七步之距离，其下方为与上方平行之长案，系日方签降代表座位。上方长案后，悬有国父遗像和国旗及金色大 V 字，其旁四柱悬中美英苏四国国旗，下方四柱则悬中美英苏四大盟国领袖像，会场被布置得非常庄严肃穆。左右两旁分为盟军代表、民众代表、新闻记者、长官公署重要议员暨警备总部高级官佐等四区座位，计划观礼人员共约二百余人。盟军参加观礼者有硕德理上校、博格上校、何礼上校等三十余人，他们都穿着黑色的大礼服来的，只有林茂生还是同国庆节那天一样是穿长袍黑褂的。民众代表中有日野三郎引人注意。

受降典礼的进行，时间规定得非常确实，这是事先经过精密的计算的，九时五十五分之前，各参加人员列队在场外预备好的一张白纸和一本宣纸精裱的簿册上签名，然后陆续入场就座。九时五十五分，陈长官兼总司令由葛秘书长陪同入场，全体肃立奏乐，陈长官就座于上方长案之正中。其左为秘书长葛敬恩、七十军军长陈孔达、空军第一路司令张廷孟、一零七师师长黄华国，其右为参谋长柯远芬、海军第二舰队司令李世甲、副参谋长范涌尧、空军二十三地区司令林文奎等，均依次而坐。

九时五十七分，日方台湾总督兼第十方面军司令官安藤利吉大将、台湾军参谋长谏山春树中将、总务长官代农商局长须田一二三、高雄海军警备府参谋长中泽佑等一行，有（由）我警备总部高级参谋陈汉平少将引导入场，向陈长官敬礼，并经引导官向陈长官报告后，即由长官命彼等投降代表在下方就座。所有日方代表均着草绿色哔叽军服。安藤利吉身材魁梧，戴银边眼镜，足穿黑色皮马靴，手戴白色手套，态度虽竭力想保持镇静，可是终难掩盖他那局促的神色来。他们这一行人物，是在三十五分由我方派朱嘉宾上校去总督府以"贵上校是否在日本士官学校毕业？""今天台湾光复，贵国人民一定很高兴吧？"等语发问。

十时整，受降典礼鸣炮开始。这一个时间是有意选择定的，五十一年之前昏庸糊涂的满清政府与日本签订的《马关条约》，在"横滨丸"舰上举行，也是上午十点钟。

陈长官戴起一副玳瑁边的眼镜，在预置在长案上的广播机前面开始宣布："台湾日军业于中华民国三十四年九月九日在南京投降，本人奉中国陆军总司令何转奉中国战区最高统帅蒋之命令，为台湾受降主官。兹以第一号命令交与日本台湾总督兼第十方面军司令官安藤利吉将军受领，希即遵照办理！"语毕即将是项命令及受领证交参谋长柯远芬转交安藤利吉，安藤利吉于受领证上签字盖章毕，由日方代表谏山春树参谋长再将受领证恭送至陈长官前，经陈长官审核受领证无误后，即命日方代表，仍由引导官引导离开场，时为十时零五分。

当柯参谋长将第一号命令与受领证送交安藤时，柯仅以右手执纸递交，而安藤恭恭敬敬地伸出双手接捧，签字时用预为置备的毛笔，安藤右手执笔，头微左倾，颤动不已。这个历史镜头，为全场带有摄影机的观礼者争先收入镜底。最可惜的是水银灯数量有限，只射向上方陈长官的一面，以致那天所摄的新闻片，缺少了这一个最宝贵的特写镜头。

日方投降代表安藤利吉等退场后，陈长官即在签字堂广播称："本人奉中国陆军总司令何转奉中国战区最高统帅蒋之命令，为台湾受降主官，此次受降典礼经于中华民国三十四年十月二十五日上午十时在台北公会堂举行，顷以顺利完成。从今天起，台湾及澎湖列岛已正式重入中国版图，所有一切土地、人民、政事皆已置于中华民国国民政府主权之下。这件具有历史意义的事实，本人特报告给中国全体同胞及全世界周知，现在台湾业已光复，我们应该感谢协助我们光复台湾的同盟国家，而尤其应该感谢教我们衷心铭感不忘的，是创导中国国民革命运动的国父孙中山先生及继承国父遗志完成革命大业的蒋主席。"广播由台湾省广播电视台台长林忠译成台湾语，并由长官公署参事夏之骅译成英语，广播给全台湾同胞与世界人士收听。广播毕，时在十时十二分，陈长官退席，全体肃立，奏乐，各参加人员相机退场，一幕隆重的历史盛典遂宣告结束。空下来的签字堂，椅桌及各种布置均原物未动地陈列了三天，任市民前来参观。

从此，台湾是真正地归宗于祖国了，台湾是重入于中华民国的版图了。陈长官给安藤利吉的第一号命令与日方受领证，是台湾光复的第一个有意义的历史文件，兹分别探志其全文如次：

一、日本驻华派遣军总司令冈村宁次大将，已遵日本帝国政府及日本帝国大本营之命令，率领在中国（东北三省除外）、越南北纬十六度以北及台湾澎湖列岛之日本陆海空军于中华民国三十四年九月九日在南京签具降书，向中国战区最高统帅司令一级上将何应钦无条件投降。

二、遵照中国战区最高统帅兼中华民国国民政府主席蒋及何总司令命令，及何总司令致冈村宁次大将中字各号及行政人员接受台湾澎湖列岛地区日本海陆空军及其辅助部队之投降，并接受台湾澎湖列岛之领土人民治权军政设施及资产。

三、贵官自奉本命令之后，所有台湾总督及第十方面军司令官等职衔一律取消，即改称台湾地区日本官兵善后联络部长，受本官之指挥。对所属行政军事等一切机关部队人员，除传达本官之命令训令规定指示外，不得发布任何命令。贵属对本官所指定之部队长官及接收官员，亦仅能执行传达其命令规定指示，不得擅自处理一切。

四、自受令之日起，贵官本身并通饬所属，一切行政军事等机关部队人员，立即开始迅确准备，随时后（候）令交代。倘发现有报告不实及盗窃隐匿损毁沉没移交物资文件者，决予究办治罪。

五、以前发致贵官之各号备忘录及前进指挥所葛敬恩主任所发之文件，统作为本官之命令，须确实遵行，并饬属一体确实遵行。

日方受领证的全文是：

今收到

中国战区台湾省行政长官公署警备总司令部第一号命令一份，当遵照执行并立即转达所属及所代表各政治军事机关及部队之各级官长士兵遵照，对于本命令及以后一切命令规定或指示，本官及所属与所代表之各机关部队之全体士兵，均负有完全执行之责任。

日本台湾总督兼第十方面军司令官陆军大将安藤利吉

中华民国三十四年十月二十五日即日本昭和二十年同月于台北市公会堂。

受降典礼举行了。正午十二时，陈仪长官特邀在台盟军、军政高级官员、民众代表暨新闻记者共百余人，在公会堂三楼举行庆祝光复的胜利聚餐。大家尽情地欢乐，拼命地痛饮，陈长官始终露着笑容，他的酒量很宏，对盟友以及各位嘉宾的轮番敬酒，都痛快地干了杯。

胜利聚餐是宾主尽欢而散，庆祝台湾光复大会要在下午三时才举行，这一段空隙时间，大家都利用来在公会堂的大门前照相，以留纪念。你一组我一群的摄影，把人物与大门上高悬的"中国战区台湾省受降典礼会场"横额一起照下来。

就在大家忙着摄影留念的时候，民众围起了一个大圆圈，台北将所有的舞狮舞龙的团队都出现了，他们列着队由京町经过公会堂大门到荣町去，每一队都留一下来舞弄一番才走。这些带有中国色彩的舞狮舞龙队，从"七七"抗战开始以来，是被日本政府禁止的，如今台湾光复了，休息了八年没有舞弄的壮丁们特别兴奋，异常热烈地来表演他们的舞技，一些带有摄影机的盟友，好奇地将这些舞狮舞龙的场面收入镜头。

庆祝台湾光复大会在下午三时举行于公会堂的大礼堂里，足足挤了三千多人，大门外因为"客满"而不得其门而入的为数也在千人以上。参加大会的，除了各界民众之外，有陈长官以次长官公署暨警备总部的重要官员，驻军长官与驻台盟军也都到会。主席团为林献堂、黄朝琴、林茂生、林呈禄、罗万俥、林熊征、杜聪明等七人，他们都是台湾人，其中黄朝琴是流亡祖国十余年的革命志士，他现在是台北市的首任市长。

主席林献堂领导行礼后，即致开会词，他认为台湾的光复应感谢盟军的仗义执戈，以及我伟大的领袖蒋主席的功德。此后须要亲爱互助，协助陈长官"三不"与"三心"的政策，以实现三民主义的新台湾。

继林献堂之后，是陈长官、李主任委员、林茂生三氏的演说。场内气氛极为热烈兴奋，听众鼓掌之声不绝。陈长官的演说：要日本平民自肃自诚，而我台湾同胞应具大国民风度，不以怨报怨。省党部李主任委员勉励大家：（一）不要轻轻忘去八年抗战的牺牲和痛苦；（二）要切实了解三民主义的伟大；（三）努力建设以期实现三民主义的新台湾。林茂生氏沉痛地大声疾呼："要团结！要努力！"

十月廿五日，也是六百万台湾同胞所不能遗忘的一天。六百万台湾同胞重见天日，得到解放了，寻回了离开祖国怀抱的六百万弟兄，这是值得狂欢庆祝的。小部分受日人利用于八月十五日之后做过台湾独立迷梦的

"御用绅士"该可以醒悟了，台湾是只有重光归宗才有他光明灿烂的前途的，而台湾也必须在六百万可爱的同胞巩固团结共同努力下才能建设起一个三民主义的模范省来。重大而艰巨的责任落在六百万同胞的双肩，建设富强康乐的新台湾，让我们从速开始努力吧！

（福建《东南日报》1945 年 12 月 3 日）

吴春鉴：台湾受降盛典

【台北通讯】十月二十五日，在台湾总督府的更衣室中，安藤利吉大将摸着剃光了的两颊，对镜子发怔。六百万人口，三万六千平方公里的统治权，现在必须交还大中华民国了。他看了一看（表）：九时四十分——时间快到了，他的政治生命的结束。台湾行政长官公署派来的朱嘉宾上校正在客厅里等着他。他叹了口气，离开更衣室。

汽车把安藤大将、谏山中将、中泽少将、须田参谋长带到了台北公会堂。大门首横额的"签字堂"三个大字刺痛了日方投降代表的眼睛。他们默默地被引导入会场休息室。

五十五分，衔着陆军上将制服的陈仪将军，在二楼大厅中受降官座席上出现。坐在他两旁的是葛敬恩主任、陈孔达军长、张廷孟司令、李世甲司令和总部美军联络组参谋长贝格上校。简洁庄严的礼堂上方四柱悬着中美英苏四国国旗，下方挂着四大领袖肖像。五十七分，陈汉平少将率领日方投降代表入场，向陈长官行了一个九十度的鞠躬，然后遵命在下方的投降官座席欠身坐下。

十时整，典礼开始，空气严肃而紧张。陈长官以威严而和蔼的语调，宣布："台湾日军业于中华民国三十四年九月九日在南京投降，本官奉中国陆军总司令何转奉中国战区最高统帅蒋之命令为台湾受降主官，兹以第一号命令，交予日本台湾总督与第十五方面军司令官安藤利吉将军受领，希即遵照办理！"接着柯远芬参谋长就把该项命令和受领证转交给安藤。

斜倾着头部，如同不胜其忧戚，安藤颤抖地拿起笔，不敢犹豫地在受领证上签下了他自己的名字，这是最紧张的一刹那，全场屏息无声，只听见摄影机在忙碌地把这具有历史意义的场面摄入镜头的响动。其余的日方代表，都惨白着脸，低低地把头部埋在胸前，……安藤把受领证交给了谏山中将，转呈陈长官，又是一个九十度的鞠躬，然后坐下。

审核受领证上的签字无讹，陈长官即令日方代表退下，然后发表一个简短的广播："从今天起，台湾和澎湖列岛已重入中华民国版图，举凡所有人民、土地、政权，均为我中央政府所管辖。"语毕退席。这富有历史意义的盛典，于焉告成。

下午三时，全台六百万同胞举行"光复大会"，热烈庆祝重返祖国怀抱，爆炮声和欢呼声彻夜未息。记者驱车巡行全市，但见青天白日旗到处随风飘扬，人民均（着）新衣夹道高呼"蒋主席万岁"，欢欣若狂，且有喜极而下泪者。

（福建《中央日报》1945 年 11 月 2 日）

何应钦：台湾光复纪事[1]

中华民国三十四年十二月十五日，沉沦于日人之手五十年又一百五十六天的台湾，终于在八年苦战之余，光荣胜利之后，一举而光复，重归祖国版图，这是我国近百年史上的一次盛事。回想当日台湾光复的盛况，以及全国人民欢腾鼓舞的情绪，不可无文以纪其事，作为我中华民国现代青年的警惕与参考。

一、台湾光复的由来

台湾之能够于二次大战结束之后，重归祖国版图，肇因于我国在二次大战中，发挥了坚韧不屈的精神，由单独对日作战进而与盟邦联合作战，合力对抗轴心国家，牵制了日军数百万的兵力，而使中国战区不但自固自保，而且出师邻邦，时拯盟军于艰危。因此赢得了同盟各国普遍的尊敬与仰赖。于是，在日军败征已露的时机，亦即一九四三年十一月，中、美、英三国领袖于是月二十二至二十六日，在开罗举行了一次关于处置日本战后事宜的一项重要决策性的会议，即世称的开罗会议。这次会议，由我国蒋委员长、美总统罗斯福、英首相丘吉尔亲自出席，共同开诚商讨对日作战计划及战后对日处置的方策。会议完毕之后，三国领袖共同发表如下之宣言：

---

[1] 本文有删节。

三国军事方面人员，关于今后对日作战计划，已获得一致意见。我三大盟国，决以不松弛之压力，从海陆空各方面，加诸残暴之敌人。此项压力，已经在增长之中。

我三大盟国此项进行战争之目的，在于制止及惩罚日本之侵略，三国绝不为自己图利，亦无拓展领土之意。三国之宗旨，在剥夺日本自从一九一四年第一次世界大战开始后在太平洋上所夺得或占领之一切岛屿，在使日本所窃取于中国之领土，例如东北四省、台湾、澎湖群岛等，归还中国。其他日本以武力或贪欲所夺取之土地，亦务将日本驱逐出境。我三大盟国稔知朝鲜人民所受之奴隶待遇，决定在相当时期，使朝鲜自由独立。根据以上所认定之各目标，并与其他对日作战之联合目标相一致，我三大盟国将坚忍进行其重大而长期之战争，以获得日本之无条件投降。

美国总统　　罗斯福

中华民国国民政府主席　　蒋中正

大英帝国首相　　丘吉尔

这一项决议，不仅为对日本一致命的打击，亦为太平洋上近五十年形势的转折点，我台湾领土的光复，亦于此项宣言中，作了明确而合理的决定。因此，二次大战结束，日本无条件投降之后，我国便依据此项宣言，正式将台湾收回，重建为今日的台湾省。

二、台湾的受降接收的部署

我国抗战，在蒋总统领导之下，坚强不屈，历经八载，故日本国力备受我长期作战之消耗，早知战争胜利无望。自民国三十四年八月五、七两日美国空军两次使用原子弹袭击日本广岛及长崎，与国军将在华南配合盟军大反攻，及八月九日苏联对日宣战后，日本更深悉战争最后失败之命运无可挽回，乃于八月十日在东京广播，照会中、美、英、苏各国，愿接受波茨坦会议宣言之各项规定，向联合国无条件投降。八月十一日，美国国务卿贝尔纳斯代表中、美、英、苏四国答复日本，接受其投降请求，迄八月十五日上午七时，我国民政府外交部正式接获日本之投降电文。蒋总统乃于是日电南京日军驻华最高指挥官冈村宁次大将，指示其六项投降原则，并命其派代表至玉山接受应钦的命令。后以玉山机场因天雨跑道损坏，冈村宁次所派的代表，奉命改在芷江晋见应钦的代表萧毅肃参谋长。面交应钦致冈村宁次的中字第一号备忘录。告以应钦奉中国战区最高统帅特级上将蒋委员长之命令，接受在中华民国（辽宁、吉林、黑龙江三省除外）、台湾及越南北纬十六度以北之地区内日本高级指挥官及全部陆海空军与其补助部队之投降。并责令冈村负责全部日军之投降事宜。当时冈村曾以日军系统，台湾、越南各有其最高指挥官，又海军更不受陆军之指挥，其本人仅代表驻华陆军，对海军及台湾、越南陆军，实施不无困难，但并非完全不可能等语相告。我以日军投降系整体性，不可分割，仍责成其统一办理。乃于八月二十二日以中字第八号备忘录，将各地区受降主官姓名、受降地点及日军代表投降部队长姓名，应投降之部队番号，通知冈村。其后复以中字第十八号备忘录及其附属文件将关于台湾部分者又复单独通知其查照。其时，受降区域先列为十四区，后增台澎地区为第十五区，其规定如下："台湾澎湖列岛陈仪为受降主官，日军投降部队为 10HA、8FD、9D、12D、50D、66D、71D、75BS、76BS、100BS、103BS、102BS、112BS 及澎湖守备部队。集中地点由陈仪决定，日军投降代表为 10HA 安藤利吉。"

九月八日，冈村宁次对于中字第十八号备忘录答复如下："一、敬悉。贵意已向台湾传达去讫。二、鉴于台湾本在特殊之状况，故希速派陈仪将军前进台湾切实处理，俾能适应实情为盼。"因此，我于九月九日在南京接受日本冈村宁次大将之投降后，即于十月十七日令国军第七十军开赴台湾，并成立台湾前进指挥所由葛敬恩负责主持。另呈由国府令成立台湾省行政长官公署，派陈仪为行政长官，又成立台湾省警备总司令部，准备接受在台日军之投降。

三、台湾光复及受降盛况

陈仪于十月二十四日抵台，二十五日上午十时在台北市公会堂（即今之中山堂）举行受降式。由陈仪代表中国战区最高统帅受降。是日上午九时，参加人员陆续入场。到我方代表陈仪、葛敬恩、柯远芬、陈军长、李舰队司令、张空军司令、范副参谋长、黄师长、林司令、省党部主任委员李翼中、委员蔡继琨、高等法院院长杨鹏、善后救济分署署长钱宗起、教育部特派员罗宗洛、财政部特派员游弥坚、粮食部特派员吴长涛、行政长官秘书处长夏涛声、财政处长张延哲、教育处长赵廼傅、农林处长赵连芳、工矿处长包可永、交通处长严家淦、警务处长胡福相、会计长王肇嘉、法制委员会主任委员方学李、宣传委员会主任委员夏涛声、长官公署顾问沈仲九，参事夏之骅、吴克刚、何孝怡，台北市市长黄朝琴，警备总部高参熊克禧、何希琨，参谋陈汉平、第一处处长苏绍文、第二处处长林秀栾、第三处处长王清宇、副官处处长王民宁、经理处处长陈绍咸、军法处处长徐世贤、机要室主任黄俊卿、政治部主任卢冠群、副主任李卓之，第七十军参谋长卢云光、副师长谢懋权、崔应森，美军联络组硕德理上校、贝格上校、何礼上校，台湾省人民代表林献堂、陈炘、杜聪明、罗万俥、林茂生等数十人。新闻记者李万居、叶明勋、李纯青、陈正彪、费彝民、杨政和、蔡极、马锐筹、谢爽秋、黄式鸿、王白渊等二百五十人。九时三十五分，我方派上校朱嘉宾前往总督府率同日方投降代表至公会堂，九时五十分，引导日方投降代表入会场休息室，九时五十五分受降代表暨参加人员入席，陈长官兼总司令入席，全体肃立奏乐。九时五十七分，我方派陈汉平少将至休息室引导日方投降代表日本台湾总督，兼十方面军司令官安藤利吉、台湾军参谋长陆军中将谏山春树、总务长官代理农商局长须田一二三、高雄海军警备府参谋长中泽佑少将等一行入场，向陈长官行礼，引导报告长官后，由陈长官命日方代表就座。十时鸣炮，典礼开始，首由陈长官宣布："台湾日军业于中华民国三十四年九月九日在南京投降，本官奉中国陆军总司令何转奉中国战区最高统帅蒋之命令为台湾受降主官，兹以第一号命令，交与日本台湾总督兼第十方面军司令官安藤利吉将军受领，希即遵照办理。"语毕，即以是项命令及受领证交参谋长转交安藤利吉，安藤于受领证签字后，由日方代表将受领证径呈陈长官，陈长官审阅受领证无误后，命日方代表退席，仍由引导官，引导离场。

陈长官嗣即席广播称："本人奉中国陆军总司令何转奉中国战区最高统帅蒋之命令，为台湾受降主官，此次受降典礼，经于中华民国三十四年十月二十五日上午十时在台北公会堂举行，顷已顺利完成。从今天起，台湾及澎湖列岛已正式重入中国版图，所有一切土地、人民、政事，皆已置于中华民国国民政府主权之下，这件具有历史意义的事实，本人特报告给中国全体同胞及全世界周知。现在台湾虽已光复，我们应该感谢历来为光复台湾而牺牲的革命先烈及此次抗战的将士，并应感谢协助我们光复台湾的同盟国家，而尤其应该教我们衷心感铭不忘的，是创导中国国民革命的国父孙先生及继承国父遗志完成革命大业的蒋主席。"广播毕，陈长官退席，全体肃立奏乐，参加人员退席，礼成。

受降典礼完成之后，当日的下午三时，台湾各界在公会堂举行了庆祝台湾光复大会；第二天，台北学生联盟会，又发动了全市学生庆祝光复大游行，一连串掀起三个高潮，使台湾同胞鼓舞欢欣，为重回自由祖国的怀抱，雀跃不已。

二十六日，是台湾《新生报》创刊的第二天，《新生报》创刊后的第二篇社论，标题是《受降观礼与庆祝光复》，可以说是语语针砭、字字珠玑，对外对内、语重心长的一篇最好的纪念性的文章，兹录其原文，以飨读者。社论说：

昨天陈长官在台北公会堂接受安藤利吉大将的投降，仪式隆重而严肃，由受降签字起，台湾主权正式地归宗主国了。许多人在会场上感激涕零。回忆五十年往事，像一场噩梦。一旦醒来，说兴奋不是，说安慰也不是。应清算的历史被清算了，我们只觉得幸福与感谢。

　　台湾受日本统治半世纪，非无进步，日本对台湾惨淡经营多所建树这是事实，但那是另一回事。日本指导台湾的最高原则错了，它希望同化台湾，并以台湾为南进的航空母舰。此一原则，一面违背了民族自决政策，致使五十年设施，徒费精力；另一方面，因贪欲过度，向中国大陆及南洋作非分的发展，结果招致可悲的败亡，这实在是日本民族的不幸。追溯根源，可谓日本缺少伟大政治家。如在他国，这般误国的领导者，必为十目所视，十手所指。在日本，也许有人不服输，有人以为若干年后，可以卷土重来，对失败的教训，尚缺正确的认识，参加今天的受降典礼，感慨无量。上面两种想法，无疑是错误的。我们要向在台日人进一言：国家与个人是两个不同范畴，我们仇恨日本国家及其政策，未必即仇恨日本人民。假使日本人民悔悟并反对本国统治者的侵略行为，在私情上，当然还是我们的朋友，对朋友不可不尽忠告的责任。第一，在台日本人，应忠实履行投降条款，这不是耻辱，是光荣的。日本国家元首及其军政官员，已完全降服，"大厦既倾，狂澜既倒"，台湾不过是一个渺小的局部问题，在台日本人的命运已决定了，假使有一日人违背其本国的命令，或阳奉阴违，企图阻挠中国的接收工作，而破坏日本的国际信义，实于日本有害无利，必不为安藤大将所容许。第二，投降对在台日本人，当然是一种懊丧事件，但严格说，这经验是可贵的。过去日本民族最大的毛病，就在许多人不知道失败，而妄自尊大。语曰："骄必败"，又云："满招损"，现实无情，对抱优越感的那些人提出修正了。真理不仅在"人生而平等",也在每个民族都有同等的智慧。我们希望在台的日本人服膺真理,不必悲哀,也不可傲慢。第三,台湾问题的解决,为清算中日关系的一环,日本人应趁此机会重新认识中国,中国已非"吴下阿蒙"。以前日本认识中国,大概都是见树不见林,见近不见远,今后还有重蹈覆辙的可能。我们非常诚意希望在台日人把眼光放远,不对的观念,要彻底涤除。

说到光复,我们的心里,自有压抑不住的欢乐。"否极泰来",台湾所以有今天,实乃祖国无数灾难换来的果实。台湾同胞所受的痛苦,尤其深重。但我们应该警惕与自强不息,若快乐而不努力,或得意忘形,前途还是危险的。天下没有侥幸的事,侥幸得来的东西最不可靠。譬如说,现在中国是强国,台胞乃强国之民,我们一定要使它名副其实。每个国民都要做到很上品、很健全,和世界一等国民比较毫无愧色。否则我们的身份地位飘摇不定,是架空的。假使我们不能努力使中国真正富强,今天所庆祝的光复台湾,无人能保证永不再失。假使台湾光复没有比不光复更进步、更繁荣,也会减削光复的意义,失掉光复的色彩,责任放在在台官民身上,从昨日起,无论哪个人都应感觉责任加重了。台胞们!前日我们是奴隶,今天我们是主人,做了主人,责任加重了!

昨天受降与庆祝,仅为和平的起点,要和平永奠,非赖日本人彻底觉悟及台胞加倍努力不可。我们希望中日两民族,接受历史的教训,向光明之途迈进!

以上所述,是台湾光复盛况的简略记述,在回忆这一段不平凡的往事之余,我们不要忘记了《新生报》社论给予我们的警惕。

（何应钦:《八年抗战与台湾光复》,文海出版社 1970 年版）

谢东闵：浩浩荡荡收台湾[1]

结 伴 还 乡

三十四年八月十五日，我在永安美国新闻处收听台湾的无线电新闻广播时，突然听到日本天皇以沉重的语调宣布：日本对同盟国无条件投降。

这个消息令我雀跃万丈。虽然早已确知胜利就要来临，但是当胜利真正来到时，我还是兴奋莫名，除了报告美国新闻处，并立即把这个天大的喜讯告知同胞们。所有听到胜利喜讯的人都欣喜万分。特别是台籍同胞，能够返回久别的家乡，再也不担心异族欺凌迫害，怎么不万分高兴。

日本无条件投降，确定了台湾的光复。台湾党部遂即迁往福建省会福州，准备返台事宜。因此，我结束了永安美国新闻处的兼差，偕内人和孟雄到福州。

初到福州，遇见刘启光先生。他原名侯朝宗，嘉义县六脚乡人，日据时期在台湾参加农民运动，引起日本政府注意，因可能被捕，逃到福建，改名刘启光。对日抗战期间，他组织"台湾工作团"，担任团长，受第三战区单位指挥，结合台湾同乡力量，为光复台湾而努力。台湾光复，他当然想返回家乡。

---

[1] 节自谢东闵著的《归返：我家和我的故事》一书中《日本投降·台湾光复》一章中与接收台湾相关的内容。题目系编者拟。谢东闵，（1908 年 1 月 25 日—2001 年 4 月 8 日），自号求生，台湾省彰化县二水乡人，后出任"中华民国第六任副总统"。

福州市有一处风景区，叫做苍前山，区内有高级住宅区，许多外国领事馆都设在这里，刘先生在这个住宅区也有一栋房子，他欢迎我们一家人借住。住的问题解决了，我便专心参与接收台湾的准备事宜。

从日本人手中接收台湾，有两项重要工作，一是国军部队进驻，一是行政权接管。

国军的进驻，中央政府调派精锐部队青年军担任。青年军师长黄珍吾将军认为，部队进驻以前，所有官兵必须先了解台湾的情况，到了台湾才不至于陌生隔阂。因此，邀我为青年军及宪兵队解说台湾的种种，包括台湾历史、日本占据台湾以后的行政制度，以及对台湾同胞采取的经济、政治、教育等等的压迫与歧视、台湾同胞的风俗习惯等。

行政权的接管，范围广泛而复杂，中央另有专责规划。不过，有些工作必须在福建省加速准备。例如教育事业是台湾最迫切需要的，所需教材、师资需要充分准备，才能办理妥善，使台湾同胞早日接受祖国文化教育，排除五十年来日本文化的影响。为了解决师资来源，有关单位在福州招考前往台湾任教的教师，录取者实施几个月的职前训练，再派往台湾。

浩 浩 荡 荡

旅居福建的其他台湾同胞，亦多成为协助接收人员了解台湾状况的最佳帮手，我在龙岩认识的"台湾义勇队"队长李友邦先生，以及在龙岩开设中药房的郑品聪先生，都是相当活跃的工作者。

接收的准备工作紧锣密鼓进行之际，突生波折，改变了青年军的任务。原因是第二次世界大战将结束时，苏俄别有用心地对日宣战，俄军开入我国东北，解除日本关东军武装，再把日军装备交给中共林彪部队，壮大中共在东北的力量。政府为因应这种严重情势，临时把就要开往台湾的青年军调往东北，至于调赴台湾的部队，权以福建沿海装备及训练较差的队伍递补。

前往台湾的军政人员很多，需要大量渡海工具，均由美国提供。

三十四年十月二十三日，二十六艘美军登陆艇组成的船队，自闽江口的马尾港开航，其中二十五艘载运部队及基层工作人员，行政人员干部如连谋、连震东、刘欣光……诸先生和我，十余人乘指挥艇。

启程前，我预期接收工作一定很忙，而且战后台湾百废待举，我要做的事可能很多，短时间无法兼顾家庭，就请内人和孟雄留在福州，等候适当时机来台。

二十六艘登陆舰在台湾海峡编队向基隆港航行，阵容浩浩荡荡。极目所望，尽是艨艟破浪，非常壮观。

美军在舰上供应丰富的罐头食物，有牛肉、鱼等，罐头一打开，总是吃不完，剩下的都倒进海里喂鱼。美军物资之丰富，和我在香港所见所闻日军那种穷相对照，相差悬殊，难怪日本之必然战败。

舰队通过台湾海峡著名的"黑水沟"时，波浪汹涌。仲秋以后的台湾海峡，吹袭着东北季候风，波浪本来就不小，再加上"黑水沟"暗流激荡，登陆舰又是平底船，吃水不深，摇晃得厉害，同伴们晕得躺在吊床上，不敢走动。

从这种亲身的体验，我想起先祖增福公一百多年前乘帆船来台，一定是很大的冒险。

几小时后，渡过"黑水沟"，浪涛稍弱，我们登上甲板，久违的可爱家乡已经在望。

十月二十四日上午，舰队依次靠泊基隆港码头。成千上万的民众，手拿国旗欢迎我们，大家兴高采烈地高唱"……壶浆箪食表欢迎……"新谱欢迎歌曲，人人脸上洋溢着无限的喜悦。宝岛重归祖国，岛上的炎黄子孙，有如久别的游子归返母亲身边，多么的温馨！

我非常激动。回忆二十年又六个多月以前，我怀着不受异族统治的心情从此地出海，现在能满心愉悦地，从这里踏上芬芳的家乡泥土。我也想起五十一年前，祖父看到日本占领台湾，而今我却看到日本人被逐出台湾，抚今追昔，怎能不喜极而激动？

不过，战后的基隆，百孔千疮，似乎没有一条街道是完整无损的。由于日本军阀愚昧地强调"不战到最后一人誓不罢休"，延不投降，使基隆被美机炸成废墟处处，同胞生命财产承受惨重伤害，多么令人沉痛？好在同胞们无辜付出庞大代价之后，宝岛重光，也算是最大的安慰与补偿。如无这场战争的洗礼，祖国同胞浴血抗战，牺牲无数的性命与财产，蒙受空前的苦难，真不知何时才能光复台湾。

万众热烈欢迎之后，我们兴奋地乘火车到台北，当晚和同伴们住中山北路"梅屋敷"（后改为青年服务社）。"梅屋敷"是民国初年，国父孙中山先生来台住过的地方，我住在这里，油然想象着昔日，国父奔走革命四次来台的往事，也回忆翁俊明先生参加同盟会，图谋毒杀袁世凯，以及投身抗日复台的事迹。这些事情有的发生于民国初年，我仿佛以为是不久前的故事。追念前贤为革命、抗日、复台奋斗，备增钦仰。我自勉今后应该尽自己所能，为光复后的故乡努力工作。

日 人 沮 丧

返台第二天，二十五日上午十时，台湾行政长官陈仪，代表中国战区最高统帅蒋委员长，在台北市公会堂（今中山堂）二楼（今光复厅）主持受降典礼。日方由台湾总督安藤利吉代表全体日人投降，我方人员有军政首长、台湾各界代表，美军也有代表到场，观礼者二百余人，我也参加了这一次历史性仪式。

典礼中，日本人面色凝重，表情沮丧，昔日不可一世的统治者威风，已消失无踪。

这一天，我住进原台北州厅产业部部长官邸。这栋宿舍很宽敞，李万居先生也住这里，他是"接收台湾前进指挥所"的一员，比我早些返台，返台以后，立即实现他在重庆说过的愿望，接办《台湾新报》，而且按照我当初的建议改称《台湾新生报》，并开始出报。

二十四日我从基隆港登陆，《台湾新生报》刊载返台干部名单，其中"谢东闵"三字，引起二水乡亲注意；大家在猜测"谢东闵"是不是二十年前的"谢进喜"。

家父告诉乡亲，他也不知"谢东闵"是谁，因为民国十九年和二十二年他到广东，只知"阿喜"改名"谢求生"。

不久，我写信回二水，父母亲才确知我已回来，而且"谢东闵"就是我。家人高兴，自不待言。

从父亲的回信中，知道家里除了祖母已经去世，其余都健在。家人在战争中平安无恙，使一直悬挂在我心头的疑虑一扫而空。

返台以后我该做什么事？我想：台湾同胞被日本统治五十年，接受日本教育，几乎没有人会讲中国国语，也很少有人了解祖国，我应该创办一家出版社，出版一部中日文双解字典，以及使用日文撰写中国历史和文化的各种书籍，好让只懂日文不谙祖国语文的同胞阅读。另外，编印一些教育民众学习国语的书籍，我认为这种文化教育工作最切合需要，最有意义，而且最适合我的志趣。

接管高雄州

可是，我的念头很快被打消。台湾行政长官公署民政处长周一鹗先生到我的住所说："陈长官要我来跟您商量，有关接管台湾地方行政工作。目前，台湾总督府的接管工作已经完成，十一月一日起，要接管地方政权。日人在台湾设置五州三厅，希望你接管一个州。"

我本来不想担任公职，只想从事文化事业，而且我自感对行政没有经验，担心做不好。可是，周处长说："陈长官一定要你接管一州。"

他又说，连震东先生已同意接管台北州。

他说得很诚恳，我不好推辞。于是说：

"我是台中州人，如果一定要我承担任务，就接管台中州吧！"

周处长同意。可是，行政长官公署于十一月七日公布各州厅接管委员会主任委员名单，竟然是：台北州连震东、新竹州郭绍宗、台中州刘存忠、台南州韩联和、高雄州谢东闵、花莲港厅张文成、台东厅谢真、澎湖厅陈松坚。

这个安排有点内情。本来我确被安排接管台中州，刘存忠到高雄州，但刘先生不愿意，因为高雄州被美机炸得特别严重，到处断垣残壁，善后重建很不简单。而且大战末期，日本预料美军可能在枋寮一带登陆攻击，把大军部署在高雄州应变。此外，日本移民亦以高雄州居多，他觉得接管高雄州，重建工作既繁，遣返大量日本军民的工作更不单纯，于是告诉民政处：

"谢东闵是台中州人，应该'回避原籍'，请他到高雄州，我接管台中州。"

民政处接纳他的建议。

这段插曲是刘先生事后告诉我的，不然，我还不知怎么回事。

乡亲车站相迎

各州厅接管委员会主任委员发表以后，分别配属几位委员、专员及宪兵一排，八日早上乘南下铁路专车出发。到新竹站，接管人员下车，新竹州知事和州各部部长等日本高级官员，以及地方各界代表，都在月台迎接，场面热闹。

专车继续南行到台中，刘存忠先生率部属下车，台中州知事和高级干部，以及地方各界代表，都到月台相迎，场面亦甚盛大，接管人员显得很光彩。

专车下一站是台南，可是离开台中站才一小时左右，意外地停在我的家乡二水车站。

我事先未要求专车在二水停靠，不知谁做了这个安排。

我从车窗外望，车站月台挤满人潮，总有好几千人，都是来欢迎我的，乡亲们阅报知道专车要经过二水，自动汇聚到车站来看我。

我赶紧下车和大家见面，我的父母亲和家人也来了，人群中，有人为他们开道，以便早一点和我见面。

自从民国十四年春天告别家乡，我已整整二十年没见过母亲。父亲虽然到过广东，但睽别也有十几年，这中间又遇八年对日抗战，彼此海天遥隔，音讯断绝，现在能再见面，大家都禁不住热泪盈眶，一时之间，话都说不出来。

地方父老的盛情令我非常感动。长期的战争使台湾物资极端缺乏，居然有人带了珍藏的酒来，在月台上斟一杯敬我。我体会出乡亲们赐给我荣耀和温暖，二十年乡愁完全廓清。

列车在二水站停了十分钟左右，乡亲的热情沸腾，人群围绕着我这位少小离家的游子，看看是什么样儿。专车停了好一会儿，我过意不去，一再催促开动。在离情中，我挥手道别，告诉大家，等高雄接管工作告一段落，一定回来看大家。

象征接管的升旗典礼

专车在台南站停靠，让接管人员下车，便直驶高雄。这是最后一程，除了高雄州接管人员，还有转往澎湖厅的。

车抵高雄，日本州知事高原，率领州厅的总务、产业、警察三部部长，和各界代表列队欢迎，场面盛大热烈，令人难忘。

我以接管主任委员身份，和高原略事交谈。高原说，已为接管人员暂时安排住宿高丸旅馆。那时天色将晚，我们在高雄车站向欢迎群众道谢后，径往高丸旅馆歇息。

在旅馆里，我和彭孟缉将军、陈重光先生不期而遇。彭将军奉命视察高雄要塞。陈先生是台北人，曾在上海和东北经商多年，想不到会在高雄相遇。

第二天早上，高原州知事到旅馆来，说明他的官舍在寿山山麓，战时被美军飞机炸毁。他说，州产业部长官舍就在高丸旅馆旁边，还很完好，宽敞舒适，可做我的寓所。于是我住进这栋房子。

高雄州厅位于爱河边，也就是现在高雄地方法院院址。大战期间，美机在州厅中央投弹炸了一个大洞，厅舍损坏颇大，日人乃把州厅改在高雄中学办公。

十一月九日上午九时，高雄州政权交接典礼在高雄中学举行，仪式简单隆重，州厅全体员工，无论台湾或日本籍都参加，高雄各界代表也都兴奋地来到，合计近一千人，在操场上肃立，看着中华民国国旗冉冉升空的历史性场面。升旗完毕，全体人员进入"雨天体操馆"（兼作礼堂之用），参加交接仪式。

我在仪式中使用闽南语致词，请新闻记者出身的接管委员陈万先生译为日语，要点是：

> 今天，我以高雄州接管委员会主任委员身份，自日本政府手中接管高雄州地方政权，从今天起，我代表中华民国政府主持高雄州的行政，希望州厅全体工作人员，无论台湾籍或日本籍，都要照常办公。
>
> 高雄州在战争期间，受到同盟国飞机轰炸，损坏严重。现在战争已经过去，一切都要恢复正常，以便早日修复。
>
> 我要郑重向高雄州所有日本人宣布，中华民国蒋委员长接受日本无条件投降，曾声明以德报怨，善待日本人，所以，日本人如果遵守中华民国法律，中华民国政府一定保障其生命安全，设法早日遣送回国……

我讲完了话，德高望重的屏东士绅李明道先生上台致词，代表高雄州民众表达台湾重归祖国的欢欣，以及为接管高雄州政权深庆得人致贺。他的讲词简短有力，诚挚感人。这是一次简单隆重的历史性场面，遗憾的是一切在匆促中进行，竟未摄影留下历史性镜头，于此亦可见当时市面尚未复苏及物资缺乏之一斑。

我有点动怒

典礼完毕，分别接管州厅各部门。我任命黄三木、洪荣华、黄祖耀为州厅总务、产业、警察三部部长，并指定高原和他的三位部长为服务员，遇到接管工作有疑难，四人都要尽心帮忙解决。

接着而来的是接管市、郡、街、庄，派任其首长，凡曾任协议会员、农业会员、信用组合理事、干事，较有名望者，都是考虑遴选的对象。屏东士绅李明道先生名望高，我请他出任屏东市长，他却无意仕途。凤山郡守我请吴海水先生担任，屏东郡守林石城先生，潮州郡守戴炎辉先生，屏东市长孔德兴先生……等，都是一时之选。

我的办公室设在高雄中学校长室，四位日籍服务员在校长室旁边的教师休息室随时备询。

州厅的实务移交，最重要的一项是财务。我告诉高原一个原则："所有的财务，凡是公家的，要老老实实交清，该归你私有的，你拿去！"结果，高原交出七十多万日元。

"堂堂高雄州，只剩七十几万元？"我神色严肃地说："如果你们移交不清，不得回日本！"

高原看我动怒，担心我不准他返日。那时美国已准备船只，将把台湾的日人送回日本，他忧虑错过机会，很紧张地把所有账簿拿出来查对。后来他交出二百余万元。

从高原交给我的账簿资料，我发现州知事是个大肥职。高雄州所有人民团体，包括农业、水利、水产等民间组织，一律由州知事兼任会长，高原常借口处理人民团体事务，到东港、恒春、四重溪、旗山等地，每次出巡，既向州厅报出差旅费，还向有关人民团体支领会长出差旅费。这还只是他捞取的小财。

他最大的收益是年终奖金，仅仅屏东制糖株式会社（今屏东糖厂）送给他的年终奖金，数目就很惊人。因此有人说，日人在台湾做一任州知事，足够回日本当一辈子寓公。

由于担心我不让他返日，高原把日据时期他获得的奖金全都拿出来。我叫他取回。

州各级政府机关首长安排妥当，行政系统开始正常运作，于是州厅又进行各级学校校长的选派。日据时期各级学校校长全由日人担任，台湾光复，一律改由国人担任。

州政权移交以后，行政长官公署转达中央政府一道命令，指示我同时接管南沙群岛。日据时期，南沙群岛由高雄州管辖，日人在这个群岛上开发鸟粪；那里的鸟粪经过千百年的累积，蕴藏量很多，鸟粪含有丰富的磷质，是极佳的肥料，都运回台湾使用。

南沙群岛的接管事宜，必需人和船，前往接管的人最好找了解南沙的人，因此州厅公开征求熟悉南沙群岛的人才；有廿几位青年应征，都是日据时期被征调南沙群岛挖掘鸟粪的。

有了人，却没有船前往。州厅呈报行政长官公署请求派船舰到高雄，把接管人员载到南沙去，结果没有下文，不了了之。

日军司令释疑

接管州政初期，民间传说日军把武器埋在下淡水溪（今高屏溪）河床下，不愿移交中国国军。日军在台指挥官——一位陆军中将知道了，担心影响日军遣返，带一位参谋，穿着整齐的军装来见我。他以为我不懂日语，请一位闽南语翻译同来。

这位中将说，日军绝对不会把武器埋藏地下，因为埋入地下必然锈成废铁。他保证只要中国军队开到，日军一定交出全部装备。

我说我了解他的解释，希望日军诚实实践诺言。

受战争严重损坏的高雄市区亟须重建，这里原有二十五万人口，战时大多数"疏开"乡下，只剩数万人困守，光复后市民纷纷回来重整家园。许多家庭面对断垣残壁，不知如何是好。

不幸的是战争的后遗症加剧，疟疾、伤寒、霍乱、鼠疫肆虐，死亡者超过战时空袭遇难人数。这个时候最需要医药，可是医药严重缺乏，加上战争造成的满目疮痍，环境卫生恶劣，使对抗疫疠工作相当棘手。我获悉日军保留一批消毒药品，于是下令日军清理市区道路，以利交通，并责成以药品实施环境消毒，遏阻传染病。

战后重建的另一急务是改善粮食供应。二次大战期间，重要水利设施被炸毁，日人无力随时修复，加上美机经常空袭，农民担心暴露在空旷田野上被扫射，不敢下田，以致战时便严重缺粮，民众纷纷在荒地里采野生植物充饥。这种严重缺粮情形，战后亟应改善，于是我下令采取两项兴修水利的措施。

遣 返 日 人

高雄州厅负责办理遣返日本军民的任务，正积极准备着。这项任务所需要的运输工具，由美国派遣运输舰队担任。我负责把庞大数量的日人，分批送上船。

高雄州需要遣送的日本军民二十余万人，是各州最多的，其中有三四万日军。原因是大战末期，日军预料美国可能在屏东枋寮附近登陆，调派重兵到屏东和高雄沿海，构筑防御工事备战。那时，构筑工事的钢筋水泥缺乏，日军只好就地取材，把屏东往鹅銮鼻公路两侧的高大木麻黄行道树全部砍掉，锯成木材，运至沿海一带建筑掩体，作为第一道防线。此外，把大量物资运往旗山、美浓等内陆存放，并驻守重兵作为第二线。这两道防线的日军，加上高雄要塞、军港等地守军，军人总数便成为各州最多的。平民方面，日本移民本来就很多，后来又刻意殖民，在潮州一带设立许多移民村，以致高雄州移民人数，亦较其他地区为多。

遣返二十余万日本军民的任务虽然繁重，但在我接管州政两个月内便顺利完成。协助我完成任务贡献最多的是林石城先生。他擅长人员编组管理，事先把日本军民编组，一有美国船舰来到，便依次送上船，未生任何波折。任务完成，他就专任屏东郡守。

我主持遣返工作，不留难任何一个日人，其私人财物都准带走。光复以后的台湾，物资奇缺，民生艰困，极需食物，工作人员见日人上船时，人人带一袋糖和一袋白米，建议我命令日人把糖、米留下。我不同意。我说，这些日人回到战败的日本本土，也可能遭遇生计困难，蒋委员长曾宣布对日人"以德报怨"，就让他们带回去吧！

消除皇民化遗毒

在推动战后重建和一般庶政之外，我也非常重视民族精神的重建。

日本统治台湾五十年，推行"皇民化"运动，采取各种办法，企图消灭中国人的民族精神，例如提倡"国语家庭"，目的是使台湾人以日语逐渐取代祖国的语言。他们也提倡"改姓名"，以享受特权为饵，诱使很多台湾人改用日本姓名。日本政府在台湾实施生活物资"统制"，限量配给，一般台湾人家庭获得的配给数量很少，改姓名者获得的配给量就丰富些。而且，这种家庭的子女也可以进入日本子弟受教育的"小学校"求学，升学机会大。这些特权诱饵颇有效果。

后来，日本政府更进一步要求台湾人，把家里厅堂上的祖先神位烧掉，改奉日本的"天照大神"神位，以拔除中国民族精神的根。

其实，"皇民化政策"早在日本侵台以后就有，到了发动太平洋战争才推行得更积极、更表面化，并产生若干欺骗的效果，需要消除。因此，我认为光复后的宝岛重建，除了有形的物质建设，更需无形的精神重建，让同胞知道自己是中国人，是黄帝子孙。于是，我到处演讲，向大家强调中国固有的文化博大精深，灌输有关历史知识，激发他们的民族精神。

我最常演讲的讲题有两个：一是《日本文化的再认识》，一是《从两个故事看中国与日本立国精神的不同》。

对于《日本文化的再认识》，我所讲的主要内容，是说日本本身没有多少文化，他们学习并吸收来自中国的文化。为了证明我的观点，我举几个例子说明：

（一）神器？法器？　日本人说他们的伊势神宫有三件神器——一面宝镜、一把宝剑和一颗宝玉，是传国之宝。其实这三件东西，正是我国道士的法器——照妖镜、斩妖剑和辟邪珠。

（二）片假名、平假名　日本本来没有文字，一千多年前，日本人都读中国书，写中国字，有学问的僧侣都到中国留学。他们有史以来的第一本书《古事记》，以汉文写成。当他们吸收中国文化之后，知识渐开，认为大和民族应该有自己的文字，于是企图创造文字。

但是造字谈何容易，实在造不出，不得不借用汉字来造字。比方说：他们造的"五十音"，片假名的"ア"是利用中国字"阿"的"阝"造的，读音也是"阿"；"イ"是用中国字"伊"的左半边造的，读音也是"伊"；"ウ"是取"宇"的宝盖头，读音和"宇"相近。

日人把造出来的文字称为"假名"，意义有二，一是"假借汉字造出来的文字"；一是真假的"假"，也就是"假字"，中国文字才是真的。因此，他们把借汉字偏旁所造的字，称为"片假名"。至于"平假名"是借汉字的草书，例如"あ"（音阿）是安字的草写演变的，"い"（音以）是"以"字的草写衍生出来的。

（三）和服？吴服？　日人的传统服装"和服"，也学自中国。一般人很容易根据字义，把"和服"解释为大和民族的服装。其实是我国三国时代东吴盛行的服装，由苏州、上海等地传到日本。因此，日人虽把这种服装称为"和服"，却一直把制售"和服"的服装店称为"吴服屋"。

（四）食的文化　日人食的文化也学自中国。他们也种稻，吃米饭，使用碗筷进餐。这种食的文化，相信自秦始皇派徐福带三千童男女，到日本寻找长生不老仙丹时便传入。茶也源自我国，而且日本"茶道"以茶叶研磨冲泡，和我国蒙古边疆居民以茶砖磨粉冲泡，相当类似。

日人传统食品之一"タクアン"（黄萝卜，音塔古昂），是一位日本和尚的名字，这位叫"泽庵"（音塔古昂）的和尚到中国留学，吃到中国人腌制的黄萝卜，觉得很好吃，就学习制作，回到日本传授，日人不知这种食物的名称，就以这位和尚的名为名。八年抗战期间，我在福建永安工作时，看到街上很多卖黄萝卜的人，探问之下，才知道是古老的传统食品，由此更可证明日本吃的文化学自中国。

（五）榻榻米和纸门　一般人每认为迭席（日语榻榻米）为日本所特有，殊不知我国古代就有。古人说："席地而坐"，所坐的就是最早的迭席。中国的古画可以看到这种迭席。此外，日本房屋传统上以纸糊的活动门隔间，和我国古代以纸窗作为房屋内部的设施相似。

（六）良药——苦死你　据说隋唐时代，日本留学生看到中国人生病时煎服中药，问药剂怎么称呼？由于中药汤味道很苦，有人开玩笑回答说："苦死你。"这些留学生回到日本，就把"药"称为"クスリ"（音苦死你）。

（七）鞋子？裤子？　古代日本人不穿鞋子，日本留学生到中国，询问中国人脚上穿的是什么？他用手指下半身，中国人会错意，以为日人问的是裤子，回答说："裤子。"后来日人有了鞋子，竟然称为"クツ"（音裤子）。这虽然是笑话，仍反映出日本文化的脉络来自中国文化。

日本人日常生活上和中国文化有关的证据很多，例如日本农村传统上使用中国农历，节令还是沿用中国农历所定的，如七夕、中元、中秋……

等都是。他们庆祝这些节日，其意义和中国相同，有的庆祝活动比中国人还热闹。

在演讲中，我指出中华文化历史悠久，博大精深，早已散播在亚洲各地，日本只是其中之一，台湾光复，大家应该重新接受中华文化。

关于《从两个故事看中国和日本立国精神的不同》，我以中日两国的童话、故事，说明中国立国精神是王道，日本则是霸道。

唐三藏取经，这是中国家喻户晓的《西游记》故事。唐三藏由孙悟空、八戒、沙僧陪同，到万里外的西域取经，经历无数艰难险阻，终能取经回到中国，这个故事给人的启示是：中国吸收外来文化，而不是征服别人，中国历史上并不侵略别人，是一个注重王道的国家。

桃太郎象征霸道。《桃太郎》这个童话故事，每一个日本人都读过，情节是：

有一对老公公老婆婆，没有儿子。老公公以砍柴维生。有一天，老婆婆到小河边洗衣，看见上游漂来一个很大的桃子，她拾回家里，等老公公回来，拿刀子切开来吃。想不到桃子切开时，一个孩子从桃子里跳出来，老公公老婆婆很高兴，收为儿子，取名"桃太郎"。

桃太郎长大以后，练就一身武艺，听说附近海上有一个魔鬼岛，魔鬼经常出来抢人金银财宝，决定出征魔鬼岛。于是老婆婆做些饭团给他带着出征，他就拿着"日本一男子"的旗帜出发。途中遇到一只猴子，对桃太郎说："请给我一个饭团，我跟随你出征！"桃太郎就送它一个饭团。再往前走，遇一只狗，狗说："请给我一个饭团，我跟随你出征！"桃太郎就给它饭团。再继续前进，遇到雉鸡，雉鸡说："请给我一个饭团，我跟随你出征！"桃太郎也送它饭团。

桃太郎带着猴子、狗和雉鸡，向魔鬼岛进发，从海边登岸到达城下，猴子攀登入城，雉鸡飞起来侦察敌情，狗发出吠声吓唬魔鬼，随即猴子迅速打开城门，狗和桃太郎攻入城内，把魔鬼打得落花流水、东倒西歪，最后把魔鬼的金银财宝运回。

这一则流传日本民间的童话故事，显示日本人希望对儿童灌输"日本第一男子"的桃太郎式英雄心理，并意味着除了日本，别的国家是魔鬼岛，一旦占了别人的领土，就要把当地的财富一船船运回日本。

这个故事无疑会教育日本儿童，从小崇尚霸道，影响很大。回顾日本近代历史，就是一部侵略史，不但占领[中国]台湾、朝鲜及中国大陆，还把占领区资源一船船运回日本，并使占领区被统治的人民过着痛苦的日子，这正是"桃太郎模式"啊！

中国崇尚王道，日本主张霸道一事，国父孙中山先生在民国十三年到台湾，转往神户时，曾向日本人演讲《大亚洲主义》，说明中国文化崇尚王道，王道是主张仁义道德，国父质问日本朝野人士，究竟要采取王道，还是霸道？从这件往事，可见国父痛心日本的霸道。

山 胞 改 名

日本人推行的"皇民化"运动，在山地做得最彻底，山胞被强制学日语，而且全部改取日本姓名。台湾光复以后，山胞要求废弃日本姓名，改为中国姓名，县政府有责任协助他们达成愿望。

这项工作做起来很不简单。高雄县山胞占全省山胞总数约四分之一，他们几乎都不识中国字及其意义。要取一个姓名，全赖户政工作人员协助解决。县政府的原则是，各户山胞的姓氏尽量自己选择，不会选择的，再由户政人员从旁指导。姓氏选定之后，接着命名，不懂得命名的，户政人员协助找名字。虽说名字只是代表人的符号，但户政人员帮助命名，仍尽量找比较好的字眼，因此，工作相当吃力。

办理改名期间，许多山胞因为我姓谢，纷纷要求户政人员把他们登记姓谢。屏东山地门头目也决定姓谢。他就是后来担任省议员及省政府委员的谢贵先生的父亲。我请户政人员转告山胞，中国有百家姓，大家可任选一姓，一部分人姓谢就好。不过，很多山胞还是选择姓谢，高屏地区山胞姓谢的，就是这样来的。

加强文化建设的建议

重建工作顺利进行着，有一天，行政长官陈仪来巡视，我陪他到恒春、鹅銮鼻、四重溪等地。途中，我建议在大贝湖（今澄清湖）畔设立中国文化学院。

我说，文化建设是重要的基本建设，台湾被日本统治半世纪，同胞们睽违中华文化熏陶已久，政府有必要透过这一所学府，加强中国文化建设。这一所学校可设国文、文学、历史、哲学等全属中国文化的学系，从大陆聘请学者前来任教。

学院的教育方式，我的构想是学生并非一天到晚读书，而是上午上课，下午劳动生产，利用大贝湖饲养鱼类，湖畔数百公顷土地可以栽培水果、种牧草养牛，或是经营日人种植多年的橡胶树等。数百公顷土地经营得当的话，不但学院经费可以自给，学生亦可免学费及生活费。这样的学校教育，可养成学生的勤劳习惯和工作能力，锻炼健康体魄，一举数得，而且最适合当时社会环境。当时一般家庭能够供给子弟受高等教育者无多，有这样一所学校，家计不裕的青年也能接受高等教育。

陈长官说，这个计划很好，但是台湾刚光复，百废待兴，开办这一所学院，必需可观的投资，政府财力有限，目前还办不到。

他把话题一转，说："如果你愿意到外国考察，我派你出去看看。"

我没接受。因为，地方重建工作千头万绪，我不能离开岗位。

"南菜园"的故事

三十五年十月，我交卸了高雄县长职务。行政长官公署发布命令，调我为民政处副处长（今民政厅副厅长），兼公有土地清查团团长。公有土地清查团的任务是清查全省日人及日本政府的房地产及产业，以便纳入公产管理。日产数量庞大，分布又广，清查工作繁重。这是我的政治生涯另一阶段。

随着职务变动，我把家搬到台北，住的问题发生一些困难。

依据我的职位安排宿舍的话，民政处事务人员认为我应该配住厦门街一栋大庭院日式宿舍，但是民政处一位科长已经住进去，事务人员请他迁让，他面有难色。我处事待人素存"顺其自然""不要勉强"观念，因此问事务人员：

"民政处接收的日产，还有其他房子吗？"事务人员说："有。但那是以茅草为屋顶的日式房子，而且，房子周围空地一大片，树木高大，长着深可没膝的杂草，显得荒凉，没有人愿意住，一直空着。"

我说："我来住。"

这栋茅屋叫做"南菜园"，有着政治性来历。

中日甲午战后，日本占据台湾，所派的最初三任总督，未能赢得台湾民心，抗日运动不止，而且年年发生天灾地变，逼得日本政府既不能从这片殖民地赚钱，还需自日本本土拨款支持，以致有些国会议员觉得占据台湾，得不偿失，主张以一亿法郎卖给法国。这个议案在国会讨论未能通过。日本政府也顾虑，如果连台湾都统治不了，逼得让售，会贻笑国际。

既然不卖掉台湾，就得设法加强统治。于是日本政府决定另派他们认为第一流的人才，担任台湾总督和民政长官来治理。

第四任台湾总督儿玉源太郎大将及民政长官后藤新平，就是在此种状况下来台履任。两人来台后，把收揽民心列为首要，其方式之一就是在台北选择一处农业区的中心地段（今南昌街），建筑一栋饶富诗意的茅屋，作为亲近台湾人民的处所，命名为"南菜园"，面积近二千坪。园内挖一口深井，抽地下水供应农民饮用，以小惠换取农民好感。这件事经日人宣扬，很可能使不少台湾同胞觉得儿玉总督亲民爱民，而改变对日人的敌意。

总督的怀柔

儿玉收揽民心的最主要目标是知识分子，其中包括汉学家。他向台湾的汉学家示好，时常邀请他们到"南菜园"饮酒吟诗联欢。这是很能拉近感情距离的做法。平日里，儿玉也把"南菜园"当做自己的休闲茶室，或是周末度假之地。

"南菜园"的兴建，代表了日人由行不通的高压统治，转变为笼络怀柔政策。它也象征着台湾人民不屈服异族强权统治，中华民族精神之存在。我住在这栋房子，了解它的故事，感触很多。

儿玉总督的怀柔政策，实际上是日本政府加强统治压榨的烟幕。他为了筹措财源，弥补总督府的亏损，实施专卖制度、设置专卖局，指定盐、香烟、酒、樟脑、鸦片等五种物资及毒品的专卖，期以巨额利益作为统治台湾的经费。

此外，他为控制台胞的反日行动，实施严厉的警察制度及保甲制度。

儿玉与后藤治理台湾八年，财政转亏为盈，每年解缴日本国库。但是，他的怀柔政策仍难消除炎黄子孙反抗日本统治的情绪。因为，中国人的民族精神强韧无比，日本帝国纵然船坚炮利，仍征服不了这种无形的巨大力量，怀柔笼络，又能骗得了多少人？其最后结局是"南菜园"荒芜，"太阳旗"从台湾总督府上永远降下来。

我搬进"南菜园"以前，很费一番工夫。二千多坪空地，长满又高又密的杂草，荒芜极了。父亲在祺公务农出身，身体还不错，特地赶到台北，向"南菜园"附近农家租了水牛和犁，驾轻就熟地把草地犁翻，杂草压在土中作为绿肥，然后种些蔬菜，让清新绿意取代荒凉，我们一家人才搬进去。

（谢东闵：《归返：我家和我的故事》，台北：联经出版社1988年版）

邵毓麟：台湾光复日前后〔1〕

从上海到台北

十月廿一日，在翁副院长处碰到当时出任台湾行政长官公署工矿处处长的包可永，包处长说陈仪（公洽）长官将于明日由渝飞沪，前往台湾，问我现住愚园路的寓所，是否可让陈长官借住一两天？我说那是军委会国际问题研究所的招待所，二三楼有客室空着，我可代为做主，欢迎暂住，只因我明天有事，恐怕不能亲去机场欢迎，请你陪同陈长官径往愚园路去休息吧。第二天傍晚，我到愚园路没有看到他们，电话联络结果，才知道陈仪长官已住虹口汤恩伯公馆，汤将军要我翌晚过去便餐陪陈长官谈谈，我就准时过去和陈仪、汤恩伯及其他几位朋友闲谈到夜深，谈的也都有关军事受降和收复地区金融经济的一般情势。席间，陈长官虽亦曾提到要我去台湾帮忙，我一因心中有事，想早点赶返重庆，二因我和陈仪素无私交，他亦并未坚邀，所以我只向陈长官建议：台湾孤悬海外，各方牵制较少，或可另有做法，较易着手，但因台湾沦陷已久，人民向往祖国情热，更不可再蹈京沪覆辙，使他们失望冷心云云，这些原则性的话，说了亦就散席。不过我把事情看得太过认真严重的个性，是我的长处也是我的短处，回到寓所后想来想去，想到收复地区的

---

〔1〕 节自邵毓麟的《胜利前后》一书的第五章"硕果仅存的台湾"的前三节，标题取自内文标题。本文有删节。

黑漆一团糟的情形，想到台湾的前途，翻来覆去，辗转不能成寐。

第二天——十月廿四日早晨，赶到虹桥机场，看见台湾行政长官公署的各位处长，都已在场候机，过一会，第三战区司令长官顾祝同（墨三）将军和陈仪长官、汤恩伯司令官，亦陆续到达，最后赶到的是戴笠（雨农）将军。于是顾汤戴三位将军和我一起四个送客，围住了陈长官，在机旁站着聊天。天下事真是天作巧合，所谓驿马一转，六爻有动，时间、空间和人间三极配合，一拍即成。汤恩伯笑笑向陈仪指着我说："这位受降专家，你为什么不诚心诚意地再请他同去台湾顾问一下？"接着陈长官说："我昨夜已请过一次，现在我诚心诚意地再请邵先生务必同行帮忙。"再接着顾司令长官和戴将军也同声附和要我随同陈长官前往。我看大家确很诚意，再加我昨夜想到京沪收复地区的混乱情形，心中颇有所虑，很想看看台湾的前途，于是临时决心一行。这样，第一个问题解决了。不过，我说我已奉命出使土耳其，亟待返渝，时间恐怕不能久留。陈长官最初提出三个月，并谓可即电呈委座说明，我说不行，他再减为一个月，我还说不行，最后他竟同意我说一个星期，于是第二个问题亦解决了。可是台湾行政长官公署一行的专机，座位早已分配定当，搭机者都是公署的处长和干部，缺一不行，而且均已到达机场，准备出发，主人既已一再邀请，客人亦已承诺，正在难分难解之时，长官公署的交通处长严家淦（静波）先生，走过来替我们解决了一个难题。他说他在上海尚有公务急待处理，他愿让出机位给我。由于严先生的谦让美德，才成全了我那时的台湾之行。

我和台湾朋友的结交，始自留日帝大时代。但直到抗战末期，才对朝鲜独立与台湾光复运动发生进一步的联系。关于朝鲜独立问题，这里暂且不谈，台湾光复运动的朋友，则因为国际问题研究所主任王芃生同志的关系，结识了不少。台湾光复后历任外交部驻台湾特派员、台北市长和台湾省议会议长黄朝琴兄，就是我在民国卅年兼任"外交部"情报司长时的帮办。丘念台、连震东、李万居、刘启光、游弥坚、谢南光等几位先生，亦都由王芃生介绍在重庆结识的。陈仪在重庆主办台湾干部训练班之时，我还曾去讲演一次，因而认识了更多与台湾有关朋友。前"行政院"政务委员蔡培火先生，在日寇投降后首先赶到重庆，我们曾由王同志陪同畅游北碚温泉。九月九日南京正式受降典礼时，林献堂、罗万俥、陈炘诸先生亦都曾来南京聚晤。除了谢南光那时准备前往日本参加驻日代表团工作外，其余的几位台籍朋友，都已在台湾，所以我想去台湾，还不致太寂寞生疏。我也就在上述的心情下，临时决心随同陈长官和长官公署的几位处长，走上专机，飞来台北。

在飞行途中，陈长官已将前进指挥所的概略情形告诉了我，他是以台湾省行政长官兼任台湾省警备总司令的身份，综揽台省军政大权，事实上他也是军人出身，而兼有中央和地方行政经验的大员。他说前进指挥所系由行政长官公署秘书长葛敬恩为主任，警备总司令部副参谋长范诵尧为副主任，混合两机构干部，已于九月底在重庆成立，并已于十月五日先行进驻台北。我说军政两方的统一指挥，正好避免摩擦冲突，再加时间上，由于陆军总部已于九月九日在南京正式受降，冈村宁次已很了解我国政策，态度亦很合作，驻台日军第十方面军参谋长谏山春树，我亦曾在南京晤面，我想台湾军事受降方面，不致有何问题。最重要的是京沪收复地区这将近两个月来的情况，由于金融政策、经济接收以及军政摩擦的结果，国土虽已收复，而民心则已背离，搞得乌烟瘴气，好在台湾孤岛，远离大陆，只要长官为国为民，负起一切责任，慎始慎独，敢作敢为，确保这一片国土民心，必可大有成就云云。我第一次和陈长官在飞机上的单独长谈，印象很好，我觉得他很坦率诚挚，勇于负责，而对我的谈话，也能虚心倾听，他知道我将出使外邦，我的台湾之行，全无自私企图，所以对我的态度，也很礼遇谦敬。我以后在台北的一个星期，和他朝夕同处，他始终待我以"客卿"之情，事事相商，我亦执后辈之礼，尽我知无不言、言无不尽之责，使我在那一段短期间的工作，虽很忙碌而极感愉快。

台湾光复日前后

　　我们的专机，在正午前不久，飞抵台北松山机场，场内挤满了警备总司令部和长官公署的高级官员，以及日军高级军官和总督府的高级官员，而场外则挤满了一般台湾老百姓。我在机场内发现了不少台省籍的和其他省籍朋友，我们寒暄欢谈片刻后，陈长官坚邀我和他两人同乘一辆汽车，开始向市内进发，沿途老百姓扶老携幼，黑压压的一片人山人海。我在车里向陈长官说：这样欢迎的行列，要比何总司令抵达南京的情形，更为热烈，这亦可见国土和同胞，沦陷愈久，其重归祖国怀抱的热忱亦愈烈，真是感慨万千。我们汽车行经总督府（即今总统府）和总督官邸（即今台北宾馆）时，我忽然触景生情，向陈长官建议最好不住总督官邸，并将总督官邸公开，任凭老百姓游览。陈长官告诉我他早有此意，已经吩咐另行安排住所，不过当采纳我的意见，把总督官邸公开。我们的汽车，终于到了陈长官的"临时官邸"。这所坐落在市内南昌街的日式房屋原系台湾电力会社日籍社长的住宅，楼上有两间十叠大小的卧房，两间四叠半的小书房，陈长官就邀我和他两人分别暂住。这所住宅，后来人家因为房主陈仪和曾在台电公司的总经理刘晋钰，都不得善终，认系"凶宅"，现已拆毁重建为台电公司附设的一所小型医院了。

　　当天下午晚间，陈长官忙于接见前进指挥所主任葛敬恩秘书长、副主任范诵尧副参谋长以及警备总司令部柯远芬参谋长等各级主管和副主管，听取报告并准备明天十月廿五日的正式受降典礼，我都在座旁听。晚餐后，我征得陈长官同意，由谏山参谋长陪同往访驻台湾总督兼第十方面军司令官安藤利吉大将，总督府的代理总务长官须田亦参加谈话。他们就军事和政务情况，向我作了一项概括的报告，态度都很合作。我告诉安藤：日本和他们大家的前途，将全仗一个强盛的中国，并说明了蒋委员长的宽大方针和我在南京与冈村接洽的经过，要安藤转饬他的军政双方的部属，好好地接受陈长官的命令，全力协助中国军政人员，顺利完成接收以后，他们亦就可被遣送归国，最后我并嘱须田代理总务长官于翌日下午率同总督府其他各局局长及金融银行界主管，前来陈长官官邸检讨全台行政政策问题，他们一一允诺，我也就辞别回去向陈长官报告。我当时对安藤的那段谈话，陈长官亦很同意。可是后来我引以为憾的，就是在卅五年四月廿日，看见报载安藤利吉因被判为战犯，在台湾法院狱中自杀身死，这件事直到卅六年四月，陈长官在上海告诉我说是因为驻台日军，曾在战时虐杀美国空军俘虏，美方坚持安藤应负责任，故判为战犯云云，我才明了个中内幕。

十月廿五日晨六时半前后，我正待起床，副官进来悄悄告我，陈长官已于六时起身，正在等我起来一同早膳，我赶快起来整装盥洗，七时整，陈长官和我同进早餐。他问起何总司令在南京正式受降典礼的情形。餐后，已有一批各级官员等候向他请示，我在一旁校阅他预定在受降完毕后对全省同胞的广播原稿。十时前不久，我和他同车前往公会堂即今台北市中山堂，参加了台湾受降典礼，日本台湾总督安藤利吉在降书上签字后退席，陈长官就开始广播，声明从那天起，台湾及澎湖列岛，已正式重入中国版图，所有一切土地人民政事，皆已置于中华民国国民政府主权之下。那时台北市四十余万市民，家家悬灯结彩，舞龙耍狮，一时爆竹锣鼓之声，响彻云霄，我在旁观礼，又一度感到胜利的到来。

下午，陈长官去参加各界人民代表庆祝台湾光复大会，我却留在官邸接见须田总务长官等总督府各主管及台湾银行日本银行人员，我听取了他们有关台湾政务粮食财政金融工矿交通的各项简报，和他们各人的意见，特别着重金融和粮食的问题，并要他们听从长官公署命令，分别向各主管处人员按册点交并协助一切，所有技术工作人员，非有命令，不得擅离职守。

晚餐后，我向陈长官报告会谈经过，和他商量以后几天的繁忙日程及若干重要方针，我把我在京沪收复地区这两个月来的经验和我们政府人员的错误，很坦率地向陈长官直说，力主一切须为收复民心而努力。在这个最高方针下，第一，军政各级干部，必须严守纪律，如有违法背纪行为，必须严予处分，杀一儆百。这一点，因为后来不幸有一位马姓将级军官，违反了纪律，就在军法审判后被陈长官下令枪杀示众，我空军误圈松山机场的民地，亦因民众的申诉而立即发还。其次，台湾已沦陷了五十年，大陆上的所谓清肃汉奸问题，在台湾应该不成问题，如果再要追究既往，势必人人自危，引起混乱，不仅台籍人士如此，就是日人，原在总督府的各级官员，虽应逐渐予以遣送，但在工矿交通事业服务的日籍技术人员，则应继续留用到不需要时为止。这件事，在台湾亦做得较好。第三，通货的问题，必须迅速决定，大陆上法币与伪钞兑换率的迟迟不决和决定的不得当，已引起不少误解，而致通货膨胀，势如燎原，因此必须由陈长官负起一切责任，暂行通令不准使用法币，继续使用台湾银行钞票，以便妥筹办法，再行改革币制。否则，如因使用法币，而将通货膨胀带入台湾，前途将不堪设想。以上这三点，陈长官都很同意，因为通货金融问题特别紧急，当晚他又要财政处长张延哲前来商量，张处长虽提出了中央银行"台湾流通券"的问题，终于原则同意我的坚决主张，暂时由陈长官通令不准使用法币，俟请示中央政府后再行办理。以后一两天，我和张处长及其他专家还谈过几次台湾币制问题，由他们拟具若干办法，由陈长官担起一切责任，先行实施，再由我承诺回渝后负责将实施办法，亲向行政院宋院长说明，万一中央政府另有妥善指示，再行遵照改正。这一个面对现实的大胆的办法，关系台湾实很重大。从这点看来，陈仪长官绝不是唯唯否否的乡愿之类，而是一位有担当肯负责而能决断的大员，但是担当负责和决断，必须基于惨痛的经验和正确的研判，否则，路线一错，全盘皆非。但也正因为他太肯担当负责而勇于决断，他在浙江省政府任内，竟因一念之差，而误入歧途，这是后来的话。

长官公署会议与干部

从十月二十六日至二十八日止的三天内，我每天早晨六时，跟着陈长官起床，七时同进早餐，接见来客，分别接洽，九时至十二时，陈长官主持长官公署会议，拟订治台方针和政策，葛敬恩秘书长和民政周一谔、财政张延哲、农林赵连芳、教育赵迺傅、警务胡福相、工矿包可永等各处处长以及外交特派员兼台北市长黄朝琴都出席，我亦列席。仅在第一天，我报告了一下与总督府各主管的谈话经过，其余各次会议，我只静坐旁听。中午，陈长官照例在办公室中吃冷便当，我也只好陪他，吃完便当，他就在办公室沙发上闭目养神，打个十廿分钟午睡，再起来批阅公文，或在长官公署分别接见秘书长处长，协商指示各处公务，或到警备总司令部接见参谋长副参谋长及各级主管，听取报告，指示一切。长官公署各位处长，经常在下午都在各该原机关与日方人员协商接收事宜及处理本处公务。警备总部另又成立"军事接收委员会"，就陆海空军各方，办理统一接收事宜，都很顺利进行，整然有序。我在下午，则分别访问各处处长，谈谈各处业务，看看我有什么意见，可以贡献给陈长官参考。有一两次亦抽暇乘车到市内和近郊各地，考察民情及社会情形。军事方面，我从不过问。下午七时，再和陈长官在官邸同进晚餐，餐后九时前，总有各级官员或友人前来谈话，九时后到午夜，才是陈长官和我单独谈话的时候。所谈的问题，涉及民政、财政、金融、治安、警务、粮食、工矿等全般省政，这些问题的轮廓，幸亏我尚存有呈宋院长报告书的副本，附录于后，亦可窥得当时台湾情势的一斑。

我在十月廿八日深夜和陈长官作了一次总检讨后，我说："台湾的一切大问题，长官都已有了很正确的方针，各处主管的业务，也已有了针对现实的政策，今后只要督导各级干部，切实执行，贯彻末梢，对中央妥为说明台湾特殊情形，支持长官公署一切施政，我想比起大陆收复地区的乌烟瘴气，台湾一定会有光明的前途的。这几天来叨扰长官，愧无贡献，我有外交使命在身，亟待返渝，好在省内政策的执行，我虽不能效劳，对于中央妥为说明台湾的施政情形，我是责无旁贷的。"云云。我告诉他明天为星期日，中午有便机飞沪，决心离台。陈长官虽然一再挽留我多住几天再走，看我情辞恳切，亦只好准我离台，不过，他除了要我把台湾各项问题向蒋主席和宋院长报告请示，并特别着重货币金融一项外，还再三要我对他长官公署的各位高级干部，作一次客观的批评。这是牵涉到人事的微妙问题，我推说相处不久，所知不多，不敢乱说，但他还是一再坚持，我只说时间已过午夜，让我想想明天再说。

第二天早餐时，陈长官没有提出这个问题，我想他不提，我也不必再说，哪知道我们看完了报纸后，因为星期日早晨没有不速之客，他又邀我闲谈各项问题，再度问长问短，要我批评他的高级干部，我实在推辞不了，只得委婉地从实供出了几点"印象"：第一，我说长官身体太好，生活也太军事化，像你这样拿便当上班，以办公室为家，不要说你的高级干部，特别是你的幕僚长吃不消，就是我这个短期的"入幕之宾"，也有点吃不消，不过将来工作上了轨道，自然会配合得上。哪知道陈长官立刻就接上说："是的，赞侯（长官公署葛秘书长敬恩之字）和我是多年老友，他的身体确有点不胜繁剧。"我马上避开另谈其他。其次，我说民政工作要在亲民，长官如果太忙，将来最好要周处长常常跑跑各地，采察民隐，发掘问题，尤其台湾老百姓沦陷多年，重回祖国怀抱，期待既殷，问题必多，最好能多起用本省忠贞干部，不怕暴露问题，只怕掩饰问题，周处长到任伊始，似乎还不够深刻了解台湾民性民情，一切总要虚心为妥。我还顺便建议最好设法运用日治时代的直属总督的"监查官"制度，作为长官了解官守民情的耳目。再其次，我说到台湾的教育工作，应该是台湾的百年大计，日本人的殖民地奴化教育，固应以中国文化教育取而代之，但日人教育政策中也有足资采用之处，例如守法精神、公共道德、生产技术等等，所以教育处的负责人，最好一面懂得中国教育，一面亦懂得日本教育，这样才能取长舍短，在理解中去诱导改革。随后，我谈到警务工作，我说日治时代台湾的治安，全靠警务，平时看不见军人，所以警务是政府日常与民众接触的神经尖端。警务处胡处长，一团和气，满面福相，厚道忠实有余，但于拨乱处危，似应多予注意。最后我说："我平时对'事'太过认真，对'人'难免疏忽，这不过是这几天来的初步印象，好在我和他们几位，过去都不相识，既无恩怨，亦无利害关系，短时期的印象，难免错误，还请长官就此高抬贵手，准予放行过关罢。"陈长官听了呵呵大笑，连说："大有道理，大有道理。"我也趁此机会，起身告别。我在机场上机前，将一个上书"留呈陈长官亲启"字样的信封，吩咐他的副官带回，信封里有二千九百九十七元老台币。这是因为我到台北那天，陈长官要他副官送我台币三千元，作为零用开支，我只花了台币三元作为理发费用，其余的原璧归赵。

（邵毓麟：《胜利前后》，台北：传记文学杂志社 1967 年版）

丘念台：组织台湾光复致敬团^[1]

台湾的接收工作，于民国三十四年十一月一日开始，至三十五年四月底完成。虽然一般经过还算顺利，但是，由于最初接管期间，各种措施未尽适当，以致造成上下隔膜，甚至引起台民的蔑视抱怨，那是十分遗憾的事！

台湾光复之初，民间热烈拥护政府，为什么在长官公署接管政务的初期阶段，会和民间发生不很融洽的现象呢？就我个人当时的观察，不外基于下列的两种因素：

自然因素方面：（一）新旧法命转变时期，省民不明祖国各种法律，即时就要遵照实行，难免不很习惯，遇到做不好，做不通的事，就会发出怨言来，这在当时是很普遍的现象。（二）中年以上的台胞，大多不谙国文，不懂国语，以致和外省同胞感情隔阂，而且有因语言上的阻碍，以致发生误解者，这是一时无法补救的不幸事情。

人为因素方面：（一）政府派来接收的人员素质不齐，间有少数人员违法逞蛮，引起台民侧目。在不安定的环境之下，大众舆论往往是以偏概全的。他们看到接管机关中的一些"害群之马"，却是不分黑白地讽责政府人员个个都不好。传说日久，则便形成一种反感。（二）当时驻台部队中，有一部分是由大陆新近补充的壮丁，没有经过严格的纪律训练，

---

〔1〕 节自丘念台：《我的奋斗史：岭海微飙》一书第三章"组织台湾光复致敬团"，部分内容有删节。

到了台湾这个新的环境，竟然得意忘形地做出许多越轨的行为，也招致了民间的蔑视和埋怨。

在上列的人为因素中，我不妨略举一二事例，以供参证：有些单位接收了日人移交的现款，竟然托词留用，不肯登账，以后便转弯抹角地括入私囊了。又：乡间商店看到驻军初次光顾，为了表示欢迎之意而不收钱；但是，他们却从此有了优越感，往后常去该店购物便不给钱了。这些笑话传播开来，对于政府官吏和驻军的名誉，是有很大的影响。

这一时期，陈仪长官在用人上标榜所谓"人才主义"，不管所用的人的来历如何；在施政上保持其军人作风，但又表现出颇有"民主自由"的倾向，坏就坏在这一尴尬的态度上。他对于地方实情既不尽了解，而其周遭的干部又各凭一己的主观，没有完全给他说实话，自然要受蒙蔽了。

另一畸形的现象，就是大小报纸的出版，有如雨后春笋，新闻报导和评论都很自由。不过在我个人的感觉，除了一二家大报能够保持平稳立场外，其他类多超越"新闻自由"范围而趋向于"滥用自由"。他们平时夸大报导，用刺激性方言做标题，藉以吸引读者；在评论上，更是随便攻击政府。他们表现出这样的态度，自然有其各自的立场和目的。还有由日治时代传来的习气，以为敢用言论攻击政府就是能干。没想到光复后的政府，是我们自己的政府，不能和从前相比了。

但是，报纸滥用自由的结果，却逐渐给予社会形成一种轻重不分、是非不清的公众舆论。因为大众面对某些问题，有时是盲目的，容易接受外间的影响。握有宣传武器的报社主持人，若本着客观而公正的立场，应该在某一重大的问题上，为读者剖陈利害，比较得失，藉以引导公众舆论走上正途，纳入正轨。尤其当群众心理失常、情绪激动的时候，唯有报纸可以凭其在读者群众中间已经建立起的信心与地位，运用言论以振聋发聩。然而，当年台湾的若干报纸，却意图刺激读者，使得群众心理日趋不安！这无异是制造乱源，给予政府增添困难。

我自回台以后，由于党务及监察工作的需要，对于政府施政和民间动态，特别注意考察。尤其当社会心理日趋反常之际，一切不良的现象，都会随时可能发生。经过深入审察的结果，发现上下都不了解，内外也有隔膜，以致误解愈深，怨愤愈大。自上看下，认为故意撒野；而由下看上，则诋其自私无能。这样对立下去，那就不成样子了。

为了消除这些不良的现象，我曾自动到各地去旅行访问，实际即从事奔走疏解，来做沟通官民情感的桥梁。我在孩提时代，本来会讲闽南话，后来返回蕉岭故乡，就慢慢忘记了。当年回到台湾，由于工作上的需要，不得不重新勉强学习。

那时，台北广播电台，每天定时用闽南语向台胞教学国语，我却反而利用他们的讲授，来学习闽南语。不到四个月工夫，我已逐渐会讲一些，此后便不用日语演讲了。接见本省访客，除非遇有词不达意的时候，才偶尔说日语，否则，我是不愿再讲日语了。直到民国三十七八年，我已完全懂得闽南话，可以和台胞自由对谈，当然方便多了。

我到各地去进行疏解工作，多少是有收效的；最低限度，已给地方各个阶层人士，解答了许多疑问和误解。同时，希望他们冷静忍耐，对人对事都得放宽心胸来看。虽然当时我们很是热心地在做这一工作，但是，不幸未能消弭往后的"二二八"变乱，内心感到极大的歉憾！

民国三十五年六月起，我为促成一项理想而奔走本省各县市，就是筹组台湾光复致敬团。准备邀集各界知名人士到国内去访问，让他们了解中央和国内同胞，对于台湾实有深厚的民族爱。在这个大范围之下，原谅部分地方接收人员的过失；同时，也让中央了解台民的热心爱国，以及台民对政府的拥护与敬意。用以加强上下的联系，进而疏通日据时代所遗留下来的长期隔膜。

这个理想中的计划，终于获得各方的良好反应。于是，进一步印发办法，征求各地士绅自费参加，领队或团长由大家公推，我则愿任顾问，藉以避免所谓出风头的讥评。团体名称，原是"台湾光复谢恩团"，后来改为"台湾光复致敬团"。本团任务有三：1. 谒拜中山陵。2. 晋谒蒋公主席及中央各部会首长致敬。并献金抚慰抗战阵亡将士家属，救济战乱灾胞，暨充实教育设备。3. 恭祭黄帝陵寝。

当我发起组织这个团体时，虽曾通知省党部同人，但却不愿早事惊动各方面。为的是：一面要表示纯粹发自民众意志；一面顾虑内外变化，免贻虎头蛇尾之讥。所以沉着进行，不事张扬。

台湾省长官公署对于筹组致敬团这件事，表面上虽不加阻止，但它内心是不甚赞成的。因为害怕地方人士到中央去说他们的坏话。但是，省党部方面却是极力赞成，经过两三个月的联络折冲，始获顺利成行。可见要真心替国家做些具有意义的事，也不是很容易的啊！

不过，其间因为省县参议会选举分心，以及募集献金尚未足额，也是致敬团成立发生延滞的原因。关于后一原因，乃是由于当时社会上会有两种不正常的心理：

第一，有些浅见顽固的人士，由于不满省政现状，遂误以为上下政府都是一样，没有表达致敬的必要，所以不愿献金。这实在是大大的错误！难道台湾光复不好，还是去做日本奴隶较好？台中有一位耆老，说过两句实有真理的方言。他说："不要因为一两个和尚不好，就连佛祖也诽谤。"又再比喻说："子女不能嫌父母长辈的丑恶，要知道国家民族本位是永不分离的，官吏可以请求调换，政制可以随时修改的。"可谓语重心长，见解远大。

第二，各地献金情况，出现一些奇特的现象：最有钱的人，往往最不肯出钱；尤其是那些做过日本人御用绅的富户，不仅不肯解囊捐献，甚且有人出而煽阻他人献金。比较肯出钱的，多属智识的世家，或热爱国族的清寒者。并且于答应后不到半月，即已集齐捐款，使我深受感动。

到了八月下旬，致敬团一切准备事项，已经大致完成，只待安排出发日期。长官公署和省党部也向中央联络好了。不过，长官公署提出了五项奇怪的条件：一、不许做过日本贵族院议员的林献堂出任团长。二、不许曾受公署拘留过的台绅陈炘做团员。三、必须自台北直赴南京，不得在上海停留及先接受台湾人民团体的招待。四、不可上庐山晋见蒋公主席。五、不必前往西安祭祀黄陵。我们只好都答应了，一切待到南京再相机而行。

八月二十四日，本团全体人员计有：团员为林献堂、李建兴、钟番、林为恭、姜振骧、黄朝清、叶荣钟、林叔桓、张吉甫、陈逸松和财务委员陈炘等共十五位，顾问为本人，秘书是林宪、李德松、陈宰衡，集合前往长官公署晋谒陈长官，报告致敬团飞京预定秩序，并面聆指示。

陈长官微笑着说："从来台胞少往内地，此次大家发愿上京观光，是台胞热烈爱国的表现，那是很有意义的。但要明了国内情势，必须认清其优劣点，加以比较研究：中国的优点，在于眼光远大；中国的劣点，在于小处不注意。中国人用望远镜看事，日本人却用显微镜看事，各有长处，各有短处。我们应该利用望远镜来观摩整体的优点，不宜利用显微镜来仅窥局部的劣点。"这一段誉的比喻和分析，倒是非常恰当的。

过了一会儿，陈长官又说："日本人奴役本省五十一年，当年不能像和祖国骨肉一样地亲爱精诚。至于大家到南京晋谒蒋公主席时，对于台湾政情和民意，尽管率直进言，好的说好，坏的说坏，不必有所顾虑。"听毕，略作寒暄之后，即行辞出。当晚，全体接受省党部的饯宴，宾主交换意见，十分欢洽。

在台北等候飞机时间，大家仍然忙于赶办公私事务。出发前一个晚上，陈长官在台北宾馆设宴招待全体团员，并邀地方人士黄朝琴、黄国书作陪。席间互谈此次赴京致敬的一些枝节问题，餐后又在庭园小憩，陈长官以闲话家常的态度和大家亲切恳谈，颇觉轻松愉快。因为前几天我们去晋见请教时，他对本团此行已就原则上说了不少暗示性的警语，此时当然不好再说什么话了。

八月廿九日下午，致敬团一行十五人，搭乘班机飞沪，大家极感兴奋！有些同伴，一路倚窗眺望，不稍休憩，或沉醉于朵朵飘拂的云霭，或钟爱于白浪翻腾的大海，自然有其不可言喻的趣感。既抵闽浙上空，俯瞰大地，则阡陌纵横，山陵绵亘；偌大的河流，只像一条散置陆上的蜿蜒的银带，在夕阳的斜照之下，闪耀着不很规则的万道金光，又是大自然的另一奇景。

四时许抵达上海，下机之后即见人群麇集，高举白布横标，写着"欢迎台湾光复致敬团"，原来是上海台湾同乡会的接待行列。杨肇嘉、陈煌以及颇多乡人友好都在场，大家把晤畅谈，不胜亲切。

当晚，下榻金山路金山饭店五楼，上海"台银"谢经理，在南国大酒家请客，肴馔极丰。但是，我们此来目的，原不在于酬应享受。因此，受到这样的丰盛招待以后，内心实感愧怍不安！

第二天，八月三十日凌晨，全体搭乘快车赴京。这在我可以说是老旅程；但其中部分团员从未去过内地，一切都是新的印象。沿途经过昆山、无锡、常州、苏州、镇江等处，尽属江南的地区，气候和爽，风光幽美，物产的丰饶，尤倍多于台省中南部。还有一点使他们感到意外的，就是自上海搭火车行驶六小时，一路田畴万顷，到了镇江才看到有山，可见江南平原幅员的广袤。

当日下午四时抵达南京，中央党部代表及记者群已在车站迎候。在记者们的眼里，认为本团是来自海疆光复区的各界士绅，正像久别重逢的手足兄弟一样，成为老家上下人等所最感欣慰与最表欢迎的远客。因之，他们要尽量采访消息，藉以充实其报导。

晚间，接受中央党部宴请后，由张寿贤先生导游江干。这个节目安排得很好，使得大家一面纾散旅途的疲劳，一面欣赏长江的夜景。下关对面，就是浦口车站，两岸相距约六千尺，灯光点点，隔江互映，有如天河两旁的繁星。大家漫游颇久，始归旅邸。

本团居留南京一周的各项活动，时间虽很从容，但只完成基本任务之一二。偶有余暇，即排入参观各机关团体及拜访党国元老的节目，旅京乡友也得到聚合茶谈的机会。当时，适值蒋公主席因公远赴庐山，必须候其回京后，始能安排晋谒时间。所以，决定先到西安祭拜黄帝陵寝。

八月卅一日上午九时，本团由中央党部派员引导至紫金山，谒拜中山陵，仪祭告毕，守陵官员特别给予我们开启陵门，俾能瞻谒灵榇。灵殿四围有如塔状，可以容纳多人瞻拜；一进殿内，就令人油然而生庄严肃穆之感！内外壁上所刻书的"天地正气"和"浩然长存"八个字，更是足以表达国父孙中山先生一生的伟大精神。

国父和台湾是有其深切渊源的。自满清甲午战败，将台湾割让与日本，当时国父痛恨国土沦丧，同胞陷溺，便从此立志革命，在檀香山组织兴中会，以"恢复台湾，振兴中华"为号召。经过四十年的艰难奋斗，始才成立了中华民国。

蒋公总统继承国父遗志，完成北伐统一，继又领导八年抗战，牺牲三百六十万军民同胞的生命，和无可估计的财产损失，才赢得胜利，光复台湾。

由此可知：没有当初国父所倡导的国民革命，就不会有中华民国；没有中华民国，就不会有台湾的光复。所以，台省同胞对于国父的敬仰崇念，确是和祖国同胞一样的热切、一样的诚挚的。也就是本团抵京以后，所以要首先谒拜中山陵的至忱敬意。

参谒内殿过后，再退至殿前自由游览，极目远眺，四山环绕，龙蟠虎踞，气象万千。要是在这里来瞰察京畿位置，则东为我们立足处的紫金山，西为幕府山，南门外是雨花台，北部沿着长江，真是所谓襟山带水，形势天然。但它能够成为历史上的"六朝故都"（吴、东晋、宋、齐、梁、陈），与其用堪舆家的眼光，谓其为"地灵人杰"与"王气所钟"，毋宁说是位居江南的重镇，握有地理上的水陆之胜。

谈到紫金山（原名钟山，以其形圆如覆钟）的形势，它在古今战史上也有不少的掌故。该山位于京畿东郊，分列三峰，最高峰四百五十公尺，为全市最高之处。过去历次战争，辄以此山为全城安危所系。

就民国二十六年十二月南京会战而说，日寇分由水陆四路，围攻我国首都，其迫临城郊的部队，首先攻破光华门。本来早可入城，但因受到紫金山我军炮兵威胁，而作战大受阻碍，不得不转而去围攻紫金山，才能进行南京的巷战，这是很多人都明白的事实。

紫金山第三峰南麓，有一个高阜，名叫富贵山，高八十公尺，也是历代战争必争之地。六朝之末，隋军平陈及清代同治湘军攻破太平天国所据的金陵都城，都在该处进行最后的一战。可见它的位置的重要。

至于北郊的狮子山、幕府山、乌龙山等处，俯瞰江边，亦是军事要地；西郊的牛首山，则为宋朝岳飞俯击金兀术之处，饶有历史趣味。

我们参谒中山陵后，乃依排定节目，入城拜访马超俊市长，并顺道游览秦淮河的古迹，即一般人所说的"六朝金粉"的艳地。旧时歌楼舞馆，骈列两岸，画舫游艇，纷集其间。所谓"商女不知亡国恨，隔江犹唱后庭花"，即系指此。可以想见当时士贾的习溺声色；而今已成历史的陈迹了。但其沿河，仍然是南京的风化区。

九月一日上午，参谒明孝陵及国民革命先烈祠；下午登鸡鸣寺，并在寺内接受一位同乡的茶会招待。大家把盏纵谈乡情，亦觉饶有一番雅趣。

明陵山水绝佳，构筑也很考究。我们循着陵道行进，须经过四重墙门，再穿越百余公尺的人工山洞，始见一石碑横书："此乃明太祖之墓"。当由我司仪，请全体团员行三鞠躬礼。事后，有些同伴谈起明太祖的真正葬身之处，究在何处？这问题，乃是历史上的一个秘密。

相传明太祖在位三十一年中，疾恶甚严，用刑唯重，虽是族亲功臣，亦难免刑戮，因而结怨族亲僚属。而且本性又是多疑的人，所以生前密谕亲信，必须秘密构筑墓地，以防仇家发掘。根据野史所载，经人发现的明太祖墓地，计达十二处之多，真墓究在哪里呢？至今无人知晓。

自九月二日至五日四天中，本团拜会国民政府、司法院、考试院、监察院以及司法部、外交部、社会部、教育部、农林部、水利委员会暨侨务委员会等，都得到热烈的招待，并分别与谈和台湾有关的各项问题，我们提出的意见，亦多获致接纳。现在，把较有意义的几件，略述于后：

国府典礼局长兼代参军长吴思豫，在应接室招待本团时，曾对林献堂提出五项询问：一、陈仪长官政绩；二、在台军队纪律；三、台湾粮食问题；四、台省每月产煤数量；五、一般交通情形。当经林氏分别作答。从这些询问中，可以说明中央对光复后的台湾政情，是十分关切的。

赴司法院拜访秘书长茅祖权时，谈及台籍战犯与汉奸问题，我首先感谢司法院过去通令勿办台胞汉奸之罪的明智决定。继又请他转达院方，对于台湾汉奸和战犯罪名的冤抑所在，还须通令各地军政机关，再作详细解释，俾能彻底了解中央意旨。至于当时仍然扣押在京沪及各省的所谓台籍战犯，亦曾请其设法早予释放。勿令新光复的台省人民，误解政府宽待日寇而重办台胞，使之滋疑伤心！茅氏都答允转达妥办。

李建兴兄也提出问题说："曾经犯罪的日人（例如台湾东港事件及其他要犯），何以将之遣送回国？"他答道："有罪的日人将之遣回，实在令人怀疑，检察方面亦难免没有疏忽之处；但有罪证确凿者，当可再押回我国审判。战后的英、美等国处理外国战犯，也都运用这个办法。"

本团拜访内政部长张厉生时，畅谈两小时，是一次极愉快的聚会。但有些同伴愈谈愈兴奋，把问题范围扯阔了，便就很难收煞。张部长原甚忙碌，那时他正和中央党部秘书长吴铁城先生，代表政府与周恩来、董必武等谈判和平，从事折冲樽俎之中。

我们打算在蒋公主席尚未回京之前，先往陕西祭拜黄陵的事，提向中央党政当局洽商。国防部长白崇禧将军和参谋总长陈诚将军，特别赞许本团的伟大真诚，立派专机往返迎送。这一份爱护的至意，是本团同人深为感激的。交通问题既已解决，乃定九月六日晨间出发，中央党部派冯宗尊同志随行照料，甚为方便。

从南京到西安飞行了五点半钟，沿途十分顺当。下机时，发现欢迎人员很多，大概因为他们远居西北古都，而本团却是来自东南岛省的新收复区，而且彼此已经隔别了五十一年；一旦重逢欢聚，自有难以形容的快慰。一般应接过后，乃即驱车至西京招待所休息。

当天下午，分别拜访西安党政军各首长，均蒙恳切招待；晚间节目，尤其精彩愉快。胡宗南长官、祝绍周主席及王宗山主委，在青年堂举行联合公宴；新从新疆宣抚归来的于右任院长，也应邀与会，益增光彩。于公银髯拂胸，精神矍铄，与本团各同人握谈甚欢。我服务监察院，和他较为熟识，当然无需客气酬应，让他和未曾聚会过的同伴多加接触，对于公私都有裨益的。

餐后演剧助兴，排定剧目《光绪亲政记》，而其内容，即是表演刘永福抗御日寇的情节，这是台湾五十一年前的悲壮史事。当台湾光复致敬团访问西北古都之际，演出这出史剧，实有其深长的意义在。演员多属影剧双栖的名角，如男角陶金、女角舒绣文等，声容演技，都颇精彩。

我们在西安期间的活动，可分三个部分：（一）游览并考察；（二）拜会各机关首长恳谈；（三）恭祭黄帝陵寝。除了这些基本任务之外，本团同人对于西北省区的民间各种事物，似乎特别感到新鲜和兴趣。所以，遇有空闲时间，总要邀集三五同伴，遍游市内各地，或访察地方民情，或购买纪念物品，各随兴之所至。

九月八日，在去临潼之前，先行游览雁塔胜地。塔高百余尺，矗入云汉，中间空心，但可盘阶而至顶层，内藏玄奘法师取自印度的梵文经典，弥足珍贵。塔旁广庭，置有面积约二尺长阔的石桌一方，叫做响石，敲之有声，铿锵直如琴韵，煞是奇妙。大家都在抚摩察看，研究此石石质及其结构。

后来，又乘车至距西安五十里的临潼县观光，承当地县长热诚招待，并亲自导游华清池及西安事变时蒋委员长驻节处与遇险处。据他表示：临潼全县人口约廿万，物产不甚富饶。境内古迹名胜特多，除华清池外，还有周幽王台、道教庙、枕丽门、三元洞、渭水河、骊山、长生殿、老君炼丹处、秦始皇陵等。他对秦陵特别加以解说道：根据历史传说，始皇陵高达五百尺，是驱使囚犯入内构筑而成的。这样看来，临潼真可以说是史迹之县，惜因时间匆促，没法一一游览。

华清池的掌故很多，不尽记述。它原是唐代华清宫的温泉井区，专供宫内人员沐浴之用；后来，由于唐明皇和杨贵妃常临该宫，所以把汤井扩建为汤池，并美化周遭环境，从此改名华清池了。忆白居易《长恨歌》所述贵妃入浴情景有说："春寒赐浴华清池，温泉水滑洗凝脂，侍儿扶起娇无力，始是新承恩泽时。"从这些简略的描写中，已可概见当年华清宫内的香艳故事。清末义和团之乱时，八国联军攻占北京，慈禧太后挟持光绪皇帝西奔，也曾驻跸华清池行宫，并且临时拨款重加修葺。这位"老婆娘"（左宗棠对慈禧的隐称）在逃难之时，还不忘舒适享受哩！

由临潼回西安的一些时日中，我们曾经参拜孔庙以及游览碑林和东关，但给予大家印象最深的，则是碑林的历史价值。该林自唐代以降，累藏碑碣六千余方，可谓集碑碣之大成。历代各大家题咏刻石，迭有增加，成为东方艺术最有价值的国家瑰宝。国内外书法收藏家，大多不远千里前往拓印，各种碑体字迹，苍古遒劲，令人见之神往。

胡宗南长官、祝绍周主席及陇海铁路特别党部主持人，在本团访游及考察活动告一段落后，又分别给予我们安排餐叙的节目。其中，尤以胡长官的招待最为出色。那天晚上，吃的虽是简单的西餐，但其气氛却是无比地轻松愉快。

应邀参加晚餐的计约百人，包括他和他的同事的太太群，共设二十余桌，每桌四人，即本团同人一位，作陪者三位。当然，每一桌都有一二位女陪宾。胡长官在致词中，认为本团同人乃是回返老家，应该由太太们来照顾陪伴。我们此来的目的，就是要重温同胞和民族爱。初到南京之时，由于行程匆匆，还没有深切的感觉，但进入了古朴的西北古都，经过十多天的接触欢聚，我们可以说是已经完全达到目的了。

九月十一日夜间九时，本团一行十一人（间有数人因故未参加），暨省府所派卫兵和正报记者等，由西安搭乘陇海线火车，前赴耀县遥祭黄陵，当局特别给予我们开出一列专车。第二天黎明时候，火车忽然发生故障，在阎家镇停游三小时后，始克换乘公路车抵达耀县。

黄陵所在地的黄陵县，旧名中部县，自耀县北去还有百余里。……只得任由陕西省府托请行政专员曾震五和耀县县长夏瑜，代为择地布置祭坛，以供遥祭黄陵。这个节目，原是本团回国的三大任务之一，必须虔诚表示敬意，才能达成愿望。承荷他们的协助，地点就选定郊外山麓的中山中学的体育场，即于当天下午二时举行仪式。

参加祭典的，除本团同人外，还有当地士绅及学校师生共六百余人。祭台上端挂着"台湾光复致敬团遥祭黄帝陵寝仪式"的横标，应备仪仗祭品，均甚齐全。本团推请李建兴兄主祭，当地文武官员及士绅分东西陪祭，秩序井然，备极严肃。祭毕，由我发表简单演说，大意是说明本团回国致敬与恭祭黄陵的意义所在。

过后，又复参加耀县各界士绅在专员公署举行的盛大欢迎茶会，盛情难却，又感歉愧。曾震五将军及各界来宾都曾先后致词，热情洋溢，颇为动人。本团发言者，有李建兴、陈逸松、叶荣钟、张吉甫、林叔桓及本人等，均是虔诚表达答谢之意。辞出会场之后，集体漫步市街，顺赴车站。一路民众，夹道欢迎，不断燃放爆竹，并尾随送到车站去。他们都用惊奇的眼光，注视着这一个由超隔万里的东南海岛，来到西北山城遥祭远祖的团体。我们的行列之中，除了我穿中山装外，其余都是一身笔挺的西装，在经常穿着土布长衣或短衫裤的西北人看来，也是很觉新鲜的。街上本来甚少看到女人，但是，此时的欢送群众里，却也杂有许多女性。我们就在这数百民众的热烈围拥和爆竹喧闹声中，登上专车和他们挥手告别了。不消说，他们与我们之间，都已沟通了同胞爱和祖国爱，实在令人感激万分！

我们这次在陕西，主要任务虽是拜祭黄陵，但对西北省区的民情风俗，也随时注意考察。我觉得西北民性朴素忠厚，爽朗诚挚，从各个民间团体的招待接触之中，很使我们感到好像回返老家一样的亲切。其中有几件小事，更加给我们留下深刻的印象：

同伴到西安街上购买物品，若是到大商店像商务印书馆之类，如果被他们发觉是来自台湾的致敬团代表时，他们一定不肯收钱，而将物品恭恭敬敬地奉送给你，这就很难应付了。有些团体则争着邀请我们听戏观剧，藉表欢迎的热忱。只是时间不够分配，无法全部接纳他们的盛意。这些情形，确是最足使台湾人感觉到真正的民族爱的地方。

有一次，在阎家镇等候换车，李建兴兄多拿一些钱，向一位农夫购买瓜果，他认为给的钱太多，应该多送一些瓜果，否则，就要把钱送回；经过李兄的再三强请，他才收下。在人心浇薄之世，西北同胞仍然保有忠直质朴的古风，实为难能可贵！也是使我们深受感动之处。

我们自九月六日到达西安后，起初因为黄陵县是"匪区"，行程上有所踌躇；及至耀县遥祭黄陵之后，又值连日霪雨，飞机不能起飞，所以在西安逗留十一日之久，到九月十七日才结束行程。那天上午九时，仍乘军用专机回京。中途在郑州机场小作休息，此地旧称中州，是中古时代文明的发祥地带，同伴们颇想进入市内一游，但在时间上已不许可。因为专机加油之后，跟着就要起飞，并预定下午二时到达南京。

这时，蒋公主席在庐山尚未回京，预计尚须等候个把星期。于是，大家又安排参观和游览节目。国防委员会秘书长梁寒操、本党海外部长陈庆云、侨务委员会委员长陈树人、考试院长戴传贤、监察院长于右任、国防部长白崇禧等，都曾先后宴请本团，并广泛交换重建台湾的意见。

戴院长在考试院待贤馆接见本团同人时，他穿着长袍马褂，最能显出其学者的风度，恬静洒脱，蔼然可亲。他自己表示祖籍浙江，民国七年，随国父到过台湾；对于日本政情及风土掌故等随兴说来，亦甚动人。因为他居留日本很久，是一位阅历颇深的"东洋通"。戴院长和我们欢聚后的第二天，还派人送交本团纪念诗两首，讽咏深远，感慨良多！现在他已逝世很久了。

兹将戴故院长的赠诗，录存于下：

其一

五十年前沦海寇，而今依旧复衣冠。可知仁义终无恙，强暴空留涕泗谈！

其二

建国首要在民生，惟愿人人乐太平！福海寿山常在世，白日永远共天青。

由西安回到南京以后，天气已渐凉爽，正是秋游季节，中央党部孙先生特来引导本团游览燕子矶。矶在观音山上，丹崖翠壁，风景绝佳；但是坡度甚陡，须循磴道盘旋而上。在顶峰俯瞰大江，形如飞燕，所以命名为燕子矶。山峰背后，林木苍郁，最高之处，建有纪念亭，亭内碑碣，是乾隆皇帝御笔题刻的，颇值欣赏。

在燕子矶上，我们碰到了前任广东省主席，当时担任衢州绥靖副主任的李汉魂和他的夫人吴菊芳。我和他俩早在广东认识，大家不期而会，自然很觉愉快。他俩是准备前往美国，特乘暇来京游览的。于是，大伙儿在矶上合影留念。

在南京参观访问业已大致完毕，只是等候谒见蒋公主席。本团全体同人，鉴于还有几天的空隙时间，所以，决定到江南地区去作游览，事前并联络江苏省政府，俾能派员沿途引导。李德松秘书很幽默地说：过去乾隆君游江南，留下不少的佳话韵事；而今，我们就称为"蕃薯君"游江南吧！让我来替大家作起居注。这几句话，引得同伴们捧腹大笑！

九月二十三日晚刻，搭乘头等快车抵达江苏省会的镇江，王主席懋功特派代表在车站迎候。但由于夜间关系，没有看到出口处，曾有一大队的欢迎行列。我们下车之后，正在相互谈笑之际，蓦地鼓乐齐鸣，竟把大家吓了一跳！转身细看，原来是省府的仪队和乐队。不得不肃容前行，接受仪敬，这是万想不到的隆重礼节。嗣至旅邸参加欢迎茶会，再受建设厅长招待晚宴。

第二天早上，乘汽艇往游焦山定慧寺；下午登临金山寺的雷峰塔，午刻赴王主席之宴。焦山屹立大江中间，和金山寺遥遥对峙，时人并称之为金焦胜地。一在水中，一在陆上，各具特殊的形势与景致，而且各有饶趣的掌故。

焦山是汉末焦先氏避乱隐居之处，后来又在江畔筑庐终老。生平饥不苟食，寒不苟衣，深受世人的尊敬。但他有个怪癖，即自认是草茅的住民，不愿和俗人接谈；即算遇有惊险事故，也不和他人说起，显然是一个极端避世的隐士。

金山寺雷峰塔的掌故，更是家传户晓。民间所传许汉文（仙）迷恋白蛇精的故事，亦即旧剧中的水淹金山寺。法海高僧驱除青白蛇精的一幕，就是拿这个寺来做背景的，现在已成为该寺的神秘古迹。实则所有描演的情节，都系小说家和戏曲家的"幻想杰作"，充其量不过只是摭拾传闻，加以穿凿附会而已。

嗣又南下无锡，游览"天下第二泉"及太湖名胜。据说：太湖面积共有四百六十余万亩，它的广阔，可想而知。湖畔古迹甚多，历代诗人骚客，都留有遗墨，不胜绘述。

回到镇江城内，承邀参观新申纺织工厂。该厂设备周全，规模宏大。那时，台湾还没有这样规模的纺织工厂，因为日据时代，实行殖民地政策，只准繁荣它国内的织布工业，而不容许台湾具有类似的工业存在。主要目的，自然是要造成台湾民生工业的依赖性。所以，当我们参观新申纺织工厂时，特别吸引同伴们的研究兴趣。

次日，往游沧浪亭、狮子林诸胜地。前者本来是五代之时吴越钱氏广陵王元璙的别圃；到了宋代，属于苏舜钦所有，才开始建亭名为"沧浪"。苏氏死后，该处曾数易主人。绍兴年间，韩世忠购居此地。所以俗称"韩王园"。其地积水数十亩，旁边堆砌小山，高下曲折，池水萦带，风景特别幽美。后者为元代诗画家倪云林的别业，曲径花深，饶有诗意，内置石船石冈，亦甚精巧玲珑，可以想见元代雕琢艺术的进步。

午后，再去参观东吴大学，校址建筑，巍峨壮丽，为江南有数的私立大学。但因抗战胜利未久，在校男女学生仅有五百余人。那天晚上，吴县县长逯剑华暨各界团体，联合宴请本团，宾主自由交谈，十分轻松愉快。其间，有当地县议会范副议长，问起日据时代压迫台胞改换姓名的情形，经本团同伴详予答复。

游罢无锡，再去苏州，也许受到"江南风景好"的吸引，大家总是情致勃发，尽兴畅游。玩览旧庭园，流连太湖畔，在小吃馆尝试醉虾和跳虾，别有清新风味。内有饮酒习惯的同伴们，乘着夜里休息时间，相约外出买醉，表现了轻松生活的一面，我想劝止也来不及了。事实上，到了苏州，已是结束南游的最后一晚，就由他们尽欢去吧！

本团折回南京的第三天——九月三十日，全体团员到国民政府参加中央扩大纪念周完毕，随即晋谒蒋公主席致敬，感蒙蒋公欣然接见，这是我们进行最富有历史意义的最后一个致敬节目，此一节目，使五十一年的悲愤遗恨，散失于一言一笑之间，久居台湾岛省的六百多万汉族同胞，必然有感于当年致敬的一言一笑，而获得最大的安慰与愉快！

我们谒见蒋公主席的地点，是在做纪念周的国府大厅。里面布置着前后两排桌子，蒋公入座后，即向本团同人连说："辛苦！辛苦！我在庐山迟归，使得诸君久候了。"寒暄过后，本团代表林献堂藉我的通译恭读颂词，报告致敬的来意。

接着，林先生慢步趋前，献上"国族干城"的锦旗，蒋公面带笑容亲自接旗。林先生再呈献金计法币五千万元。这笔款项，是献给抗战阵亡将士遗族和战地难民作为救济金的。蒋公也亲自接受了。并分别将锦旗和献金，交由吴文官长和随从武官保管。他频频颔首微笑，对本团远道而来，表示慰勉之意！并约定傍晚在官邸以茶会招待。简单的致敬仪式，就此结束了。

当天下午五时四十分，蒋公在黄埔路官邸备有茶点招待本团同人，国府文官长吴鼎昌、秘书曹圣芬、武官龚培同和中央党部副秘书长郑彦棻等应邀作陪。官邸接待室内的长方形桌上，摆着许多名贵的饼食和果子。蒋公穿长衫马褂居中，座右为林献堂、钟番、张吉甫、陈炘，左为姜振骧、李德松；对面朝蒋公而坐的是我本人，右为黄朝清、叶荣钟、林宪，左为李建兴、陈逸松、林为恭、陈宰衡。大家入席以后，就开始那充满恳挚与热爱的谈话。

蒋主席：五十年间没有见面的台湾同胞，今天能够见面，真是无限欢喜！

林献堂：我们六百三十万的台胞，虽然在日本压迫之下，但却没有一天忘记祖国。（林氏以闽南语发言，由我传译国语。）

蒋主席：国人时时刻刻不忘台湾，我们革命也是想来解救台湾。希望今后台胞与祖国联系起来，永远不受异族压迫，而共同建设国家。现在台胞的生活，相信要比战前辛苦多了！

林献堂：目前物价比从前昂贵，这是痛苦的。

蒋主席：现在没有异族压迫了，物质上虽是辛苦，但在精神上定感快乐，因为大家都已做了国家的主人翁。

林献堂：台湾是国防的第一线，将来要建立强固的海陆军，负起拱卫海疆的责任。

蒋主席：好的！国家也有这样的希望。现在台胞一般体格如何？

林献堂：几年以来，小学生都已注重体格训练，中学生曾经实施军训。

蒋主席：何时实行军训？

林献堂：祖国抗日以来，日本就通令中等学校实行军训。现在台湾省光复了，恭请主席莅台巡视。

蒋主席：我时时刻刻都想到台湾去，今年如没有空，就在明年春季去。（谈至此，随即转询林氏家况，均经一一答复。）

蒋主席：目前台胞最感痛苦的是甚么？

林献堂：失业者日增，与物价高涨。

蒋主席：经过一个时间，相信可以恢复安定的。（说毕，又转问黄朝清、李建兴、林叔桓与姜振骧等各位的生活近况。）

蒋主席：台湾一切都很进步，而且一切都有基础，希望大家努力实行三民主义，则将来台湾省必可成为全国的模范省。

林献堂：台胞对台湾省建设一定努力去做，而对祖国建国复兴的工作，也很愿意担负责任。

蒋公主席起立说：今天在这里见面，将来在台湾再见面，顺便请大家回去问候陈长官。

谈话至此，本团同人全体肃立，表示辞退。蒋公颔首微笑离座以后，各同人带着愉快与光荣，也随之退出。稍作小憩后，蒋公又步出官邸庭前，与本团同人合影留念。

十月一日，是本团留京的最后一天，乃分别向党政军各单位致谢辞行，并拜会未曾谒晤的行政院长宋子文、经济部长王云五和资源委员会委员长钱昌照，他们对于台湾经济建设问题，均颇重视，间曾问及金瓜山矿山和各地煤炭生产情形，都由本团矿业巨子李建兴兄予以圆满答复。

当天下午五时，本团举行茶会招待各报记者，报告回国致敬全部历程，并接受记者的询问。晚间，由资源委员会招待晚餐后，随即赶搭夜车赴沪。一觉醒来，天已大亮，而火车也已进入上海北站。放眼望去，有手执旗子的台胞百余人，已在车站排队欢迎，洋溢着一股热切的乡情，真是太感激了！

回到上海，预定居留三天。公议分组自由参观一天，其余两天拜访上海各机关及旅沪同乡社团。因为前此经沪晋京之时，只是留宿一夜，没有时间进行礼貌上的拜访；而台湾长官公署也希望本团径即晋京，不要先在上海和台湾民众团体有所接触。现在，既已完成致敬任务，趁经沪回台之便，自然可以自由访问了。

首先，本团访问上海市政府、市党部、台湾重建协会和台湾同乡会等处；嗣在红棉酒家接受台胞的盛大欢迎茶会，席上交换有关重建乡省问题。晚间，应上官云相上将和旅沪名流毛庆祥与徐学禹等的联合柬请，在上官私邸的露天花园开筵欢聚，三位主人都是健谈善辩者，其中曾论及台湾省政措施。当然，有待研讨的地方很多。本团回大陆后，对外公开批评省政，这是首次，也是最后一次。本团发言者林献堂、陈逸松、陈炘及本人等五六人，相继应对，还算圆满融畅。

留沪最后一天的酬酢，更是忙得不能分身。自晨迄晚，起了四场，有的吃早点，有的只吃半餐，都为的盛情难却。例如：前次在南京燕子矶不期而会的前任广东省主席李汉魂将军，适正候船出国，又和我们相逢于沪滨，可谓巧合之至！因此，他坚持要在已定的活动节目之外，另请本团同人吃早餐，只好接纳他的这份盛意。

上海市党部主任委员方治、市长吴国桢夫妇及市参议会议长潘公展等，也在这一天之内紧接着宴请本团同人。吴市长夫人很会招待客人，而且说的是闽南话，使得大家分外高兴，她的开场白，更是亲切动人。

她说："我是闽南人，今天得遇台胞上辈，正和同乡久别重聚一样，感到异常的愉快！所以听到各位路过上海，便请市长设宴招待诸上辈。"这几句话，说得很恰当大方，博得同人称许。这次宴会之中，女主人既讲闽南话，大家自可畅谈无阻，我的传译任务也解除了。

本团于十月五日结束一切任务，宣布解散，个别自由行动。我和林叔桓、陈逸松等四位，因各有事务还待料理，在上海和全团同人话别后，便即分手，其他同人都在当日搭班机飞回台北。

我们自八月二十九日出发以迄结束任务，屈指算来，已历三十七天之久。在这一行程之中，我们到过西北古老的民族历史地区的西安、临潼和耀县，也游遍首都南京，以及东南富庶地区的镇江、无锡、苏州与上海，到处都感蒙党政军首长和各界同胞的欢迎招待，充分表现了炽烈的民族爱和同胞爱；尤其是蒋公主席的赐见恳谈，剀切给予训示，中央党部同志的殷勤照料，更使本团同人，无限的感激，无限的光荣！

本团从联络筹备到组成出发，虽然经过了许多转折困难，遭受了许多猜疑妒忌，但是，我们是发乎诚正的心意，抱持远大的眼光，要替国族乡邦做一件有意义的事，所以，遇到恶劣环境，总是忍气吞声，埋头进行；而这一片赤忱，终于获得上下的了解和协助，达成了预定的任务。即算曾经受痛苦、蒙磨折，也是感到良心安慰的！

就台湾光复致敬团的效果来说：最主要的是：把祖国和隔离了五十一年的台民的民族爱与同胞爱，紧密地联结起来。其次是：疏解上下感情，让中央明了台胞是热爱祖国、拥护政府的；同时，也使台胞在伟大的民族爱的感召之下，明白自己有责任来扶持国家民族，以及协助政府解决困难，而不可以从旁指摘瑕疵，造成不和谐的坏气氛。

在另一方面说：战后所发生的台湾汉奸和战犯问题，本来多是由我单独向中央进行解释，得到了相当谅解和宽办的。但是，到了致敬团在南京拜会司法院时，再以团体名义，请求贯彻宽办的前令，就更使负责方面郑重转达办理了。这是本团附带的一项收获。

至于本团在后来所产生的间接的精神上的反应，可以提出来说的，则有如下数点：

（一）台湾"二二八"事变发生以后，国防部长白崇禧奉派来台宣抚，他随即寻找与本团有关的我和林献堂，妥商疏导安抚办法，并接见本团的李建兴等探查民意。

（二）民国三十九年蒋"总统"在台复职视事，本团居乡同人特联同请期恭谒致候，表示竭诚拥护"政府"，在台湾实施"反共抗俄国策"，颇蒙"总统"嘉勉。

（三）大陆"变色"以后，曾在内地招待过本团而撤退来台的党政军长官，为数颇多，本团同人特于三十九年春，假座圆山饭店联合邀宴，藉以答谢旧谊和慰劳旅愁，并且鼓励"反共复国"。

（四）本团曾于三十五年九月在陕西耀县遥祭黄陵，……三十九年春，由本团旧团员全体联名呈请当局，每逢清明节日，在台湾省择地举行遥祭黄陵……这一请求，忝蒙"中央"批准，从民国四十年起，每年清明节日，中央与地方，均有遥祭黄陵的仪式。自此议达到目的后，旧时本团同人，便不再联同活动了。原有十五位同人中，十六年来已死了四位，即黄朝清、陈炘、林献堂和钟番等，现在只剩下十一位了。

（丘念台：《我的奋斗史：岭海微飙》，台北：中华日报社 1981 年版）

台湾省文献委员会：台湾光复志〔1〕

发表《告台湾同胞书》

台湾行政长官公署秘书长兼台湾警备总司令部前进指挥所主任，于十月五日率领幕僚人员八十余人飞抵台北，于连日接洽要公之外，为向台湾宣扬德意起见，于七日下午八时半发表《告台湾同胞书》如下：

台湾同胞：本人奉命前来台湾成立前进指挥所，以备忘录递交台湾总督，所负主要任务是注意日方实施情形，调查一般状况，并准备接收工作，以待国军及行政长官陈仪上将前来履新。本人本月五日率领第一批文武人员自陪都出发，当天便安然到达这别离祖国怀抱五十年来的台湾首府——台北，受到同胞们的热烈欢迎，使本人感到非常荣幸、非常愉快，尤其可慰的，是目睹此间同胞那种亲爱融洽的精神，与祖国各地毫无差别，益使本人深信同胞之间纵然经过长时间的别离，但是那种天然的手足之爱，是绝对无法磨灭的。我们在祖国的时候，对于台湾同胞的生活状况，时时刻刻在怀念着，不但我们同人在怀念着，即我们的最高领袖蒋主席，我们的政府以及我们全国的同胞，也都是在怀

---

〔1〕 节自台湾省文献委员会编的《台湾省通志》第48卷中与台湾光复相关的部分内容，题目系编者拟。

念着各位过去所受的痛苦，尤其在战争期间所受到的一切牺牲。我们同情各位过去之遭遇，更关心各位的生活，我们怀念各位如同怀念自己的兄弟姊妹一样。本人今天愿意代表全体国人向各位致最诚挚的慰问之意。

现在我们指挥所同人初到此地，一切情形皆不熟悉，在处置上难免有挂一漏万之地方，务请各位父老免除客气，随时随地告诉我们，使我们同人能够真正达到为民众谋福利，为国家立基业的使命。因为我们少数同人，事实上耳目难周，唯有希望台胞们起来共同努力，才能迅速完成我们的任务。此外，本人还要奉告各位同胞，我们的军队就是久经战事而又征调频繁的忠勇将士，不久就要开到台湾了，这些部队，都是辗转奋战经过数千里而来的，外表上虽不免感到辛苦，但精神上却异常健旺，他们开到之后，本人相信必能做到军民合作、融洽无间的地步，并且一俟军队开到，我们的行政长官陈仪上将也将随时莅临，与各位相见，届时一切政务以及接收事宜，便可全面展开，这是我们乐于告慰各位的。

至于现在台湾的六十万日本军民，本人也有一点感想，回顾过去彼此处于敌对状态之下，双方当然抱有仇视心理，今天日本既已幡然觉悟，放下武器，我们站在君子爱人以德的立场上，唯有真诚地希望他们彻底民主化。日本的军人都来自民间，他们必然也能感到实施民主的必要。就台湾现时现地而论，我们一方面愿望日本军人深明大义，遵照命令办事，一方面更望台湾同胞保持大国民风度，避免轻举妄动，我们千万要记住，抗战虽已成功，建国尚待努力，今后，必须急起直追，须知我们的一切力量，不能再有一分浪费，我们所有的一切时间，不能再有一丝虚掷，本人愿率领指挥所同人与全体同胞共向此项目标努力迈进。

领导台胞首次庆祝国庆

台胞得复归祖国消息后，首次举行全省性之庆祝国庆典礼，以表欢腾。前进指挥所并奉令以本年双十节因抗战胜利，台湾光复，国土重光，亟应隆重举行庆祝大会，经于三十四年十月七日召开会议，组织"台湾庆祝国庆筹备会"，下设总务、宣传、交际三组，推定主席团代表七人，如委员黄朝琴、林献堂、林呈禄、杜聪明等，从事筹备工作，国庆大会于十日上午十时在台北公会堂（后改中山堂）举行。此日祥云暧靆，白日腾空，午前八时，即见无数民众向公会堂簇拥前进。公会堂正面高悬党国旗，临风招展，两旁贴红色对联云："欣逢双十薄海同庆，恢复故土万民腾欢"。堂内由宪兵维持秩序，森严威武，精神奋发。会场正面高悬党国旗及总理遗像、中美英苏四国国旗，坛上左为范副主任、林茂生、林空军司令、盟国代表贝格上校等，及指挥人员，右为林献堂、杜聪明博士、黄委员朝琴暨当地士绅代表，坛下台北帝国大学、台北高等学校、女子大学等学生代表，及公共团体、民间志士等数千人。十时典礼开始，由范副主任主席领导行礼并代葛主任宣读开会词，嗣由主席团代表林献堂、黄朝琴、林茂生等相继演说，均以躬逢台湾第一次举行国庆纪念日得以参加为欣幸，并勖勉全台湾同胞今后必须团结一致，在国民政府与陈长官领导之下，努力建设工作，以促进三民主义新台湾之实现。语出真诚，句句触动人心，听众甚至有因感动而唏嘘流泪者。旋由台湾代表林献堂提出临时动议"以大会及台湾代表名义致电蒋委员长表示崇敬"，经大会一致通过，该电文云：

> 国民政府主席蒋钧鉴，欣逢国庆，万民腾欢，台省光复，端赖钧座雄图远略，暨政府诸公，国军将士努力奋斗，登我民于衽席，拯台湾于水火，凡我同胞，同心感戴，今晨十时，在本省行

政长官公署警备总司令部前进指挥所领导之下，于台北市举行庆祝大会，全场一致通过决议，肃电庆祝，并向钧座致崇高敬意，谨闻。台湾省国庆庆祝大会暨台胞代表林献堂等同叩。

是日，《台湾新报》献词如下：

> 台湾省前进指挥所决定今天召集岛都各界士绅，在台北公会堂举行隆重的庆祝国庆典礼，这一天就是我们祖国同胞，从荆棘中由血汗挣得出来的最光荣的头一次国庆日，也就是我们台胞脱离了地狱般的苦海，而归宗到我祖国怀抱里，最令人感奋，而最值得大书特书的头一次国庆日，台胞的感激、兴奋与狂欢，实非区区的笔墨所能表现的。饮水思源，我们在这里不揣冒昧，谨以六百万台胞的名义，敬向领袖蒋委员长及几千百万的陆海空军的忠勇将士献致我们最诚恳而极挚切的谢忱。

回顾我国自武昌新军同志发难以来，庆祝国庆的次数，已经达到了三十四次，而在前三十三次之中，我们双十节几乎和双十字的谐音一样，我们四万万同胞生下地来，便自荷着双个十字架，在血海里游泳，我们的国土任人侵占，我们的同胞任人宰杀，身家性命财产岌岌乎不保终朝，尤其被卖身契所束缚的我们台胞所忍受的苦难，这真是我们祖国父老所难以料想得到的，抚今追昔，实难免于怆感迫胸。

现在竟赖我们民族最伟大的英雄孙总理在天之灵，暨克承总理遗志的伟大领袖蒋委员长的回天转地的功勋，使沦陷玷辱的故土得以光复，奴化削弱的孤魂得以复生，这不但是我们民族史上最可歌可泣的史诗的一页，也是世界文化史上极可赞歌的伟大奇迹，从此以后，"公理胜强权，正义服横暴"的标语，我们即可以信之无疑了。

虽然我们断不可为了今日的光辉的胜利，便陷入于画地自限般的陶醉，我们应该知道抗战虽然胜利，建设却才将开始，沦陷所遭受的惨劫，可以说是疮痍满地，哀鸿遍野，伤心恻然，惨不忍闻的状态，对于这些被炸毁的工程建设要如何恢复，被荒废的农村要如何建设，被削弱的同胞要如何拯救，被凌辱的精神要如何振奋，这些都是正等待着我们后死的同胞去尽我们应当尽的义务，我们务须振起精神，再接再厉，继承我们先烈的遗志，服从领袖蒋委员长之指导，努力奋斗，务期达到建设世界上最富强最和平的国家，尤其是历尽异族迫害的我们台胞，对于这次获得参加国家建设的机会，绝不可轻易放过，应鼓起当仁不让的精神，发挥我们祖宗的绝海孤臣的气魄，表现我们忠爱国家的观念，要有过而绝无不及于我们祖国同胞爱国为国的气概才是。

以后我们还须注意蒋委员长十五日的广播中说的基督的警句"待人如己"和"要爱敌人"的话，我们既然憎恶帝国主义加害于我，在我得到打倒帝国主义，完全获得胜利之后，我们自不应该效法着帝国主义者去加害异族，我们应该以怜悯的精神，爱护战败的异族，这样才能够光扬我们祖先所留下的世界最伟大的遗产"王道政治"的思想，也必须这样，才能够保持我们永远的胜利，和维持世界上永远的和平。

自十月十七日，长官公署及警备总部官佐二百余人抵台后，前进指挥所之工作，即分别移交长官公署、警备总部接办，同时奉令于十月二十五日完全结束，各官佐均回原来建制单位服务，该所任务亦告顺利完成。

台胞得复归祖国消息之欢腾

民国三十四年八月上旬之日本宫中御前紧急会议，连续讨论达十四小时，最后决定接受《波茨坦宣言》，于八月十五日正午，由日皇裕仁用无线电向全国及各地日本军民，亲自广播其投降诏书如下：

朕鉴于世界情势与帝国之现状，欲以非常措置收拾时局，兹告尔等忠良臣民曰：朕命帝国政府通知中美英苏四国，接受其共同宣言。

夫谋帝国臣民之康宁，偕万邦共荣之乐，此为皇祖皇宗之遗范，为朕之拳拳无措者。曩者向英美两国宣战，亦为期望帝国之自存与东亚之安定。排斥他国主权，侵占领土，固非朕之志也。然交战已历四载，朕之陆海将士勇战，朕之百僚有司精励，朕之一亿众庶奉公，各尽最善。唯局势未必好转，世界之大势亦不利于我，加之敌使用残虐炸弹，频频杀伤无辜，惨害所及，诚不可测。且若继续交战，不但我民族终告灭亡，且人类文明亦必被毁，如斯，朕何以保亿兆赤子，谢皇祖皇宗之神灵？是故朕命帝国政府接受其共同宣言。

朕对始终协助日本帝国、解放东南亚之诸盟邦，不得不表遗憾之意，对帝国臣民之投于战阵，殉于职守，毙于非命者及其遗族，五内俱裂，至于受战伤、蒙灾祸、失家业者之厚生，更深为轸忘。

唯今后帝国将受之苦难，固异于寻常，尔等臣民之忠情，朕亦深知，然朕以时运所趋，忍受难以忍受者，为万世求和平。

朕于兹能维护国体，信倚尔等臣民赤忱，与尔等臣民共存。若夫激于情感，滥滋事端，或排挤同胞，混乱时局，致误大道，失信于世界，为朕所最深戒者。期望举国一家，子孙相传，确信神州不灭，念任重道远，集总力于将来之建设，笃信道义，固守志操，誓以发扬国体之精神，不后于世界之进运，望尔等臣民，各体朕意。

在台日人于收听之后，神色惨变，哀号如丧考妣，较之过去趾高气扬、旁若无人之骄傲态度，已不堪同日而语；反之，台胞收听之后，含泪欢呼，但当时祖国政府尚未来台接管，台胞仍处于日本军警暴力余威之下，对日人尚不敢做何具体之表现，不得不强持镇静态度，唯有互相会意、心照不宣而已。

我政府接收台湾之具体消息虽未传来，而台胞五十年来之积郁，一朝解放，六百余万民心之感奋，有不可言喻者。日人自知离台之日不远，且恐台胞实行报复，乃急变既往态度，多向台胞假献殷勤，间虽不无一二因平日积愤，由于一时感情冲动，对旧时万恶之刑警等予以惩戒而快人心者，然此不过极短时期之现象，此外无不示以宽大为怀之大国民风度。

台胞之热烈欢迎国军

台湾沦陷五十一年，台胞处于日军铁蹄蹂躏之下，备受奴役之苦，并由于日本奴化教育之彻底施行，台胞对于祖国情形，很少研究机会，对于国军阵容，更乏认识。日本声明投降后，六百余万省民，无不期待国军早日进驻。及至十月十六日，传闻国军将于当日抵达基隆，民众遂即争先恐后，热烈准备欢迎，皆以先睹国军阵容为快，基隆码头，人山人海，自晨至暮，欢迎民众几乎望眼欲穿，而仍未见国军舰艇之入港，男女老幼，始终掬诚待望。时值小阳春暖，有盼至夜宿码头而达旦者，不计其数。至翌日十月十七日，首批国军在盟国飞机掩护之下，乘坐美国运输舰，浩浩荡荡，开入港内，靠近码头，军容齐整，堂皇威武，开始登陆，欢迎民众举手高呼，喜极泪下，声震天地。

首批开抵基隆港之国军，为陈军长孔达将军率领之陆军第七十军将士，是日除一部分留驻基隆外，其余部队自上午十一时四十三分起，分乘七列车开抵台北，而台北则自上午八时起，即有无数学生及市民，腰携饭盒，分两列整队鹄候，明显地表示出非达到欢迎之目的，绝不空还之形态，直候至下午二时四十分，陈军长之专车始缓缓地驶入月台，而布满在车站内外之群众头颅，如潮如涌，欢呼之声，响彻云霄，震耳欲聋。陈军长表示满意之笑容，频频点头示谢，徐步进入候车室，与前来迎接之前进指挥所范副主任诵尧略示寒暄后，即出现于月台之上，向欢迎代表们致谢，并勖勉以后务须军民合作，以建设模范的台湾省，继由盟军将校代表美国国民向民众致贺毕，陈军长即乘指挥所所备之汽车离开台北车站，千百貔貅，从后随行，步伐整齐，军容严肃，台北市三十万市民，及各校学生均兴高采烈，夹道欢呼，并高唱欢迎国军歌如下：

> 台湾今日庆升平，仰见青天白日清。
> 哈哈！到处欢迎，哈哈！到处歌声。
> 六百万民同快乐，壶浆箪食表欢迎。

由于台湾在日据五十一年中，人民所见者均为凶恶残暴之日本军、宪、警，视人民如犬马，动辄对人民加以辱骂殴打，所谓非我族类、其心必异之敌对军人，而向未见过服膺革命主义，为国家民族奋斗，与跳梁东亚之疯狂入侵我国的日本百万雄师，坚强苦战八年之久，于获取最后胜利之余，随即赶来台湾，协助光复接收，解除日本武装，保护人民安全之爱国爱民的国军雄壮阵容。既能因台湾之光复，而能一睹我忠勇国军之整齐行列，英武雄姿，当不免于由衷兴奋，喜形于色，废寝忘餐，冒雨晒日，均所不顾，而唯能以参加欢迎行列、一睹国军英姿为快，斯即当时台北市所有学生与市民，热诚欢迎来台国军之主要原因也。

十月二十二日，海军舰队司令部官兵及陆战队第四团，亦由基隆登陆。而空军之一部分，则早于九月十四日抵台，宪兵第四团亦于十月八日由淡水登陆，均受当地人民之热烈欢迎。

庆祝光复大会重要首长演讲词

民国三十四年十月二十五日上午十时，举行台湾区受降典礼后，下午三时台湾各界又举行庆祝光复大会。大会由林献堂氏主席、陈长官、李主任委员、李司令、陈军长、柯参谋长远芬、林司令及行政长官公署工矿处长、交通处长严家淦、民政处长、警务处长、省党部委员、外交特派员黄朝琴、警备总司令部第一处处长、二处处长林秀栾、三处处长、副官处长、政治部主任，与其他党政军要员均莅场参加；盟军方面有联络司令官硕得理上校。台胞代表之参加主席团者，有杜聪明、林熊征诸氏。开会行礼如仪后，主席林献堂在庄严肃穆气氛之中，致开会词，次由陈长官、李主任委员及台胞代表致词，场内空气极为兴奋，至四时三十分散会，由主席领导高呼口号：（一）庆祝台湾光复。（二）建设三民主义新台湾。（三）国家至上、民族至上。（四）意志集中、力量集中。（五）蒋主席万岁。（六）中国国民党万岁。（七）中华民国万岁。情绪慷慨激昂，欢声雷动。主席宣布散会，全场代表均以兴奋愉快之步伐走出会场。兹将各首长讲词分述于下：

（一）主席林献堂致词："我等由今天上午十时，日代表安藤利吉签降完毕时止，已经光复解放，此后同胞务须同心努力来建设理想之新台湾，同时我等须念及此次胜利，实由于此次抗战合于正义人道之理想。日本素来以桃太郎精神为教育方针，故其全体人民均有侵略之野心，所以其此次亡国之责任，不限于一部分之军阀，其全体国民实应共负其责。对于此次之胜利，除感激我们伟大领袖蒋委员长之德勋外，亦应感谢盟军之仗义执戈，拔刀相助。此后我等需要亲爱互助，协助长官'三不'与'三心'之政策，以实现三民主义之新台湾。"

（二）陈长官在大会致词："今天是本人到台第二日，能以参加此一盛会，真是十分高兴。此一庆祝大会，在中华民国历史上实具有重大之意义，与一般庆祝会完全不同，所以不但是本人，就是在场的诸位，对这个庆祝大会，应该都有特别的感想，今天因限于时间，我不想多讲话，我觉得大家要注意的是台湾的光复，并不是偶然的，所以在庆祝台湾光复的今天，大家要明白台湾的光复，是曾经付出过巨大的代价，曾经有过重大的牺牲，我们必须要纪念，并感谢为光复台湾而曾经付出代价，而已经牺牲的无数人们。因为没有他们，台湾是不会有今天的，如果没有国父领导许多同志提倡三民主义，实行革命，如果没有蒋主席领导全国八年抗战，如果没有盟国，特别是美国跟我们共同作战，如果没有台湾同胞在五十年中，不断对日人的压迫予以反抗，而且牺牲身家性命，诸位想想，台湾会光复？会有今天？台湾今天是光复了，从今天起，所有驻扎台湾的日本陆、海、空军都要遵照我国政府的命令，彻底解除武装，所有日本在台湾的行政产业等机关，以及其他财产，都要很完整地移交我们中国政府，以待分别处理。在这个期间，日本官兵自然应该遵照中国最高统帅蒋委员长，及本长官之命令，忠实地完成其未了之任务，不得阳奉阴违。一般日本平民亦应自肃自诚，不得有违法之行为，否则，本长官当即依法处办。至于我们一般官民军人，对于日本人，对于日本战争罪犯，及不法奸徒，除静候我政府依法严办外，大家应该仰体蒋委员长'不以怨报怨，而乐与为善'之大方针，拿中华民族固有的大国民风度，促其悔悟反省，不得有非法滋扰，或无理报复之越轨行动。否则，本长官查有实据，亦要予以法办。这一点，在这个过渡时期，是要大家特别注意遵守的。其次本人现在要特别提出的，是到台的文武官员士兵不得使用法币，因台湾另有一种币制，与国内不同，在台湾新币制尚未确定，及台币与法币的兑换率尚未规定以前，本人业已请准中央，台湾暂时还是使用台币，而不使用法币。现在到台的人已渐渐多了，也许有些人尚不知道这种办法，所以我今天特别加以说明。我们到台的一切文武官员士兵绝不许使用法币，如有强迫使用情事，不但希望人民不予收受，同时希望人民随时报告行政长官公署，本人必定予以法办。这一点，希望到台的文武官员士兵切实遵守。今天台湾是光复了，每个为求达成无数为光复台湾而付出代价，而牺牲生命的人们之期望，为能使全体台胞解除五十年受压迫之痛苦，而能享受相当之福利，为使台湾能成为三民主义之新台湾，对内足以告慰全国人民，对外足以对得起盟国之协助与愿望，我们需要继续不断地努力。我们此后的工作是很艰巨的，我希望全台同胞必须重视这光复台湾的价值，一心一德，为三民主义努力，为建设新台湾努力。"

（三）中国国民党省党部李主任委员在大会致词："各位同胞，本人来台后，目睹台胞热诚欢迎，倾向祖国，今天完成受降仪式后，又在此处举行庆祝光复大会，这种兴奋热烈的情形，证明五十年来台湾同胞未忘祖国，台湾同胞的爱国心从未泯灭。但在大家高兴庆祝之中，应该想到如何永久保持这种高兴和庆祝。本人的意思要遵照陈长官方才的话，切实去做，即可得到上述的保障。此外本人尚愿向各位提出三点意见：第一，希望大家不要把八年抗战期内，以及五十一年沦陷期内的一切牺牲和痛苦，轻轻忘记，过去的悲壮历史，应该留给子孙永远不忘。第二，希望大家切实认识了解三民主义，本党三民主义中的民族主义，现在已随抗战之胜利而告一段落。今后尚须努力实施民权主义，贯彻民生主义，必须大家彻底了解，才能达到目的。我想过去如果没有三民主义，就不会有中华民国，没有中华民国，就不会有今天的台湾光复。第三，今后唯一的工作是建设，民权主义是政治建设，民生主义是经济建设，这种建设工作，将比抗战还要艰巨，希望大家自明天起，各就本位努力去做，最要紧的是牺牲小我，共为大我服务，以期实现三民主义的新台湾。"

（四）台胞代表致词："当此六百万同胞全部沉醉于光复的幸福时刻，余敢提出两个问题：第一，何以必须光复？因有失陷、故有光复。失陷之因，在于国民无自觉、无团结，故敌人乘间而入，现在敌人尚在我等周围窥视我们的弱点，想再利用我们同胞互相反目的机会，从中取利，此点，我等务须注意。第二，光复之事业尚未完成，因我等今日不过开始进入光复之第一阶段而已。光复之最后阶段，尚待我等奋斗努力，以期建设富强美丽、自由康乐之新天地，所以我说光复尚未成功，同志仍须努力。"

综观上述四人之演讲词，我们可以明了：（一）台湾虽沦陷五十一年之久，台湾同胞反抗日本、仇视日人，倾向祖国、热爱国家民族之心情，历久未变。（二）台湾同胞因受日人之压迫抑制，对国父领导四十年之革命，以及北伐、抗战等史实相当陌生，故对台湾之如何能以收复，尚知之不详，对光复后之台湾，应当如何建设，亦尚未能完全明了。（三）来台主持党政之首长，以所负使命重大，且见军政之接收尚未完成，币制、金融之纷扰须加预防，以及党务亟须开展，主义须加宣传，今后新台湾之建设，更须对台胞加以启示和开导，故陈长官、李主委均语重心长，将台湾之能以光复，是付出了相当之代价与牺牲。台币须维持，以重人民利益，及民权、民生主义之政治、经济建设等，略加以提示。

台胞庆祝光复之游行盛况

台北学生联合会为庆祝台湾光复，于十月二十六日，举行全市学生大游行，参加者计有大学、专门学校，及中等学校等二十八校，男生三千人、女生二千余人，午前十时在公会堂（即现中山堂）广场集合，以党国旗为前导，各执"清除奴化教育""民族自立自强""反对宴会政治""建设科学台湾""致力医学报国""打破封建观念""打倒劣绅奸商"等标语，经北门、太平町、第一剧场、北署、圆环、建成町、御成町，至长官公署前高呼口号，陈长官偕同葛秘书长敬恩、柯参谋长远芬出现于露台上，当即向学生发表演说，解释三民主义之重要性，以资鼓励民众。话毕，满场掌声如雷，齐呼口号，陈长官并从露台上高呼蒋委员长万岁，台湾解放万岁，满场听众齐声唱和。游行队伍十一时半再自长官公署经西门市场、祖师庙口、龙山寺、港町、太平町，至静修女校而散。是日下午二时，台北各界民众数万人，复自大龙洞保安宫前出发环绕全市大游行一周，以庆祝光复，沿途且有各种狮子、龙灯之表演，至深夜始散，情况热烈异常。当日全省各户均悬挂国旗，张灯结彩，举行祭祖，以报告台湾光复之喜事于祖先，欢乐通宵，呈现高度庆祝之意态。

（台湾省文献委员会：《台湾省通志》第48卷，台北：
众文图书股份有限公司1980年版）

蒋介石首次巡视台湾训词

（1946 年 12 月 25 日）

各位同胞：

今天欣逢台湾光复一周年纪念，中正特来参加这次庆祝大会，与我相别五十年的台湾同胞相聚一堂，共同庆祝光复，使我五十年的宿志得如愿以偿，实在是我生平感到最愉快光荣的一天。

我们台湾省自甲午年四月十七日，由昏庸的清廷割让给日本帝国主义者以后，沦于敌手竟达五十一年之久。在这惨痛的五十一年之中，台湾全省同胞，固然深受日人的压迫，备尝政治上、经济上各种虐待与不平等的痛苦；我们全国同胞，更是时时关怀这座横遭劫夺的宝岛，以及岛上强被割离的同胞们。我们国父倡导国民革命，即以光复台湾为革命的主要目标之一。国父就是在台湾失陷的那一年，即在檀香山组织兴中会，当时所发布的宣言，就提及"恢复台湾，巩固中华"的口号。此后我们全国党员，以及中正本人，无时无刻不本着国父的遗教，努力奋斗，决心湔雪国耻，全力恢复台湾。民国二十六年，我们举国一致，发动神圣壮烈的对日抗战，于是光复台湾更成为我们革命同志积极争取的目标。所以我在民国二十七年四月一日，国民党临时全国代表大会中，曾经明白地宣布台湾是我们中国的领土，在地势上乃是我们中国安危存亡所关的生命线。中国要讲究真正的国防，要维护东亚永久的和平，绝对不能让我们的台湾永久统治在日本帝国主义者的手中。要为达成我们的国民革命，遏止野心国家扰乱东亚之企图，必须针对着日本帝国主义者的积极阴谋，以解放台湾人民为我们的职志。这是国父生前所常对我们，以及一般同志所训示的。国父的意思，就是我们必须使台湾的同胞，在政治上、经济上能够恢复平等自由，使台湾同胞每个人能够恢复国家主人翁的地位，才能巩固中华民国的国防，奠定东亚和平的基础。

我们以全国人民的决心和毅力，忍受着无数生命财产的损失和牺牲，对暴日进行坚韧英勇的抗战。到了民国三十二年，我亲赴开罗，与英、美领袖举行三国会议，决定"日本历次由中国所夺取之土地，如台湾、澎湖群岛及东北四省等，归还中国"。至是我们失去了五十一年的台湾，已经确定了为我们中华民国的一部分国土了。

去年八月十五日，日本军事总崩溃，宣告无条件向我们联合国投降。我们即按计划所预定者，进行接收失土的工作，并得我们盟邦美国的热心协助，使一切复员工作都能顺利完成。去年的今日，我们中央政府特任今日的陈长官为你们台湾省行政长官兼警备总司令，来台受降主政。同胞们！去年今日，就是台湾省正式再归我国版图的一日。

同胞们！今天这一天，实在是我们全国同胞最珍贵的一天，尤其是台省同胞最光荣的一天。大家要知道，光复台湾是一件极艰难，而且得之不易的重大收获。自从我们国父革命以来，为了台湾的同胞和土地，我们就与日本帝国主义者无时无刻、有形无形之中，在长期不断地做着激烈而惨痛的战争。这次抗战，全国同胞又复受了多少直接间接的牺牲，不知道流了志士多少热血，断送同胞多少头颅，才使沦陷五十一年的台湾，还回了祖国的怀抱。然而在此五十一年之中，我们台湾同胞虽遭受敌人这样残暴的压迫，但是，中华民族革命的传统精神，并未有丝毫的损失。自从明末清初，民族英雄郑成功的反对满清，恢复台湾以后，连续的就有唐景崧、刘永福、丘逢甲等领导台民，抵抗暴日，都是惊天地而动鬼神的光荣悲壮的史实。即在日人占领时，本省同胞的抗日运动，亦复相继不息；如林大北事件、简大狮事件，都是爱国的革命精神之悲壮表现。深望全省同胞，记取全国及台湾革命先烈慷慨牺牲、恢复不易的史实，我们今后更应刻苦忍痛团结合作，扩大先烈爱国革命的精神与毅力，同心一德地来建设新台湾，建设三民主义的新中国。

同胞们！台湾省光复到今天整整一年了，这一年来，我虽因全国政务繁忙，不能来到台湾慰问同胞，但是我对台湾同胞的怀念，真是无时或释。我依据各方的报告，深知沦陷期本省同胞遭受长期的苦痛，更知作战时期本省同胞亦遭受不少损失与破坏，而光复以后，又因战争破坏的缘故，在复兴建设的功夫上，又遇着不少的困难阻碍，这种苦痛困难，虽然都是日本帝国主义者剥削我们所余存下来的余痛，但是现在台湾已归还我们祖国的怀抱了，我们台胞已经成为国家的主人翁了。我们更应该善尽我们主人翁的职责和义务，迅速清除日本军阀的残毒，把台湾崭新地重整起来。

关于复兴建设工作，一方面固然要地方政府积极推动，另一方面也要我全省同胞通力合作，向一个目标方向协调前进，才能圆满达成任务。本省物质条件相当优厚，国民教育亦甚普及，民意机构又已全部成立，人民与政府共同努力，在陈长官的领导之下，我相信台湾省的前途一定是灿烂光明，一定可作全国的模范省。

关于我们中央政府之视台湾，一如离开家庭五十年的兄弟，一旦归家，是骨肉团圆相聚的情绪。这一种怜惜痛爱的心情，唯有身历其境的人才能彻底领会，并且希望他能更得幸福，更能进步。不要因为遭受了仇敌的打击而即沮丧消极，失意灰心。所以对于本省的复兴，本省同胞固然切盼迅速完成，中央政府的热望且更为殷切。凡是合理而有利于台湾复兴建设的事情，中央政府均不断地在督促指示长官公署积极推进。我今天可向全省同胞宣布，中央的爱护台湾，远胜于其他任何一省，中央对于台湾建设之重视，也胜于其他省份。希望全省同胞共同努力，加倍奋勉，来建设三民主义的新台湾，尽到你们国家主人翁的责任。因为建设新台湾是建设新中国的一部分，而建设新中国乃是我们革命的最终目的。

今天是台湾省光复周年纪念日，我能得亲自见到遭受敌人压迫已达

不知道流了志士多少热血，断送同胞多少头颅，才使沦陷五十一年的台湾，还回了祖国的怀抱。1946 年 10 月 25 日，蒋介石偕夫人莅台参加首届台湾光复节纪念大会并发表演说

五十一年之久的同胞，在青天白日满地红旗帜之下，狂欢庆祝，心头真有说不尽的喜悦。现在我们祈求上苍的庇佑，默祷国父及革命先烈在天之灵，使我们台湾同胞更强健、更进步、更自由、更幸福，来完成我们光复国土的使命。

（台湾省文献委员会：《台湾省通志》第 48 卷，台北：

众文图书股份有限公司 1980 年版）

受降四：复我禹甸

《中央日报》：北京故宫太和殿受降[1]

【中央社北平十日电】第十一战区受降典礼，由我受降主官第十一战区孙司令长官连仲主持，十月十日上午十时在北平太和殿隆重举行。是日天气晴和，七时许，天安门、午门、东华门外，即已围满男女市民达十万人之多，由警察布置周密后，即引导男女市民各团体代表大中小学生等相继入场。

受降大典礼堂在太和殿石阶上布置，极为庄严，四周高悬中美英苏盟国国旗并扎以金色"凯"字。十时整，孙司令长官于军乐悠扬声中偕随员步出太和殿，立于受降礼堂正中，白日映射下，长官雄姿愈显英武，而成为摄影记者活跃之目标。

是时，司仪随上台高喊，引导日军投降代表。命令传出，全场肃静，唯待此八年主使者屠杀华北民众之凶手根本博中将等日军投降代表团入场。日军投降代表廿人，由平津地区日本官兵善后联络部部长根本博中将率领，在我方净光中校引导下，自太和门步入受降礼堂，过路两侧，观礼市民人山人海，日军代表所过之处，市民即欢呼鼓掌，以庆祝八年来所受压迫终于获得解放。

继开始签字，首由根本博中将于降书（一份）及受领证（三份）上分别签字，继由我受降主官孙司令长官签字，旋由日军投降代表依次呈缴军刀，计共二十把，依次放置签字桌上。司仪命令日军投降代表退下

---

[1] 本文原题为《十一战区受降礼成，李延年率部抵济南》，题目系编者拟。

后，奏国歌，对国旗军旗致敬。此历史上最动人之一幕盛典，仅时十五分，即告完成。礼毕，各界代表于太和殿内举杯祝贺此光荣之最后胜利，台下观礼民众，高呼中华民国万岁！蒋主席万岁！受降典礼虽已完毕，而犹聚集不散，情绪至为热烈。

（《十一战区受降礼成，李延年率部抵济南》，
《中央日报》1945年10月11日，第2版）

孙连仲电告太和殿前受降情形[1]

即到。渝。委员长蒋：九三八一密。（一）职于双十节十时，在太和殿前方广场举行日投降大会与仪式，与美军在津举行者，同到中外来宾三百余人，日本投降代表根本博以下二十一人参加，民众十数万人，狂呼蒋委员长万岁、中华民国万岁！情绪热烈，感奋欲泪，华北民众对中央拥护之诚，由此充分表现；（二）本部北平前进指挥所在平工作，计达一月之久，于特殊困难之下，各问题均能本钧座意志，忠行践履笃实，工作显著达成任务，与此间人士以极良好印象。对日军及美军各项处理亦称恰当，拟请嘉奖；（三）中央各特派员，前由本部指挥所组织党政接收预备委员会统筹办理，步骤尚能齐一。职及熊师长到后，省市党部接收委员会均正式成立，除经本部特派员未到外，各地方均已分别接收，由职统一督导联系，更见密切；（四）平津自美军到后，秩序已形稳定，在我军队未到达前，除仍饬日军维持治安外，关于我军主力，已令沿平汉路限期向石家庄挺进，河北大局，短期内可平定；（五）熊主任天翼、蒋特派员经国、刘主席多荃本日抵平，暂寓职部，预定明日续飞（长春），并以奉闻。以上各项，谨电鉴核。北平。职孙连仲。酉灰子。亲。印。（民国三十四年十月十日）

（朱汇森主编：《中华民国史事纪要初稿》1945 年 10 至 12 月，
台湾"国史馆"1990 年版）

---

[1] 题目系编者拟。

上海下达沪字第一号命令[1]

参加仪式者，我方为汤总司令官恩伯、张副司令官雪中；日方为第十三军司令官陆军中将松井太久郎、参谋长陆军中将土居明夫、参谋副长陆军少将川本芳太郎、上海方面根据地司令官海军少将中森得治、通译陆军嘱托村边繁一等五人。列席者徐总参议祖诒、王参谋长光汉、李副参谋长元凯、九十四军牟军长廷芳、胡主任秘书静如、林高参议日藩、李秘书、管秘书等八人，暨美指挥部博义准将、狄巴司上校、九十四军联络官马上校、G三组组长等五人。

仪式系在第三方面军司令部办公厅举行，厅之中央设汤总司令官及张副司令官席，司令官之左为牟军长、王参谋长、李副参谋长之席，右面为徐总参议之席，司令官及副司令官席后设五座，为美方指挥部人员之席，再后则为胡主任秘书、林高参议、李秘书、管秘书等席；日方代表席，则设于司令官席之前面，最右为松井太久郎、中森得治少将，及通译席，一切布置简洁隆重。

我方张副司令官及列席人员先行入席后，日方松井中将等五人，准时到达，陆军衣陆军服，海军衣海军服，通译衣军属服，均一律解除佩刀，然后入办公厅，向张副司令官行敬礼毕，当由张副司令指令就座。

---

[1] 1945年9月12日下午2时，第三方面军总司令汤恩伯在司令部办公厅，召见日方第十三军司令官松井太久郎，面交沪字第一号命令，饬其遵照执行。上海地区因此并不另行举行投降签字，一切接收事宜，则均以命令传达日方照办。题目系编者拟。

不移时，汤总司令官莅场入座，松井等五人一律起立，向汤总司令鞠躬如仪。首由汤总司令将我方参加人员一一介绍后，松井中将亦将随同参加人员介绍毕。汤总司令即开始问话，并将中国陆军第三方面军司令部证字第一号命令，面交松井中将，当由松井中将敬谨接受，并签具受领证。汤总司令将受领证察阅后，并嘱如有意见，准许用书面提申，松井当即答称，全部明了，敬谨接受，并切实遵照施行。至此隆重仪式，遂告完成，时为二时二十分。

[《上海市年鉴》1947年版，转自朱汇森主编：《中华民国史事纪要初
　　　稿》（1945年8至9月），台湾"国史馆"1988年版]

广州中山堂受降[1]

进 军 广 州

九月十五日上午九时，司令官张发奎率同主要幕僚，乘机飞广州主持受降。穗市自接获司令官定期来粤之讯后，积极筹备盛大欢迎会。是日上午九时半，穗市各级省长、各机关团体代表，不下数百人，齐集于白云机场，鹄候司令官之降临，其情景之热烈，得未曾有！至十一时二十五分，该机在白云山上空盘旋两周，即于白云机场着陆。同机计有参谋长甘丽初、美军联络部博文将军、作战处长李汉冲、后勤司令部副司令何世礼、秘书长麦朝枢。司令官下机后，受欢迎者热烈之欢呼，旋即检阅欢迎行列及仪队，随即登车率领各级首长、各机关团体代表及国军新三十八师部队举行进军广州之盛大仪式。中华北路口装搭有庄严灿烂之凯旋门，在此路口两侧排列着民众代表约五千人，当司令部车经过时，一致立正为礼，热烈狂呼，从中华北路经一德路、太平路、长堤、靖海路、泰康路、汉民路、德宜路，至中山纪念堂前，绕市一周，行程两小时，沿途市民夹道以迎，炮竹声震通衢。国军之雄壮行列，旺盛精神，强壮体魄，优良装备，予沦陷八年之市民以兴奋之刺激，重新认识国军之优良！

---

[1] 节自《第二方面军受降纪实情形》一文中的第四、第五两节内容。题目系编者拟。

广州受降典礼

九月十六日上午十时，广东地区日军签字投降仪式，于中山纪念堂举行。是日礼堂内外，布置一新，中、美、英、苏国旗，鲜艳夺目，礼堂内电灯齐明，场中气氛，庄严肃穆，威仪万千。九时三十分司令官偕同参谋长甘丽初、市长陈策、美军联络部博文将军、第三处长李汉冲、副官处长陈骏南，乘车莅临，徐步入场。其余参加受降人员，均相继而至，计到各机关团体代表及观礼者，一百八十三人。至九时五十五分，日军投降代表二十三军司令官田中久一及参谋长富田少将、海南岛日军指挥官代表肥后大佐，乘车抵达，即由本部派出军官一员、宪兵两名，引导该投降代表进入中山纪念堂。此时，受降主官司令官端坐礼台正中，甘参谋长及博文将军，分坐两侧，其余高级首长，则坐于两旁席次。日代表登台后，命令其坐下，随即下达国军第一号命令，命由作战处长李汉冲，朗声宣读，继由日、英语翻译员，以日、英语宣读，日代表均垂头聆听，精神颓丧。宣读毕，日代表田中久一签署降书，旋即退出。计历时四十分钟，完成广州历史上最光荣之一页！

(《国民政府国防部史政局及战史会档案》，中国第二历史档案馆编：《中华民国历史档案资料汇编》第五辑第三编军事（一），江苏古籍出版社 1999 年版）

马廷栋：光复后的广州[1]

　　隔别了七年的广州，一切都感觉到生疏了。敌人的铁蹄，没有摧毁广州的原貌，但敌人的毒素，却不知麻木了多少人心。长堤西楼口一带，热闹极了，醋歌热舞，酒食欢逐，充满了东洋的情调，殖民地奴隶性的作风，回顾过去的革命精神，若是黄花岗的七十二烈士英灵有知，将会痛恨他们的子子孙孙的没落。过惯了□□奴隶生活的人们，他们的□□□□□□□令人听了刺耳。他们会说出"和平以后"的一类话，什么"和平以后"，分明是敌人投降！但他们麻木了的脑筋，就充满这一类的荒唐思想。说他们有意的吗？不是的，就是因为话出自然，才觉得毒素深入人心的可怕。

　　欢迎国军与军政长官的牌楼，都是勾心斗角、独出心裁的产品，极其精美地布满了全市，夜里灯火辉煌、华丽壮观，但有多少人会知道全国军民在这七年里为胜利而付出的代价？欢迎国军的稀落爆竹，恐怕就是他们所唯一嗅得到的火药味了。这样浑浑噩噩的解放了、自由了，自然不会觉得解放的幸福、自由的可贵，更不会珍重自己的前途，与关怀国家的命运。但这种人究竟是少数，只有那些依附敌伪、发国难财的猪猡，才会这样的浑浑噩噩，丧心病狂。事实上大部分的老百姓，七年来都在死亡线上挣扎，他们所遭遇的敌人压迫，是永远不会忘记的。大酒楼的污水沟里，现在还有人在那里淘□□人们的菜肴，高楼大厦的人行

---

〔1〕　此文原文有诸多墨迹不清处，无法辨认，只得暂以□代替。

道上，夜里睡满了只剩一把骨头的男人，这是敌人带来的悲剧。他们知道，这种的生活将会连同敌人一起驱出境外。事实上，市府主办的救济工作已切实展开。不过这种社会畸形的现象——一方面纸醉金迷，一方面饿殍载道，必须根除，才能说得到复员，才能对得起挣扎于水火中七年的老百姓。

八月十五日张司令官发奎行抵广州的那一天，精壮严整的国军行列，足以振聋发聩，廉顽立懦，也是老百姓最兴奋的一天。远近一片都是小孩子的欢呼声，铁蹄余生的成年人有些感动到流泪。七年了，他们到今日才能喘一口气，从黑暗中见到了光明，他们能不感动吗？十六日，日军正式签字投降，是具有历史性的一页。签字仪式在上午十时开始，巍峨壮丽的中山纪念堂，布置得庄严肃穆。讲台当中放着两张长桌子，里面的一张，张司令官正坐，左右两旁分坐着国军将领与政府人员。十时整，日军的投降代表田中久一和他的参谋长及海南岛日军代表入场，鞠躬如仪后，面对张司令官而坐，继由我方宣读第一号命令，再译为英文日文，宣读完毕，由田中签字盖章，鞠躬而退。这短促的一幕受降仪式，却不知付了多少的代价。但一切的代价都是值得的，历史上没有不牺牲而得到的自由，也没有不努力而得到的胜利，今后的问题，却在如何珍惜□□奋斗得来的自由与胜利了。

广东的复员工作，真是千头万绪，但总结说来，不外三端：军事上恢复社会的安宁，政治上树立廉洁爱民的风气，经济上稳定人民的生活，进而提高一般的生活水准。以目前来说，为达到社会安宁，还得经过一番的努力。在国军未进驻广州之前，曾发生一度的混乱，有打起"大倭"旗号的土匪，纵横市内，有凭借恶势力的人物，到处查封屋宇，强掠物资。后来等到新一军到达广州，二方面军前进指挥所设立后，才慢慢地恢复过来。

按理说，政府官吏是人民的公仆，廉洁爱民是做官的起码条件。过去的不必说，现在确是改革复员的最低调，而以广东尤然。否则怎能谈得上法治，怎能谈得到复兴繁荣？政治上树立了廉洁爱民的作风，才能在经济上稳定人民的生活，进而提高一般的生活水准。有一位外国朋友对记者说：他爱广州，但不愿意做广州的市长。他这句话，包含着几分真理，也是对广东全省看法的一个缩影。责任虽然是这样的艰巨，但在军政合作、廉洁爱民的目标下，广东是有前途的，它将会成为复兴中国的一大支柱。（九月二十五日寄自广州）

（《大公报》1945 年 10 月 28 日，第 3 版）

汕头受降情形

    第七战区司令长官余汉谋于九月二十一日，在汕头举行受降典礼，仪式简单严肃。余汉谋以受降主官身份，率同受降人员：十二集团军副总司令徐景唐、闽粤赣边区总司令香翰屏等，坐于上方。日方投降主官加藤牟及其随员，卸除佩刀后，由卫兵导引，坐于对首下方。然后以训令一件，交给日方投降主官加藤牟。彼阅读后，立即签署，再呈先生，并口头陈述，绝对服从命令，遵照规定缴械，余将军点头示意。日方投降主官及其随员，敬礼退席。随即鸣炮，奏国歌，典礼告成。

          （黄仲文：《余汉谋先生年谱初编》，出版社不详，1979年版）

张家彦：天津日军签降礼成

【中央社记者张家彦天津六日电】由美海军陆战队第三军团司令骆基中将代表中国战区最高统帅蒋委员长主持之天津日军签降典礼于六日上午九时整举行，历廿分钟之时间完成此历史上最动人之一幕盛典。同时并将日军司令官内田银之助中将及其偕来签降之军官共六人所佩之长剑一并解除。今日起即由美军开始陆续将天津区所有日军全部缴械。

津市为前日华北驻屯军司令官所在地，自甲午庚子以来在不平等条件下逐渐造成一种特殊势力，抗战以来，复历经扩张，市民在铁蹄下受尽压迫。在今日乃因我最高领袖艰苦卓绝领导流血抗战八年之结果，已将五十余年之奇耻大辱为之一扫而空。围观于签降广场之市民于仪式行将完成、美陆战队乐队奏国歌时情不自禁，一致高呼中华民国万岁，有泫然下泪者。盖此华北重埠过去在日人桎梏之下，一旦获得解放，市民固不能克制其燃烧之热情也。

受降典礼举行于旧法租界中街前法公议局之广场，公议局为一花岗石所砌成之三层大楼，建筑雄壮而富丽，现为美军司令部所在地，屋顶高悬中美两国旗，本日晨天气晴和，市民于晨七时起围集广场观礼者约达二万人，情绪异常兴奋。

美军仪仗队三百人、音乐队百人于八时先期到达广场，我国军政长官包括孙长官代表吕文贞少将、天津市长张廷谔、副市长杜建时、财政部特派员张果为、市警察局长李汉元等，及美军方面美海军中将巴尔伯与其部属及陆战队第三师团高级官佐陆续到达，立于指定席次。联合国代表有英、法等国代表与瑞士领事乔和，乔系在停战之前代表美国天津权益者。日军签降代表内田银之助中将及属僚于八时五十九分抵达，由美军司仪爱斯中校引导投降代表至最右方之席次。九时整典礼开始，受降主官美军骆基中将偕其参谋长瓦顿少将等自厦内步出，着冬季通常服装。乐队奏乐致敬，司仪官发令，日本投降主官签降书，内田缓步至预先布置之长桌，向受降主官敬礼，骆基答礼，乃就座。降官于降书之上（降书共十份）逐一签名，历时十五分钟，签毕后向骆基中将敬礼，骆基再答礼，内田乃退就原席。九时十七分骆基中将代表中国战区最高统帅蒋委员长签字，历时约一分钟，于是礼成。

由音乐队奏中美两国国歌，当我国国歌乐声起时，旁观之市民情绪高涨，狂呼万岁，掌声四起。骆基中将乃下令解除日签降代表六人之武装，内田依次均将所佩长剑逐一双手供至台上，鼓掌者高呼万岁之声响彻天地，九时廿分整，日投降代表向受降主官敬礼后，仍由爱斯中校领导退席，此历史上动人至深之一幕至此遂告礼成。但围观之民众仍聚集不散，向正副市长欢呼以示其内心之愉快。

（《中央日报》1945 年 10 月 7 日，第 2 版）

《大公报》：天津受降一幕[1]

【天津六日下午四时发专电】六日天气晴朗，阳光和煦，富有历史性之盟国受降典礼，又在津市举行，地点在旧法租界凡尔登路公议大楼前之克雷孟梭广场，公议大楼曾为伪市府占据，今为美军陆战队第三两栖军团司令部。受降典礼之会场布置及程序编排，派由美陆战队荷内斯中校负责。

参加人员 美方为第三两栖军团司令骆基中将及参谋长瓦顿少将、美海军中将巴尔伯及参谋人员、美陆战队第一师司令官及副官与参谋长。我方为十一战区司令长官部参谋长吕文贞、天津市长张廷谔、副市长杜建时、天津警察局长李汉元、外事局津沽区联络官周培章等，并有美陆战队两栖师团将官以上军官及上校以上之特别参谋人员及瑞士驻津领事乔和。最后为日军代表团，日军在津最高司令官内田银之助中将及少校副官、少尉副官各一，津市日本外交专员一，及少校阶级之军官三人。美宪兵维持会场秩序。美方承认之战地记者均允许参加。

会场布置 在广场中央正对美军司令部大门，门前沿东西方向设长桌一张，铺绿色呢，上置玻璃两块，中间为大理石墨水瓶、笔砚，桌旁南北相对置木腿皮椅两张，司令部楼顶插中美国旗。桌前右方为盟方参加人员位置，再右为第三两栖军团官员，左为日军代表团位置，当街对方距长桌约二十余尺为新闻记者位置，左为美陆战队第一师之军乐队，大

---

〔1〕 本文原题为《天津受降一幕，十万市民围观鼓掌欢呼》。

门对面为美军仪仗队，两排中间竖美国旗及陆战队第一师旗帜。

典礼程序 六日晨六时半即用绳索围绕会场，断绝交通。八时半，盟方人员先后到场。八时三十分荷内斯中校向瓦顿少将领取降书，置于桌上。四十五分乐队及仪仗队就位，五十分盟方参加典礼人员就位，五十五分日代表团乘汽车两辆，前后由美军乘吉普车两辆保护，由西面巴黎道到达，下车后，即由美军一上尉领导步入会场，立于指定位置内。日代表表情严肃，除外交人员外，各挂军刀。九时整，骆基中将就位，立于南向之椅后。瓦顿参谋长立于骆基之左后方。九时二分，荷内斯宣布日军代表签降，经译成日语，内田即走向朝北之桌后面，向骆基敬礼，然后签字于降书，英文十份，用自来水笔，日文十份，用毛笔签字，历时十五分钟，仍回原位。九时十七分，荷内斯宣布骆基中将代表中国战区最高统帅蒋委员长签字，只签一份，签毕，仪仗队举枪，乐队先奏美国国歌，继奏中国国歌，全体立正，奏毕，内田等七人再向骆基一一敬礼后，取下军刀，置于桌上，退出会场，已不成队形，乘原车离去。九时二十分礼成。掌声四起。

典礼举行时，国人站立凡尔登路两端之中街及巴黎道围观者达十万人，水泄不通，奏国歌后，民众鼓掌，继并呼口号，至张杜两市长离场时，民众又高呼口号，情绪热烈紧张。

（《天津受降一幕，十万市民围观鼓掌欢呼》，
《大公报》1945 年 10 月 8 日，第 3 版）

黎秀石：香港日军降伏前后

【本报特派员黎秀石于香港】十四天以前，日向盟国全体投降，日皇诏书与东京各报全用"降伏"两字。我看见那两个字，心中十分痛快。今天香港日军投降，降书虽无日之译本，我想亦应用降伏二字。

香港英总督府内的仪式，自不足以与米苏里旗舰上的典礼比拟，但今天签字的内幕，却比东京湾的一幕复杂得多！

降伏仪式的准备工作业已完成，准签字的日子一再延迟，此中自有新闻，英国路透社[1]的同业要知□个中究竟，昨天和我讨论签字延迟的原因，当时我尚未确悉实情，他也莫名所以。今午签字后，我才由极可靠方面获得这个谜的答案。

签字延迟的原因有二：（甲）中国签字问题；（乙）中国接收敌军用品问题。

起初，英国联合参谋部电请中美两国派代表会同英国代表在日军降伏书上签字。中美两国当即在重庆一再讨论英国的提议，结果认为不宜副署。但我当局昨天才作最后决定，潘华国将军今天始通知英方，他奉命毋庸签字。潘将军个人很赞成我方的决定。事实上，这是他的献议。

我国的决定，在表面上看来令人有些莫解，但细想一下，却是很适当的。大家都晓得香港九龙是战后的一个国际问题，在问题解决以前，我们中国不宜对港九两地的法律地位，在约章上作任何直接或间接的表示。

---

〔1〕 原文如此。

今天，潘将军出席日军降伏仪式的资格是"中国观察员"（Chinese Observer），此外还有两位"观察员"，美国与加拿大的，三位"观察员"与英方代表海军少将哈克特（Rear Admiral Harcourt）同坐一列，接受降伏。

（一九四一年十二月香港之战，加军二千曾守孤岛。这大概是加拿大参加"观察"的缘起。）

签字延迟的主因，还是由于处置敌军用品的问题。中美英曾在重庆举行会议，决定一切敌军用品均交由中国接收，但英方为及早恢复战后交通起见，得向中国借用若干敌军缴出的用品、船舶车辆等。此是原则，实行起来却甚复杂，这是因为人类的天性——谁都先替自己打算。

在其他战区，受降国直接由日军手中接收其军用品。在香港，中国要经由英国接收敌军用品。多了一个中间人，问题自然复杂一点。中英已成立一联合委员会，专管这问题。此委员会原定签字后成立，唯因事实需要，已先行成立。

其实，日军在港九的军用品不多。空军没有一架完整的飞机，海军没有一条好军舰，但有若干小轮船。陆军枪炮却有数万，车辆若干。英方定于今午把敌军用品详细表册交潘将军审阅。

今日一幕最可注意的一点是日军降书内并无说明在哪里的日军降伏，换句话说，没有指明香港的日军还是香港与九龙的日军投降。降书内仅谓，日陆军少将冈田梅吉与海军中将藤田赖太郎，根据东京湾降书，率统他们的部属向哈克特降伏。降书是英当局拟定的。降书却有附注，说明冈田梅吉是香港日军司令官，藤田赖太郎是日本"南中国舰队"司令官。

今午，我国曾以一备忘录交与哈克特，声明在中国视之，今日受降之事，并不包括九龙日军。换言之，九龙日军非向哈克特投降。

哈克特不但代表英国签字，并且同时代表中国战区盟军蒋中正签字。这包括两种意义：（甲）香港隶属于中国战区内，（乙）哈克特少将在这方面来说，受命于蒋总司令。

降书共签了两份，一份由英方保存，一份闻说呈蒋委员长审阅。日本那一份呢？

签字仪式在总督府举行，在另一间会客室里，今天下午还端端正正挂着三尺长两尺半宽红纸黑字的中堂，原文如下："奉祝矶谷总督阁下新邸落成，海山岳岳，旭日当阳，万户楼台，烟树相望，瞻仰蓬莱，佳气霭皇，威震宇甸，泽沛海疆，毓秀钟灵，山远水长，笃生申甫，来临是邦，绸缪匡济，昕夕靡皇，慈霭仁风，洁比秋霜，爰筑攸宇，思政建堂，采椽不斫，朴俭是坊，普兹大裘，盖被一方，熙冷眷召，永奠苞桑。香港'华民'代表会李子方、罗旭龢、刘铁诚、陈廉伯；协议会，罗文锦、叶兰泉、周寿臣、郭赞、伍华、邝启东、郭泉、王通明、谭雅士、王德光、邓肇坚、李忠甫、黄燕清、颜成坤、凌康发、林建寅、李就、陆霭云、周耀年，鞠躬。"

最痛心的是他们自称为"华民"，又用我们可爱的中文写这样无耻的东西！

这些"代表"们今天是不会反省的，他们正忙于恭贺另一个主人了。

亲爱的读者，不必气，还有更甚的呢！例如徐某与矶谷合办裕精鸦片专卖，发了大财，现安居澳门。又如龙某为虎作伥，害死了多少同胞！

日本降伏了，但他们的帮凶何时伏法？（九月十六日航寄）

（《大公报》1945年9月18日，第3版）

第六战区长官部编：九一八汉口中山公园受降经过[1]

甲　受降准备

1. 本战区得悉日本于八月十日提出投降照会，并奉委员长蒋删辰令一元电：日本政府已正式宣布无条件投降，即准备一切，以待受降工作之授受，便可适切执行。

2. 遵照委员长蒋未灰亥令一亨电："（一）……（二）着该战区以一部监视宜当沙市方面之敌，以主力向武汉挺进，分别解除其武装。（三）……（四）……"及真参电之指示，拟定本战区对敌军，对伪军，对伪组织，对复员处理基准纲要，于八月十五日令发各部队遵照实施。

3. 奉陆军总司令何颁发中国战区各区受降主官分配表，指定孙长官为六战区受降主官，接收武汉沙市宜昌地区，日军第六四军冈部直三郎大将代表投降，计六四军一三一师、一三二师等八个部队，以武汉沙市为投降集中地点，并于未回午论电规定本部设置前进指挥所于武昌（本部为适应当时情况乃改设于汉口），饬与各该地区日军最高指挥官接洽，迅速派往并具报。

4. 本部决定派少将副参谋长兼参谋处长谢士炎为本部前进指挥所主任，并于八月二十二日饬其前往芷江接受总司令部之指示，翌日退抵恩施。

5. 本战区受降地区、受降部队，及前进指挥所之设置，即经奉命指

---

〔1〕　本文节自第六战区长官部编《第六战区受降纪实》，题目系编者拟。

定，即依据委员长蒋、中国陆军总司令何之命令，及总司令何所致日军冈村宁次大将中字第一号至四号备忘录之要旨，于八月二十五日对本战区当面日军第六方面军司令官冈部直三郎大将发出第一、二、三号备忘录：

第一号：通告——本长官所受之任务，及与本部联络，并限于八月二十七日上午十二时答复。

第二号：通告——本战区各军前进地区及经过路线，日军不得阻碍，并限于二十七日实行，同时即交出土门垭。

第三号：通告——派本部少将副参谋长兼参谋处长谢士炎前往汉口设立本部前进指挥所。

6. 中国陆军总司令何，于八月二十七日莅临恩施，本部即召集前进指挥所人员及执行受降任务之各部队长，亲聆训示机宜。

7. 本部依照总司令何致日军驻华最高指挥官冈村宁次中字第四号备忘录之规定事项，继于八月二十八日以备忘录第四号通告冈部直三郎大将，规定本战区各地受降主官及投降部队集结地点，及其他指定事项，并分令我各部队向指定地区前进。

8. 本部前进指挥所主任谢士炎，率领指挥所官僚十九员、通讯兵十二名、随军记者四名、宪兵十二名，共计四十八员名，于八月三十日晨由恩施乘运输机直飞汉口，以第七号备忘录交其转致冈部直三郎，当日上午八时到达，并与本部取得联络，即日成立前进指挥所于汉口，展开工作，此使本部与冈部直三郎之联络，及规定事项，各项要求，统由本部前进指挥所转达，互以电报联络。

9. 本部与当面日军冈部直三郎联络就绪后，即于八月二十七日下达各部队前进命令，第二十六集团军所属，于九月七日到达宜昌沙市一带，并继续向武汉应城孝感黄陂前进，十七日已到达各指定地点。第十集团军各部，亦于九月十四日到达武汉附近，十六日进入武汉市区。

10. 本战区各部队已遵命分向各指定地点前进，本部随于九月十一日由恩施现驻地出发，十三日行抵宜沙，十七日到达汉口，进驻市郊杨森花园附近之上智中学旧址，当将预定授予冈部直三郎之受降命令修正付印，并定于翌日"九一八纪念日"九月十八日下午三时在汉口中山公园授受命令，先期通告日方遵行，"九一八"上午十时三十分冈部直三郎大将偕其参谋长中山贞武及高级参谋，前来本部谒见司令长官请示投降各项事宜。

乙 受降实施

1. 汉口方面

本部于九月十八日假中山公园新造之受降堂，加以布置，适当悬挂总理遗像暨委员长蒋肖像及国旗，是日下午三时，司令长官身着戎服，偕同副长官、总司令等及其他应行参加之党政军各界八十八人，相将就位后，由司令长官主持，亲将本部印就之六战作命甲第一号命令授予日军第六方面军指挥官冈部直三郎大将亲自签字受领，其参谋长中山贞武少将及来福栖静岛大佐、冈田芳政大佐、清水勖之大佐四人，均陪同参加。

同时，将本部六战作命甲第一号命令分达各部队遵照实施，并呈报上级备案。

日军第六方面军司令冈部直三郎，依据本部上项命令，即于九月二十二日十四时，以其统作命甲第五十一号命令下达其所属各部队遵照实施，其部队投降时位置如附图。

2. 金口浦圻咸宁葛店方面

日军投降部队——第八八旅团、第八六旅团、第十二步兵旅团、第一一六师团，以我第九十二军军长侯镜如为受降官，第十集团军总司令王敬久为总受降官，于九月三十日、十月八日，先后解除其武装。

3. 仙桃天门岳口应城黄陂孝感方面

日军投降部队——第五步兵旅团、第一三二师团、第八五旅团、第八三旅团、第十一步兵旅团、第十七旅团，以我第七十五军军长柳际明、第五十九军军长刘振三、第十八军军长胡琏为受降官，第二十六集团军兼总司令周喦、第三十三集团军兼总司令冯治安为总受降官，于九月二十五日、十月一日、十月三日，各就集中地区先后解除其武装。

以上1、2、3项详细规定，参阅本部六战作命甲第一号命令附表第一，其解除之武装，则列入接收项下。

（第六战区长官部编:《第六战区受降纪实》，无出版方，1946年版）

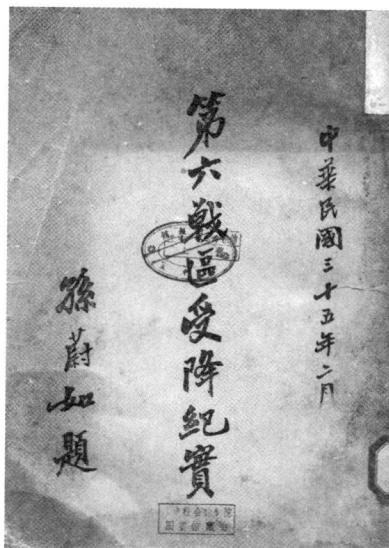

第六战区长官部编的《第六战区受降纪实》
（1946 年版）封面

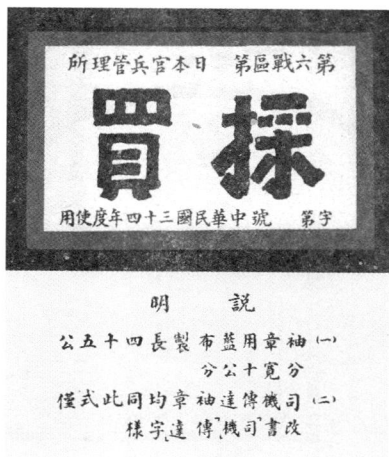

第六战区日本官兵管理所采买式样。
图片来自第六战区长官部编：《第六战区受降
纪实》，1946 年版

第六战区日本官兵管理所通行证式样。
图片来自第六战区长官部编：《第六战区
受降纪实》，1946年版

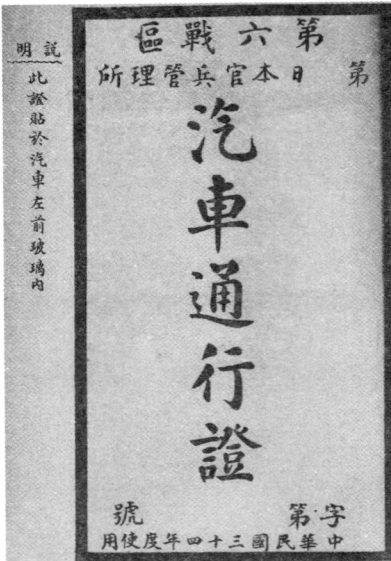

第六战区日本官兵管理所汽车通行证式样。
图片来自第六战区长官部编：《第六战区受
降纪实》，1946年版

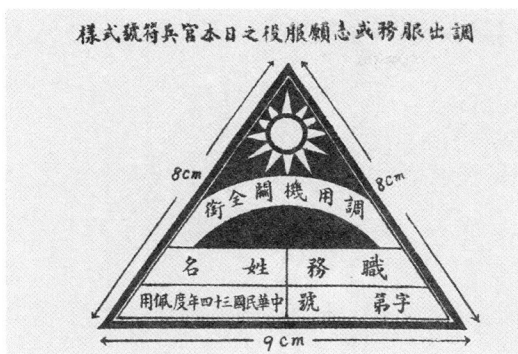

调出服务或志愿服役之日本官兵符号式样。

图片来自第六战区长官部编：《第六战区受降纪实》，1946
年版

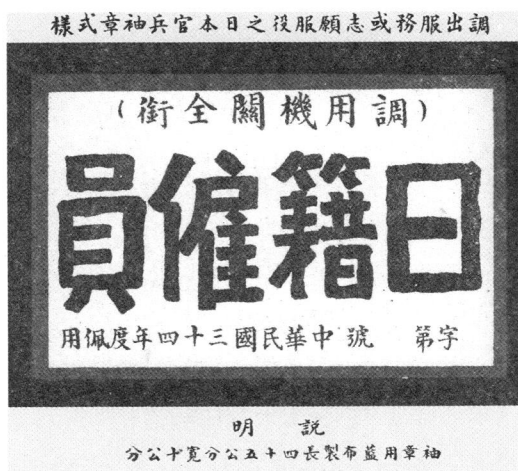

调出服务或志愿服役之日本官兵袖章式样。

图片来自第六战区长官部编：《第六战区受降纪实》，1946
年版

黄声远：南昌受降纪实[1]

民国三十四年八月十二日，五十八军军长鲁道源将军正率领所部，在向沿赣江北撤敌人追击中，即在清江途次从广播中知道敌人宣布投降。十三日到达樟树镇，奉令组织第九战区南昌前进指挥所，准备推进南昌受降。敌人正式宣布无条件投降后，十六日，鲁军长奉薛司令长官令兼任南昌前进指挥所主任，代表受降，当即筹备向南昌胜利进军。

最 后 的 笑

劫后的樟树镇，在惊魂甫定中，听到敌人投降的消息，立刻掀起了一阵狂热。街上噼噼啪啪的爆竹声，狂鸣不已；街上的行人，如醉如痴。人们扬起眉毛吐出郁积八年的闷气，也有人们在谈论着美丽的战后计划，同时也有人们抑不住嘴上的笑声。吉安《民治日报》驻樟树特派员汪金龙谒见鲁军长，叩询对日本投降的感想，鲁军长说："日本终于投降了，八年的血没有白流，大家的辛苦总算得到了一个结果。"接着愉快地述说他的感想："当南京沦陷时，敌人在东京开庆祝大会，热烈狂欢。当时，我就说过，'谁会笑，谁最后笑。'八年的苦战中，我们都在戒慎恐惧中，坚持严肃的战斗工作。现在，最后的胜利来了，这是我们笑的时候了。"

---

[1] 题目系编者拟。本文有删节。

胜利的进军

五十八军新十师部队推进到南昌附近，二十八团第一营营长张体贤奉令派情报员与南昌日军接洽，约定在南昌县属上谌店会面。敌军大贯参谋率士兵一排，于十八日到达上谌店张营营部，首先对五十八军作战的英勇赞不绝口，但是他说："只奉到停战和平命令，来奉令交出南昌防务。"张营长以我军已奉到命令，坚持要进入南昌，大贯参谋向南昌请示后才答应了。

鲁军长接到关于上谌店交涉的报告，恐怕遭遇困难。为计出万全，特命令各部队控制南昌外围，必要时即可攻入。但，新十师部队结果是安全地进入了南昌。

首先进南昌的，是新十师团黄学文团长率领的第二十八团，龚绍武率领的第三十团。十月五日二十八团第一营张体贤部为先锋，第二营欧阳准部、第三营王泽民部等随后。三十团于同晚进入。大雨滂沱中，敌宪兵在郊外迎导。进入市区时，这在战前原是热闹繁华的南昌，街景寂然，房舍大多倾颓，满目凄凉。这时，敌军虽尚拥有武装，但民众都争先出街，瞻仰久违的祖国军队的风采，并燃放爆竹，拍掌欢呼。夜间，敌军设宴款待我方军官，并招待观剧，一切均称顺利。不过这当中，也曾发生一幕插曲：指示大贯参谋允许我先头部队进入的是敌军的一位联队长，后来更高级的一位敌军部队长，诘问他为什么未奉命令就准许我军进入南昌，这位联队长，当场只说了"对不住天皇，对不住国家"，便举起刀来切腹自杀。这种基于武士道精神的勇敢、服从、谢罪的作风，应该是日本军队有高度组织、能不避牺牲的神髓所在。

南昌前进指挥所，于九月二日正式成立，鲁军长兼任主任。五日，鲁军长派龚副参谋长及参谋处燕课长登稷，蒋日文秘书宗琰等前往南昌，致送薛长官命令及备忘录，令日军退出市区集中牛行附近，听候命令。

六日，召集营长以上人员举行筹备会议，鲁军长指示下列各点：

一、命令新十师萧师长转知日军上谌店及瓜山之警戒。

二、通知南昌日军守备司令：我方前进指挥所即将进入南昌，该地区一切防务交新十师接收，并命其集中牛行附近地区，派高级人员来指挥所办理投降手续。

三、通知日本十一军团长：本指挥所七日进驻小港口，八日到达莲塘，九日进入南昌。

四、呈报薛长官嘱交备忘录已派员送达。

五、新十师接防南昌以后，应注意该地西北两方之警戒。

六、遵照何总司令命令之规定，由鲁参谋长拟定党政军各界应遵守规则，呈报印发。

七、主席蒋现定收后区必遵十项戒条，由军法庭布告通知。

八、部队仍须有作战之准备。

八日，前进指挥所进驻莲塘，日军第十一军团长笠原幸雄派田中中佐来迎，送呈日军南昌九江地区联队长以上姓名册及无线电呼号。

欢迎抗战英雄

民国三十四年九月九日，鲁道源将军率领前进指挥所进入南昌。日军派汽车数辆在中途迎逅。抵城郊，欢迎的机关代表及民众数逾十万。蒙尘数年的民众，无日不在等待天亮，黎明终于在长夜的尽头不知不觉间到来了。大家夹道欢呼："欢迎抗战英雄！"用掌声爆竹声迎接祖国胜利的进军，庆祝自己重新返回祖国的怀抱。鲁军长看着这情景，内心也极为激动，频频地代表政府予以抚慰。

指挥所驻中央银行。日军第十一军团代表独立步兵第七旅团长生田寅雄晋见鲁军长，鲁军长用和平而严肃的态度，告以日军务必切实遵照规定执行投降条款，并饬自十日起率必要人员前来接洽一切，如有必要请求，可以提出报告。当晚，鲁军长即命梁副军长组织接收委员会，计划接收日军缴交的军需物品。

次日，生田寅雄率随员与十一军团参谋大贯中佐、七中中佐、夏国少佐、中森少佐、九江宪兵队长官宪兵中佐、高纳副官、清水法务大尉、山崎大尉，前来洽商。鲁军长派鲁参佐长元率燕课长登稷、日文秘书蒋宗琰在指挥所礼堂接见。双方用会议方式，就规定日军一切应办事项详加研讨，由鲁参谋长主持。会议共举行两天，完毕后，促日军第十一军团长笠原幸雄速来签降。

为恐接收之际纷杂紊乱，前进指挥所于十二日召集南昌各界负责人会议，分别指示党政、文化、教育、实业各部门接收事宜。当晚，并召集日军代表举行受降预备会议，并由鲁参谋长起草受降书。

笠原幸雄于十三日由汉口乘飞机赶往南昌，当即率同生田寅雄等晋谒鲁兼主任，对各项指示，表示一一诚恳接受。鲁将军又交给他一件备忘录，要日本军官把身上的佩剑一律呈缴。那些投降的日军代表，立即失去了在中国人民前面发威的武士道精神，一个个变成无声无息的呆子。半晌以后，当中的生田中将口里迸出"遵办"两个字，可是他的脸上已经涨得绯红，血液在奔流着。后来，笠原幸雄以私人资格，要求鲁主任宽大为怀，给他留下这精神上的一些慰藉。佩剑是日本军官的生命线，是得自天皇所赐，或者是若祖若父的传授，如果缴出了佩剑，便等于缴出了天皇和祖先。他提出一些人情的理由来请求原谅免缴，鲁将军的答复是，等待他请示上峰后再说。

民国三十四年九月十四日是五十八军全体将士热血、头颅和汗泪所换来的最光荣也最值得永远纪念的一日，这天上午九点钟，作为九战区南昌前进指挥所的中央银行，好像在举行一个喜庆似的，洋溢着欢腾喜悦的情绪。但和普通的喜庆不同的是，大典中的两个主角鲁道源将军与日本笠原幸雄中将各自怀着一种迥异的心情。

九时三十分，南昌各界代表胡嘉诏等，还有同盟国军官和新闻记者都纷纷地赶来。五十八军参加典礼者有梁副军长星楼、鲁参谋长子真、龚副参谋长襄平、新十师萧师长士先、新十一师侯师长靖臣、第二十八团黄团长兴周、二十九团常团长冀贤、三十团龚团长德敏、军务处郑处长社科、新十师冯副师长子梯、军部办公厅陈主任叔初、日文秘书蒋宗琰、参谋处燕科长登稷、军需处成处长寿平、杨参议治平、兼国际法官的军法处李处长屏苍及著者等二十余人，中正大学黄教授担任日语翻译。接着，笠原幸雄率日军代表八人到场，简单、肃穆而隆重的签降仪式便告开始。国军长官、盟友、来宾首先进入光荣的座次，其次是日本军官轻轻地蹑手蹑脚走上投降屈膝者的座位。鲁将军在悠扬、激越、欢悦的军乐与亢奋、热烈喧腾的爆竹声中，步入受降官的座位后，笠原幸雄在众目扫射下，最后一个走入会场。笠原幸雄低首缓步，彬彬有礼地鞠躬入座，似乎他在竭力抑制内心的感受，但一股阴郁得怕人的黯影仍然隐隐笼罩在他脸上。

全场沉寂着，除了受降官席上的时钟在"答答答答"地响着外，一切已浸在沉默的海里，此外便只有新闻记者的照相机拨动的声音。全场的人都由沉默的海里，转到了默念的深渊中。日本军官在如梦初醒似的想着：原来这就是侵略者的下场，远征异国八年，今天屈膝投降，自食着战争的果报。五十八军的军官，自慰地想着：接受日军投降，为国家清算了六十多年来的血债，洗刷了国土被占、同胞被杀的奇耻大辱，全军官佐士兵七年余的流血流汗，终于培植出了胜利的果实，已死诸先烈的碧血既没有白流，已死诸先烈的头颅更没有白掷。盟友、来宾也莫不想着：正义终于战胜了，这是我们无上的光荣。

一分钟后，司仪以洪亮的嗓子喊道："呈递投降书。"会场空气骤转紧张，每个人都把目光凝集于笠原幸雄的呈递降书。笠原幸雄提起崭新的白色毛笔，开笔签字盖印。动作很迅速，似乎还没有失掉军人的痛快精神。但当他双手捧着降书面向受降官，在案前立正鞠躬时，他的脸色已情不自禁地渐渐转变。坐在下面的六个日本军官也跟着笠原幸雄，起立而起立，鞠躬而鞠躬，脸上跟着变色而变色，每个人的头也不约而同地低下来了。站在这六个人中间的生田老将，竟闭上了眼睛，好像在杂乱中祈求，也好像一闭眼便可暂时遗忘这残酷无情的现实似的。

笠原幸雄把降书递给受降官鲁道源将军后，直挺地立在案前，双手紧贴裤缝，等待着鲁将军的签字许可。投降书是中日文各一份，内容是：

"（一）本官奉上司之命，统率驻南昌九江地区之一切所属陆军部队以及不久集结该地区内之各部队，并统制海军部队请向中华民国第九战区长官薛岳将军阁下投降。（二）本官当立即遵照中华民国第九战区司令长官备忘录中字第一号至第三号规定以及会后之命令实行。（三）解除武装俟调集完毕后，着令各地区投降部队指挥官立即遵照中国各受降主官之规定实施。——南昌九江地区投降代表投降部队长陆军中将笠原幸雄（官章）昭和二十年九月十四日午十二时。分于中华民国南昌签字，中华民国三十四年九月十四日午十二时。分于中华民国南昌收到本降书，中华民国第九战区司令长官陆军上将薛岳（鲁道源代）。"

投降书名字下面的官印，还是"天皇"颁给的，是梦想征服中国、"统制东亚"的群印之一，但在他以后的用印，都成了投降的有力证件，真真的"东亚和平"也在这印记下深刻地奠定了。

鲁将军阅毕，满意地提起笔签字，并用涂有红颜色的印章轻轻地盖下了。他向笠原点点头，表示接受他诚意的投降。

笠原幸雄于完成了他代表日军第十一军团投降的重大使命后，彬彬有礼地鞠躬退回原位。站在后面一排的日本军官，动作一致地同时坐了下去。当他们擦拭着满面满额的汗珠时，受降官鲁将军的训话，可使得他们毕恭毕敬地端坐谛听着：

"吾人同集此间，缔结一庄严之协定，俾将恢复和平。深盼自此庄严之时刻以后，由过去流血中产生更完美之世界，以信义谅解为基础，同致力于和平光明之大道，余代表第九战区司令长官以正义及谅解继续执行余之责任，深盼笠原将军确能全部迅速忠实履行投降缴械之条件，使吾人之希望能得完满结果，最后盼吾人之和平永保不替。"

这致词又从翻译官的嘴里，变成日语，印进了投降代表的脑海，在他们的点头反应上，可以看出他们是牢牢地记着。于是富有历史意义的受降大典便在音乐悠扬声中宣告结束。

投降者的悲哀

这天晚上，鲁将军以私人资格召宴笠原幸雄，席间询问他对中日战争的感想，笠原幸雄说："我来华之前，在东京建有一座小洋房，满植樱花，自从美空军轰炸东京后，房子和樱花同时毁了，我的军人生命也跟着房子、樱花完了。"笠原幸雄没有直接说出他的意见，但这句话深沉地暗示出了他的感慨。樱花是日本的国花，樱花遭遇的命运正象征着日本的命运，而日本的国运正如笠原幸雄东京寓所内的樱花一样，在战争中就已决定了它的衰落凋残。

受降典礼告成后，南昌九江间的日军在我军监视下，背起简单行李，及战友的尸灰首途回国，狼狈之状，可笑又复可怜，这就是侵略者的结局。

中日记者的会谈

南昌九江区敌人投降后，著者与中央社九战区随军组主任胡定芬兄，经日军大贯参谋的介绍，在九江晤见了日本《每日新闻》记者印东康吉君，著者也是以记者身份去访问的。战胜战败两国的记者对坐一室，谈论起战争中的一切来，自然更为深刻一层。

坐定之后，大贯参谋以浓茶款客。著者指着那黑汁对胡定芬兄说：

"不会是毒茶吧。"他笑起来了。以后我们就开始正式谈话。

"作为一个日本记者,能知道日本的失败在什么地方吗?"

他不假思索地,回答是政略的失败。的确,这是不容变易的法则:政略错误了,不论作战如何,终于要失败的。

著者又问,当莫斯科危急之秋,日本为什么不呼应希特勒,进攻西伯利亚呢?他的解释是:西伯利亚一片荒凉,南洋诸岛遍地黄金,北进不如南进。就客观情势而论,假如苏联不能粉碎希特勒最后的攻势,投机取巧的日本军阀何尝不会南北并进?这点他却没有提到。

天皇在一般日本人的心目中,有着至高无上的威权,认为天皇是无论如何也不能打倒。但是,在一个日本知识分子、一个日本新闻记者心目中又怎样呢?著者询问到这个问题,他的回答,与一般日本人殊无二致。他说,一个命令战,一个命令和,都是天皇;盟国能够顺利地接受日军投降,是应归功于天皇的。

著者认为偷袭珍珠港,是日本种下败降种子的更进一步,印东康吉君也同样承认。但就作战本身而论,他绝对不承认日本的失败,他的语气是那么的肯定。是的,日本投降时还有数百万大兵可用,并非战到了溃不成军的地步。但,日本为什么要投降呢?这就是他刚才说过的一句简单的话"政略失败了"的道理。任何高明的战略战术都不能逃脱政略的支配,政略错了,结果必全盘皆错。战略反转而支配政略的时候,失败原因也就正在其中。

印东康吉君不承认日军作战的失败,因此,著者也便告诉了他,同盟国所以最后能胜利的道理:

"日本人以为美国人只知享乐,只会胡闹,没有想到美国庞大的生产力,美国兵也能上战场,所以敢于发动太平洋战争,这是最大的错误。同样,日本人对中国的估计也大错特错了。日本根据土肥原的情报,以为中国人要钱、怕死、不爱国。但,这只是少数的中国人,而不能包括大多数;北平、上海的社会不能代表全部中国社会,八年战争中,不可磨灭的事实，表示出中国多的是忠义节烈之士。近卫说三个月可以击溃中国军队的主力，六个月可以迫使中国屈膝，这更是极大的错误。中国有一千一百一十余万方里的土地，就是步行走遍全中国也须五年以上的时间，中国就是凭这么大的土地和不屈不挠的民族精神来抵抗日本的，无论战斗到任何艰难的地步，总是不屈服，不投降。"

著者说完后，印东康吉君频频点头，却没有表示意见。著者又问他对我国的观感，他认为高级将领都是优秀的人物，表示钦佩与敬仰，但也指出了一部分官员的贪污、腐败、低能。

当我们预备结束谈话时，著者问道："你回国后，想做些什么呢？"

"那很难说，只好到那时再看吧。"印东康吉答这话时，显露出一个人在穷途末路一切委诸命运安排的神色。他脸上露出了一丝苦笑，送了我们出来。

怎样保持胜利的成果

日本投降是表示暴力的屈膝，正义的伸张。暴力最后必倒是不可逃避的历史法则，但当日本军阀尚执迷不悟，日本军队亦尚未完全支离破碎的时候，为什么天皇一个命令可以叫七百五十万雄兵齐解甲呢？这因为日本政体是特殊的，天皇具有至高无上的威权。日本虽然是新兴的资本主义国家，政治形式也是采取立宪政治，但是日本的资本制度是胚生在封建制度上面，两者是互相契合着的。封建制度时代，神是统治阶级假托的背景，"朕即国家"，"君权神授"。日本天皇更被神化了。明治维新只维新了日本的外表，骨子里仍旧是神的统治、封建的统治。明治宪法对天皇权力有这样的规定："大日本帝国由万世一系之天皇统治之"，"天皇神圣不可侵犯"，"天皇为国家之元首，总揽统治权，并依此宪法之条规以行使之"。后来由于资本主义的发达，日本走上了帝国主义的道路，适应最后阶段帝国主义控制国内的需要，出现了法西斯形式的政权。

日本法西斯政权，与德意法西斯政权却有所不同，后者没有封建的实力掺和在内。意大利皇室向盟国投降，必须出以政变的方式，而不能命令墨索里尼及其所有的将军们遵命。日本法西斯的主干是军人和黑龙会一类神道团体。黑龙会一类组织本为封建统治的支柱，标准神道，疯狂地忠君爱国，和要求向外发展。日本军人又接受了封建时代武士道的传统习气，天皇的命令，对于他们自然高于一切。金融寡头、大财阀军需资本家自然是法西斯的背景，而日本法西斯却由于在日本社会发展中，封建势力仍旧占有庞大的地位，因此他们的背景是双重的。同时，金融寡头、大财阀、军需资本家知道天皇对军人与整个社会的至高无上的权力，要利用军人向外侵略，也便愈加设法巩固和扩大天皇的地位。因此，性质复杂的日本法西斯政权仍旧以天皇为最高权力，可以裁决一切。

要建立世界的和平，必须在日本投降以后，善用管制之策：铲除日本封建势力，消灭日本财阀体系。天皇是封建势力滋长的胎盘，也是封建反动势力与财阀反动势力结合赖以通过的纽带，更是黩武侵略主义的象征。不消灭日本天皇制度，日本的真正民主绝无从建立，一切不过是虚伪的骗人的幌子而已。不经过合理的改造，日本可能在国际矛盾的隙缝中日长夜大，恢复侵略的旧道路，不论它是反谁的急先锋，远东战祸再启，最先吃亏的必定是中国，假如这次中国八年长期而艰苦的抗战，不能奠定永久的和平，十年八年后，仍须受日本帝国主义者的侵略及其所代表的强大帝国主义国家集团的进攻，那么，这次光荣受降不过是一幕急景，千万为国捐躯的将士也将不能瞑目了。就中国本身来说，受降是胜利的标帜，是中国百年来历史的转折点。但怎样采撷胜利的丰满果实，不使光荣的胜利变而为"惨胜"，那是与八年神圣抗战同样地可以决定中国的命运的。

（黄声远：《壮志千秋：陆军第五十八军抗日战史》，
上海汉文正楷印书局 1948 年版）

《壮志千秋：陆军第五十八军抗日战史》（黄声远著，上海汉文正楷印书局 1948 年版）书影

民众都争先上街，瞻仰久违的祖国军队的风采。图为第五十八军新十师第二十八团张体贤营长率部首先进入南昌

席上的时钟在"答答答答"地响着外，一切已浸在沉默的海里。图为在中央银行举行的南昌受降典礼场景

远征异国八年，今天屈膝投降，自食着战争的果报。图为日军降将第十一军团长笠原幸雄在降书上签字

当他双手捧着降书面向受降官，在案前立正鞠躬时，他的脸色已情不自禁地渐渐转变。图为中国受降主官鲁道源将军接受日本降将笠原幸雄呈递降书

鲁将军阅毕，满意地提起笔签字，并用涂有红颜色的印章轻轻地盖下了。图为五十八军军长鲁道源将军签署日本降书

胡上将宗南年谱编纂委员会：胡宗南郑州受降[1]

三十四年八月十日，日本正式宣布无条件投降，九月九日，日本驻华总指挥官冈村宁次大将在南京无条件投降正式签字。公奉命在郑州受降，接收豫北豫西日军，并以有力之一部向河北挺进，归十一战区指挥担任华北地区之接收与防务。其时，我军第四、第三十一集团军位于豫西，第三十四集团军担任韩城迄潼关之河防，第三十七、三十八集团军位置于关中及陇东陕北封锁线上。公奉命后，即命第三十八军军长张耀明率第十七、第一七七师由豫西向开封附近挺进，以第一七七师担任兰考与开封地区；第十七师担任开封与郑州地区之接收与警备。第二十七军军长王应尊率四十七师、四十九师向郑州附近挺进，四十七师担任郑州附近之接收与警备。第四十九师则到达郑州后，继向武涉挺进，担任武涉方面之接收及清剿"共匪"任务。第九十军军长严明率五十三师、六十一师由豫西向洛阳挺进，到达后，以五十三师担任巩县至洛阳地区防务；六十一师担任洛阳附近地区之接收与防务。第三十一集团军总司令王仲廉则率所部八十五军由豫西向河北岸之新乡、汲县地区挺进，担任豫北地区之接收与防务。八月二十五日我九十军进入洛阳，豫西各部队开始分别东进，九月中旬各军到达指定位置，公于十八日偕参谋长范汉杰副参谋长李崑岗等乘小飞机至郑州，为使各将领参加受降典礼，乃改期二十二日举行。

---

〔1〕 节自《胡上将宗南年谱》中《胜利后公奉命在郑州受降，接收豫北豫西等地日军》一节，题目系编者拟。本文有删节。

二十二日，受降典礼于上午九时在郑州指挥部大礼堂举行，公自临时官邸乘车至礼堂。入场，全体肃立致敬，就座后，纷纷摄影。九时整，引导官黄正成引导日军代表第十二军军长中将鹰森孝、参谋长少将中山源夫、高参折田、参谋中泽少校、神木少校、翻译官小山田等六人，鱼贯入场，在一定线上排列整齐，向公鞠躬致敬，公起立点头答礼后，命之坐。当时范参谋长汉杰宣告摄影，约三分钟毕。日军代表鹰森孝中将起立报告谓："余是接受命令来的。"公问有无证明文件？答："有。"当即呈出证明文件，公略审视，即交范参谋长，范参谋长随出命令两纸，公签字盖章后，即以一纸交范参谋长转递日军中山参谋长，转交日军代表。公曰："此为本长官交付贵官第一号命令"，日军代表鹰森孝检阅后，签字于受领证，盖章，交其参谋长转递范参谋长转呈公，公审阅无误后，随交范参谋长收存。日军代表起立：报告："命令已确实奉到。"公曰："请贵官此后执行本长官命令！"日军代表答曰："是。"公曰："日军代表退席。"鹰森孝中将即起立，退后三步，向公一鞠躬，公起立答礼。鹰森孝一行五人，即按操典动作退出。典礼完成，约为时八分钟。日军代表退后，公即向参加典礼官长来宾记者发表谈话："郑州、洛阳、开封、新乡日军到今天才正式接受命令，开始缴械，本战区当面任务，得以顺利完成，甚为愉快。回想八年以来，赖我们最高领袖蒋委员长英明的领导、卓越的指挥、坚定的意志，唤起全国军民共同奋斗，出兵出粮、出力、出钱，流血、流汗，支撑抗战，拥护国策，和我们同志同胞八年的血战，乃能换得友邦的同情与援助，尤其美国朋友密切的合作、极大的援助之下，乃能得到最大的胜利。这一胜利，一洗中国历史上的耻辱，一洗中国地理上的污点，一洗中国人民愤恨与不平的心理，我们临此胜利与光辉的一天，我们对于我们的领袖以及抗战的军民以及我们的友邦，尤其美国朋友，应致其崇高的敬意。今天我们遥祝领袖万岁，并祝各位胜利！"讲毕译成英文，前后约六分钟。在院内摄影。十时四十分率全体官兵来宾赴广场升旗。是日，参加观礼者有王仲廉、李兴中、裴昌会、刘茂恩、马法五、张耀明、高树勋、吴士恩等军长以上高级将领，陇海铁路局及河南党政人员等来宾百余人。十二时，公赴河南党政人员联合欢宴，下午四时在指挥所大礼堂招待来宾举行茶会。二十三日九时，公派李副参谋长崑岗访问鹰森孝中将，下午四时，在临时官邸接见鹰森孝等五人，五时三十分辞去。是夜八时招待黎友民、王文德、郑学玄、童震、宋凯河、梁凤、孙动夫等记者。二十四日，日军中山源夫参谋长来见，代表鹰森孝中将致谢昨日之叙，并赠画一幅、艺术女像一个。二十五日下午四时在大雨中飞抵开封，驱车入城，人民皆燃爆竹摆香案迎接。按公于民国十九年任第一师师长时驻节开封，二十年驻节郑州，二十七年率十七军团苦战于开封兰封间，纪律严明，剿灭积匪，助民耕稼，故对公极其崇敬。二十六日访庞炳勋、刘茂恩，夜则延见豫籍同学温其亮、吴长怡、刘艺舟等，二十七日接见张岚峰、孙良诚代表，十一时到新乡晤马法五、高树勋、孙连仲及日军坂田少将。三十日派沈克赴石家庄，陈子坚赴彰德，收集情报。十月一日为美军盛特上校、劳禄中校、威尔逊中校饯行。五日包瑞德少将辞行，同午餐，送之机场。七日上午，鹰森孝派其参谋长中山源夫来奉献军刀，孙殿英自新乡来谒，公于下午三时离郑到西安。

（胡上将宗南年谱编纂委员会编：《胡上将宗南年谱》，台北：文海出版社 1978 年版）

刘汝明：许昌受降

三十四年八月，敌人无条件投降，这时我正驻在陕阳，奉命向平汉线的许昌急进。仍走来的时候所走的路线，走到离淅川县城三十几里的滔河，天下大雨，河水大涨，无法渡河。幸而淅川县的地方首领陈重华，带船来接，才过河到淅川县住了一夜。次日便向镇平前进，因为兼程行军，第三天就到了南阳西十二里的刘相公庄。我在这里所盖的西房，连以前盖的北房和大礼堂等，已全部倒塌，面目全非。想起五月间，在陕阳的时候，有个美空军少校副队长，侦察南阳一带，飞机被日军打伤，飞到淅川西南，飞机坠落，他跳伞落在敌人地区以内。六十八军前线的监视兵，发现飞机坠地，就报告排长，带了二十几名士兵前去抢救。走了几里，听到飞机坠地方向有枪声，就跑步上前。不远正遇到迎头来的美军少校，排长教士兵把他救回，又命一班人向追来的敌人射击，敌人就停止不追。这少校送来见我时说侦察南阳回飞时，约十余里见公路南侧一村庄，在较大的建筑物旁边广场上，有敌人一两连，就向他们扫射轰炸。飞机被击中受伤，勉强飞到淅川西南上空，机件不动了，遂跳伞落到水田里，起来就向南跑。有几个敌人先去看坠落的飞机，后来发现就追他，并向他射击，正在危急，我军赶到，把他救回连部。他全身是泥，衣服丢在机上，又给他换上一套军衣、一双鞋。我叫人连夜给他做了一套衣服，等到重庆回电，就送他走。当时他对我报告扫射轰炸地点的情形，我心里即猜想是我住的刘相公庄。这时一看，百姓们又说，果然不差。在这停了一天，又经方城、叶县、襄县，到了许昌。许昌附近，住的是日军十二军团的独立旅团，旅团长瓦田少将，还有一位参谋长，也是少将。他们是奉命向五战区投降，知道我到了许昌，就带着事先造好的人员、械弹、器材……一套清册来见我。举行一个简单仪式，我收了他的清册，和他所献的军刀，就叫他把武器、弹药、器材等分别收齐集中，以备清点；人员集中许昌东郊，指定几个村庄待命，不准擅自行动。他退回以后，我就派好人员，不久就把日军军品，分别照册子清点缴库。另外有一个重炮联队，分散驻在由许昌到南阳的公路的北侧，离许昌约十四五里的各村内。他们恐怕飞机炸，隐蔽得很好。翻译说，前几个月打南阳的就是这个联队。因此我也带了几个幕僚，特去看了看，都是口径很大的炮。此外还有汽车约二百辆，记不清那些车是另外的，还是重炮联队的。过了几天，刘长官由漯河长官部来到许昌，对我说，西安胡长官想要这个重炮联队，我们战区不也很需要？言下很不以为然。我说，全是国家的东西，他也许另有用处，我们不要，给他好了。最后这重炮联队，还是拨走了。

日军把武器装备缴清后，就照我跟瓦田讲的，集中住在许昌东郊几个村里，大约住了三四个月，才遣送回日。在这几个月内，我到那里看过他们一次，很守秩序，和百姓处得也不坏。他们有个话剧团，瓦田少将请我看过一次，演技很好。我不断帮助他们些副食和烧柴；他们有时也自动替我们修理道路。他们是降俘，可是工作的时候，还是一队一队，规规矩矩，该工作的时候，认真工作；到休息的时候，也整整齐齐地休息。听说在做工时，瓦田少将去巡视的时候，仍分队立正、报告、军礼迎送，很严肃恭敬，和未投降前一样服从。由这一点，就看出日本人的精神，教人可敬可怕；再看战后，他们恢复进步得那样快，真不是偶然。回头看看自己，又不知从何说起了！

从"七七"事变到受降，整整八年。这段艰苦日子，可不算短。国家经这长期苦难，总算打倒侵略，取消了不平等条约，得到独立自由。可是新忧患，又已开始。另一方面。在"七七"事变前，我们在华北的几个人，也受够委屈谤议。可是事变一开始，佟麟阁、赵登禹和许多弟兄先后壮烈牺牲了！八年之中，宋明轩算病死了，张盖忱成仁了，再加上无数死事的官兵，总算没有愧怍！这时有很多说不出的感慨，也有说不尽的安慰。但是好不容易得来的最后胜利，很快就变成泡影！我们又开始应付另一个大战了。

（刘汝明：《刘汝明回忆录》，台北：传记文学出版社 1979 年版）

李品仙：第十战区受降纪盛[1]

  民国三十三年（公元一九四四年）六月，美英法联军在诺曼底半岛登陆，向欧洲大陆进军，接着以疾风闪电之势，恢复了法、比、荷诸国。是年底，联军越过齐格菲防线陈兵莱茵河畔；至此欧洲方面的战事，已实际接近尾声。同一时期美军在太平洋也开始采取积极的攻势。在中国战场上，日军虽集中全力豕突狼奔，作最后挣扎，企图苟延其悲运的到来，但我们已可确定胜利只是时间问题而已。

  三十四年一月底，中印公路随我军在缅北的节节胜利完成通车，美国援我军用物资开始源源输入。国军部队经过短时间的补充整顿之后，亦开始在各战场上发动攻势。我国对日抗战即将转入反攻阶段了。

  五月七日，时我正在重庆出席中国国民党第六次全国代表大会，德国正式向美、英投降，欧洲的战争已告终止。当时我认为，只要美国把使用在欧洲的军事力量转移一小部分至亚洲战场，日本的抵抗便可迅速瓦解，但我绝未想到仅仅在三个月之后，日本便宣布无条件投降了。日本出乎意外地迅速崩溃，自然是两颗原子弹的功劳，不过就当时的情形，纵使没有原子弹，日本也绝不可能再拖上一两年之久。

  我于五月底自重庆出席六全大会回到立煌之后，立即加紧各种军事准备，迎接反攻的新形势；预期全面开始反攻时，我第十战区即向徐州一带进军，并准备开放连云港使美军直接在中国东海岸登陆。

---

[1] 题目系编者拟。本文有删节。

八月六日，美军投掷第一枚原子弹于日本的广岛，八日，第二枚原子弹继投于长崎，日本朝野为之震怖。同日，投机的苏俄亦对日宣战。在此种状况下，日本如再不及早投降，则战争的毁灭性可能使日本万劫不复。于是，日本政府于八月十日正式照会瑞士转达中、美、英、苏四国请求投降。

八月十四日，日本正式宣布无条件投降，立煌军民直至十五日晚开始获知此一令人兴奋的消息。十五日上午，我原已召集本战区的军长、集团军司令及各副司令长官在长官部开会。是日适值周末，晚间有晚会上演平剧。当正在观赏平剧时，不断传来美军顾问组方面的枪声，接着曳光弹在夜空满天飞舞，正拟遣人查询究竟，即接获统帅部来电告知日军投降的消息，同时顾问团联络组的通报也是如此。当即转知战区所有部队及党政机关以及军民人等。这个消息发布之后，立煌的军民奔走相告，如醉如狂，彼此见面喜不自胜，相互拥抱而涕泪纵横者比比皆是。情绪之热烈感人，诚非笔墨所能形容也。

我得到这一消息之后自然也是感奋无比，当夜兴奋过度不能成寐，想起杜甫那首"塞外忽传收蓟北，初闻涕泪满衣裳"的诗，反复吟哦。然而军人当久了，在极端危险、悲伤或兴奋的时候，自然会产生需要冷静的警觉。我想到复员接收的各种问题，也想到今后国家建设的各种阻碍，后来事实证明，我们对这些问题都不应盲目乐观。

翌日，我分别指示战区的参谋长及省府的秘书长，下令所有各部队、机关，除停止主动对敌攻击外，一切照常工作，尤其要慎防匪徒及不良分子的非法活动，同时立即召集在立煌附近的各党政机构主管及部队师长以上指挥官开会，指示受降接收的各项准备工作，以免临事仓皇发生错误。以后在本战区受降及接收工作方面能有条不紊者，未尝非此次会议之功也。

九月九日，中国战区陆军总司令何应钦上将代表最高统帅在南京正式接受日本投降。此时，本战区的受降接收准备工作概已完成。翌日，即在立煌开军民庆祝胜利大会，所有在立煌的军民、学生及美军人员在内，不下数万人，欢呼声、炮竹声、鼓乐声震动山谷，其盛况为前所未有。午后举行聚餐会，机关、部队自不用说，民间亦家家置酒互相邀饮，狂欢竟夕。醉卧地上者比比皆是，尤以美军官兵为最多。是夜，余亦欢饮微醺，兴奋不能成眠，固作七言绝句及律诗各一首。

欣闻日寇投降七绝一首：

欢欣鼓舞遍尘寰，捷报相传百二关；
苦战八年终胜利，凯歌齐奏大刀环。

同前题又七言律诗一首：

阵里忽传日寇降，翻教热泪湿征裳；
初闻捷报疑狂咭，的是盟军破夜郎；
八载备尝薪胆苦，一朝赢得国魂香；
天河洗甲还都日，又是河山重建忙。

庆祝大会完毕之后，奉统帅部命令派我为徐州、蚌埠地区受降主官。九月十一日正式召集各有关部队及单位开会，决定受降及接收事宜，其大要如下：

（一）蚌埠由长官部负责接收，徐州由何副长官柱国协调十九集团军总司令陈大庆负责接收，安庆由四十八军军长苏祖馨负责接收。

（二）接收时间由各负责接收之主官规定后通知日军指挥官遵照办理。

（三）地方行政事宜，在安徽省境内者，由安徽省政府派委员一人负责接收；徐州区由江苏省政府派委员一人负责接收。

（四）各地区内日军人员、马匹、武器、弹药、装具以及其他军用物资，应分别责成日方造具清册，集中于指定地点，听候点验及接收。

（五）投降日军官兵于点验后，仍由日方派人负责管理听候遣送回国。

（六）战区政治部编组三个接收督导组，分别配属徐州、蚌埠、安庆各地区之接收主官，协助督导接收工作。各地区之政治工作队应携带各种布告与晓谕日军官兵之文告等。

会议完毕之后，即分令第七军进驻蚌埠、四十八军进驻安庆、第十五及第十九集团军进驻徐州。同时以备忘录送达本战区日军负责指挥官十川次郎中将，谕知本战区受降接收规定事项及各地区接收指挥官，着其于现定时间内派员向我各地区接收指挥官接洽投降缴械事宜。随后，我于九月十七日率领长官部各主要人员自立煌前往蚌埠主持本战区受降工作；经苏家埠、六安至码头集，改乘民船循淠河顺流而下至迎河集，再换乘小汽轮至正阳关转入淮河，于二十二日下午到达蚌埠。沿途各地父老热烈欢迎，到蚌埠时，地方民众扶老携幼自河岸沿大马路长达数里之遥，途为之塞，万头攒动，高呼中华民国万岁，声震云霄，余命座车缓缓前驶挥手致谢。降军指挥官十川次郎以下各级军官亦列队欢迎，但见彼等面容严肃，其心固黯然也。

二十四日下午正式举行受降典礼，仪式简单肃穆；我以受降主官身份率随同受降人员坐于上方，日方投降主官十川次郎及其随员，卸除佩刀后由卫兵导引坐于对首下方。然后我以训令一件交日方投降主官十川次郎，彼阅读后立即签署再呈交与余，并口头表示日本军队绝对服从命令，遵照规定缴械。余颔首示意，日方投降主官及随员敬礼退席，随后鸣炮二十一响，乐队演奏国歌，全部仪式即告完毕。

在典礼进行中，我回想抗战八年我同胞遭日寇荼毒之惨状，与目睹今日日军投降之情景，真是无限感慨。是晚举行庆祝宴会，宴后感怀往事，历历在目，因赋七言古诗一章，题为《接受日军投降有感》，抄录如下：

卢沟桥边战端起，吹角鸣戈自此始；
漫天烽火遍神州，塞北江南尽摧毁；
堂堂华夏竟蒙羞，怒发冲冠报国仇；
百万男儿为战死，凌云壮志亘千秋；
江淮秋深早飞雪，霜风劲草天边月；
弹雨枪林难为炊，据鞍渴饮虾夷血；
满地砧声制锦衣，粮车辘辘道中驰；
叮咛犹忆爷娘语，不斩倭奴誓不归；
黄尘颎洞张天幕，旗影逶迤联粤鄂；
杀气腾空作阵云，敌骑瑟缩依地廓；
频年争战气雄豪，拔垒搴旗斩六鳌；
魑魅猖狂何日已，丘陵难比岳云高；
长江南北皆陷阱，泥足深深梦未醒；
盟军协力自东来，霹雳一声绳系颈；
当初入寇气何昂，掠地攻城似虎狼；
此日降城高筑就，弃戈匍匐似羔羊；
欢举鼓舞挥热泪，复国同登太平世；
三军共举庆功杯，齐祝河山衣带砺。

翌日，蚌埠地区即由第七军部队开始清点接收，然后转报中央处理。对投降日军指定其驻扎地点并配发给养，听候遣送；在未遣送前，由我军指定整修附近道路及整理市容等劳动工作。

蚌埠受降接收工作处理完毕之后，于十月初，率同战区政治部主任丘国珍，及有关幕僚人员前往徐州督导。徐州父老对我之欢迎与蚌埠无少异，此皆八年来处日寇铁蹄之下受尽折磨，一旦胜利欣喜若狂的自然表现。翌日即为双十节，徐州各界举行庆祝国庆及胜利大会，同时举行阅兵典礼，盛况空前。余于大会后出席徐州各界的座谈会，即席报告八年抗战情形与日寇投降经过。翌日复召集党政军各部门首长，听取有关接收事项之报告，并给予有关指示。

（中略）

回至蚌埠后，于十月底又出发往大通及安庆两地视察。为便于处理该两地投降之日军，并令日军第六军团之参谋长随行。我们一行先乘火车至南京，而后乘永济舰溯江西上至大通，再往安庆。船行无事，因召日军参谋长闲谈；我问他日本为何失败？渠良久始答，谓日本失败之主因在于科学落后。余察其意乃指美国之原子弹而言也，因为之解说，大意谓，科学落后其一端也，但不尽然。以科学发达言，日本固逊于美国，但较之中国则优越甚多，然而何以日本侵略中国八年之久迄无结果？八年来，日本凭军事技术的优越攻占很多中国的城镇，但不过是一时占据而已，此等地区的人力物力仍在中国政府掌握之下，日本对胜利的成果并不能消化利用。日本占领下的许多地区，人民耕种、贸易、工作一如平时，其收获所得的粮食、物资并不向日本纳税，却仍然向中国政府缴纳。壮丁亦不逃避兵役，仍然辗转跑往后方向中国的军事单位报名入伍。可说日本只有占领之名，而无占领之实。中国土地之大，大过日本数十倍，人口之多，亦超过日本近十倍，日本侵占我国的地方不过点线而已，未占领的地方固然有丰富的物力、人力可供我利用，即使沦陷的地方，人力及物资亦未损失，纵再战十年仍然无虞枯竭。反观日本，早在美国原子弹落在广岛、长崎以前，维持战争所需的人力、物力，便已显露捉襟见肘不能支持的模样。日本对付中国本已力不从心，还要加入轴心国卷入世界大战与美、英为敌，试问，日本以这样的国力如何能长久支持这场战争，胜败之数不待原子弹便已判然了。原子弹的威力诚然可怕，不过也因对象而异，假如你们日本用原子弹轰炸中国，以中国之大，便绝不是几颗原子弹可以屈服的。渠唯唯称是，并说日本主政人物委实过于近视，说毕太息一声似有无限感慨。

十一月五日抵安庆，苏副总司令（苏祖馨时已升任二十一集团军副总司令）率各军师长及地方各界人士民众团体数万人迎我于江岸。座舰靠岸时，河滩上人群拥挤，手中挥舞着小旗，欢声雷动，热烈情形较徐州、蚌埠尤有过之。

安庆在抗战以前原是安徽省会，抗战初期迭遭日机轰炸，原省府各机关的房舍，悉遭摧毁，荡然无存，以致胜利后省政机关无法迁回安庆，决定暂时迁驻合肥办公。因此，我到安庆后只有将行辕设于同仁医院。翌日，安庆各界举行庆祝凯旋及欢迎大会。我出席接受各界的欢迎，并即席致词，代表中央政府并以省主席身份对安庆各界父老致问候之忱，并对他们在沦陷期间所受的痛苦表示关切。会后，召集党政军各部门首长及地方各界首脑及民意代表等座谈，询问地方情形及征询复员后对于地方兴革之意见。

我在安庆住了三天，董参谋长英斌忽自南京乘专机前来安庆，谓奉何总司令命令，各战区司令长官在南京集合，一同前往重庆出席复员会议，特派机前来接我。于是即将安庆地区接收事宜交由董参谋长及苏副总司令处理，当日即搭乘派来之专机飞京转渝。

（李品仙：《李品仙回忆录》，台北：中外图书出版社 1975 年版）

当初入寇气何昂，掠地攻城似虎狼；此日降城高筑就，弃戈匍匐似羔羊。

图为徐蚌区受降主官李品仙将军接受日军代表十川次郎中将投降。

图片来自李品仙：《李品仙回忆录》，台北：中外图书出版社 1975 年版

陈家珍：第十八军长沙岳阳受降回忆[1]

听到了抗日胜利的消息

一九四五年八月上旬，第四方面军召集第十八军等四个军的军长、参谋长（或后勤负责人）在湖南辰溪召开后勤会议，主要是为准备反攻，解决部队衣、食、交通、通信、补给问题，由后勤总部副部长端木杰主持。我是因为第十八军参谋长不在，以参谋处（作战）上校课长身份代表参加的。八月七日下午正在开会，四方面军副参谋长罗幸理匆匆赶来会场说：我给大家报告一个好消息，同盟军美国在日本广岛投下一颗原子弹。隔一天，他又说：在日本长崎又投了一颗。不久，他告诉大家：苏联已开始向我国东北出兵，进展迅速。十一日，传来日本乞降的消息，未等会议结束，各军与会人员纷纷返回原部队，我也回到部队驻地——湖南泸溪。

回到部队后，由收音机广播中，证明了抗日胜利消息的确实性，于是每个人都喜上眉梢，奔走相告。多年的愿望，终于成了现实！同事、朋友见面时，相互握手，异口同声地说：我们胜利了！到处可以听到人们纵情高唱《洪波曲》。

十八军军部破例举行一个大约二百多人参加的（在泸溪纺纱厂一个车间空房）晚宴大会，附近的部队几乎将所有的枪、炮（瞬发信管炮弹）

---

[1] 陈家珍时任国民党军第十八军参谋处上校课长。

拉到房外，天黑以后向天空鸣放，红、绿、黄、白色的曳光弹，白色的照明弹，交织照耀天空，形成一个空中奇观！连从来不说笑的魏泽（辎重营长）也张开大口，哈哈大笑不止。在晚宴上，大家互相谈起在抗战中遇到的危险经历、奇人奇事以及个人的未来打算等，一直到快要天明才散！

到长沙去

八月二十五日，十八军奉四方面军命令到长沙、岳阳受降，方面军总部随后将移驻长沙。经过研究决定：派十八师到岳阳，其余到长沙受降，同时决定组成受降小组，负责办理受降事宜，由少将高参高魁元负责，由我协助，派副官主任翟连运专管庶务。为了壮观军容，军部给我们三个人每人做了一身米黄色咔叽军服。军长胡琏给受降组作了指示：与日本人谈判，要不失国体，不卑不亢，千万审慎，事先要有充分准备，不要贻笑对方。重要问题不要轻率答复，如不能决定，可以请示；要与当地政府取得联系；不准任何人虐待俘虏，更不准任何人有贪污渎职行为！八月二十七日，我们由泸溪出发，九月一日到了常德市，当地兵站支部长王璘为我们举行宴会。九月五日到了长沙西北约三十五公里的油草铺。晚饭后，接到一一八师师长戴朴的电报：我师奉四方面军前进指挥所的指示，已进入长沙市。胡琏阅后，勃然大怒！因该师未事先向军部请示，擅自行动，军部原定由十一师（军容较整）负责长沙市防务的计划被打乱了，遂复电戴朴令该师向长沙以东的黄花市移动（后因此事，戴被免职），仍令十一师进驻长沙市。九月七日上午，我们到望城坡（长沙西约六公里），看到日军骑兵约一个团，二三十人一组，三五个一伙，大部分上身只穿一个兜肚，徒手乘马，或来往奔驰，或向附近小山头爬山，好像在锻炼身体和练习马术，见了我们，若无其事，只管练习，因此引起我们的惊奇！下午一点，我们到了离市区仅有三四里的地方，见公路两边人山人海，摆了许多桌子，上有香烟、茶水，两侧树上挂有很多鞭炮，有的挂到树顶还来回折了两折。我们赶紧下马步行，走到哪里，鞭炮响到哪里！身上，甚至脸上不时有小鞭炮在响着！人民在欢迎入城部队！我们含着眼泪答谢欢迎的人群。

与日军投降代表洽谈

我们刚到驻地——长沙南端的天鹅塘，国民党湖南省党政负责人张炯就来看望我们，正好就机与他商谈长沙受降的事情。经过两个多小时会谈，确定：十八军负责缴收日军武器、器材、马匹，担任俘虏营的警卫，湖南省政府机关负责处理日侨财务、产业，俘虏的生活供应、中日民间事务纠葛。并协定每星期一下午召开军政联席会议一次，地点在天鹅塘。平常随时用电话联系。

当晚，高魁元与我研究怎样与日军进行接洽。由于事前对这件事心中一点底也没有，经过反复研究我们才确定：（1）明（八日）早用电话通知方面军，请转告日军方面派出代表，携带身份证明，九日上午九时来天鹅塘洽降；（2）由翟连运布置一个整洁的工作室，负责引进日方代表；（3）我方对日方要求事项，以备忘录形式交给日方代表照办。九月八日上午高还与我研究日军应当先办的事情：（1）拟报人员、武器器材、马匹数目表和长沙日军分布驻地图各两份；（2）不准隐匿人员，隐藏、破坏武器；（3）遵守中国政府法令及中国军队临时的规定，我们保障俘虏的人身安全和生活供应。

九月九日上午九时，日军代表冈岛重敏（日军中将、独立第二铁道警备旅旅长）、林铣××（日军大佐、旅参谋长）准时到来，代表日本第二十军直属部队洽降，由翟连运引进工作室，坐于指定位置，高与我随即进入工作室。冈岛等起立后向我们敬礼，我们还礼，令其坐下。冈岛呈交代表身份证件，经过验视无误，当即交还冈岛。高魁元首先对冈岛等讲话：我们代表中国政府接受日本第二十军直属部队的投降，希望日方切实遵照我方指示办理，以保证受降工作顺利进行，我们保障你们的安全和生活供应。如有违犯，一定按照中国政府法令办理！冈岛等肃立敬听，我将高的讲话译成日语，并将我方第一号备忘录交给冈岛，令其坐下。稍顷，冈岛起立答词，并说：感谢中国政府对日军的宽大，一定遵照中国政府指示办理！随后又商定了下一次接洽时间——九月十一日上午九时，仍在天鹅塘，并令其将我方所要求的图、表等随身带来。冈岛等旋即辞去。

九月十一日，日方代表准时到来，并将我上次要求的图表一并带来。另外，他们带来两个长方形纸盒，纸盒上分别写着高少将、陈上校字样，内装衬衣。日方代表林铣首先表示，这是他们个人的东西，以个人名义，表示敬意，希望收下。我们当即断然拒绝，他们只好快快收回。这件事引起我们的深思：中国军人在日本军人脑海中印象是怎样的呢？都贪污、无能吗？我们又将第二号备忘录交给冈岛等，内容主要是：（1）日方长沙各部队应当将各项武器器材、马匹等分类集中，以备收缴；（2）日本军人不准随意外出，以免发生不幸事件。并商定再次谈判的时间为九月十三日上午九时，冈岛等旋即辞去。

我们这次备忘录第二项规定不准日本军人随便外出是有原因的，因为美军联络处军人在长沙中山路有任意殴打日本军人事情发生。高魁元与我研究后，决定派我到美军联络处找雷克上校谈谈，以免影响受降。我到雷克上校处（我与雷克较熟）问他：你们处的人，有没有随便在街上殴打日本俘虏的事情？他说：不知道，也许是驻四方面军联络处的人做的，我查一查。我说：希望以后不再发生就是了，因为我们受降组已经告诉日方代表，如不违犯中国法令，绝对保证日俘生命安全，如果再出现这样事情，显然中国人说话不算数，对受降工作不利，请你协助我们进行工作。他笑了笑说：可以，顶好！我又请他将我们的要求转告四方面军美军联络处金少将。从此没再发生类似的事情。

九月十三日，日方代表冈岛等准时到来，我们又将第三号备忘录交给他们，主要内容是：将长沙市日方侨民（军人除外）数目，按职业、性别分别统计数目，列表交给我们。随后问冈岛等有什么困难和要求。他们提到吃菜、冬季烤火问题，我们答应待转知有关机关研究后，另行答复。他们又提到治病医药问题，我们答复他们：日方军医可以照常工作，可以留用一部分治常见病的药，但不可过多，并且将留用药品数目造表两份送交我们。

岳麓山受降仪式

九月十四日，接到四方面军通知：方面军定于九月十五日上午十时在岳麓山湖南大学礼堂举行日军受降典礼（湖南省各地不另举行），长沙地区中校以上人员参加，其他地区派代表参加等。我接到通知以后，心情非常激动，回忆起多年来日本帝国主义者对我国人民残酷的屠杀，野蛮的掳掠，真是气愤不已！九月十五日早六时我就吃了早饭，与罗希平一起渡过湘江来到岳麓山。岳麓山是我旧游之地，虽长期遭受兵火，但损失不大，秋高气爽，壮丽不减当年。我们在半山中，先后到黄克强、蔡松坡先生墓前凭吊致敬！因时间还早，我先到四方面军参谋处郭立信同学处闲谈，巧遇陈孝祖教授，他是山东昌邑县人，日本东京帝大毕业，一九三七年至一九三九年我们同在二十集团军总部，他任商震先生的秘书，我向他学习日语两年多。他现在湖南大学机械系任教授，这次是王耀武特请他来担任翻译工作的（当时湖大还在辰溪）。我笑着说："你这一次，英雄有用武之地了！"

来到礼堂，约二三百人业已到齐，美军联络处人员也来参加。大会由罗幸理主持，处长赵汝汉担任接待。赵引导日军代表坂西一良（日本第二十军中将司令官）等三人进入礼堂后坐于指定座位，坂西年约五十岁，鬓已斑白。随即王耀武到来，全场人员起立后坐下。王耀武宣读受降命令，坂西等肃立恭听。命令内容主要是：本司令官奉本国政府命令，接受湖南省所有日本军队的投降事宜，希即通知所属一体遵照，不得稍有违抗。此令读毕，坂西等回答：遵照执行。王耀武遂令坂西等退席。紧接着王耀武对参加受降仪式的人员讲话，大意为：抗战胜利得来不易，应当不忘艰苦，对于所属严格要求，部队纪律不得松懈，更不准虐待俘虏等。旋即散会。

从长沙到岳阳——满目凄惨

受降仪式结束以后，在回来的途中，我漫步长沙街头，由于一九三八年冬季大火和四次长沙保卫战，到处是颓墙断壁。过去富饶的长沙市，如今面目全非。最繁华的八角亭、小吴门内外，已无法辨认。有多少人葬身火窟、死于炮火或流离失所！我怀着沉痛的心情，拖着疲惫的身躯回到了天鹅塘。在傍晚的时候，驻岳阳第十八师师长覃道善（字仲明）给军长来一封信，说全师已到达岳阳，找不到一个翻译，受降进行困难，请派课长陈家珍前来协助。军长胡琏与高魁元商量后，派我前去。胡并且说：覃道善还派八个人来，轮流连夜把你抬去（此时铁路、公路都不通，途中走累了，只有坐滑杆。坐滑杆对我来说还是第一次）。

由长沙到岳阳约三百里，多是荒草小径，是四次长沙保卫战来回拉锯的战斗场所，格外凄惨。良好的稻田，长着一人多高的荒草，路上不断看到人骨、马骨、破钢盔、破车架子、破车轮子。途经不少小村，房都无顶，仅存房框、破锅、破碗，有的墙上还贴有年画或灶王爷像，人烟断绝，惨不忍睹！经过两天一夜的赶路，终于到达十八师师部所在地——岳阳楼，覃道善师长热烈相迎。当夜与师长覃道善，副师长李维勋、林映东，参谋长李孟锐等商议受降问题。我将长沙日方前来洽降情况详述一遍，决定按长沙过程进行，通知岳阳日本军队——一一六师团派负责人携带身份证明前来岳阳楼洽降，时间为十八日下午，并决定由参谋长李孟锐负责，我协助进行。

九月十八日，日方代表——六师团长山田等三人准时到来，由副官主任薛天华引进办公室，坐于指定位置，向我们鞠躬敬礼后，呈交代表身份证。验视无误，遂开始进行谈判，内容大致与长沙相同。山田的态度较长沙的冈岛更为恭敬，我们每次谈话，他都站起身来恭听，总是回答"是"。经过六天的接洽，一切准备大致就绪，遂决定九月二十六日收缴日军武器器材、马匹等。九月二十六日，日军于早七点集合完毕，十八师师长覃道善等来到现场，山田发令向我们敬礼。这一天有点雾，稍有寒意，我们看到，日军一一六师团已整队按阅兵形式顺序排列，武器、弹药分类集于队前。擦拭洁净，并表面涂油。收缴人员走到哪里，哪个单位呈交表册，按册收缴。我们走到马匹队列，见马匹都洗刷干净，第一匹大黑马笼头一侧挂有两个小铜牌，分别刻着：乘员山田乙三，调教员柳川。他们对于马匹的爱护，给我们印象很深。

（文闻编：《抗战胜利后受降与接收秘档》，中国文史出版社 2007 年版）

杨伯涛：湖南湘阴受降实录

前往湘阴受降

一九四五年八月二十一日，日本乞降使节今井武夫一行八人，飞抵芷江机场，向中国战区总司令何应钦投降，由中国战区总司令部参谋长萧毅肃接受乞降书，并让萧指示日军投降应准备和执行的一切事宜。今井武夫向萧呈上侵华日军兵力及驻地位置等图表。最后，何应钦召见今井武夫，颁示命令，规定日本侵略军投降仪式，在我军先遣部队空运南京驻防完毕后，于九月九日在南京举行，由日本侵华军总司令冈村宁次向何应钦呈递日本国投降书。当时，国民政府将日军侵占区划为十五个接受投降区，基本上是按照抗战时各个战区长官司令部的序列，稍加调整而成。我所在的部队为第四受降区，以第四方面军司令官王耀武为受降主官，胡琏第十八军属于第四方面军序列，由王指挥胡收缴日军枪械，王耀武命令驻在湖南境内的日军投降部队，分别集中于长沙、衡阳、湘阴、岳阳四处，主受降区在长沙，其他为受降分区。

我当时担任第十一师师长。我师奉命前往湘阴担任受降任务，由长沙出发，沿粤汉线北上直趋湘阴。约于九月十日，部队到达湘阴县城近郊距城十里处暂时驻下，派出参谋副官人员，对湘阴附近地形民情及日军宿营地范围，进行侦察，以掌握情况。湘阴是一座滨湖小城，人口原来就不多，现在更是寥寥无几。城址紧靠洞庭湖东岸，水运方便，城内只有南北向街道，其他多是小巷，城东南是一带丘陵小高地，东北则是一片平原。我遂命令日军所有驻宿城内部队,除留看守仓库物资少数必要人员外,全部撤出县城,驻于城东北平原村庄内。并决定司令部率两个团驻于城东北小高地一带,居高临下可以控制县城及东北平原的日军。另派一个营驻于县城内,维护仅有少数居民的治安。这时省政府委任的地方行政官吏尚未到达,须防止奸细乘隙滋事,并对洞庭湖广阔的水域进行监视,以免发生意外。为维护湘阴及长沙间湘江航运畅通,又派了一个团(缺一营)驻于中段的铜官附近,担任沿江巡逻和检查过往船艇任务。此外,开放县城内外各条交通道路,欢迎离乡人民返回故居,鼓励商店恢复营业和商旅往来,准许渔民下湖捞虾捕鱼进行生产活动。

湘阴日军概况

集结于湘阴的日军,为日本侵华军第二十军所属第六十四师团,师团长为船引正之中将。除该师团外,另附有其他后勤等特种部队,共计三万余人。该师团遵照我第四方面军司令官王耀武的命令,到这里集结听候解除武装投降。日军早先为了后勤补给及保持洞庭湖、湘江水路航运的畅通,在此设置中继站基地,拥有粮弹及其他军需品仓库,从事囤积储备;他们从附近劫掠得来的粮食物资,也向这里囤积,因此可供数万人就食,供应不虞匮乏。基地内拥有中小型机动船艇二十余艘,经常南与长沙、北与武汉穿梭航行。集结这里的第六十四师团,携带全副制式武器装备,但所有机动车辆及战车重炮等,则集结长沙收缴。

受降仪式经过

我率领第十一师进入湘阴,安营扎寨布置戒备,一切部署就绪后,随即发出通告文件,命令日军第六十四师团师团长船引正之派代表到我师部接受任务，船引正之当即派其参谋长来到我师部求见，由我师参谋长书面命令并口头宣示，定于一九四五年九月十五日，举行日军投降仪式。要求日军呈出该师团及附属部队各单位的人员马匹、武器装备种类数量、军用物资等详细表册，以便照册接收；规定收缴武器装备等的办法，规定日军应遵守的纪律；规定日军活动范围，只能在我指定地区内，不得逾越。日军师团参谋长对以上各项规定都遵照执行，表现极为驯服恭顺。

九月十五日，按期举行日军投降及我军受降仪式。是日，天气晴朗，仪式礼堂设在师司令部驻地内，正中设一长桌，我坐在北面正中，左为副师长王元直，右为参谋长吴廷玺。上午九时，日军师团长船引正之中将率参谋长及随员二人到达司令部门外，由师部副官主任翟连运及随员一人引入礼堂，向我行鞠躬礼后，即双手呈上投降书及所要的表册。船引正之并将其身上佩带的手枪一支、战刀一把、十二倍望远镜一架摘下交我。在仪式进行中，船引正之态度严肃地说了几句话，译员翻译，大意是他本人和日军全体官兵，一定按照我军所规定的一切，负责执行。我表示满意后，参谋长吴廷玺宣布"仪式进行完毕！"船引正之等后退三步，向我鞠躬敬礼，即转身步出礼堂，离开我的司令部。日军投降、我军受降仪式胜利结束。

解除日军武装

我师这次到湘阴受降，任务的关键是收缴日军武器装备，彻底干净地解除其武装。这一任务的完成，绝不能草率从事，需要详为筹划。事前我们几个主要负责人，曾召集有关人员进行最后部署，各负其责。日军师团长船引正之呈递投降书后，前期各项工作，告一段落。九月十五日，即按照所颁命令程序，开始执行，其实施概况如下：

一、对日军枪炮弹药等武器的收缴，由师部军械处主任组织各团军械官负责收缴。按日军部队番号秩序，逐次就地集合，当场解除武装，经检查验收，在我军的监督下，由日军士兵运至我预设的仓库或运输船上，交我军保管；对于粮食、被服及其他装备物资，由师部军需处主任率领各团军需人员负责收缴；对于医疗卫生器材，由师部军医处主任率领各团医务人员负责收缴；对于马匹及少数运输车辆，则由师部副官处主任及辎重营营长共同负责收缴，执行颇为顺利。凡是收缴到的武器装备及各项物资，除日本产的大洋马两百余匹需要饲养，分配到辎重营及各团辎重连使用外，都原封不动，如数解交第四方面军司令部。

二、对日军个人身上的财物、生活用品与武器装备区别开来。在国际公法上，战胜国对于战败国投降的俘虏，应尊重其人格，享受应有的生活待遇。因此对日军官兵个人概不搜身检查，准许他们保存其财物及生活用品。对于粮食及医药器材，尽量给予照顾。对日军卫生医疗系统部队，如野战医院等，适当保持原状，保留医疗药物器材，对已缴械的俘虏兵，继续执行保健任务，对凡存有凶器的全部收集交出，不追究个人责任。

三、日本侵略军，践踏我国土地，蹂躏我国人民达八年之久，残暴至极，罪恶滔天。这次我师官兵到湘阴接受日军投降，仇人相见，格外眼红，官兵多有寻衅报复，以纾积恨之意，师部有见如此，事先对官兵婉为开导，申明纪律，不准伤害日军。

四、我们发现日军士官，多有携带照相机的，他们以猎奇为借口，将我国名山大川、雄关险隘摄入镜头，作为侵略我国的军事资料；有的照片中虽属他们的生活痕迹，但多为夸张炫耀，显示皇军的威武；有的则是寻觅病疵，恣意侮辱我国人民形象。我遂准许军需人员，对日军士兵官拥有的照相机收缴，对相片和底片全部予以销毁，这样收缴了照相机百多架。

五、湘江是湖南省湘、资、沅、澧四水中最大的一支，注入洞庭湖与长江汇合，沟通南北航道，同时并用，运输补给，极为便利。当时，日寇船艇航行在洞庭湖和湘江水域时，扬帆往来，趾高气扬，骄不可言。现在形势已完全变化，他们再不能为所欲为、横行无忌了。我第十一师奉命受降，在到达湘阴的同时，派第三十二团团长张慕贤率该团（缺一营）驻于湘江右岸的铜官，任务是维护湘江航运的畅通，同时也对日军部队相互间的活动及物资转运，进行检查监视。该团在江岸设置检查站，对日军往来通过船艇实行检查。有一次，有艘日军汽艇，由湘阴向长沙地带行驶，靠近铜官检查站时，执勤哨兵对之扬旗呼喊，命令汽艇停航靠岸接受检查，该汽艇竟不理会，反而加快马力航行，我检查站哨兵见状开枪射击，将之击沉，艇上四人溺水丧命，二人泅水得救。事件发生后，团长张慕贤据实向我报告后转报军部和第四方面军司令部，均认为日军汽艇不遵守检查规定，咎由自取，我军执行任务没有错误，并转饬日军司令部通知全部日军，以后因公在洞庭湖及湘江水道航行，必须遵守规定，以免再次发生不愉快事件。这次事件严重警告日本侵略军，过去那种残暴跋扈、恣意蹂躏中国人民、横行霸道的行径，应该彻底收敛，必须遵守国际公法及我国法令。

完成受降任务

第十一师在湘阴胜利完成受降任务，没有遇到任何障碍或棘手事件，经过师部开会检讨总结，大家认为主要是我们本着中华民族传统的豁达大度、仁义待人的襟怀，并采取了以下措施：

（一）根据国际公法对待投降的俘虏，绝不报复，绝不虐待，而是给以应有的待遇，公允正大，实行人道主义。（二）让全部日军集结在一个地区宿营，规定他们的活动区域，不得逾越，自己管理自己。这样，日军指挥系统没有打乱，对我师的命令，俱能迅速贯彻执行。（三）规定我师官兵除因公务外，俱不得进入日军宿营地游逛。（四）我军只收战斗武器和军事装备，不收缴日本军个人随身携带的财物，不对个人进行搜身检查。（五）我师给日军供给充足的粮食，保持其部队的医疗单位及医药器材，维护其必要的通信设施，日军在宿营地内可以通信。

我师采取的以上方针和具体措施，对日军进行管理和武器收缴起着显著的安抚作用。

（《黄埔》2007 年第 5 期）

《中央日报》：卢汉就越北受降经过发表谈话[1]

【中央社讯】第一方面军司令长官卢汉，九日午后三时招待记者，报告越北受降经过及越北近况。发表谈话如次：

一、本人于八月下旬奉命率军入越，接管越南北纬十六度以北日本驻军之投降。迄今已两月有余，近奉委座电召，遵即于本月三日由河内经昆明，五日飞机抵陪都，晋谒委座述职。

二、国境与越南间之交通，异常险阻，今秋越境复遭洪水之泛滥，本军步行入越，出发之始，行军较为困难，迨先进部队到达河内，即于九月二十八日举行受降仪式，当日即开始解除日军之武装，分河内、海防、顺化三区实施。已照预定日期，于十月底全部解除完后，日军人数共计三万零八十一人，现已向指定之南定、广安、上伦三区集中，限本月十日集中完毕。日侨人数共约一千三百二十人，现亦已集中于指定之广南附近，日军日侨刻均听候遣送回国。至所缴获之械弹、装备、补给物品及马匹，现正转交军政部驻越特派员分别接收，一切举措，本军悉遵照层峰命令办理，故进行极为顺利。

三、越南之民族独立运动酝酿已久，日本战败投降后更形澎湃。在越之法侨及本年三月九日后法国被日军俘虏或被扣留之军民深受威胁。本军入越之任务，原为接受日军之投降，但若越北地方治安秩序不克保持，则受降工作难免发生障碍，而法侨之生命财产及法国被俘或被扣军

---

〔1〕 本文原题为《卢汉招待记者报告，越北受降顺利完成》，题目系编者拟。

民之安全，亦岌岌可危，故本军对越北地区治安秩序之维持，在九月廿八日受降仪式举行后，即可完全负责。法国被俘或被扣之军民，早已重获自由，而法侨之生命财产，本军亦已尽力保护，现秩序已告良好。

四、越北食粮，往昔仅可勉强维持，本年洪水为灾，冬后饥馑堪虞。现本军已积极设法，筹办军糈；而当地行政机构，亦正设法充足民食。

五、在越北之侨胞，为数约十一万余人，平素眷爱祖国情谊甚殷，前未得该地政府之平等待遇，近年复深受日军之蹂躏，本军入越之后，侨胞重获自由，欢喜欲狂，深感委座之德意，故对本军竭力协助。

六、越北距西贡较近，与暹罗亦接境，两地侨胞为数甚众，近颇感不安，时有求援之电报，本人曾代为转呈政席，我政府早已对此重视矣。

卢氏报告后，各记者提出问题，经卢氏答复，渠称：

越北社会秩序，现已恢复常态，接受日军投降及解除日军武装，得当地华侨热诚协助，及法越人士所予之种种方便，乃能顺利进行。我现驻越北之十万大军，任务大部完成，其中三分之一已由海道运送返国，另一部亦在撤退途中，此足示我国对越南领土毫无野心。九月二十八日我军受降前，我方曾邀请法军总司令亚力山特力将军参观，至前由越南退至我国边境之法军官兵，我方从未拒绝彼等返越。

最后氏称：本人多年戎马，不习政治，昨日曾向中枢恳辞滇主席职，未蒙核准，现决于越北任务完成后，即返昆就职。

（《卢汉招待记者报告，越北受降顺利完成》，
《中央日报》1945 年 11 月 10 日，第 2 版）

朱偰：越南受降日记[1]

　　中华民国三十四年九月，余奉使越南，将有受降之举。于时盟国胜利，日本投降，越南本划归中国战区，归中国最高统帅部指挥作战，故经盟国共同协议，越南北纬十六度以北，归中国接收；而北纬十六度以南，则归英国接收。中央一方面遣第一方面军卢汉司令官，率六十军、六十二军及九十三军入越，接受日军投降；一方面则组织行政院越南顾问团，随军进驻河内，为军事以外之最高行政机构。九月九日，余奉派为财政部代表，参加越南顾问团。余以越南本为中国交趾，即秦之象郡，汉之交趾、九真、日南三郡，晋之交州，唐之安南都护府，明之交趾省，文化种族，皆属中国系统，倘能乘此时机，救民疾苦，布以教化，律之慕义来归，诚为千秋之伟业；即令越人不直接归属我国，而因我国之扶助，得以逐渐独立自治，则存亡继绝，亦属我国固有之美德。因欣然受命，准备前往，或有阻余者曰：越情复杂，而法越关系，尤为棘手。我国为同盟国家之一，而又因民族主义立场，不得不赞助越南自主，处此矛盾之中，君将何择？又将何以处越人？且交州之人，识义者寡，厌其安乐，好为祸乱。语云：危邦不入，乱邦不居，危乱之邦，君将焉往？余曰：班超以三十六人横行西域，是岂惧危避乱者哉？吾志已决，因毅然受命首途。

---

[1] 节自朱偰所著《越南受降日记》一书与受降相关的部分内容。

占领越南军事及行政设施原则

九月十五日，行政院召开越南顾问团会议，指示占领越南军事及行政设施原则十四项，余代表财政部，凌其翰代表外交部，邵百昌代表军政部，庄智焕代表经济部，郑方珩代表交通部，马灿荣代表粮食部，邢森洲代表中央党部，除邵百昌、郑方珩已在昆明，邢森洲已赴越南外，余皆来赴会。十四项原则如下：

一、占领越南时期依据事实上需要由盟军最高统帅部规定之

二、占领区内驻防军及过境军数目随时由占领军总部通知法方

三、行政院对于占领军总部内设顾问团由外交军政财政经济交通粮食六部及行政院秘书处各派代表一人组成之由行政院指定其中一人为召集人

四、凡占领军总部处理有关行政部分之一切命令概由顾问团拟定由占领军总部颁布施行顾问团召集人得为占领军总部之发言人

顾问团应将处理情形随时报告行政院查核

五、为明了实际情况及整齐步骤起见顾问团得与占领军总部第五处处长副处长美军代表及法国代表团之主要负责人员举行会报密切联系以期一切措施妥善适当

六、请法方派代表参加受降典礼并指定人员若干名组织一代表团协助占领军总部关于资产接收及物资供应事宜

七、越南境内一切交通工矿事业责成现有人员继续维持及经营听候占领军总部商洽法方派人接收但在占领期间内为确保军事安全及部队过境运输便捷计滇越铁路及一切港口应在占领军总部监督指挥下暂行实施军事管理

八、日本在越南所设金融机构一律封闭

九、越南日币流通及占领军使用货币问题由外交财政两部与法方商妥后另订办法

十、占领军所需粮食煤炭及运输工具等由法国代表团设法责成越南现有机构供应负担将来由外交部与法方另商清算办法

十一、政府各部及人民前在越南遗留或被扣留之物资应由经济财政两部搜集以前调查所得资料将来由外交部提出向法方交涉如现在仍有该项遗留物资（如海防河内及沿铁路线各仓库）经查明确实者可先行封存报告行政院听候处置

十二、占领区内法方回越行政人员法国代表团应将全部名单随时通知占领军总部查照但前对中国政府曾有仇视行为或曾屠杀中国侨民者占领军总部得拒绝其入境

十三、除对治安交通金融粮食遭受威胁扰乱或破坏之行为得随时取适当措置外对法越间一切关系概严守中立态度不加干预

十四、我国将来对滇越铁路之权益问题越南华侨地位问题在政府未作最后决定以前应取保留态度不必表示意见

余以此十四项原则，过于消极，一切出发点，皆以将越南交还法国为前提，代表团使命，过于空洞，雅不欲往。唯既已奉命于前，自不能卸责于后，因仍积极准备，定期出发。

初 至 河 内

九月二十一日，晨七时起，匆匆早餐，即赴飞机场，各部人员聚齐后，于十时起飞，同行凡三十三人，除财政部经济部外交部各占一人，粮食部五人外，余皆为交通部人员。回首下望，昆明湖及抚仙湖相继掠过，飞入万山之间。一小时后飞行员指地图相示，则已入越南北境。

十一时三十分，飞抵河内上空，富良江（即红河）泛滥，两岸低地，多成泽国。俯视河内，街道整齐，房屋栉比，风光至美。飞机绕城盘旋一周，始向飞机场降落。小坐场上，南风大作，颇带海洋气息。余生长海滨，战后久处内陆，时念海上风光，今得海风送凉，至感舒适。在场候车久之，始有日人驾卡车二辆，送余等过著名之红河大桥（Doumer Bridge），进入河内。

河内（Hanoi）战前人口十五万（欧洲人仅六千五百人），为法属越南首府，总督驻焉。河内旧为安南王国京都，号称东京。自阮氏建都顺化（Hue），号广南王，河内始不复成为首府，然其政治经济地位之重要，则依然未改。城分三部：一曰军营（Citadel）（今为法军集中营），二曰商业区（华侨多居此区），三曰法人住区。大抵军营在北，商业区介军营东门与红河之间，而法人住区则在其南，并逐渐发展，绕至西南一带。城多佳荫大道，两旁古木交柯，浓荫相接，人行其间，宛似在公园之中，此河内之所以有花园城（Garden City）之称也。

车入河内市区，一路悬旗结彩，遍扎牌楼，悬中美英苏及越南旗（但无一法国旗），欢迎盟军。标语有中英文及越文，如"打倒殖民政策""越南是越南人的""不自由毋宁死""越南独立万岁"等，皆可表现民气之蓬勃。盖越人久受法国帝国主义之压迫，今盟军入境，获得解放，认为此系千载一时之良机，自不肯轻易放过也。

余等初至河内，拟分住 Metropol 及 Splendid 二旅馆，则以法人惧越人袭击，聚居于此，皆告客满，乃辗转寻至 Gambetta 军政部特派员办公处，始得暂驻。四时赴新亚大酒店用饭，即作为晚餐。饭后由滇越铁路徐麟书君领至 56 Rue Duvillier 暂住，三人挤居一室，至感不适。又偕郑索田、凌寄寒、徐麟书至中国领事馆访第一方面军司令部侨务处萧处长文，不晤，乃散步华侨商业区，参观夜市，灯火笙歌，俨如歇浦。十时归旅馆，乌云盖天，夜黑似漆，盖暴风雨将至之朕兆也。

初会卢司令官

九月二十二日，台风过境，大雨终日，天气顿觉阴凉。上午，卢汉司令官派副官来接，乃驶车至越南总督府，系三层大厦，中作塔形，分左右两翼，前为大理石台阶，作半圆形。大厦之前，国旗高飘，气象庄严，魄力雄伟，系殖民地帝国主义之作风，一望而知。见卢司令官，交换意见。卢意在长期占领，扶助越人独立，而由中国托治，对于行政院所指示之"占领越南军事及行政设施原则"，认为不合实际情形，约下午再开会商讨。又访军事委员会代表黄强（字莫京），黄身经百战，前曾与十九路军合作，参加福建人民政府，颇有胆识。据谈中央与地方意见不一致，而国际情势又甚为复杂。宋院长子文已赴巴黎，对于越南问题有所商讨，大势所趋，恐将以越南交还法国，而将滇越铁路越段及海防港口置于共同管理之下；同时越境法军业已登陆，英军左袒法人，处处仍交法人接管，越人情绪紧张，暴动革命之说，时有所闻，为中国计，为派遣军计，最好之办法，莫如接收日本投降缴械以后，即行撤退，对于法越问题，不加干预云云。在莫京处午饭，本日台风过境，风雨正大。

下午再赴总督府开会。副官引入越督德古办公室，一派作风，力事铺张，全系殖民主义作风。四时，卢司令官及行政院各部代表聚齐，乃开会议，咸以中央对于越南情势，颇多隔膜，而中央因苏军入驻东三省关系，究竟外交政策如何，此间亦未奉指示，决议由军政部邵百昌及外交部凌寄寒二代表，回渝一行，向委员长面陈一切，请示机宜。晚赴卢司令官之宴。夜寻新址旧法国宪兵司令部（37 Rue Borgnis Desbordes），该处已由日军迁让，将来拟即作为行政院越南顾问团办公处。因风雨正大，夜黑似漆，又以街道生疏，辗转寻觅，始得其地，唯以尚无床铺，乃仍归旅馆就寝。

受降典礼

九月二十八日，拂晓即起，凭窗而望，即有中国军队千余人，结队而过，青天白日国旗，迎旭光而招展。本日环绕河内各进出街道以及城内各重要交通孔道，皆已由我军布置岗位，气象颇为森严。九时三十分，驱车赴总督府，府前广场上，矗大国旗，四角有线斜向地面，缀以万国国旗。总督府正面楼上，党国旗交挂，两旁则每一列柱上，遍悬中美英苏国旗。大礼堂正中，党国旗交叉间，悬总理遗像。两旁庑间，遍悬中美英苏国旗。上首为中国代表第一方面军司令官卢汉席，左右坐正副参谋长（马瑛及伊继勋），外向；下首为日军司令土桥勇逸及海空军代表席，内向；左为盟国代表席，右为高级将领席。后即为来宾席。是日到者五六百人，美英高级将领，皆有人参加（美方代表有第一集团军司令官加里格少将等）。法方代表亚历山大，因身份不明，仅许其以个人资格参加观礼，复以要求悬挂法旗，为卢司令官所拒绝（因西贡方面即因悬法旗引起冲突），故并未参加。越盟党政府则派有高级官员观礼。上午十时正，日军司令土桥勇逸及海空军代表（川国直服师团长、酒井干城参谋长及今井）至，面带忧戚之色，北向立。卢司令官根据日军在南京所签降书，宣读条款，译成日文。交土桥签字。签毕即行退席。卢司令官乃宣读布告，并译成法文、越南文，至是礼成，摄影而散。是日华侨观礼者特众，有年已古稀由孙辈扶持而来者，盖此辈久经法人欺压，今日得观汉官威仪，宜乎其兴奋异常也。余有诗纪之云：

上国威仪此日临　　遗民鼓舞起欢音
沉沦百载安南郡　　又见王师出桂林
万马骎骎出碧岑　　岛夷俯首尽成擒
衣冠万国坛坫会　　青史千秋报国心

越裳象郡皆陈迹	瓯骆文郎只废墟
一自阮王开衅后	越南宗社尽沦胥
浪泊湖平竹帛清	炎方从此洗刀兵
夕阳岭上红如许	倒影楼台分外明

下午赴总督府开会，讨论接收财政金融及交通机关问题。傍晚回联合办公处，准备一切。夜发密电，报告日来情势发展及困难情形，希望部方加派人员来越，襄理一切。十一时睡。

本日河内各通衢要道，已遍贴卢司令布告，并用中文越文，兹录其布告如下：

中国陆军第一方面军司令部宣告　秘字第〇〇四号

本司令官现奉盟军最高统帅命令，统率中国军队，来至越南，接受日本侵略军队之投降，解除其武装，并遣散之。中国军队非为越南之征服者或压迫者，而为越南人民之友人及解放者。

凡越南北纬十六度以北地区之一切行政之监督，军事之管理，均归本司令官负责，各级行政机构，均一仍旧惯，互相发挥效能，保证和平，维持秩序，凡现有行政人员，亦应各就岗位，安心服务，努力工作。本司令官将依其权力，督率全体人员，以期完成所负之使命，达到共同之目的。

凡任何聚众骚扰，不论其由何人发动，亦不问其具任何理由，均足危害社会之治安，损害人民之生命财产，而于共同目的之完成，尤多妨碍。越南之敌人，或将暗派奸徒煽惑人心，凡善良人民，切勿受其蛊惑，发动扰乱，妨碍行政职权之有效施行，或引起流血惨剧。本司令官对于此种破坏秩序之企图及行为，将执法以绳，予以制裁，对于此种奸徒，不论其种族宗教，均将一律严惩，毫不宽容。

凡从事正当职业，虔诚信奉宗教，及寻求合法权益之善良人民，不论任何国籍，本司令官予以爱护，全体人民应服从本司令官所颁布之规章命令，遵守现行法律，并与中国军队切实合作，在日本侵略者尚未完全遣回，和平秩序尚未获得保障之前，本司令官实握越南北纬十六度以北地区之最高权力，如有必要，绝不惜使用此最高权力，以期同盟军目的之能达到，本司令官任务之能完成，凡居住境内之军民人等，其各一体知照！此布。

中国陆军上将衔
中国陆军第一方面军司令官　卢汉
大中华民国三十四年九月二十八日

（朱偰：《越南受降日记》，商务印书馆 1946 年 10 月初版）

赵光汉：抗战胜利空军受降亲历记[1]

　　民国三十四年（一九四五年）八月十五日大约下午五点钟的时候，在无线电收音机里的广播说：日本天皇宣布日本接受同盟国的无条件投降。笔者当时在空军第一路司令部担任空军指挥作战业务的工作，随即奉命计划未来对日本在华航空武力装备设施等接收以及会同陆海军办理受降有关事宜。现在已事隔五十年，关于对日本在华军事接收及受降情形，在《传记文学》中，谈一般经过的文章，看得不少，唯独对空军方面的受降接收经过，并不多见。现在趁这胜利五十周年纪念，以当时亲身经历、亲眼所见、亲耳所闻的事情，以残存记忆，写出这篇简短的纪要，聊供见证。

　　日本投降，全民同庆，记得当我听见无线电报告日皇宣布无条件向同盟国投降的广播之后，在心情兴奋中，也很快向同甘共苦、八年来艰苦备尝的家人报告此消息。当我的太太听说日本投降的天外好音，她忽然发神经似的大叫起来说："好了！好了！日本鬼子给我们打败了！我们好了！"这些小事插曲，我现在不避粗俗地写出来，也希望我们的儿孙后辈看见，这简单的几句话语，其中如何包含了非比寻常的境遇与感受。千百载后，这几句话，仍会"掷地有声"。当时不只我一家如此，凡中国

<hr>

[1]　原文按语有云："作者服务空军至 1963 年止，调任'国防部'第五厅副厅长，后调防务会议任蒋经国副秘书长秘书主任三年，同时任防务研究院讲师，1973 年退役，现旅居美国。"

的家庭（包括沦陷区），大家可说都是一样的心情。

当日皇宣布日本接受同盟国无条件投降之次日，航空委员会主任周至柔先生即召集重要主管研商如何进行接收日本在华航空武装（因当时尚未成立空军）问题。因应全国地区，先决定区分全国地区为十八个接收地区司令部。接着，航空委员会以人铨渝字一五七〇号令发表十三个地区司令部的驻地及其负责人姓名如下：

第一地区司令部	孙桐岗	驻南京
第二地区司令部	章　杰	驻上海
第三地区司令部	蒋翼辅	驻杭州
第四地区司令部	沈延世	驻汉口
第五地区司令部	谭以德	驻南昌
第六地区司令部	张之珍	驻广州
第七地区司令部	徐燕谋	驻桂林
第八地区司令部	侯拔仑	驻新乡
第九地区司令部	郭汉庭	驻安康
第十地区司令部	郝中和	驻北平
第十一地区司令部	张抑强	驻太原
第十二地区司令部	丁普明	驻万全
第十三地区司令部	宁明阶	待派

其他五个地区司令部的人选及驻地均尚待决定，以后均有指派。

以上各地区司令部的接收任务，由空军第一路司令张廷孟负责统一指挥，但在情况需要时，得由航空委员会直接指挥之。此为三十四年八月十七日事。

八月十八日，张廷孟司令即召集各地区司令商议并规定若干有关接收事宜。当时以事机仓卒，而前方地区，敌我意识尚不明白……在前方主管，一时难以到重庆会议。故实际参加十八日会议者，不及半数。

十九日，张司令赴总长官邸请示机宜，本人随行，总长指示，在前方我方接收部队尚未到达之前，日本方面尚有守护之责，当谨慎为之。二十日决定飞赴湖南芷江机场，因萧毅肃副参谋总长（按：萧为中国战区陆军总司令部参谋长）已到芷江，有关空军受降接收事宜，亟待商定。当日重庆九龙坡机场天气恶劣，等到下午，乃转赴白市驿机场起飞赴芷江。

规定日军来呈送受降文件代表，须在二十一日飞来芷江。二十一日自上午十时，中美空军人员均人车拥挤机场边等待日机来降首批代表，争先看看是什么样子的。先由美方派三架战斗机前去监视引路，到芷江东漵浦小机场，日机以为是芷江机场，便摇尾拟降落，经美机指正，然后飞到芷江机场，于十一时十五分，日机降落。

日机由美军吉普引导车引到停机线，日方今井武夫少将代表日军在华总司令官冈村宁次大将来芷江接受受降书。美军驾驶吉普车护送人员，当时表示不齿今井武夫一行数人，今井武夫亦能保持严谨，不苟言笑，机场边旁观人员，笑骂时起，尤以美军士兵为甚。

下午三时，今井武夫一行，以吉普车送至会议室，先谒见萧毅肃及海空军代表，萧接受今井武夫代表冈村大将呈递之投降文件，萧随交付今井武夫之中字第一号备忘录，指示日军投降应遵办之一般事宜。随由今井将带来之日军在华配置图呈摊桌上，报告大概。继萧问数语，即完毕。随略谈去南京安排受降事。不久，今井等仍乘原机飞离芷江。

中国方面，在萧毅肃之下，有陆军总部副参谋长冷欣主持，有关空军受降接收部分，有时亦受其指挥。以空军的接收规划政策而言，许多为陆军方面所不了解，以致在芷江数日，对日军航空之接收问题，毫无具体规划。

八月二十四日，张司令回渝向航委会复命，得指示后于次日

（二十五日）飞赴南京，降落在南京大校场飞机场，这也是中国政府在中日八年战争后飞赴南京机场降落的第一架 C-47 运输机。我也乘兴第一个跳下机来。那时八月末，黄昏晚风，已有些凉意，而机场边草色已泛微黄，萋萋离草，转眼已是八年不见面了，是不是也在临风摇曳中欣见故人的归来！一群日本军人硬蹦蹦地向我们的停机地走过来了。

大约来人有五六个，其先头一个头目，态度比较威严，我们机上二十几人也都陆续下机，先都不免内心有些紧张，不知来人是否仍怀有敌意。我们有一位日文翻译毛文麟君快步上去，向那头目咕噜几句，立时向他引荐张廷孟司令，那位头目立即把两皮马靴脚跟"蹦"一声，立正向张司令行一个军礼，我们一群人心才平定下来了！

到航空站后受到日军的妥善接待，当夜被安顿在一幢重门叠户的豪华巨舍里，各人一间卧室，而每室每户外都站了日本宪兵，我们心里不免嘀咕着，万一日本鬼子忽然变心要加害我们，真是插翅也难飞去。幸好，一夜平安。第二天早上，我们很快要毛君去打听那样警卫的究竟，日方称，因南京城内外，当时到处都有零星的渗入活动，所以在中央新到大员周围，日军随时都严防被不意袭击。

三十四年九月九日上午九时，正式在南京中央陆军军官学校大礼堂举行日军投降的受降典礼。由何应钦上将代表蒋委员长接受日军投降。日军由日本在华派遣军总司令冈村宁次大将签具投降文件，当面呈交何应钦上将接受。空军接收代表为张廷孟司令，位在何上将的左侧第三席，我等随员便分别在大礼堂两侧观礼，亦千载难遇之时会也。

受降典礼后，次日，即开始与日军商讨接收事宜。在空军来说，首先面对的问题，便是如何在广大中国沦陷地区分别进行全面接收，因日军原占有各处的航空基地，我陆军部队尚不知何时可以到达该接收区，如该地区尚未经我地面部队接收，空军势不能以少数空军接收人员前去执行接收任务。因此，先仅能接收少数我地面部队已掌握确实之航空基地的空军建筑及武装设施等。如江北地区及黄河以北各处，几乎经二三个月之久，方逐渐接收，而接收情况，亦极为凌乱。

当开始办理接收时，日军负责航空交接任务者，为椙山一郎中佐。此人为陆军，并曾在日本陆军大学毕业，学识丰富，办事精明负责，几乎在第一个月中，每在天气许可之日，即与笔者同坐小运输机，携带有关人员到各基地检查原存的装备物资，如发现有遗损，必定严格追查，非得到满意结果不止。公余闲时，也广泛谈及一般军事，中日陆军大学教学，每多相类似，笔者曾在中国陆大毕业，故相谈尚颇投契，不过需赖翻译相助，不免费时费事了！记得有一次椙山谈及五年前在日本关东军服务，曾主持黑龙江南岸由东北至西南对付苏俄攻击的要塞防御线工事构筑事。日军在该线之防御力，可以抵御三十个苏俄重装备师半年之攻击。此话之意，可能亦在表示日军对苏俄防范的用力而与中国反苏的政策并行不悖的志趣与立场。

最后特别记述张廷孟司令曾与冈村宁次大将于三十四年八月三十一日上午十时相晤谈。九时许，接冈村总部来电话谓大将愿于上午十时与张空军司令晤面。张即召笔者同毛文麟翻译同往，冈村在客厅门口相迎。冈村中等身材，面略瘦削，而举止态度，有点像中国一个旧式的教书先生，绝显不出那种可以叱咤风云、指挥雄师百万的大将形象，眉目之间，也平易近人。首先问张司令对接收有无特别需要日本方面准备的，继续表示，我们如有何不能适应的地方，希望早给他们知道改善，以便利双方的工作。张除礼貌上表示满意之外，并请大将对以后空军接收物资的使用有什么特别注意的地方见告。冈村略沉默半分钟光景，他平静地说，因空军除在执行空勤中之外，其他一切设备都在基地上，所以空军的基地设施都比较复杂而充实。台湾在中国地区地位重要，日本很重视台湾空军能力的储备。他笑笑说，台湾不仅现在对中国军事很重要，在将来也是很重要的基地。此时晤谈原定时间已到，于是辞出。晤谈时间有十五分钟。到今天，回忆冈村大将最后的一句话，难道他竟会想到台湾对于我们的大局，将来也许更有重大意义？

在三十四年年底前，接收告一段落，全国正式区分为五个空军区，我们第一路司令部扩充为第一军区司令部，先移驻北平中南海怀仁堂西侧大院，不数月移驻沈阳，将东北割属第一军区。以后情形因与接收无关，故从略。

（赵光汉：《抗战胜利空军受降亲历记》，《传记文学》第 67 卷第 2 期）

志降：燕然勒石

开罗会议宣言

（1943 年 12 月 1 日）

罗斯福总统，蒋委员长，丘吉尔首相，偕同各该国军事与外交顾问人员，在北非举行会议后，发表概括之声明如下：

三国军事方面人员关于今后对日作战计划，已获得一致意见，我三大盟国，决心以不松弛之压力，从海陆空各方面，加诸残暴之敌人，此项压力，已经在增长之中。

我三大盟国此次进行战争之目的，在于制止及惩罚日本之侵略，三国绝不为自己图利，亦无拓展领土之意思。三国之宗旨，在剥夺日本自从一九一四年第一次世界大战开始后在太平洋上所夺得或占领之一切岛屿，在使日本所窃取于中国之领土，例如东北四省、台湾、澎湖群岛等，归还中华民国。其他日本以武力或贪欲所攫取之土地，亦务将日本驱逐出境。我三大盟国，稔知朝鲜人民所受之奴役待遇，决定在相当时期，使朝鲜自由独立。

根据以上所认定之目标，并与其他对日作战之同盟国目标相一致，我三大盟国，将坚忍进行其重大而长期之战争，以获得日本之无条件投降。

（中国陆军总司令部编：《中国战区中国陆军总司令部处理日本投降文件汇编》上卷，1946 年版）

在使日本所窃取于中国之领土，例如东北四省、台湾、澎湖群岛等，归还中华民国。图为中美英三国领袖开罗会议公报。

图片来自何应钦：《日军侵华八年抗战史》，台北：黎明文化事业公司 1982 年版

《中国战区中国陆军总司令部处理日本投降文件汇编（上卷）》（中国陆军总司令部编，1946 版）封面

促使日本投降之中美英三国领袖之文告[1]

（1945 年 7 月 26 日）

【中央社重庆廿七日电】中美英三国政府领袖蒋主席、杜鲁门与丘吉尔，联合对日本发表公告，促其无条件投降。公告原文如次：

一、余等——美国总统、中国国民政府主席及英国首相，代表余等亿万国民，业经会商并同意对日本应予以一机会，以结束此次战争。

二、美国、英帝国及中国之庞大陆海空部队，业已增强多倍，其由西方调来之军队及空军，即将予日本以最后之打击，此项武力，受所有联合国之决心之支持及鼓励，对日作战，不至其停止抵抗不止。

三、德国无效果及无意识抵抗全世界所有之自由人之力量所得之结果，彰彰在前，可为日本人民之殷鉴。此种力量，当其对付抵抗之纳粹时，不得不将德国人民全体之土地工业及其生活方式摧残殆尽。但现在集中对待日本之力量，则较之更为庞大，不可衡量。吾等之军力，加以吾人之坚决意志为后盾，若予以全部实施，必将使日本军队完全毁灭无可逃避，而日本之本土，亦必终将全部摧毁。

四、现时业已到来，日本必须决定是否仍将继续受其一意孤行计算错误，使日本帝国已陷于完全毁灭之境之军人来统制，抑或走向理智之路。

五、以下为吾人之条件，吾人绝不更改，亦无其他另一方式。犹豫迟延，更为吾人所不容许。

六、欺骗及错误领导日本人民，使其妄欲征服世界者之威权及势力，

---

[1] 即奠定战后东亚国际秩序的《波茨坦公告》。

必须永久铲除。盖吾人坚持非将负责之穷兵黩武主义驱出世界，则和平安全及正义新秩序，势不可能。

七、新秩序成立时，及直至日本制造战争之力量业已毁灭有确定之证据时，日本领土，经盟国之指定，必须占领，俾吾人在此陈述之基本目的，得以完成。

八、开罗宣言之条件，必将实施，而日本之主权，必将限于本州、北海道、九州、四国及吾人所决定其他小岛之内。

九、日本军队，在完全解除武装以后，将被允许返其家乡，得有和平及生产生活之机会。

十、吾人无意奴役日本民族或消灭其国家，但对于战罪人犯，包括虐待吾人俘虏者在内，将处以法律之裁判。日本政府，必将阻止日本人民民主趋势之复兴及增强之所有障碍，予以消除。言论宗教及思想自由以及对于基本人权之重视，必须成立。

十一、日本将被许维持其经济所必须及可以偿付货物赔款之工业，但可以使其重新武装作战之工业不在其内。为此目的，可准其获得原料，以别于统制料。日本最后参加国际贸易关系，当可准许。

十二、上述目的达到，及依据日本人民自由表示之意志，成立一倾向和平及负责之政府后，同盟国占领军当即撤退。

十三、吾人警告日本政府，立即宣布所有日本武装部队无条件投降，并对此种行动有意实行，予以适当之各项保证，除此一途，日本即将迅速完全毁灭。[《中央日报》(昆明版) 七月二十八日]

（中国陆军总司令部编：《中国战区中国陆军总司令部处理日本投降文件汇编》上卷，1945 年版）

裕仁天皇投降诏书

（1945 年 8 月 14 日）

朕深鉴于世界之大势及帝国之现状，以非常之措置，欲收拾时局，兹告忠良之尔臣民。

朕令帝国政府对美英中苏四国通告受诺其共同宣言。

抑为图帝国臣民之康宁，偕万邦共荣之乐，依皇祖皇宗之道范，朕所拳拳不置者，曩于对美英二国宣战理由中，亦实出乎帝国之自存与东亚之安定的所期，至如排他国之主权，侵其领土，固非朕志。然交战已阅四载，朕之陆海将兵之勇战，朕之百僚有司之励精，朕之一亿众庶之奉公，虽尽其各自之最善，然战局固尔，而世界大势亦于我不利，加之敌新使用残虐之爆弹，频杀伤无辜之老幼妇孺，惨害之所及者，洵至不可计，而尚令继续交战乎，则不但终将招来我民族之灭亡，且将破却人类之文明。如斯则朕以何保亿兆之赤子，奉皇祖皇宗之神灵，此朕所以至于令帝国政府应共同宣言也。

朕与帝国对始终协力东亚解放诸盟邦，不得不表遗憾之意。念及帝国臣民死于战阵，殉于职域，毙于非命者，及其遗族，五内为裂，且关于负战伤，蒙灾祸，失家业者之厚生，乃朕深所轸念者。唯今后所应受之苦难，自非寻常，尔臣民之衷情，朕者，知之，然朕于运之所趋，忍人之不能忍，善欲为万世开太平。

朕兹能护持国体，深慰于忠良之尔臣民之赤诚，当与尔臣民共存。若夫激于情，而滥滋激事端，或拘于既往，而自相排挤，或轻举妄动，失信义于世界，此朕所最戒者，宜举国一家，子孙相传，确信神州不灭，念及任重[1]而责巨，倾总力于将来之建设，笃道义，坚志向，誓发宏国体之声价，期无迟世界之进运，尔臣民其应克体朕意。

（御名御玺）

昭和二十年八月十四日

各国务大臣副署

（《日皇广播投降，说继续打下去将灭种》，

《大公报》1945 年 8 月 16 日，第 2 版）

---

〔1〕 天皇投降文告有若干译文版本，本文整理自《大公报》。《中央日报》1945 年 8 月 17 日第 5
版《史无前例亲自广播，倭皇宣读敕书》为另一版本。唯《大公报》"失信义……而责巨"，
中间缺少数文字，编者依读者之友社编的《中国胜利与日本投降》（重庆：读者之友社发行
1945 年 9 月初版）第 59 页的文字予以补全。特此说明。

而尚令继续交战乎，则不但终将招来我民族之灭亡，且将破却人类之文明。

图为裕仁天皇投降敕书原版图

《日皇广播投降，说继续打下去将灭种》

《大公报》1945年8月16日，第2版

1945 年 8 月 15 日，日本宣告无条件投降，日本国民终于尝到发动
侵略战争的苦果。图为满面凄色的日本人，面向皇宫跪地遥拜。
图片来自坪田五雄：《昭和日本史八·终战的秘录》，东京：晓教育图
书株式会社 1976 年版

蒋介石：对全国军民及世界人士的广播演说[1]

（1945 年 8 月 15 日）

【中央社讯】蒋主席十五日对全国军民及世界人士发表广播演说，全文如下：

全国军民同胞们：全世界爱好和平的人士们：我们的"正义必然胜过强权"的真理，终于得到了它最后的证明，这亦就是表示了我们国民革命历史使命的成功。我们中国在黑暗和绝望的时期中，八年奋斗的信念，今天才得到了实现。我们对于显现在我们面前的世界和平，要感谢我们全国抗战以来忠勇牺牲的军民先烈，要感谢我们为正义和平而共同作战的盟友，尤须感谢我们国父辛苦艰难领导我们革命正确的途径，使我们得有今日胜利的一天，而全世界的基督徒更要一致感谢公正而仁慈的上帝。

我全国同胞们自抗战以来，八年间所受的痛苦与牺牲虽是一年一年地增加，可是抗战必胜的信念，亦是一天一天地增强，尤其是我们沦陷区的同胞们，受尽了无穷摧残与奴辱的黑暗，今天是得到了完全解放，而重见青天白日了。这几天以来，各地军民的欢呼与快慰的情绪，其主要意义亦就是为了被占领区同胞获得了解放。

现在我们抗战是胜利了，但是还不能算是最后的胜利。须知我们战胜的含义绝不只是世界公理力量又打了一次胜仗这一点上，我相信全世界人类与我全国同胞们都一定在希望着这一次战争是世界文明国家所参

---

〔1〕 原文标题为：《蒋主席胜利之日播讲，正义终胜过强权》，题目系编者拟。

加的最末一次的战争。

如果这一次战争是人类历史上最后一次的战争，那么我们同胞们虽然曾经受了忍痛到无可形容的残酷与凌辱，然而我们相信我们大家绝不会计较这个代价的大小和它收获的迟早的。我们中国人民在最黑暗和绝望的时代，都秉持我们民族一贯的忠勇仁爱、伟大坚忍的传统精神，深知一切为正义和人道而奋斗的牺牲，必能得到应得的报偿。全世界因战争而联合起来的民族，相互之间所发生的尊重与信念，这就是此次战争给我们的最大报偿。我们联合国以青年血肉所建筑的这道反侵略的长堤，凡是每一个参加的人，他们不仅是临时结合的盟友，简直是为人类尊严的共同信仰而永久地团结了起来。这是我们联合国共同胜利最重要的基础，绝对不是敌人任何挑拨离间的阴谋所能破坏。我相信今后地无分东西，人无论肤色，凡是人类都会一天一天加速地密切联合，不啻成为家人手足。此次战争发扬了我们人类互谅互敬的精神，建立了我们互相信任的关系，而且证明了世界战争与世界和平皆是不可分的，这更足以使今后战争的发生势不可能。我说到这里，又想到基督宝训上所说的"待人如己"与"要爱敌人"两句话，实在令我发生无限的感想。

我中国同胞们须知"不念旧恶"及"与人为善"为我民族传统至高至贵的德性。我们一贯声言，只认日本黩武的军阀为敌，不以日本的人民为敌。今天敌军已被我们盟邦共同打倒了，我们当然要严密责成他忠实执行所有的投降条款，但是我们并不要企图报复，更不可对敌国无辜人民加以侮辱，我们只有对他们为他的纳粹军阀所愚弄所驱迫而表示怜悯，使他们能自拔于错误与罪恶。要知道，如果以暴行答复敌人从前的暴行，以奴辱来答复他们从前错误的优越感，则冤冤相报，永无终止，绝不是我们仁义之师的目的。这是我们每一个军民同胞今天所应该特别注意的。

同胞们：敌人侵略中国的帝国主义，现在是被我们打败了，但是我们还没有达到真正胜利的目的，我们必须彻底消灭他侵略的野心与侵略的武力，我们更要知道胜利的报偿绝不是骄矜与懈怠。战争确实停止，以后的和平，必将暗示我们，正有艰巨的工作，要我们以战时同样的痛苦，和比战时更巨大的力量，去改造、去建设，或许在某一个时期，遇到某一种问题，会使我们觉得比战时更加艰苦，更加困难，随时随地可以临列我们的头上。我说这一句话，首先想到了一件最难的工作，就是那些法西斯纳粹军阀国家受过错误领导的人们，我们怎样能使他们不只是承认他自己的错误和失败，并且也能心悦诚服地接受我们三民主义，承认公平正义的竞争，较之他们武力掠夺与强权恐怖的竞争，更合乎真理和人道要求的一点，这就是我们中国与联盟国今后一件最艰巨的工作。我确实相信全世界永久和平是建筑在人类平等自由的民主精神和博爱的互相的合作基础之上，我们要向着民主与合作的大道上迈进，来共同拥护全世界永久的和平。

我请全世界盟邦的人士，以及我全国的同胞们，相信我们的武装之下所获得的和平，并不一定是永久和平的完全实现，真要到我们的敌人在理性的战场上为我们所征服，使他们能彻底忏悔，都成为世界上爱好和平的分子，像我们一样之后，才算达到了我们全体人类企求和平及此次世界大战最后的目的。

（《蒋主席胜利之日播讲，正义终胜过强权》，
《中央日报》1945 年 8 月 16 日，第 2 版）

我中国同胞们须知"不念旧恶"及"与人为善"为我民族传统至高至贵的德性。图为蒋介石于 1945 年 8 月 15 日向全世界广播。

图片来自何应钦:《日军侵华八年抗战史》,台北:黎明文化事业公司 1982 年版

敌人侵略中国的帝国主义,现在是被我们打败了,但是我们还没有达到真正胜利的目的,我们必须彻底消灭他侵略的野心与侵略的武力。

《蒋主席胜利之日播讲,正义终胜过强权》,《中央日报》1945 年 8 月 16 日,第 2 版

中国战区中国陆军总司令部备忘录中字第一号[1]

（1945 年 8 月 21 日）

日期：中华民国三十四年八月二十一日。

致驻华日军最高指挥官冈村宁次将军，于中国战区中国陆军总司令部。

事由：

一、本人以中国战区中国陆军总司令之地位，奉中国战区最高统帅特级上将蒋中正之命令，接收在中华民国（辽宁、吉林、黑龙江三省除外）、台湾及越南北纬十六度以北之地区内日本高级指挥官及全部海陆空军与其辅助部队之投降。

二、日本驻华最高指挥官冈村宁次将军应自接受本备忘录之时起，立即执行本总司令之一切规定。在台湾及越南北纬十六度以北之地区内之日军亦同此规定，并应由冈村宁次将军负责指挥该项日军之投降。

三、冈村宁次将军于接受此备忘录后，关于下列事项，应立即对日本陆海空军下达必要之命令：

1. 对本总司令所辖地区内（即第二条所举地区，以下同）所有之日

---

[1] 中国陆军总司令何应钦致冈村宁次备忘录 1945 年 8 月 21 日由萧毅肃参谋长交今井签收转达。今井签署领受备忘录证书原文如下："今谨收到中国战区中国陆军总司令一级上将何应钦致驻华日军最高指挥官冈村宁次将军之中字第一号备忘录中文本一份、日文本一份（但以中文本为准），并已充分了解本备忘录之全部内容，当负责转达驻华日军最高指挥官冈村宁次将军。代表总参谋副长今井武夫少将（签字）。中华民国三十四年八月二十一日。时公历一九四五年八月二十一日。地点中华民国湖南省芷江县。"（《大公报》1945 年 8 月 22 日，第 2 版）

本陆海空军及辅助部队立即停止一切敌对行为。

2. 对本总司令所辖地区内之日本陆海空军及辅助部队立即就各现在驻地及指定地点静待命令，凡非蒋委员长或本总司令所指定之部队指挥官，日本陆海空军不得向其投降缴械及接洽交出地区与交出任何物资。

3. 对本总司令所辖地区内所有日本陆海空军及辅助部队之武器弹药、航空器材、船舰、商船、车辆及一切交通通信工具、飞行场、海港、码头、工厂、仓库、物资与一切建筑物，暨军事设施，以及文献档案、情报资料等，应立即妥为保管，不得移动，并应绝对保持完好状态，由冈村宁次将军负其全责，听候本总司令派员接收。

4. 对本总司令所辖地区内所有日本陆海空军及其辅助部队，应各就现驻地负责维持地方良好秩序，直至蒋委员长或本总司令所指定之部队及负责长官，到达接收为止。在此期间内，绝对不得将行政机关移交非蒋委员长或本总司令所指定之行政官吏或代表人员。

5. 对本总司令所辖地区内同盟国被俘人员及被扣官民，应立即恢复自由，并充分供给其衣食住所及医药等，并准备遵照本总司令之命令，送到指定地点。

四、为监视日军执行本总司令之一切命令起见，特派本部副参谋长冷欣中将先到南京设立本总司令前进指挥所。凡冷欣中将所要求之事项，应迅速照办。

五、冈村宁次将军亲自向本总司令接受有关日本陆海军投降实施之正式手续，及蒋委员长之详细命令之时间及地点，俟盟军统帅麦克阿瑟将军接受日本总投降后，另行通知中国战区。

中国陆军总司令一级上将何应钦

（《致冈村宁次备忘录》，《大公报》1945 年 8 月 22 日，第 2 版）

日本降伏文书

（1945 年 9 月 2 日）

一、余等兹对合众国、中华民国，及大英帝国各国政府首脑于一千九百四十五年七月二十六日于波茨坦宣布，尔后由苏维埃社会主义共和国联邦参加之宣言之条款，根据日本帝国政府及日本帝国大本营之命令，代表受诺之。上开四国，以后称之为联合国。

二、余等兹布告，无论日本帝国大本营及如何地位所有之日本国军队，及日本国支配下地带之一切，对于联合国无条件降伏。

三、余等兹命令，无论如何地位之一切日本帝国军队，及日本国臣民，即刻停止敌对行为，保存所有船舶及军用财产，且防止损毁，并服从联合国最高司令官及其指示，对日本国政府各机关须课之一切要求以应诺。

四、余等兹命令日本帝国大本营，对于无论如何地位之一切日本国军队，及由日本国支配下之一切军队之指挥官，速即发布其本身或其支配下之一切军队无条件降伏之命令。

五、余等兹对所有官厅、陆军，及海军之职员，命令其遵守且施行联合国最高司令官为实施此降伏文件，认为适当而由其自己发出或根据其委任发出之一切布告命令及指示，且命令上开职员，除由联合国最高司令官或根据其事务委任解除其任务以外，均须留于各自原有地位，且仍行继续各自之非战斗任务。

六、余等为天皇日本国政府及其后继者承约着实履行《波茨坦宣言》之条款，发布为实施该宣言之联合国最高司令官及其他特官联合国代表要求之一切命令，且实施一切措置。

七、余等兹对日本帝国政府及日本帝国大本营命令，即速解放现由日本国支配之所有联合国俘虏及被拘留者，且采取对彼等之保护津贴给养及对指定地点的即速运输等措置。

八、天皇及日本国政府统治国家之权限，置于为实施降伏条款采用认为适当措置之联合国最高司令官之限制下。一千九百四十五年九月二日午前九时四分于东京湾米苏里号舰上签字之，并根据日本帝国天皇陛下及日本国政府之命令，且以其名义，重光葵，根据日本帝国大本营之命令，且以其名义，梅津美治郎，一千九百四十五年九月二日午前九时四分于东京湾，美合众国，中华民国，联合王国，及苏维埃社会主义共和国联邦，及为与日本国存在战争状态之其他联合国之利益受诺之。联合国最高司令官，合众国代表者，中华民国代表者，联合王国代表者，苏维埃社会主义共和国联邦代表者，澳洲联邦代表者，法兰西代表者，荷兰代表者，纽西兰代表者。

（《日本降书全文》，《中央日报》1945 年 9 月 3 日，第 2 版）

无论日本帝国大本营及如何地位所有之日本国军队，及日本国支配下地带之一切，对于联合国无条件降伏。

《日本降书全文》，《中央日报》1945 年 9 月 3 日，第 2 版

天皇降伏诏书和首相文告

（1945 年 9 月 2 日）

天皇降伏诏书

朕业已受诺昭和二十年七月二十六日美国中国英国三国政府之首脑于波茨坦发表其后且由苏联参加之宣言所揭载之各条项，对于帝国政府及大本营于由联合国最高司令官揭示之降伏文件，代朕签字，且根据联合国最高司令官之指示公布对陆海军之一般命令，朕命令朕之臣民速停敌对行为，放弃武器，着实履行降伏文件之一切条项及由大本营公布之一般命令。

御名御玺

昭和二十年九月二日

内阁总理大臣各国务大臣（印）

日本首相东久迩稔彦文告

当此正式签署降表之一日，吾人回念过去种种，百感齐集，无限悲痛，难以尽泄。一念我历史悠久之皇军，其武装行将解除，实悲痛无穷。天皇敕命既已颁布，正式投降唯有顺从。吾忠贞之人民应正视失败之事实，而忍受其不可忍受之痛苦，以符御旨，我日本人民务必坚持镇静及秩序，尽量遵守政府及大本营所颁布之命令。吾人应于万般容忍中保持我民族特具之勇敢精神。吾日本人民当默念此番战争所以失败之原因，而于过去种种深自忏悔。同时我日本人民极宜实践一切职责，以期于举世瞩目中表示我日本人民之信誉。目下虽有无限艰巨加诸吾日人身上，然应抱忠贞不移之决心以赴之。于和平及文明之原则下，以力谋日本之新生。对于我国之繁荣及世界和平及文化之努力，吾人当秉承天皇圣旨，职责所责，义不容辞也。[1]

（《大公报》1945 年 9 月 3 日，第 2 版）

---

[1]《重庆大公报》1945 年 9 月 3 日。

褒奖全体将士令

（1945 年 9 月 3 日）

国民政府三十四年九月三日令：

抗敌兴师，阅时八载，最后胜利，洵非幸致。追维始事以来，我全体将士，闻义赴难，朝命夕至，以血肉之躯，当新锐之器，阵地纵成灰烬，军心仍如金石，前仆后继，有死无降。知有敌则无我，视八年如一日，此种坚毅忠勇之精神，不仅顽敌胆寒，要亦联盟各国声应气求之所自。丰功伟绩，永垂不朽。兹者兵气既销，日月重光，涤尽耻辱，还我河山。值此薄海欢腾举国同庆之际，弥怀驰驱疆场历年苦战之劳，着由军事委员会传令全体官兵，一体优予褒奖，厚为慰劳。其应如何各按功绩分别给赏以励忠勋而资激励之处，并由该会会同行政院迅为拟议，详订办法，呈候核夺实行。此令。

（《大公报》1945 年 9 月 3 日，第 2 版）

遥祭国父典礼祭文[1]

（1945 年 9 月 3 日）

【中央社讯】同盟胜利，世界和平，普天同庆，薄海共欢。中枢于三日上午八时半，在国民政府花园东向遥祭中华民国创造者国父孙总理陵寝，蒋总裁主席主祭，中央委员，国府委员暨各院部会长官与祭。典礼隆重肃穆，读文献花后礼成。旋于九时正在礼堂举行庆祝会暨国父纪念周，到蒋主席、居院长、于院长、孙院长、戴院长暨中央委员文武官员一千余人。典礼于和平之声中开始，全体首向蒋主席庆贺三鞠躬。蒋主席随即致词，首先缅怀国父诸先烈暨死难军民，次指示内政急务，最后说明建国基础在国家统一、政治民主，以谋取国际和平，促进世界繁荣。任重道远，愿各努力云。词毕，全体高呼口号：一、抗战胜利万岁；二、蒋主席万岁；三、中国国民党万岁；四、中华民国万岁。礼成。国民政府花园及礼堂昨日布置光彩夺目，联合国旗迎风飘扬。标语"集中革命力量"，"发扬民主精神"，"完成建国使命"，"维护世界和平"，乃赋予同志同胞今后之四大任务，深植人心。象征胜利和平忍耐坚韧之梅花，□缀于墙壁，在无数大小艺术 V 字及松柏枝掩映下，人人春风满面。蒋主席戎装佩长剑，胸襟勋章灿烂，于轻快之乐声中进出礼堂。兹志遥祭典礼祭文如下：

维中华民国三十四年九月三日，中国国民党总裁国民政府主

---

[1] 本文原题为《陪都庆祝胜利，中枢遥祭国父陵》。

席蒋中正，谨率全体委员文武百僚遥祭国父在天之灵曰：玉弩惊天，金汤失固，蛇豕磨牙，荐食中土。硕德不孤，得道多助。一弹收功，承平重睹。蠢彼岛夷，桀黠跳梁，萨摩长门，黑龙玄洋，同恶相济，肆毒逞强。诱我蟊贼，摧我门墙。普天同愤，喋血八年，矫矫战士，扬厉无前。沙虫猿鹤，碧血燐穴，枕戈待旦，主义精研。曰惟主义，振奋民气，不避险艰，以抗暴戾，不辞窳钝，以御锐利，寸土必争，前仆后继。伟哉国父，实铸国魂，苦心硕画，建树本根，耿光大烈，胜利之门，在天灵爽，默靖妖氛。共钦苦战，共撼敌扰，系彼友邦，同情深表，左提右契，袍泽敦好，捣厥凶巢，挽枪顿扫。大火西流，捷书东至，薄海腾欢，感极溅泪。网开一面，受降宣示，载驰载歌，六师锐吹。三岛蜷伏，八纮净尘，旧宇重光，播扬天声，遗教之劝，邃古罕闻，虏告底定，霄汉具欣。尚飨。

（《大公报》1945 年 9 月 4 日，第 2 版）

中国战区最高统帅命令第一号

（1945 年 9 月 9 日）

一、根据日本帝国政府日本帝国大本营向联合国最高统帅之降书，及联合国最高统帅对日本帝国所下之第一号命令，兹对中国战区内中华民国（辽宁、吉林、黑龙江三省除外）、台湾以及越南北纬十六度以北地区之日本陆、海、空军，颁布本命令。

二、贵官应对上述区域内投降之日本陆、海、空军各地区司令官及其所属部队发布下列命令，并保证其完全遵行。

甲、日本帝国政府及日本帝国大本营，已令日本陆、海、空军全部向联合国作无条件之投降。

乙、在中国境内（辽宁、吉林、黑龙江三省除外）、台湾以及越南北纬十六度以北地区所有一切日本陆、海、空军及辅助部队，向本委员长无条件投降。凡此投降之日本部队，悉受本委员长之节制，其行动须受本委员长或中国陆军总司令陆军一级上将何应钦之指挥；且只能服从本委员长或何应钦上将所直接颁发或核准之命令及告谕，或日本军官遵照本委员长或何应钦上将训令而发之命令。

丙、投降之日本陆、海、空军，即停止一切敌对行为，暂留原地静待命令，以所有一切武器弹药装具器材物资交通通信及其他作战有关之工具案卷，及一切属于日本陆、海、空军之资产等，予以暂时保管，不加损坏，待命缴纳于本委员长或何应钦上将所指定之部队长官或政府机关之代表。

丁、凡在上述区域，所有日军之航空器、舰艇及船舶，除本委员长于第一号告谕中所宣示者外，其他一律恢复非动员状态停留现地，不得加以损坏。船舰上飞机上有爆炸物品者，须立刻将爆炸物品移入安全仓库。

戊、日本部队及附属部队之军官，须保证所属严守纪律及秩序，且须负责严密监视其部下，不得有伤害及骚扰人民，并劫掠或毁损有关文化之公私文物及一切公私资产。

己、关于日方或日方控制区所拘禁之联合国战俘及人民应作如下之处置：

1. 联合国战俘及被拘人民，在本委员长或本委员长之代表何应钦上将接收以前，必须妥慎照护，并充分供给其衣、食、住及医药等。

2. 按照本委员长或本委员长之代表何应钦上将之命令，将战俘及被拘禁之平民送至安全地区听候接收。

3. 凡拘禁联合国战俘及平民之集中营或其他建筑，连同其中所有器材仓库案卷武器及弹药，须听候本委员长之代表何应钦上将，与其指定之代表派员接收，在所派接收人员到达前，各集中营之战俘或被拘平民，应由其中资深官长或彼等自选之代表自行管理之。

4. 凡向本委员长投降之日本陆海空军各级司令部，在接到命令所限定之时间内，须将有关战俘及被拘平民之详情及地点，列具完备之报告。

庚、除另有命令外，凡向本委员长投降之日军，应继续供给其所属军民衣食及医药物品。

辛、日军及日军控制区之军政当局，须保证下列各事：

1. 按照本委员长或本委员长之代表何应钦上将之命令，扫除一切日方所敷设之地雷水雷，及其他陆、海、空交通之障碍物，在此项工作进行中，其安全通道应予标明。

2．对于航行方面之一切辅助工作，须立刻恢复。

3．一切陆、海、空交通及运输方面之器材与设备，须保持完好。

4．一切军事设备及建筑，包括陆海军航空基地、防空基地海港、军港、军火库及各种仓库，永久及临时陆上及海岸防御工事要塞及其他设防区域，连同上述各种建筑及设备之计划与图样，须保持完好，并须将一切工厂工场研究所、试验所、实验室、试验站技术资料专利品计划图样，以及一切制造或发明，直接间接便利作战所用之其他物品或与作战有军事之组织所用或意欲运用之物品，保持完好。

壬、凡一切武器军火作战器材之制造及分配，立即停止。

三、凡向本委员长投降而在中国台湾（含澎湖列岛）及越南之日军司令部，在接到此项命令后，须即将各该区有关下列各项之资料，向中国陆军总司令何应钦上将提出报告。

甲、一切陆海空及防空部队图表册籍，须表明其所在地及官兵之实力（含人马、械弹、装置、工具、器材等）。

乙、一切陆、海、军用及民用飞机图表册籍，须完全报告其数量型式性能驻地及状况。

丙、日军及日军控制下之一切海军船只，包括水面、水中及其他辅助船只，不论现役退役及在建造中者，均须以图表册籍报告其位置及情况。

丁、日军控制下之商轮，在一百吨以上，不论现役退役及正在建造之中，或过去属于任何联合国，而目前在日方手中者，均须列具图表册籍说明其位置及情形。

戊、拟具详细及完备之报告，连同地图，标明布有地雷或水雷，及其他海陆空交通障碍之地点，同时须指定安全通道之所在。

己、凡一切日本方面所管理，或直接间接利用之工厂、修理厂、研究机关、实验室、试验站、技术资料专利设计图样，及一切军用或间接欲为军用之一切发明设计图样生产品，及为此项生产而行之设施及地点及其详情，皆须报告。

庚、凡一切军事设施及建筑，包括飞机场、海军航空基地、海港及军港、军火库、永久及临时之陆上及海岸防御工事要塞，及其他设防区之地位及详情，亦须报告。

辛、并须按照第二款己项之规定，报告一切拘禁联合国战俘及平民集中营，或此类建筑之地点，及其他有关情况。

四、向本委员长投降之各地日军司令部，须遵照各区受降主官之命，报告各该区日侨之姓名住址，并收缴日侨所有之一切武器，通知全体日侨，在本委员长之代表何应钦上将所指定之官吏未发布处置该项日侨命令以前，须留在其现住地，或指定之地点，不得离开。

五、日军及日军控制下之一切军政官员，须协助本委员长之代表何应钦上将所指定之军队收复台湾（含澎湖列岛）、越南北纬十六度以北地区，及中华民国境内各日本军占领区。

六、本命令所规定之各项，及本委员长之代表何应钦上将嗣后所发布之命令，日军及日军控制下之一切文武官员及人民，须立刻敬谨服从，对于本命令或此后之命令所规定之各项，倘有迟延或不能施行，或经本委员长或何应钦上将认为有妨碍盟军情事，将立刻严惩违犯者及其负责之军官。

上令

驻华日军最高指挥官大将官　冈村宁次

中国战区最高统帅特级上将　蒋中正

传达法：由中国陆军总司令陆军一级上将何应钦面交驻华日军最高指挥官大将官冈村宁次

（中国陆军总司令部编：《中国战区中国陆军总司令部处理日本投降文件汇编》上卷，1945 年版）

中国战区中国陆军总司令部命令军字第一号

（1945 年 9 月 9 日）[1]

驻华日军最高指挥官冈村宁次大将，奉日本帝国政府及日本帝国大本营之命，率领日在中国战区、东三省在外、越南北纬地区及台湾澎湖列岛地区之日本全部陆海空军，于中华民国三十四年九月九日上午九时，在南京签向中国战区无条件投降后，本部当对冈村宁次大将下达军字第一号命令如次：

一、自本九日上午九时起，以后本总司令对于贵官之一切行文用命令或训令。

二、在本九日上午九时以前，本总司令送达贵官之中字第一号至二十三号备忘录，除以后另有命令变更者外，一律视同命令。

三、本命令贵官应以最快方法转达于在中国本部、东三省在外、台湾含澎湖列岛、越南北纬十六度以北地区之日本陆海空军。

四、军官及所属在中国本部、东三省除外、台湾含澎湖列岛、越南北纬十六度以北地区之日本陆海空军，应自本九日上午九时起，完全受本总司令节制指挥，不受日本政府之任何牵制。

五、贵官应于本九日将支那派遣军总司令官名义取消，并自明十日起，改称中国战区日本官兵善后总联络部长官。

---

[1] 此命令系 1945 年 9 月 9 日办好，9 月 10 日何应钦下达于冈村宁次。9 月 10 日，何应钦召见冈村宁次时说，"本人有军字第一号命令给你，此命令本来是昨夜已办好的，因知你今晨来见，故留待你来交给你。"（中国陆军总司令部编：《中国战区中国陆军总司令部处理日本投降文件汇编》上卷，1945 年版，第 105 页）

六、贵官之总司令部，应自明十日起，改称中国战区日本官兵善后总联络部。

七、中国战区日本官兵善后总联络部之任务，为传达及执行本总司令之命令，办理日军投降后之一切善后事项，不得主动发布任何命令。

八、依据本部中字第二十号备忘录所区分之各地区，日本代表投降部队长之原有司令部者，均改为地区日本官兵善后联络部，其投降代表长官原有名义，着一律撤销，改称地区联络部长。兹分别规定如下：越北地区日本官兵善后联络部长土桥勇逸。广州海南岛地区日本官兵善后联络部长田中久一。潮汕地区日本官兵善后联络部长田中久一。兼长衡地区日本官兵善后联络部长坂西一良。南浔地区日本官兵善后联络部长笠原幸雄。杭州厦门地区日本官兵善后联络部长松井太久郎。京沪地区日本官兵善后联络部长十川次郎。武汉地区日本官兵善后联络部长冈部直三郎。徐海地区日本官兵善后联络部长十川次郎（兼）。平津保石地区日本官兵善后联络部长根本博。山西地区日本官兵善后联络部长澄田徕四郎。新汴郑地区日本官兵善后联络部长鹰森孝。鄂地区日本官兵善后联络部长鹰森孝（兼）。青岛济南地区日本官兵善后联络部长细川忠康。包绥地区日本官兵善后联络部长根本博。台湾地区日本官兵善后联络部长安藤利吉。

九、本表所列日本官兵地区善后联络部长，对中国各地区受降主官之职务，在传达及执行各受降主官之一切命令，办理该地区内日军投降后之一切善后事项，但不得主动发布任何命令。

十、香港地区日本官兵之善后由英国海军少将哈克特（Harcourt）规定之。

上令

日本官兵善后总联络部长官冈村　宁次大将

中国陆军总司令陆军一级上将　何应钦

（秦孝仪：《中华民国重要史料初编：对日抗战时期》第 2 编，

台北："中国中央委员会党史委员会" 1981 年版）

冯友兰：国立西南联合大学纪念碑碑文[1]

中华民国三十四年九月九日，我国家受日本之降于南京，上距二十六年七月七日卢沟桥之变为时八年，再上距二十年九月十八日沈阳之变为时十四年，再上距清甲午之役为时五十一年。举凡五十年间，日本所鲸吞蚕食于我国家者，至是悉备图籍献还。全胜之局，秦汉以来，所未有也。国立北京大学、国立清华大学，原设北平，私立南开大学，原设天津。自沈阳之变，我国家之威权逐渐南移，惟以文化力量，与日本争持于平津，此三校实为其中坚。二十六年，平津失守，三校奉命迁于湖南，合组为国立长沙临时大学，以三校校长蒋梦麟、梅贻琦、张伯苓为常务委员，主持校务，设法、理、工学院于长沙，文学院于南岳，于十一月一日开始上课。迨京沪失守，武汉震动，临时大学又奉命迁云南。师生徒步经贵州，于二十七年四月二十六日抵昆明。旋奉命改名为国立西南联合大学，设理、工学院于昆明，文、法学院于蒙自，于五月四日开始上课。一学期后，文、法学院亦迁昆明。二十七年，增设师范学校。二十九年，设分校于四川叙永，一学年后，并于本校。昆明本为后方名城，自日军人安南，陷缅甸，又成后方[2]重镇。联合大学支持其间，先后毕业学生二千余人，从军旅者八百余人。河山既复，日月重光，

---

〔1〕 此碑文系冯友兰撰写，1946 年 5 月 4 日，西南联大结束之日，正式揭幕（参见冯友兰：《三松堂全集》卷一，河南人民出版社 1985 年版，第 330—333 页）。
〔2〕 冯曾自注此处"后方"当做"前方"。

联合大学之战时使命既成，奉命于三十五年五月四日结束。原有三校，即将返故居，复旧业。缅维八年支持之苦辛，与夫三校合作之协和，可纪念者，盖有四焉。我国家以世界之古国，居东亚之天府，本应绍汉唐之遗烈，作并世之先进，将来建国完成，必于世界历史，居独特之地位。盖并世列强，虽新而不古；希腊、罗马，有古而无今。唯我国家，亘古亘今，亦新亦旧，斯所谓"周虽旧邦，其命维新"者也。旷代之伟业，八年之抗战已开其规模、立其基础。今日之胜利，于我国家有旋乾转坤之功，而联合大学之使命，与抗战相终始，此其可纪念一也。文人相轻，自古而然，昔人所言，今有同慨。三校有不同之历史，各异之学风，八年之久，合作无间，同无妨异，异不害同；五色交辉，相得益彰，八音合奏，终和且平，此其可纪念者二也。万物并育而不相害，道并行而不相悖，小德川流，大德敦化，此天地之所以为大。斯虽先民之恒言，实为民主之真谛。联合大学以其兼容并包之精神，转移社会一时之风气，内树学术自由之规模，外来"民主堡垒"之称号，违千夫之诺诺，作一士之谔谔，此其可纪念者三也。稽之往史，我民族若不能立足于中原、偏安江表，称曰南渡。南渡之人，未有能北返者。晋人南渡，其例一也；宋人南渡，其例二也；明人南渡，其例三也。"风景不殊"，晋人之深悲；"还我河山"，宋人之虚愿。吾人为第四次之南渡，乃能于不十年间，收恢复之全功，庾信不哀江南，杜甫喜收蓟北，此其可纪念者四也。联合大学初定校歌，其辞始叹南迁流离之苦辛，中颂师生不屈之壮志，终寄最后胜利之期望；校以今日之成功，历历不爽，若合符契。联合大学之终始，岂非一代之盛事、旷百世而难遇者哉！爰就歌辞，勒为碑铭。铭曰：

　　痛南渡，辞宫阙。驻衡湘，又离别。更长征，经峣嵲。望中原，遍洒血。抵绝徼，继讲说。诗书丧，犹有舌。尽笳吹，情弥切。千秋耻，终已雪。见仇寇，如烟灭。起朔北，迄南越。视金瓯，已无缺。大一统，无倾折。中兴业，继往烈。维三校，兄弟列。为一体，如胶结。同艰难，共欢悦。联合竟，使命彻。神京复，还燕碣。以此石，象坚节。纪嘉庆，告来哲。

（李定一等编纂：《中国近代史论丛》第一辑第九册，

台北：正中书局 1977 年版）

文献来源

《蒋中正六旬大庆图册》（原题为《万寿无疆（恭祝主席六旬大庆）》），无版权信息

第六战区长官部编：《第六战区受降纪实》，无出版方，1946 年版

黄声远：《壮志千秋：陆军第五十八军抗日战史》，上海汉文正楷印书局 1948 年版

何应钦：《八年抗战与台湾光复》，台北：文海出版社 1980 年版

何应钦：《日军侵华八年抗战史》，台北：黎明文化事业公司 1982 年版

冷欣：《从参加抗战到目睹日军投降》，台北：传记文学出版社 1967 年版

王平陵编著：《祖国的黎明》，国民图书出版社 1945 年 12 月初版

江肇基编：《日本帝国的毁灭：纪日本投降始末》，昆明：扫荡报社 1945 年版

读者之友社编：《中国胜利与日本投降》，重庆：读者之友社发行 1945 年 9 月初版

朱偰：《越南受降日记》，商务印书馆 1946 年 10 月初版

张道藩：《酸甜苦辣的回味》，台北：传记文学出版社 1981 年版

王汎森、潘光哲、吴政上主编：《傅斯年遗札》第 3 卷，台北："中研院"史语所
    2011 年版

谢东闵：《归返：我家和我的故事》，台北：联经出版事业公司 1988 年版

龚德柏：《龚德柏回忆录》，台北：龙文出版社 1989 年版

丘念台：《我的奋斗史：岭海微飚》，台北：中华日报社 1981 年版

邵毓麟：《胜利前后》，台北：传记文学杂志社 1967 年版

高应笃：《内政春秋》，台北：华欣文化事业中心 1984 年版

杨肇嘉：《杨肇嘉回忆录》，台北：三民书局 1967 年版

刘师舜：《出使加拿大回忆》，台北：传记文学出版社 1972 年版

黄仲文：《余汉谋先生年谱初编》，出版社不详，1979 年版

刘汝明：《刘汝明回忆录》，台北：传记文学出版社 1979 年版

胡上将宗南年谱编纂委员会编：《胡上将宗南年谱》，台北：文海出版社 1978 年版

李品仙：《李品仙回忆录》，台北：中外图书出版社 1975 年版

易君左：《胜利与还都》，台北：三民书局 1970 年版

陈纪滢：《抗战时期的大公报》，台北：黎明文化事业公司 1981 年版

金雄白：《汪政权的开场与收场》，台北：李敖出版社 1988 年版

朱启平：《朱启平新闻通讯选》，今日中国出版社 1995 年版

丰子恺：《幼幼画集》，上海儿童书局 1947 年版

中国陆军总司令部编：《中国战区中国陆军总司令部处理日本投降文件汇编》上
　　卷，1945 年版

朱汇森主编：《中华民国史事纪要初稿》1945 年 8 至 9 月，台北：台湾"国史
　　馆"1988 年版

朱汇森主编：《中华民国史事纪要初稿》1945 年 10 至 12 月，台北：台湾"国史
　　馆"1990 年版

台湾省文献委员会：《台湾省通志》第 48 卷，台北：众文图书股份有限公司
　　1980 年版

秦孝仪主编：《中华民国重要史料初编：对日抗战时期》第 2 编，台北：中国国
　　民党"中央委员会"党史委员会 1981 年版

秦孝仪：《总统蒋公思想言论总集》卷 35，台北："中央"文物供应社 1984 年版

李定一等编纂：《中国近代史论丛》第一辑第九册，台北：正中书局 1977 年版

中国第二历史档案馆编：《中华民国史档案资料汇编》第五辑第三编军事一，江
　　苏古籍出版社 1999 年版

中国人民政治协商会议全国委员会文史资料研究委员会编：《文史资料选辑》第
　　7 辑，中华书局 1960 年版

文闻编：《抗战胜利后受降与接收秘档》，中国文史出版社 2007 年版

［日］冈村宁次著，稻叶正夫编：《冈村宁次回忆录》，天津市政协编译委员会译，
　　　中华书局 1981 年版

［日］今井武夫：《今井武夫回忆录》，天津市政协编译委员会译，中国文史出版
　　　社 1987 年版

［日］太平洋战争研究会：《日本史上最长的一天：八一五投降纪实》，金坚范、
　　　刘淑平、陆洁译，国际文化出版公司 1985 年版

［日］服部卓四郎著：《大东亚战争全史》第 4 册，易显石等译，商务印书馆
　　　1984 年版

［日］西井一夫编集：《昭和史全纪录（1926—1989）》，东京：每日新闻社 1989
　　　年版

［日］坪田五雄：《昭和日本史八·终战的秘录》，东京：晓教育图书株式会社
　　　1976 年版

［日］古屋奎二：《蒋总统秘录：中日关系八十年之证言》第 1 册，"中央日报"译，
　　　台北："中央日报"社 1974 年版

［美］哈里·杜鲁门：《杜鲁门回忆录》第 1 卷，李石译，生活·读书·新知三联
　　　书店 1974 年版，内部发行

［美］史尼都（Louis C. Snyder）：《二次世界大战新闻报道精华》，黄文范译，台
　　　北：幼狮文化事业股份有限公司 1970 年版

［韩］金九著：《白凡逸志：金九自叙传》，宣德五、张明惠译，民主与建设出版
　　　社 1994 年版

《中央日报》

《大公报》

《东南日报》

《立报》

《东方杂志》复刊 1971 年第 5 卷第 3 期

《新闻天地》1945 年第 8 期；1945 年第 9 期

《良友》1945 年 10 月号

《传记文学》（台北）第 8 卷第 1 期；第 67 卷第 2 期

《时代精神》1945 年 4、5、6 期合刊

《国民教育指导月刊江西地方教育》1946 年第 1 期

《黄埔》2007 年第 5 期

The China Weekly Review, October 27,1945

The National Geographic Magazine, November 1945

Life,1945

后　记　以德报怨与以怨报德

这里要讨论两个几乎人人都知道答案的问题：一、当日本战败、国运淹蹇之时，中国是怎样对待日本的？（与之对照，当中国动荡分裂、艰难挣扎之际，日本又是如何对待中国的？）二、当日本无条件投降之际，日本军民社会是如何看待他们所发动的侵略战争的？

显然，这里的重点不在于提供"答案"，而重在"重温"历史。重温这段历史的意义在于，一方面可以更加深入地了解中日两国民族性之差异所在，另一方面可以更加深入地理解今天中日关系所面临种种困境之缘由所在。

一

一九四五年八月十五日，在日皇裕仁发表投降诏书的第二天，蒋介石对全国军民及世界人士发表广播演说，在演说中他说：

> 我中国同胞们须知"不念旧恶"及"与人为善"为我民族传统至高至贵的德性。我们一贯声言，只认日本黩武的军阀为敌，不以日本的人民为敌，今天敌军已被我们盟邦共同打倒了，我们当然要严密责成他忠实执行所有的投降条款，但是我们并不要企图报复，更不可对敌国无辜人民加以侮辱，我们只有对他们为他的纳粹军阀所愚弄所驱迫而表示怜悯，使他们能自拔于错误与罪恶。

要知道，如果以暴行答复敌人从前的暴行，以奴辱来答复他们从前错误的优越感，则冤冤相报，永无终止，绝不是我们仁义之师的目的。这是我们每一个军民同胞今天所应该特别注意的。[1]

是为中国对日采取"以德报怨"政策的源头。

中国的宽大政策，令部分日本人自惭形秽。一九四七年，朝日新闻东亚部长宫崎世龙氏说："战败了不算败，战败后中国对日本如此宽大，日本人才知道是真正失败了。"[2]日本人开始明白他们的失败不只是军事上的失败，而且是精神上的失败。

可是，按照情理，几十年来，日本侵略者的残暴劣行，令人发指，罄竹难书，凡有血性和记性的人，谁不欲食肉寝皮，报仇雪恨？

"万恶的倭奴，是仍在杀我同胞！占我土地！夺我主权！进行着积极的侵略！"在这种情形下，"雪恨复仇是我们的责任！""九·一八"后又是"一·二八"，日本的侵略和残暴了无止境，有人就愤恨地说，"固然！日本侵略我们的事实，已竟布在我们的眼前——那腐败的死尸！那血色的焦土，凄惨的声音，已竟住我们耳里——那临死的哀鸣！那微弱的呼号！可是我们呵！究竟应当怎样？？？那是无可再疑的了！唯有杀敌前进，民众们有组织地团结起来！去收复失地！并要一鼓作气地杀到东京去！定把他们杀个连和服都穿不上；就一个个赤条条地死去！那时我们神圣的民族精神，立即伟大了！我们那青白的旗帜也可很安静地飘扬在和平的空气中！"[3]这是笔者所看到的唯一一段"有血性"的文字，可是，要叫作者果"以其人之道还治其人之身"，如日军在中国所做那样，到东京烧杀淫掠，我绝对是打问号的。气话而已，恨话而已。

---

〔1〕《蒋主席胜利之日播讲，正义终胜过强权》，《中央日报》1945年8月16日，第2版。
〔2〕王芸生：《日本半月》，大公报馆1947年版，第16页。
〔3〕许宅仁编述：《中日的旧恨与新仇》，中华书局1932年版，第215页。

日本降伏，论理说来，本是"以眼还眼，以牙还牙"，"以血洗血"的大好时机，可是，中国人却采取了令敌人也感到意外的态度和政策。

这很难理解吗？并不。

中日两国虽同处东亚，但两国国民性格却在某些方面迥然相异，中国人往往是"吃软不吃硬"，日本人往往是"吃硬不吃软"，中国人是"弱者"本位，日本人是"强者"本位。或者说，"对待弱者采取什么样的态度"，是观察中日两国国民性——或者说是观察人性——的一个好办法。

面对弱者，是济危扶困，还是恃强凌弱，是中日两国民族性的一个重要差别所在。中国人往往认为弱者当帮当扶，日本人往往认为弱者当虐当亡。（"天下强食弱肉，优胜劣败。中国人是劣等民族，征服了自该被奴役，被消灭。"[1]）今者，日本已经处于弱者的地位，人家已经国破家亡、俯首投降，特别是人家满面笑容、言听计从，你还能下得了手吗？

> 日本人在各方面都表现得比一个旅店、茶房还恭顺十倍，这对于中国人是一种最古老而又最廉价的武器。他们见了我们，总是张着嘴唇，总是阴沉沉地笑着，毫无表情地笑着，记者觉得日本人是有意地用他们的恭顺，想把我们的人心征服，我们的警惕实在丢得太快了。在黄埔，有一个"第二船舶输送司令部南支部长"白木久雄大佐，和一个海军陆战队的大佐司令官，这两个在投降前可以擅作威福的日本军人，接待我们时简直听话到像我的小弟弟，使我觉得他们比他们面目狰狞的时候还可怕。[2]

俗话说，"伸手不打笑脸人"，即使是"阴沉沉地笑着，毫无表情地笑着"。只是让人难以想象并接受的是，他昨日还面目狰狞，今天就满脸

---

〔1〕 朱启平:《日本投降是暂时的休战（二）》,《大公报》1945 年 10 月 3 日, 第 3 版。
〔2〕 陈凡:《日本人，日本人看日本》,《大公报》1945 年 11 月 30 日, 第 3 版。

堆笑；昨日还做"大爷"，今天忽装"孙子"；昨天是恶狼，今天变乖羊；昨天用枪屠杀你，今天用笑征服你。日人的"变脸"和川剧的"变脸"可有一比，难怪让记者心生疑窦，备加警惕。其实，"恶魔的笑"原系日人一种固有的本性和习惯而已。"日本人当他们发觉自己处于狼狈的地位时总是用笑的方法解嘲。这种民族性实在令人厌恶。假使我是一个受过教育的日本人，我真得说句道歉的话来代替奸笑。"[1]可是，不管怎么说，在这种情形下，你还会想"把他们杀个连和服都穿不上"？

面对罪恶的弱者，对中国人来说，不施报复，非不愿也，实不能也，不能之因，在于"不忍"，心宅仁厚之禀性使然。"中国在日本无条件投降之后，并不对日本一般士兵及人民施行报复的手段，是中国国民爱和平讲仁义的天性使然，并不是什么怀柔的策略。"[2]笔者对此话极为认同，此亦是中国不报复的根本原因。难怪罗素当年来到中国后称："中国人最值得称道的事情是，他们总能得到外国人的好感。欧洲人都喜欢中国，无论是到中国旅游，还是侨居多年。虽然英日订有联盟，但就我所知，在远东的英国人没有谁会像喜欢中国人一样喜欢日本人。"[3]

朋友，别忘了，我们可是正义的胜利者，而日本是可耻的失败者。然而，作为胜利者，我们的神情却并不趾高气扬，盛气凌人，中国人的神情"温而厉"，既是庄重的、严肃的，又是温和的、宽厚的。

我们看看受降仪式上中国代表的表情。

一九四五年九月二日，徐永昌代表中国在东京湾的密苏里舰上签字，签完字后，"当徐将军离开桌子时，站在我旁边的一个海员说：'他是个大好人，他打仗打了多久了？'徐将军的确令人不觉是骄傲的征服者。"[4]

---

〔1〕 黎秀石：《日本人在想些什么？》，《大公报》1945 年 9 月 8 日，第 3 版。
〔2〕 社论：《永不宜忘的一日——旧的血债，新的警惕》，《中央日报》1945 年 12 月 13 日。田桓主编：《战后中日关系文献集：1945—1970》，中国社会科学出版社 1996 年版，第 26 页。
〔3〕 [英]罗素：《中国问题》，秦悦译，学林出版社 1996 年版，第 157—158 页。
〔4〕 黎秀石：《日本签降的一幕》，《大公报》1945 年 9 月 4 日，第 3 版。

这是受降仪式上徐永昌将军给外人的印象。

九月九日，在南京举行的日本向中国投降的受降典礼上，中国的受降主官何应钦"态度从容安详"。[1]特别是按规定何应钦是不必回礼的，但何还是对敌人回礼，这让降将冈村宁次大为感动。后来何冈二人见面时，冈村为何应钦不同于"西洋的道德观念"的"宽容敦厚"大受感动，对何的"人品风度"极为"佩服"。他说，"使我不能忘怀的，也是您的宽容敦厚，本来预先排定我们进场的时候应向全体敬礼，何先生等不必还礼。可是，最后我在投降文件上盖章而由小林参谋总长呈献您的时候，您却站起来给他回礼。"对何的回礼，当时的外国顾问团也"略有说道"。[2]可是，对中国人来说，人向我敬礼，我视若无人，多少有些别扭，虽然他是敌人。

八月二十一日，今井武夫受命前来芷江乞降，负责接待的萧毅肃参谋长的神情则是"庄严而和蔼"。[3]招待日本降使的宿舍也是朴素而整洁，"连日方投降专使人员都觉得中国方面宽大优遇"。[4]"世界上也只有我们中国人才能这般仁恕。"[5]就差给他准备"木拖鞋"了，主要是咱中国人没这习惯。[6]中国人不光生活上如此照顾，而且中国人竟然还准备用圆桌会议，而不是更具压迫性的方桌会议来接待日本降使。今井说，"萧参谋长和我们举行正式会谈的会场，为使日方代表不觉得有威胁性的压迫感，中国方面本来特意采用圆桌会议的形式布置的，但临开会前，想不到美军插手干涉，急忙改成长方桌面对面地对谈方式。

〔1〕 冷欣：《从参加抗战到目睹日军投降》，台北：传记文学出版社1967年版，第199页。

〔2〕 转自李敖：《李敖大全集》第35卷，中国友谊出版公司2000年版，第436页。

〔3〕 《历史性的一幕，萧参谋长召晤今井》，《大公报》1945年8月22日，第2版。

〔4〕 严怪愚：《芷江受降侧记》，中国人民政治协商会议全国委员会文史资料研究委员会编：《文史资料选辑》第7辑，中华书局1960年版，第184页。

〔5〕 方国希：《日本降使在芷江》，向国双主编：《芷江受降》，岳麓书社1997年版，第233页。

〔6〕 "当晚，今井在住所要求穿木拖鞋，招待人员可给难住了，结果送了两双新的中国布鞋给他穿。"（时集锦：《芷江受降记》，向国双主编：《芷江受降》，岳麓书社1997年版，第266页）

日本留学生出身的人们对此表示不满，以美国人不理解东洋道义而表示愤慨。"虽然在美国人的干涉下，以方桌会议的形式接见了日本降使，但中国人态度如何呢？

还是让今井自己说吧。"我们在战败后，立即出使到敌军阵营中去，尽管我们做好了精神准备，认为蒙受战败的屈辱是理所当然的，在某种场合，会有生命危险也是迫不得已的。谁知敌国军人却出乎意料地对我们满怀友邻之爱，此时此地更加深了我们感激之情。"[1]后来，今井与中国的各位参谋同样感到，"各参谋无不表示对日方深切的谅解，始终以武士道的态度相待，与其说是对待敌国败将，不如说好像是对待朋友一样。"[2]中国对敌国降使的宽厚显然出乎敌人意料之外，因为他们是以己之心度人之腹，已经作好接受威严、冷遇和受辱的心理准备。注意，徐永昌、何应钦、萧毅肃，这些人都是投身行伍、出入沙场经年的起起武夫，但却一律地庄严而温和。

可是换作日本人，对败军之将当采取什么样的态度和做法呢？我们不做猜测，还是让今井自己说：

> 在大东亚战争初期，我任联队长出征。传闻日军对待新加坡的英军和菲律宾的美军降将，强迫他们只准说"是"或"不是"，有时拒绝他们投降等情况。同时，知道日俄战争中乃木将军对待俄国将军斯特塞尔和日清战争中伊东提督对待清将丁汝昌，都是名副其实的军人作风，而如今出现的情况却有所不同了。我深深感激中国军人对我们战败军使节那种令人怀念的态度，同时，并认识到这里面隐隐蕴藏着日本战败的原因。[3]

---

〔1〕 ［日］今井武夫著：《今井武夫回忆录》，天津市政协编译委员会译，中国文史出版社1987年版，第236页。
〔2〕 同上书，第229页。
〔3〕 同上书，第236页。

对！仁暴之别正是中日之别，亦是中国之胜、日本之败的根本。

对"败军之将"，我们宽厚仁慈，我们又是如何对"败军之兵"的呢？

冈村宁次后来对何说，"还有一件事，应该向您深深感谢：就是我们打了'败仗'，却没有一个人变成'俘虏'，这是您的鼎助所赐。照国际上的惯例，战败的军队应被缴械，分别拘集军官与士兵，并分开受战俘待遇，一般情形都是如此，……但是我们却不同。我们所受的称呼，不是俘虏而是'徒手官兵'，这就是说，没有武装的军人。"[1]当缴械的日军在其他国家成为俘虏时，在中国却被称作"徒手官兵"，显然，这称谓何尝不是照顾日军的颜面？我们真可谓是时时站在战败国立场，处处为战败国着想。

至于收容、管理日军日侨的"集中营"是怎样的情形呢？一谈起集中营，我们就想起令人毛骨悚然的纳粹集中营和日本集中营，可是这次关押缴械日人的集中营是中国式的集中营。"在那里，我们对于日本人的宽大有时恐怕令人感到惊异！"[2]

自然，并不是每个国家对日本战俘都如中国这般客气"体贴"的。一九五三年十一月三十日，日本派驻联合国旁听大使泽田，向联合国遣俘委员会提出报告称，"日籍俘虏于第二次大战中，在苏俄境内业已死亡及行踪不明者，共达二十四万八千余名。现尚生存，而确知其姓名者，计为五万六千余名。据俄塔斯社最近宣布：日籍残留战犯共为二千五百名，与日本调查所知的人数，相差太远，请再予详查。"我们还可以看到，"女子监狱成了'婴孩制造所'"，"她们除从事长时间的重劳动外，还担负起了'为苏俄生产人力的任务'"，"有一个专为收容产妇的监狱，每日呱呱坠地之声不绝"。这些都是回国日人自己所说，试问，世上可找得到

〔1〕 转自汪荣祖、李敖:《蒋介石评传》（下），台北：商周文化事业股份有限公司1997年版，第584页。

〔2〕 陈凡:《日本人，日本人看日本》，《大公报》1945年11月30日，第3版。

一个国家像中国那样对待战败国之军民的？

后来，一介武夫冈村宁次还写了个"寓言"，名曰《宝石》，暗讽中苏两国对待日军战俘侨民的不同态度。文章不长，抄录在此。

> 我的村庄里，有二百个宝石，寄存在甲村，还有五个，寄存在乙村。战事结束，这批宝石，照国际惯例，即应归还。甲村非常努力，在一年以内全数运还；乙村却为了自己的用途，扣着不放。直到七年以后，勉强还了三个，依此类推，不知何日始能还清，可是我们对于甲村的好意，早已淡忘；而对乙村，则频致感谢。日本民族，竟变成了这样糊涂了吗？[1]

从这篇文章中可以看出中国对侵华日本官兵侨民何等宽厚，不过，这里得纠正的是，这些人一不是"宝石"，二不是"寄存"。

对待失势的日俘日侨，我们不念旧恶，客气对待，当遣返日本军民时，中国又如何对待他们的呢？

中国在遣返羁留在中国的一百二十五万日军和八十五万日侨时，"无论军人或侨民，都准许除了被盖之外，各带行李三十公斤，及侨民一千日元、军人五百日元的现款。这和从其他国家遣返的人相比较，可以说，实在是宽大的处置。"虽然，"在侨民中也有许多人久居中国，已经建立了经济基础，这时只能带这一点东西返国，自然是一件悲惨的事"。但冈村说大家该"够知足"了。"这些人一旦返抵日本，看到从其他各地区被遣返的人抵达日本港口时的样子，也许会知道中国采取的处置，是如何的宽大。"甚至于，从中国遣返的日人因行李太多，而受到驻日盟军的责难。"当时我曾屡次被驻日盟军责难：从中国返日的人行李过多，阻碍登岸后到各地方的火车运输。对此，我未加理睬，贯彻到底。从这个事

---

[1]　卓然：《羁俄日籍战犯含泪返国》，《中央日报》1953 年 12 月 11 日，第 2 版。

实也可以知道：与其他从南洋各国返日的人相较，从中国返日者的行李是的确太多了。"[1]战败国的军民每人居然可以在失败之时从战胜国里带三十公斤行李，以二百万人论，光行李就可带六千万公斤！[2]胜利时他们大肆掠夺，失败后我们送他们生活，因为当他们回到日本，等待他们的多是一片焦土！这就是我们对曾蹂躏侮辱我们几十年、破坏糟蹋了大半个中国的仇敌的态度。

对于战争赔款，我们又是怎么对待他们的呢？

八年抗战，日本侵华罪恶深重，给中国造成难以计算的生命财物损失，其中官兵死伤三百三十一万一千四百一十九人，全国公私财产直接损失三百一十三亿三千零一十三万六千美元（一九三七年七月美金价值）。[3]对犯下的此等罪孽，日本可谓百死莫赎，然而，中国却宽宏地免去日本战争赔偿，分文不取。这是世人皆知的事情。

关于日本赔款，夏功权讲了这样一个故事。当初，菲律宾总统特使Vinceti Villamin拜见蒋介石时说，菲律宾要求日本赔款八十亿美元，蒋起初以为是八亿，得知确是八十亿后，蒋诧异地说："你们要赔偿八十亿美元，其他东南亚国家也要赔偿，如果中国也要赔偿的话，日本还赔得起吗？"总统特使说，菲律宾总统季里诺痛恨日本军阀，他的夫人和两个孩子都被日本炸死了。当他问蒋中国要求赔多少，蒋称，"我们一个钱也不要！"蒋称，"日本战败了，它的航船都被各国瓜分了，经济完全破产，假如一般国家都要索取超过日本经济能力几十倍的赔款，日本一百

〔1〕 ［日］冈村宁次：《徒手官兵》，《八年抗战与台湾光复》，台北：文海出版社1970年版，第172页。
〔2〕 后来，日俘侨携带行李不限于三十公斤，各尽所能，能带多少带多少。"每人携带其能自行携带之行李为限，不另规定重量，唯不准分二次搬运上船，即不准雇用苦力帮助搬运。"（中国陆军总司令部编：《中国战区中国陆军总司令部处理日本投降文件汇编》下卷，1945年版，第323页）
〔3〕 《中国抗战时期财产损失说贴》，许倬云、丘宏达主编：《抗战胜利的代价：抗战胜利四十周年学术论文集》，台北：联合报社1986年版，第183、185页。

年都赔不完。"你总统的夫人和孩子被日本炸死，我的原配夫人不也是被日本炸死的。当特使听了这话后不由叹称："这真是个伟大的宽恕，伟大的宽恕。"〔1〕当然，中国放弃日本赔款还有其他因素在。

这虽是一个"故事"，事实上，日本"赔不起"倒也是实情。一九四七年九月十五日，在战后外交部讨论对日和约审议会的谈话会上，于树德就说："据从日本回来的人所谈，日本的困苦情形，实非我们的想象所可及。若要求大量赔款，不但不能获得，而且要徒增恶感，这还是值得考虑的。如果我们若把要求赔偿的数字开得很大，结果不能办到时也很笑话，倒不如采宽大的态度。"〔2〕

可是，想当年，甲午战后，中国战败，割地赔款，双管齐下，哪样少得了？关于赔款，李鸿章在马关谈判时就说，你日本报上不明明载着日本战争军费只用了"八千万"，奈何狮子大开口，提出索赔二亿两？后来我们不仅赔了二亿白银，又被勒索了三千万两"赎辽费"，还不包括"重息"（"未经交完之款应按年加每百抽五之息"）。好，这次轮到日本战败，除过让你将历年侵吞他国的土地如数吐出，本分地退回三岛老巢外，中国竟免去日本赔款，分文不取。现在，中国一不报复，二优待战俘，三放弃赔款。中国对待日本的态度和甲午之际日本对中国的酷烈要求形成强烈对比。"二战"后，战胜国中国没采取对战败国日本的报复和惩罚，非不能也，实不忍也。

二

当日本处于弱势地位时，我们悲悯他们、宽容他们，可是，当中国

---

〔1〕 夏功权：《夏功权先生访谈录》，整理者：张聪明、曾全兰，台北："国史馆"1995年版，第100—102页。

〔2〕 中国第二历史档案馆编：《中华民国史料档案资料汇编》第五辑第三编，江苏古籍出版社2000年版，第376页。

处于弱势地位时，日又是怎么对中国的呢？

　　日本素来是个讲究"武士道"的国家，并以之为自豪。如上所云，就连今井武夫也不由感叹中国能以"武士道"的精神对待败军之将，可就是这个讲"武士道"的国家，在中国衰弱混乱之际，做得尽是"武士道所不屑为"的乘人之危、落井下石的事情。这话是胡适说的。这个性情温和的人警告日本国民说："只有乘人之弱，攻人之危，使人欲战不能，欲守不得，这是武士道所不屑为，也是最足使人仇恨的。仇恨到不能忍的时候，必有冲决爆发之患，中国化为焦土又岂是日本之福吗？"〔1〕

　　你对他雪中送炭，他对你趁火打劫，中国尝尽这样的苦头。沈刚伯在劝日本要存忠厚之心时说："六十年来，中国时有水旱之灾，阋墙之祸；日本老是趁火打劫，反自诩为'兼弱攻昧'。（东京大地震时，我们节衣缩食地慷慨输将；而日本所给予我们的报酬，却是乘中国五省大水，南京半淹之时，来取我东北！）"他说，假使日本不幸有祸起萧墙之一天，"中国人绝不幸灾乐祸地去捉浑水鱼。但愿日本人对我们亦如此忠厚存心——这是不花本钱的事。"〔2〕王芸生寄语日本人时也举了东京大地震的例子，他说，"大正十二年（一九二三年）东京大地震时，日人乘火杀戮中国侨民，而中国人民仍有大批捐款汇到东京，去赈救邻邦人士的灾难。这种悯恕仁爱的精神，在拥有孔墨道德的中国随时随地可以发现，中华民族最能爱，也最能恕。唯其能爱，所以亲仁善邻，唯其能恕，所以不念旧恶。"〔3〕至于"九一八"日本借中国正遭江淮大水灾之际"靠"我东北之事，还有一点沈先生未提及，这时亦正值因蒋介石扣押胡汉民而引发的国家内部政治分

〔1〕　胡适：《敬告日本国民》，欧阳哲生编：《胡适文集》第 11 册，北京大学出版社 1998 年版，第 642 页。

〔2〕　沈刚伯：《对日本民族三点愿望》，《沈刚伯先生文集》，台北："中央日报"出版部 1982 年版，第 644—645 页。

〔3〕　王芸生：《寄日本国民》，《由统一到抗战（芸生文存第二集）》，大公报馆 1937 年版，第 226 页。

裂的"粤变"之时，蒋在九月十九日的日记中这样记述："是倭寇果乘粤逆叛变，内部分裂之时，而来侵略我东省矣。"[1]"九一八"谋我东北自是日人既定之目标，但其爆发之时机却是精挑细选的，我们不要忘了，自然灾难，内部分裂，是日本发动"九一八"的背景。

俄事正殷之际，日本吞并琉球；欧战正酣之际，日本觊觎胶州。闻统一而色变[2]，恐振兴而阻断[3]。每逢中国焦头烂额之时，便是日本浑水摸鱼之机。至于阻碍中国统一，煽动中国内乱，积极分裂中国，使中国长期陷入混乱虚弱，并进而达到凌迫侵吞中国的目的，这样的例子在中国近现代历史上，真是无时不有，不绝于书。

我们不妨做个假设，假使近现代历史上，中国国势强于日本，中国会如同日本对待中国那样，处心积虑地乘人之危弱，分化日本，捣乱日本，侵略日本，奴役日本吗？王芸生打了一个"接力赛跑"的比方，他

---

〔1〕 秦孝仪主编：《中华民国重要史料初编：对日抗战时期·绪编（三）》，台北："中国国民党中央委员会党史委员会"1981年版，第275页。

〔2〕 1927年11月2日，蒋介石访日本首相田中义一于其私邸，当田中听到蒋说革命军北伐之志在于统一中国之语，"辄为色变"。（秦孝仪主编：《中华民国重要史料初编：对日抗战时期·绪编（三）》，台北："中国国民党中央委员会党史委员会"1981年版，第110页）"七七"事变后，宋美龄发表谈话称，"她痛恨中国成为统一的民族，痛恨中国成为经济组织健全的国家。中国的进步不但是她所咒诅的，而且一想到这件事就会使她愤恨填膺。"（宋美龄：《中国决心自救》，《蒋委员长讲：抗战到底》，上海生活书店1938年7月版，第55页）一个国家如此热切地希望自己的邻邦永处分裂，并处心积虑地促成这一状态，这是怎样的一种阴险狠毒的心理。

〔3〕 近现代中国每每在振兴自强的关键时候，日本都会焦躁忌恨，于是挖坑设陷，捣鬼使绊，甚至不惜发动战争以打断中国现代化进程，企图使中国永处动荡衰弱状态。"七七"事变后，宋美龄对美广播时称，"中国近年以来，革新工作，一日千里，统一中华民族，建设近代国家，但日人不愿见此，故乘吾人工作未完成之前，多面袭击，肆意破坏，彼等对中外人士生命财产之安全，毫不顾惜。"（宋美龄：《为条约之尊严而战》，《蒋委员长讲：抗战到底》，上海生活书店1938年7月版，第62页）她对报纸发表谈话也称，"然而中国近来在团结方面进步迅速，弄得日本军人大感不安，他们觉得统一的中国会阻挠他们在中国建立大陆帝国的野心；他们实现这种野心之后，便可以向全世界挑战了。他们现在便下手，因为他们认为良机不可失，再延此时日就会太迟了"（宋美龄：《中国决心自救》，《蒋委员长讲：抗战到底》，上海生活书店1938年7月版，第57—58页）。

说："这是一个长程的接力赛跑，在过去的一段，我们的先辈跌了跤，被人家遗落在后面。现在该我们这一代人上场了，我们要从我们先辈手中接过 torch holders（接力赛跑的火炬），继续地跑，努力地赶，一直跑到人家的前面。到那时，我们比赛的对手或许已经累了，或竟跌坐在道旁；到那时，我们一点不可骄傲，我们要拿出长兄的态度，俯身将他扶起。"〔1〕当我们跑在前面时，我们对后面的日本的态度是"俯身将他扶起"，而不是"使绊子"。就这一点来说，揆诸历史事实，日本是做不到的。虽然这只是个假设，但也由此可见中日两国互为强弱时不同的态度和做法。

亚当·斯密曾云，同情和怜悯之心是人的本性和本能，是不证自明的，人人皆有。"因为这种同情的感觉，就像人性中的所有其他原始的感情那样，绝非限于仁慈的人才感觉得到，虽然他们的这种感觉也许比其他任何人都更为敏锐强烈。即使是最残忍的恶棍，最麻木不仁的匪徒，也不至于完全没有这种感觉。"〔2〕可是，今天我们所看到的还不如那"最残忍的恶棍"，"最麻木不仁的匪徒"，岂止不如"恶棍"和"匪徒"，简直就"不是人"。两千多年前的孟子就说，"无恻隐之心，非人也；无羞恶之心，非人也"。〔3〕以孟夫子的话来看，没有同情、羞恶之心者，根本就"不是人"。

三

今天，日本失败了，对待日本，中国采取了"以德报怨"之政策，"对日本的宽容，可谓到了极限，是世界史上少见的例子"。〔4〕凡略有良知的日人，都不能不感恩戴德，彻底悔悟。自然，我们不能说就没有对中国宽厚心存感激的日本人，"老一辈的日本人对蒋都非常感念"，一九七五年蒋去

---

〔1〕 王芸生：《泛论中日问题》，《芸生文存》，大公报馆 1937 年版，第 251 页。
〔2〕 ［英］亚当·斯密：《道德情操论》，谢宗林译，中央编译出版社 2008 年版，第 2 页。
〔3〕 《孟子·公孙丑上》。
〔4〕 帅学富：《五车书室见闻录》，台北：文海出版社 1981 年版，第 263 页。

世时，"日本各界曾盛大举办蒋介石显彰会；一九八六年蒋百年诞辰，日本各界仍然举行蒋介石百年追思会"，"场面十分感人"。[1]但同时要知道，一九七二年，尼克松访问中国大陆后，日本抢先与台湾"断交"，这只能让台湾当局大骂其忘恩负义，徒唤无奈。一九四三年，有人就总结了日本民族的三个特性，它们分别是"忘恩负义"，"妄自尊大"，"残忍好杀"。[2]战后，有人就提醒我们说中国人不要一厢情愿地心存让日本感激你当年的宽宏大量的念头。"日本人是最现实的。他们平日只讲利害，不谈道义，尤其是国家与国家之间，他们绝不会感情用事多牺牲一点的立场。如果中国是有力量的，那么，他们所谓'感激'，也许会在外交词令上多提一两次；如果中国长此倒霉，恐怕今后连这些废话，也不会再说了。"[3]战后日本的经济崛起后，"随着国力日益增强，日本人在鞠躬时腰也没那么弯了"[4]。

可是宽宏大量的中国收获了什么呢，"冷和恨"。日本投降不久，《大公报》记者朱启平在日本采访，他搭火车从横滨返横须贺，遇到这样的一个令他终生难忘的场景：

> 车站上除了我们以外，都是日人，站上本来是拥挤喧哗的，但是等到我们走上车站，大家渐渐都不动了，不交谈了，约五分钟后，要是火车不动，汽笛不鸣，站上便是一片死寂。我们立在一处候车，不久发现我们被包围在日人圈内，离我们约四五尺，四周都站着日人，一个个木然不动，向我们怒目注视。这四五尺之地像是两军对峙的中间阵地。满眼的仇恨呀！我们候车有半小时，这样被注视了半小时，我终生都不会忘了这半小时。

---

〔1〕 梁肃戎口述：《梁肃戎先生访谈录》，刘凤翰、何智霖访问，台北："国史馆"1995年版，第171页。

〔2〕 关稼农：《战后之中国》，中华出版社1943年版，第124—128页。

〔3〕 赖景瑚：《游踪心影》，台北：传记文学出版社1971年版，第244页。

〔4〕 李光耀：《李光耀回忆录：1965—2000》，外文出版社2001年版，第537页。

在东京,"人民对我们的反应,一样地充满了阴冷和仇恨"。"某次我乘火车,旁边是一个年轻军官,我请他抽烟,他万分不得已地接过烟,点上火,抽两口,便狠狠地把烟丢出窗外。一时之间竟使我糊涂了,究竟谁是战胜者? 他,还是我? "让他想不通的是,"战败国对战胜者的冷和恨,不能说是出乎意料,但是何冷之极,何恨之深! "[1]我送你琼瑶,你报我冷恨!

问题在于,近代以来,中国向未负于日本,而日本却大负于中国,你日本人对中国人如此既冷又恨,有何道理? 王芸生曾称,"诉诸日本人的良知,他们绝不应对中国有恶感,中国实在没有对不起日本的地方。"[2]中国不光没有对不起日本的地方,而且历史上对日本有大功,《大公报》社论称:"中国本无负于日本,且毋宁还有灌溉提携之谊;但是日本一旦羽翼丰满,以侵略中国甚至灭亡中国为国策。"[3]历史学家郭廷以亦曾论曰:"如果就相交之道来论,中国绝无负于日本,日本大有愧于中国。八十年前的两千年,中国施之于日本者甚厚,有造于日本者至大,八十年来日本报之于中国者极酷,为祸于中国者独深。近代中国所受的创痛,纵不能谓均系来自日本,而实以日本所给予者为最多最巨。"[4]你从未做过一件对得起人的事,反而痛恨所负之人,何故?

日本的冷恨在于失败,可是,他们究竟得到的是什么样的失败呢? 无非是将他们侵略的土地物归原主,使被他们吞并的国家重获独立,无非是他们再不能奴役杀人,他们再不能抢劫掠夺而已,作为加害方的失败者,他们一没割地,二没赔偿,还想咋地?

〔1〕 朱启平:《日本投降是暂时的休战(一)》,《大公报》1945年10月2日,第3版。
〔2〕 王芸生:《日本半月》,大公报馆1947年版,第16页。
〔3〕 社论:《日本投降了》,《大公报》1945年8月16日,第2版。
〔4〕 郭廷以:《中日交涉中的历史教训》,郭廷以:《近代中国的变局》,台北:联经出版事业公司1987年版,第185页。

四

在一九四五年九月二日，密苏里舰受降现场，中国签字代表徐永昌将军对现场的记者说了这样的一句话："今天每一个在这里有代表的国家也可同样地回想一下过去，假如她的良心告诉她有错误，她就应当勇敢地承认过错而忏悔。"[1]问题是，或许它的良心告诉它有错误，但它就是怯于面对和承认。于是，世人看到的情形是："这个国家从不悔悟，从不道歉。"[2]李光耀称，"我想不通日本人为什么如此不情愿承认过去，坦然道歉，以从此迈步向前。由于某种原因，他们不要道歉。道歉等于承认犯错，而公开表示忏悔更暴露了他们今日的主观感受。南京大屠杀，朝鲜、菲律宾、荷兰和其他妇女被拐骗或被强迫到前线充当日军的'慰安妇'，对活生生的中国、朝鲜、蒙古、苏联的囚犯进行惨无人道的生化武器试验：他们都矢口否认，直到一件件史实在日本的档案中被发现，他们才迫不得已承认。这种态度，又怎能不叫人对他们未来的意向生疑呢？"[3]

一九四五年受降仪式的次第举行成为同盟国、中国全胜，轴心国、日本完败的"标志"。但这并不意味着，世界从此太平，大家安心睡觉。日本表面上彻底失败并不意味着这个国家和民族在内心深处的真正反省。战争已经过去七十年，我们不能说所有日本人从来就没有承认过错真诚忏悔，但自日本投降的那一天始，人们不能不看到部分日人（天皇、军人、平民）有一种从不认错、死不悔改的心理普遍存在。

我们细看一九四五年八月十四日裕仁天皇宣布投降的诏书，即所谓的"终战诏书"：敌人如此"残虐"，臣民如此"无辜"（"加之敌新使用残虐之爆弹，频杀伤无辜之老幼妇孺，惨害之所及者，洵至不可计"），无奈生

---

〔1〕 黎秀石：《日本签降的一幕》，《大公报》1945 年 9 月 4 日，第 3 版。
〔2〕 李光耀：《李光耀回忆录：1965—2000》，外文出版社 2001 年版，第 538 页。
〔3〕 同上书，第 557 页。

怨恨，巧言掩羞惭（"然朕于运之所趋，忍人之不能忍"，"欲为万世开太平"）。[1]天皇丝毫不提日本侵略者"频杀伤无辜之老幼妇孺"的武功（只许日人放火，不许他人点灯乎？），亦不反省日本何以落到今日此番境地。

人们在欢天喜地的同时，很多人都读出了这份"诏书"的"文意"。《中央日报》社论称，"我们如果细读这几天日本国内的宣传，以及日皇及其政府的布告，其中充满着怨恨的情绪，蕴蓄着报仇的心理。"[2]《大公报》社论亦称，"看日本投降的表示，由日皇诏书到大臣演说，一律不见'投降'的字样，这绝不是东方人爱'面子'的表现，是其内心的深处充溢着不悔祸不服输的意念。这一点，是特别值得注意的。"[3]蒋维乔先生在日记中这样记道："十四日日本天皇赐命政府对中美英苏四国通知接受《波茨坦宣言》，同时颁赐大诏，宣示接受四国共同宣言之不得已，并于十五日躬亲广播。"[4]对，天皇接受投降，只是运之所趋，"不得已"而已。

我们再看那个代表日本和日军向中国无条件投降的"支那派遣军总司令"冈村宁次的表现。当听说日本接受《波茨坦公告》时，冈村宁次坚决反对。他在电报中说："几百万之陆军兵力未行决战即告投降，如此耻辱，在世界战史上尚无其例。"[5]政府已经决定投降，军阀仍然大叫"决战"，他们"不甘心"。可是"不甘心""不服气"又有什么办法呢？即便在世界战史上创下史无前例的"耻辱"。

后来，此人在回忆录中仍说："中国派遣军的投降，不是由于本身战败，而是随着国家的投降，不得已投降的。"[6]这更是笑话。大厦将倾，独木能支？覆巢之下，岂有完卵？既然军队未败，国家何以竟败，日军

---

〔1〕《日皇广播投降，说继续打下去将灭种》，《大公报》1945年8月16日，第2版。

〔2〕社论：《完成胜利，保证和平》，《中央日报》1945年8月16日，第2版。

〔3〕社论：《中日今后相处之道》，《大公报》1945年9月6日，第2版。

〔4〕蒋维乔：《蒋维乔日记》第25卷，中华书局2014年版，第164页。

〔5〕吴相湘编著：《第二次中日战争史》（下），台北：综合月刊社1974年版，第1169—1170页。

〔6〕[日]冈村宁次著、稻叶正夫编：《冈村宁次回忆录》，天津市政协编译委员会译，中华书局1981年版，第21页。

并没战败的思想，在此人头脑里实在是根深蒂固。你皇军武功高强，天下无敌，可为何到头来害得天皇痛哭流涕，颜面扫地？几乎就在冈村宁次发电反对投降的同时，陆军大臣阿南惟几也要求其陆军继续作战，"击灭群敌"。针对他的狂言，《中央日报》社论就称："日本人民的命运如果是由军阀代其选择，那就只有一条路：从绝望的挣扎到彻底的毁灭。我们也除了给予其所愿得的毁灭，别无他法。""因为日本军人所能了解的语言，可能不是波茨坦四强的公告，而是毁灭的打击。"[1]"你试试看！"中国硬气地警告着那些不甘心的军阀。当然，日本接受无条件投降的决定无疑是明智的。否则，举国瓦破，自取灭亡，是祸是福？

还是这个冈村宁次，他不光要接受投降的现实，而且要执行投降的程序，也就是说，他还要在世界的众目睽睽之下，代表日本亲自签降，这对冈村"大将"来说，可是国家的光荣？军队的光荣？个人的光荣？在这个场合下，故作姿态、装腔作势自然是少不了的。

且看他的表演。当他在降书上签名盖章后，"一面命小林总参谋长把降书呈递何总司令，一面点头，好像日本无条件投降，完全出于自愿。"[2]有记者这样观察：

> 这是一个可怕的镜头，在冈村宁次签降书，也包括他入场后的全部时间！——二十分钟，一个订城下盟败北的降将，他竟是这般从容。小林替他磨墨，他镇静地翻阅降书，不慌不忙地签字，又慢条斯理地从右口袋掏出水晶图章来，在所签的名字下盖个印鉴，那种从容态度，集中了所有在场者的注意，也更警惕了所有在场者——这家伙骨子里挺硬哩！[3]

---

〔1〕 社论：《论日本投降》，《中央日报》1945 年 8 月 11 日，第 2 版。

〔2〕 冷欣：《从参加抗战到目睹日军投降》，台北：传记文学出版社 1967 年版，第 199 页。

〔3〕 宋小岚：《中国战区南京受降记》，《新闻天地》1945 年第 8 期，第 7 页。

而那个此前曾前往芷江乞降的今井武夫的表现呢？细心的人注意到，"今井在整个谈话中，始终避用'投降'一语，当提到日本代表赴马尼拉请降的时候，他也用'作军事上的接洽'一语支吾过去了！"[1]不只一人注意到这一点，在现场的记者说，此人"很仔细地用'停战'代替'投降'，从头到尾他一直没有说过'投降'这个字眼"，"这是他们有计划的奸诈，从这当中也许可能看出来许多的问题"。[2]

五

如果说这些侵略战争的谋划者、参与者不甘失败、不愿悔悟的话，那些深受军阀之害的日本平民百姓该有所悔悟吧，然而，他们中的部分人仍是不能端正态度，满脑里仍是根深蒂固的侵略思想。

我们且看两个中日女孩的故事。

冈村宁次曾记了这样一个南京"亲日女孩"的一件小事。"战争结束之初，日本兵一度被用于杂役，有一个看到日本兵在清扫某一电影院前场地的中国女孩，立即向看完电影而要离去的观众称：'尽管我们战胜日本，但是看到日本兵这样从事杂役，还是觉得怪可怜的！'当场募款购得香烟及其他物品赠给日本兵。"[3]这的确是"一件小事"，但在笔者看来，这件小事却有大的意义在，要知道，中国女孩所面对的这些士兵，正是刀劈火烧、奸淫活埋我三十万同胞、写下了人类历史黑暗之一页的日本"兽兵"，只是今天，他们的毒牙被拔，无法作恶而已。只是这个女孩恐怕并非"亲日"，可是，她怎么会"亲近"一个曾经奴役虐杀、残暴统治自己

---

〔1〕 方国希：《日本降使在芷江》，向国双主编：《芷江受降》，岳麓书社1997年版，第235—236页。

〔2〕 美国新闻处特派员航信：《芷江受降目击记》，《学生杂志》1945年第22卷第11期，第60页。

〔3〕 ［日］冈村宁次：《徒手官兵》，《八年抗战与台湾光复》，台北：文海出版社1970年版，第174—175页。

的同胞的侵略者？她之菩萨心肠正是源于上面所说的"不忍"，中国人的善良仁厚在此无名小女孩的自发的、不起眼的举动中体现无遗！那个前来奉旨杀人的侵华日军的大头目，想来亦为中国女孩的善行所震撼！

笔者在此并不是专要赞美中国人的善良淳厚的禀性，而是要和下面的日本女孩作个对照和比较。日本战败投降后，一九四六年八月二十一日，长春《新生报》载了一首日本少女的新诗：

> 战败的国民，
> 战败的国民心情啊！
> 今日日本人民，
> 在深深苦咽着酸辛！
> 虽然，一向称为"日之本"的人们，
> 今天却当了战败的国民……
> 可是有什么灰心的么？
> 挣扎再挣扎，
> 坚忍再坚忍，
> 像朝阳似的重建起日本。
> 啊！这样的身姿，这样沉默的身姿，
> 凭什么颜面报答死去的英灵呢？
> 我们断不能屏息，
> 再燃起红色的"日之本"的国旗吧，
> 插在这块大地上……

在这诗中，"正充满着坚忍不屈的斗志，他们心底，其欲逐逐，依然要把'太阳旗插到大陆来呢'！"[1]可是，同样是女孩，战胜国女孩对战

---

〔1〕 王平编著：《抗战八年》（下册），台北：文海出版社 1980 年版，第 426—427 页。

败国战俘以同情和怜悯，而战败国女孩仍梦想着将侵略的旗帜再一次插到东北大地。

至于对那些被遣返的东北的日人，他们回国时向邻人说："'朋友，卅年后再见！'京沪各地日人，也有希望二十年后重来的，这都可以表示日本人自信可以重霸东亚大陆的决心。"[1]一九四七年，当记者问那些被遣返的日本侨民对于日本惨败和回国的感想，他们异口同声地说："打仗是国家的事，日本老百姓只知顺从，希望交通方便时再回中国。"[2]日本东京某药店邮寄给沈阳一药店的明信片上，也明目张胆地写着"满洲国沈阳市"的字样。[3]甚至于有日本人将中国收复东北视为中国"并吞满蒙"。[4]直至上世纪七十年代，日本人仍在电影里重温着东北旧梦。一九七一年，周恩来在会见日本《朝日新闻》的后藤基夫等人时就说，"在日本的言论界不能说没有带着旧思想和军国主义、殖民地主义思想的人。他们制作了许多军国主义的影片。你们看过《啊！满洲》这本特刊吗？他们制造对中国的东北怀旧的思想。"[5]

对"建国"十四年的东北尚且如此，对殖民统治了五十一年之久的台湾的非分之想更不用说，就在一九四五年八月十五日日本宣布无条件投降后的第二天，八月十六日，日本驻台参谋部少佐中宫悟郎和牧泽义夫两人就唆弄前台湾总督府评议员辜振甫等人策划成立"台湾自治委员会"，他们于二十二日探询安藤"总督"的意见，安藤未表同意，此事即告取消。在日本无条件投降后不到两年的时候，日本就叫嚣什么"日美共管琉球"，什么"台湾的特殊移民权"，什么"日本警察要用机关枪装

〔1〕 王平编著：《抗战八年》（下册），台北：文海出版社 1980 年版，第 425 页。
〔2〕《抚顺日人未忘东北，遣送回国热望再来》，《大公报》1947 年 7 月 9 日，第 4 版。
〔3〕《日商狂妄》，《大公报》1947 年 7 月 7 日，第 3 版。
〔4〕 朱启平：《日本投降是暂时的休战（三）》，《大公报》1945 年 10 月 4 日，第 3 版。
〔5〕《谈联合国和中日关系》，《周恩来纪念集》，香港：七十年代月刊社编印 1977 年版，第 408 页。

备"……发出"关于满洲、台湾、琉球及朝鲜应举行全民投票，以决定此等领土应属于何国的声明"。[1]

去过日本、没去过日本的人或许都知道，日本有很多优点，是他们所骄傲的，也是值得称赞和学习的。他们"路不拾遗"。（如果你在公共场所遗失了东西，基本上都能找回，笔者曾目睹身历过这样的事情。）可是，我们实难理解，拥有这样一种优良美德的民族，何以对向不属于自己的东西表现得如此贪婪？更叫人不可思议的是，他们竟然在战败之际仍然如此不加掩饰，不知羞耻。他们"从不为别人添麻烦"。可是，我们实难理解，拥有这样一种优良美德的民族，何以对几十年如一日，"东侵西略"，"南下北进"，杀人放火，巧取豪夺，"专为别人添麻烦"。（注意，战后，他们正是经常用"添麻烦"这个词对曾经侵略过的很多国家轻描淡写地说他们的屠杀和奴役，破坏和掠夺）他们"有秩序"，可是，在南京烧杀淫掠的时候秩序安在？他们"讲卫生"，可惜他讲的是身体卫生，不是"政治卫生"。[2]

谁应负这场战争责任？日本投降之际，日本《朝日新闻》总务部矢野副主任这样回答中国记者：

> 一切国家都要负责任，而且负责任的程度也是相同的，我看不透什么日本就应当比别的国家多负责任。不错，现在整个的世界都说日本不对，这乃是意料中的事：战败国总是错的，而战胜国总是对的。假如日本已经打胜了，那么日本就总是有理的。如果说我们真有错的话，那就是我们没有准备好。[3]

---

[1] 《蒋介石媚日，留日侨胞提出抗议》，《人民日报》1947年7月16日，第3版。

[2] 有记者这样写道："在居留民集中营里，他们对于后一代健康是十分注意的，这样的民族，除非政治卫生能把他们身上的法西斯细菌清扫掉，否则对于中国、对于世界，恐怕还是一种不可轻视的危险。"（陈凡：《日本人，日本人看日本》，《大公报》1945年11月30日，第3版）

[3] 黎秀石：《日本人在想些什么？承认战败唯甚少悔祸之意》，《大公报》1945年9月8日，第3版。

日本不是没错，其错在于"输"，因为输了，所以错了。注意，我们信奉的是"公理战胜"（"因错而输"），他们检讨的是"武力不敌"（"因输而错"），这就是日本人与世界人的不同之处。"日本内阁对日本八十八届临时议会所提出的报告，竟以战败全责归于海空军损失的重大与原子破坏力的强烈，绝未提及其历来以侵略为国策的战略的错误"。气得《中央日报》发表社论正告日人："日本的败，是败于侵略国策犯了众怒，不是败于武力的不如人；中国的胜，是由于兵哀人怒和得道多助，不是由于武力之强。"[1]可是，有多少普通日本人抱有与矢野一样的看法呢？"就我在日本的初步观察，恐怕大多数日本人的想法同矢野一样，……大多数的日本人仍然在日本陆军反中国的毒化宣传的支配之下。"

在日本的报上还能看到这些"奇葩"观点，中日两国爆发战争的原因是"由于彼此缺乏了解"，"日本人民一般的意见还是以为中日战争的原因是误解，而不以为是日本侵略所致。没有一个字提到日本军阀杀死几百万中国人民、毁坏一百座城市而向中国致歉。"好一个"误解"！难道中国将日本的"侵略"当做"友好"才不算误解？当记者问一个日本陆军军官日本侵略中国是日本错了吗？他则答说"日本并没有侵略中国"。[2]当记者问日本同行，东条英机是一个战争罪犯吗，日本记者答称："不。""他是一个不幸的英雄。"他发动太平洋战争并没错，错就错在"他没有准备好"。[3]代表日本在广州签降的田中久一则对记者说："什么该是战争罪犯，很难下明确的界限。""中国年来的反日教育，也该负一分责任。"[4]我们所看到的是一种"敢做不敢当"的怯懦，故意模糊、混淆事实的无赖，以及冥顽不化、死不悔悟的顽固。

---

[1] 社论：《历史上重要的一日》，《中央日报》1945 年 9 月 10 日，第 2 版。

[2] 黎秀石：《日人毫无悔祸之意，竟说中日战争由于误解》，《大公报》1945 年 9 月 12 日，第 3 版。

[3] 黎秀石：《东京点滴》，《大公报》1945 年 9 月 12 日，第 3 版。

[4] 陈凡：《日本人，日本人看日本》，《大公报》1945 年 11 月 30 日，第 3 版。

任侠尚义是日本武士道精神，但这个以武士道为自豪的国家在中国的所作所为"无一不是颠倒黑白，背理败行"。[1]正如张伯苓先生所说的一句名言："日本人处处皆可爱，只是欺负中国最可恨。"[2]为什么日本人种种可敬可爱之优点美德，一旦施诸中国便成可耻可恨之恶德？

蒋介石演说中说，我们"只认日本黩武的军阀为敌，不以日本的人民为敌"，对于日本人民，中国人向来将"好人坏人""一分为二"，这自然是对的，他们中不能说就没有反战的、对日本侵略抱不同意见的日人存在，但是从上述日本普通人民的言行可看，这种军阀／人民二分法很大程度上只是一种"一厢情愿"，且"强加于人"的。

美哥伦比亚大学斐弗尔教授告诉大家，所谓日本人民亦爱好和平、其侵略行为仅为军阀跋扈所致这样的见解是大谬不然的，从没有证据显示日本的人民与军阀是对立的，相反他们向为沆瀣一气，同穿一条侵略的裤子。他说，"在事实上，军事统治是日本社会上传统的特色，他们军人的作风也就是日本立国精神的真相。若说日本人民反对军人专政，却确是与事实相反的。为了认识战时和战后应付日本的对策起见，这一点是必须要明了的。现今和过去，我们均从未有任何事实，足以证明日本军人的行为，是为大多数人民，甚至为知识分子所反对。日本军人和人民对于所采取的方法，也许是有意见上的分歧，可是对于目标，他们是一致的。"因此，对于"侵略中国，以及发动太平洋战争，不能说是日本军阀的野心，实是日本全国人民的野心"。"日本举国上下，所以时时刻刻在侵略他国这个念头上痛下功夫着。"[3]也就是说，对外扩张侵略，在日本实则是"军民团结如一人"。

不信，我们再听听日本人自己的说法，一九四五年八月二十八日，

〔1〕 王芸生：《危疆杂感》，《芸生文存》，大公报馆1937年版，第269页。
〔2〕 王芸生：《关于中日问题的一些感想》，同上书，第205页。
〔3〕 李毓田：《战后处置日本的根本问题》，《东方杂志》第39卷第6号，第24页。

记者随着美舰进入日本东京湾，舰上的日本领航员说："这场大战从日本方面而论，果然是由军阀领导发动，但是人民大体上也一心一意拥护战争，没有反对。因此战争的责任不能单由军阀负担，日本人民也不能辞其咎。"[1]何以至此呢？"日本统治阶级是以侵略起家的，日本的人民被六七十年侵略的成功陶醉了，因此许多人和统治阶级一般认为侵略是理所当然的。日本统治阶级和许多人民都不肯承认他们近年来的历史页页都错。"[2]日本之所以犯下滔天之罪行，岂是只能由少数军阀负责？

六

一九四五年九月四日，日本临时议会开幕，"这是日本签字投降后第一次议会集会"，"全体议员一致通过的第一件决议案是向阵亡将士致敬！"[3]近年来，我们可以看到，日本首相、阁僚，冒天下之大不韪，参拜供奉甲级战犯牌位的靖国神社，"哀悼为国捐躯的人们"。二〇一四年七月一日日本内阁通过了解禁集体自卫权决议案。二〇一五年日本再改教科书，把"南京大屠杀"中日军"杀害了众多俘虏和居民"修改为"波及俘虏和居民，出现了众多死伤者"，称我钓鱼岛是"日本固有领土"。二〇一五年日本媒体公布的一项民调结果显示，46%日本人认为"二战"时日本发动的战争系自卫战争。曾经担任过东京都知事、次世代党最高顾问的石原慎太郎说，他"最想做的事"就是"和支那打仗并打败支那"。日本政府和社会右倾化愈来愈严重，也愈来愈危险。

一九四五年，我们对日本人说，"日本人民果能洗心革面，重新做人，前途绝非黑暗"。[4]二〇一五年，中国外长王毅对日本人说，"七十年前，

---

〔1〕 朱启平：《日本投降是暂时的休战（一）》，《大公报》1945 年 10 月 2 日，第 3 版。
〔2〕 朱启平：《日本投降是暂时的休战（二）》，《大公报》1945 年 10 月 3 日，第 3 版。
〔3〕 朱启平：《日本投降是暂时的休战（一）》，《大公报》1945 年 10 月 2 日，第 3 版。
〔4〕 朱启平：《日本投降是暂时的休战（三）》，《大公报》1945 年 10 月 4 日，第 3 版。

日本输掉了战争；七十年后，日本不应再输掉良知。"考之历史可知，日本政坛和社会右转的表现并不是今天才有的事情，而是自日本投降的那一刻始，一以贯之。也就是说，他们不只今天如此，他们一向如此。

可是，问题出在哪里呢？一九四五年九月二日，在密苏里舰受降现场，美国第三舰队司令海尔赛上将（密苏里舰即其旗舰）握着中国记者的手感慨地说："今天是一个伟大的日子，但是我觉得盟国也许做错了一件事。"当中国记者问什么事，他说："我们大概对待日本人太和善了，因为我仍然让他们活着。"记者说："中国人民与美国人一样也是心肠很软的。"[1]就连美国人都觉得处置日本的战后政策过于宽大了。

或许我们可以说，今天日本仍未能正确认识历史，与盟国和蒋介石当年"以德报怨"的"错误"政策有关。拿破仑说："战胜者唯有戒慎恐惧，始可以保持胜利。对被征服者太严，徒增加其怨恨。对被征服者太宽，又引起其幻想，这种幻想可使其尝试作种种不能成功的行动。"虽然我们深知这层道理，但显然我们的对日政策失之过宽。然而，错已铸成，只能如此。

如何才能使这个"以怨报德"，对野蛮罪恶的侵略历史从不悔悟、从不道歉的国家和民族"洗心革面，重新做人"？我们所能做的似乎只有如蒋所说的那样，希望日本能"自拔于错误"，也就是说，"希望今后的日本人，能够自怨自艾、自省自策，恢复人类的理智，觉悟自己这一次之不得不出于无条件投降的一途，实咎由自取；……中国但希望日本经这次战争失败之后，能够一改其侵略邻国、奴役他民族的作风，不再轻启战衅而已。"[2]可是，将肃清军国主义流毒的希望寄托于日本的自省自策，成效如何，有目共睹。

战争末期，有美国人类学家胡敦提出这样的主张："战后处置日本之

---

[1] 《东京湾内英舰祝胜，四盟国旗帜并列飘扬》，《大公报》1945年9月4日，第3版。
[2] 《永不宜忘的一日——旧的血债，新的警惕》，《中央日报》1945年8月16日，第2版。田桓主编：《战后中日关系文献集：1945—1970》，中国社会科学出版社1996年版，第26页。

方法，应委任中国人在日本管理残余于本土的日本人民之任务，将中国人及其他亚洲人民一部分移植于日本，并禁止纯日本人间结婚。"[1]希望通过日人与中国或亚洲他族人的通婚来改变日本民族"残暴险诈，不讲信义"的禀性，这是人类学家的方案。可是，"此种方法固极彻底"，但实行起来却困难重重。

自省可行而无效，通婚有效而不可行。那还有什么办法呢？当年报上这段话对今天的我们来说仍完全适用。

　　我们对于日本，固不欲采报复的手段，但也不愿国人失去痛
　　定思痛的警觉性。国人不要以为日本今已投降，我们可以安享和
　　平的幸福。须知日本虽已投降，但确保胜利则仍有待于吾人自身
　　的努力。必须我们能够把国家建设成功为一个富强的国家，能够
　　成为东亚的安定力，和世界和平的中流砥柱，然后我们才能确保
　　胜利的成果而安享和平的幸福。[2]

唯我人人抱有爱国之心，报国之志，忧勤惕厉，不懈奋斗，建设强大中国，方能使得叫嚣者望"陆"兴叹，阴谋者有心无力，蠢动者偃旗息鼓，冒险者三思而行。

二〇一五年六月三十日
陈占彪

---

〔1〕 李毓田：《战后处置日本的根本问题》，《东方杂志》第 39 卷第 6 号，第 23 页。
〔2〕 《永不宜忘的一日——旧的血债，新的警惕》，《中央日报》1945 年 8 月 16 日，第 2 版。田桓主编：《战后中日关系文献集：1945—1970》，中国社会科学出版社 1996 年版，第 26 页。